ANALYSIS OF THE HISTORY
OF WESTERN FISCAL THOUGHTS

西方财政思想史分析

李克强 / 著

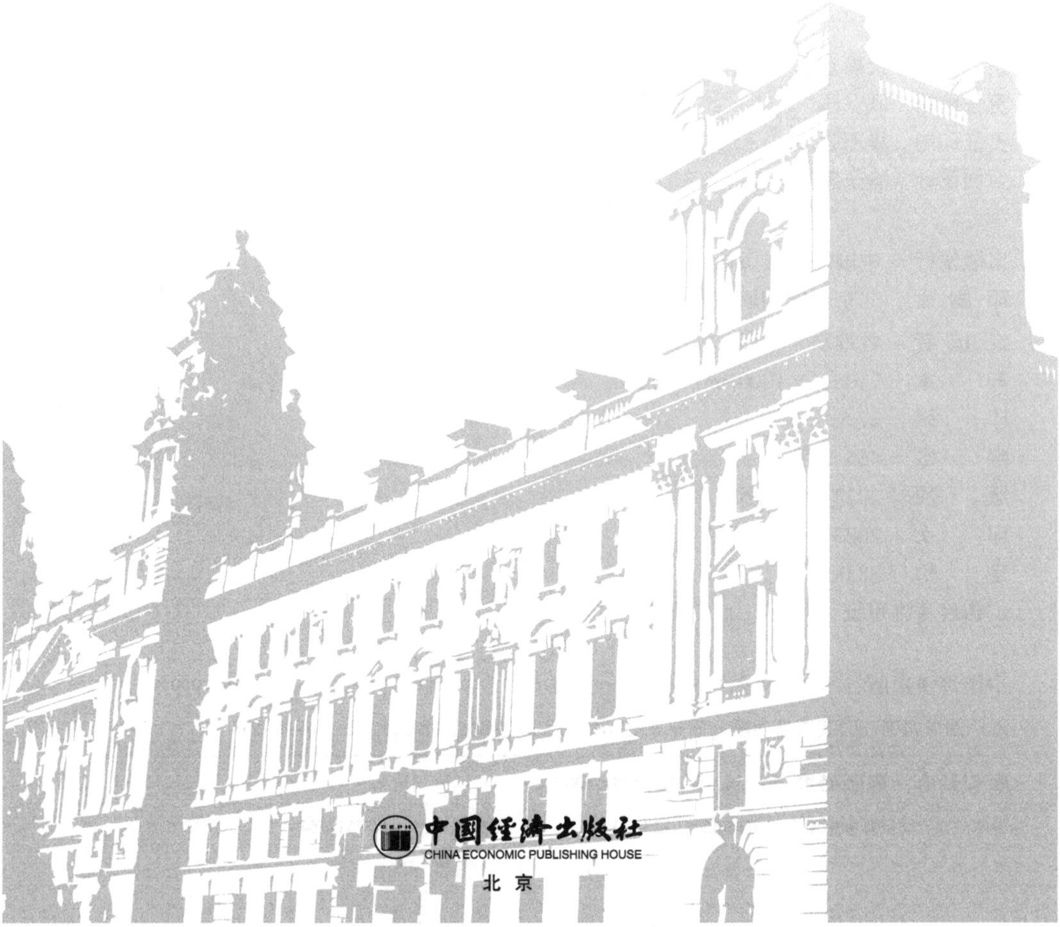

中国经济出版社
CHINA ECONOMIC PUBLISHING HOUSE
北京

图书在版编目（CIP）数据

西方财政思想史分析 / 李克强著 . -- 北京 : 中国经济出版社，2022. 5 (2023.11重印)
ISBN 978-7-5136-6906-1

Ⅰ. ①西… Ⅱ. ①李… Ⅲ. ①财政－经济思想史－西方国家 Ⅳ. ① F811. 9

中国版本图书馆 CIP 数据核字（2022）第 072291 号

策划编辑 余静宜
责任编辑 耿 园
责任印制 巢新强
封面设计 华子图文

出版发行 中国经济出版社
印 刷 者 北京建宏印刷有限公司
经 销 者 各地新华书店
开　　本 710mm × 1000mm 1/16
印　　张 27.5
字　　数 465 千字
版　　次 2022 年 5 月第 1 次
印　　次 2023 年 11 月第 3 次
定　　价 88.00 元
广告经营许可证 京西工商广字第 8179 号

中国经济出版社 **网址** www.economyph.com **社址** 北京市东城区安定门外大街 58 号 **邮编** 100011
本版图书如存在印装质量问题，请与本社销售中心联系调换（联系电话：010-57512564）

目　录

导　论

第一篇　重商主义时期财政思想

第二篇　古典财政思想

第三篇 新古典财政思想

导论

一粒种子，置入土壤之中，在特定的环境条件下，能够破土而出长出嫩芽，而后变成参天大树，这是因为有不可抑制的生命力，是因其具有内在力量。人类社会的发展如此，财政思想的演进也无不如此。

一、问题的提出

从事财政问题的研究与教学，学习和分析财政思想史是非常有用的。一是“古为今用，洋为中用”，从人类历史的财政活动中获取启迪，既可汲取其中有营养的东西以服务于现实，还可以在此基础上进一步发展、创新，完善财政理论体系。二是可以为现代财政理论寻求本源，也就是说，当代财政理论是从人类过往的实践中发展而来的，其中蕴藏着前人的才智。追根溯源，查明某一概念的来龙去脉，不仅可以从历史观点来理解、认知财政概念，弄清财政概念发展的脉络、逻辑，还可以丰富教学内容，使学生更好地理解和掌握财政理论的发展脉络，有益于教学。三是财政思想史中存有各种关于人类各个时期财政活动的文本、实物等资料，可使我们直接获得其中的“现象”、特定的知识活动，同时，通过对财政思想史的深入分析，我们还可从中获知不同时期人类的思维方法，而这也是对我们最为有用的东西。

可是，笔者在给学生讲授“西方财政思想史”时，有几个问题一直萦绕心头：不同时期的财政思想之间是何种关系，是孤立的还是相互关联的；研究财政思想史应采用什么方法；财政学科的性质是什么，是纯粹经济学的吗？具体来讲有以下几点。

第一，不同时期的财政思想之间的关系问题。是将财政活动演进过程中每一时期的财政思想看作孤立的、自在自为的存在，还是将不同时期的所有财政思想作为一个整体来看待？或者说，在财政思想史的写作过程中，是将不同时期的财政思想分开介绍、简单排列，还是将其作为具有内在联系并体现内在演进动力的一个整体？之所以提出这一问题，是因为我们不难发现，很多财政思想史的著述，只是介绍某个时期的财政思想，其中既缺乏不同时期财政思想之间的内在联系，也看不出财政活动演进过程中的内在动力，即推动财政思想不断发展的力量。而在笔者看来，这些才是财政思想史问题研究的核心。因为财政思想史是在人类活动过程中不断发展的历史，要用发展的观点来看待，既要认清财政思想发展变化的“现象”，又要认清这一“现象”背后的“原因”或“本因”，即什么力量在决定着财政思想的发展。实际上，这种力量还是源于内在因素，正是这种内在力量决定着财政思想的演进。所以，从整体上把握财政思想史的演进，既要弄清楚财政思想的基本内涵，也应弄清楚其演进的内在力量、逻辑。

第二，财政思想史分析的方法论问题。即观察财政思想史时所应遵从的方法，或者说应该用什么样的方式方法来观察财政思想的演进。一方面，财政思想史是一个独特的历史过程。财政并不是天生的、自然的产物，它是“人造物”，是人类在漫长的发展过程中为了自身需要而“创造”出来的一种东西。所以，财政思想是人类智慧的产物，凝结着人类的时代精神，由此，财政思想史的演进可以看作人类时代精神发展的产物。这样，就要将财政思想史置于人类社会经济发展之中来观察，或者说，财政思想是人类社会经济发展过程中的一部分，不仅与整个社会经济的发展同步，还受到它的影响、作用或约束。实际上，就是要遵从历史的方法，把不同财政思想的形成、发展以及财政活动分析方法的使用，与其所处的时代社会制度、经济发展环境相联系，把财政思想的形成、发展与特定时期的历史融合起来。另一方面，对财政思想史的分析实际上是对人类发展过程中留存下来的有关财政活动的文本、实物等资料的再审视、再分析，那么，该如何看待这些历史留存的文本、实物？或者说，我们依据前人留下的文本、实物等资料构建财政思想史时，应按照什么原则来把握、理解和解释这些历史资料？在“读者—文本—作者”这个结构中，将解释文本的权威赋予作者还是读者？这将影响到对留存文本的历史解读，也会影响到整个财政思想史体系的构建。

第三，财政思想史演进过程中体现的财政学科性质的问题。现在，一般是将财政理论、财政思想看作经济学性质，把财政学作为应用经济学的二级学科，财政被归入经济范畴，而且，大都按照经济学的分析范式来研究财政问题。为此，我们看到的大多数关于财政思想史的著述也都遵从经济学分析范式展开。可是，从财政起源来看，马克思主义认为，现代财政是随着国家的产生而形成的，财政作为国家的附属物而存在，财政的本质就在于实现国家的职能。而且，即便是纯粹市场主义的国家体制，财政的主体也是政府，目的也是实现国家的职能，促进整个社会福利最大化。而国家职能并非单纯的经济问题，还涉及社会、政治等诸多方面。所以，从社会科学的多学科属性角度来观察财政思想史，更合乎财政活动的发展规律，也会为当代人们思考财政问题提供依据。

上述这些思考是深入分析西方财政思想史的动机、逻辑起点，也是西方财政思想史问题研究的落脚点，即需要论证清楚的问题。这也是“分析”西方财政思想史的要义。

二、财政的性质

对财政性质的认知是分析财政思想的前提和基础。所谓性质，是指事物的特征、本质、本源等。财政的性质亦即财政是什么。根据马克思主义的观点，财政是伴随着国家的产生而产生的，国家的性质决定了财政的本质。这样，财政作为以国家为主体的分配关系，既是经济基础也是上层建筑。

（一）从研究对象的角度来观察财政活动的学科属性

财政学无论是在国内还是在国外，都被置于经济学门类之下，也就是财政学植根于经济学。实际上，如果我们观察人类历史的财政活动，不难发现，财政问题根植于社会的政治、伦理、道德以及结构之中，就学科属性来说，财政学可被看作多学科的综合体。而且，从财政史或财政思想史的角度来看，政府的财政活动既是经济学的问题，也涉及政治学和伦理学等其他学科的问题。财政学在重商主义时期具有综合性学科的特点，其中包含经济学、法学、政治学、伦理学、社会学等内容，到了 19 世纪末期才逐渐分化为一门具有技术性特征的经济学学科。单纯从实践来看，财政问题的多学科属性则并没有变化。“税收是财政学与公共行政学联手的地方。此外，财政学和公共行政学互为条件，构成了一门研究有机生活的更高学问的一部分，那就是有关国家、国家的伦理活动（即对社会而言的道德秩序）的理论。”[①] 由此，从财政活动的对象来看，财政呈现出经济财政、政治财政以及伦理财政等多种属性。

1. 经济财政

经济财政或财政的经济性，其内涵是将财政作为一种稀缺性资源，在公共财政资源配置过程中要使其实现效率或收益最大化。从财政思想史中不难发现，自重商主义、重农学派直至古典财政，作为政府职能之一的财政，其存在的根本价值就在于促进整个社会福利的最大化。重商主义财政思想的根本在于通过抑制性进口税收政策、鼓励性出口财政政策等来发展本国制造业，使国家强盛、富有，从而在国际竞争中处于优势地位。斯密批判重商主义财政思想，但他并不否定重商主义财政存在的目的，只不过认为自然自由市场更能有效地促进国民财政增进。斯密、李嘉图、密尔等将政府的财政活动置于政治经济学分析框架之内，也就是认为财政是建立于自然自由市场制度之上的行为，自然自由的市场体制可在使每个人获得最大化收益的同时使整个国民财富最大化，作为政府活动的财政无须过度干预私人经济活动，财政存在的目的就是弥补自然自由市场存在的问题，以保障自然自由市场进一步增进国民财富。继边际效用理论之后，马歇尔提出外部组织理论，尽管改变了人们对政府财政活动能否产生价值的认识，但并没有改变人们“相比于政府，自由市场配置资源更有效率”的认识。马歇尔认为的政府财政活动的目的与斯密完全相同。20 世纪 30 年代的西方经济危机改变了社会对自由市场的认识，强调政府在经济社会资源配置中的作用与价值，政府通过财政活动来促进经济发展的这一主线没有变化。

总之，近现代研究政府财政活动的出发点就在于促进国家社会总体福利水平的提高。当然，在不同时期，政府的财政活动在促进国民财富增进中扮演的角色不同。重商主义财政思想强调，政府财政活动在国家经济社会发展中具有主体性；而斯密的古典财政思想和新古典财政思想认为，政府的财政活动只是补充自由市场的失灵；凯恩斯财政理论也只是更加强调政府的财政活动对自由市场的弥补作用。

① 斯坦因．论税收［M］// 马斯格雷夫，皮考克．财政理论史上的经典文献．上海：上海财经大学出版社，2015.

2. 政治财政

政治财政或财政的政治性，是指政府财政收入与支出活动所遵从的政治程序，具体来说，就是对个体人、社会组织、团体以及政府等在财政收入与支出活动中所扮演角色和所处位置的制度安排，其中既强调财政活动参与者的权利，也考虑财政的公平性问题。从西方财政思想史来看，财政的政治性发源于边际效用理论诞生之后的欧洲大陆，即维克塞尔的“自愿且一致同意原则”思维。具体来说，针对政府提供公共事项的必要性或价值判断，斯密、马歇尔以及庇古等英美传统经济学家基于成本—收益分析方法，来观察公共资源的宏观效率，而维克塞尔则提出了别样的分析方法—— 一致同意原则。即维克塞尔也认为政府公共支出的目的在于促进整个社会福利最大化，但是，社会福利并不是整个社会的总量，而是社会每个成员的加总。社会福利是否增进，不是看其总量是否增加，而是要观察每个社会成员的福利是否都得到改善。只有每一个社会成员的福利都得以增进，才能认为社会福利得到改善。可见，维克塞尔的研究方法和研究对象已经超越了传统经济学的范围，正如其在《财政理论研究》中所言，“财政科学要时刻把政治条件铭记于心”。

曾任英国财政大臣的道尔顿在其 1922 年出版的《财政学原理》开篇就指出，“财政学是介于经济学与政治学之间的一门学科”[①]。也就是说，财政学并不完全属于经济学范畴。德国古典财政学家瓦格纳在其《财政学》中对财政的性质进行了论述，认为财政独立于私人经济活动，“更严格地说，在公共经济的常规运行中，或在其特别部分（如国营的农业、林业或矿业）的运行中，只有出现与私人经济运行情况不同时，财政经济才会提出特有的财政学问题”。财政活动独立于私人经济活动，其主体是国家、政府。“财政经济的特殊性，由它所需实现的功能决定，即供给国家（最高形式的强制性集体经济体）必要的资源并对这些资源加以运用。”而且，财政活动“在通常情况下，这么做是为了经济整体，或者是出于社会的或政治的原因，这些原因才是决定性的”[②]。由此，财政活动，与其说是经济活动，体现着经济理论，不如说是作为主体的国家的活动。财政学是关于国家管理经济事务或公共管理的理论。

① 道尔顿．财政学原理［M］．周玉津，译．新北：正中书局，1954：3.

② 瓦格纳．财政学三论［M］// 马斯格雷夫，皮考克．财政理论史上的经典文献．上海：上海财经大学出版社，2015.

宪政经济学家布坎南在《民主财政论》中指出，“财政制度是广义政治宪章的一个组成部分”，并指出“财政学作为一门科学，处于严格意义上的经济学与政治学的分界线上，是政治的经济学”。“对统治者的控制，一直是通过对征税权的约束来实现的”，“如果对收入的用途没有约束，收入就会变得等同于政府决策者的私人收入”，所以，要通过一定的政治程序来约束政府，即要将政府的收入与支出活动严格约束在一定的制度和法律框架之内，而制度和法律框架的构成，或者说，设计怎样的制度和法律框架，对每个人的利益尤为重要，进一步来说，这些约束政府收入与支出活动的制度和法律框架由谁来制定，尤为重要。由此，基于民主方式来完成政府财政活动的制度和法律框架建设是最佳方式，可以达成人民对政府财政活动的满意或实现财政活动的帕累托效率。所以，在布坎南的思想里，财政学是一门关于政治决策程序的科学，是新政治经济学。

现代财政学的集大成者马斯格雷夫提出财政的配置、分配和稳定三大职能，即财政的作用在于弥补市场在社会经济发展中的失灵问题，强调财政的经济作用。但是，他也强调财政问题的决策过程，《财政理论与实践》中第七章直接将财政学称为“公共选择与财政政治学”，即财政学具有政治学的性质，并且开篇就讲，“我们已反复论述过，预算决定与其说涉及到市场作用，不如说是一种政治进程。……个人对财政问题的见解如何表达出来？这些见解如何转为政治行动？各种选举制度如何起作用？党派和各联合组织的作用是什么？决策过程究竟是反映了公共意愿，还是政府意志的强加？什么是预算决定的内在倾向性？虽然从传统上看，这些问题与其说是归入经济范围，不如说是属于政治学，但是，在从事预算决定时，都必须运用这两门学科的原理”①。财政学既是经济学范畴，也具有政治学属性。

张馨关于财政学学科性质的论述颇代表国内财政学界的观点。张馨从道尔顿的《财政学原理》、庇古的《公共财政学研究》等著作中认识到，“现代西方财政学尽管从根本上看属于经济学，但又具有经济学与政治学交叉学科的性质，将其视为纯经济学科的看法，显然是缺乏说服力的”，但同时也提出，“不管是主张财政学具有何种学科性质，西方财政论著都必须对财政问

① 马斯格雷夫．财政理论与实践［M］．北京：中国财经出版社，2003：8.

题进行大量经济分析，因而必然要受到当时流行的经济学价值理论和概念影响，必然或迟或早地按照已变化了的经济学价值理论和概念来修正与重构自身的理论体系”。也就是，“财政学从根本上看属于经济学，但又包含有一定的政治学内容，是经济学与政治学的交叉学科”①，即财政学是具有某种政治学属性的经济学，归根结底是经济学的一个分支。

陈共基于《中共中央关于全面深化改革若干问题的决定》提出的“财政是国家治理的基础和重要支柱，科学的财政体制是优化资源配置、维护市场统一、促进社会公平、实现国家长治久安的制度保障”的论断，对财政学的研究对象重新进行了思考、界定，认为“我国财政理论界对财政学对象的研究是有成果的，但也存在着一定的倾向，主要是侧重或限于经济这个侧面，忽视政治这个侧面，重视从经济学角度研究财政学，轻视从政治学角度研究财政学，强调财政学是研究财政运行规律，忽视财政收支治理的实践”②。财政不仅关乎财政的收入与支出的规律，还涉及对财政收入与支出的治理，即国家治理的范畴，所以，“财政是经济与政治的交汇点，财政学是经济学和政治学（含法学）的集合体，就财政的本义而言，经济和政治不存在孰轻孰重的问题，在财政学中财政规律的理论与财政治理的财税体制是不可或缺的两个有机组成部分，这是财政学的带有本质性的一个特征”。实际上，陈共认为，财政学不仅带有政治学的属性，而且与经济学相比，具有同等重要的地位或价值，或者说，财政学既不属于经济学，也不属于政治学，而是经济学与政治学的交叉学科。

总之，在人类实践过程中，财政从未脱离社会、政治而独立存在，财政思想既来源于财政实践，也以财政实践为对象和目标服务于现实，并形成与财政实践密切相连的财政理论。

3. 伦理财政

关于财政的伦理性，黑格尔在《法哲学原理》中，将“市民社会”和“国家”看作“伦理”范畴。黑格尔认为：“伦理就是成为现存世界和自我意识本性的那种自由的概念”，“整个伦理既有客观环节，又有主观环节，……在客观的东西中充满着主观性”。③就客观性来说，伦理表现为在一定社会组

① 张馨．西方财政学理论基础的演变及其借鉴意义［J］．东南学术，1998（6）．
② 陈共．财政学对象的重新思考［J］．财政研究，2015（4）．
③ 黑格尔．法哲学原理［M］．北京：商务印书馆，1962：164–165．

织制度中体现出的个人与社会之间的关系；从主观性来看，伦理是社会中人们普遍存在着的主观意识，具体表现为社会的文化传统、心理特征、价值观念等。由此，从主观与客观相统一的角度来说，伦理就是这两个环节的融合与统一，即社会中人们对社会文化、价值观等的普遍意识体现为具体的社会制度、社会组织秩序。

那么，财政的伦理性指的就是政府的财政分配活动中呈现出的社会关系。具体来说是指，政府设立税收制度或具体设立某一税种时，从人与人之间的关系角度来衡量或考虑各自的纳税水平，将财政收入与财政支出的公平、正义作为价值本身来考量。

实际上，重商主义以来各种学派的财政思想都离不开对正义、公平的讨论，对正义、公平的认知也在不断精进。重商主义时期的配第以及古典学派的斯密、密尔等在讨论政府如何征税时，首要原则就是公平原则，他们认为每个人都应纳税而且政府应按照每个人所拥有的财富成比例地征税。边际效用理论的财政思想内含的公平、正义，一方面，延承并深化了古典学派的公平理念，将税收公平细分为绝对牺牲均等、比例牺牲均等以及边际牺牲均等；另一方面，以维克塞尔、林达尔为代表的瑞典学派基于“自愿且一致同意原则”，认为要保护每个人的权利和利益，将个人纳税的牺牲与从政府那里获得的收益统一起来考虑，认为只有当每个人因纳税而导致的边际牺牲等于从政府提供公共产品和公共服务中获得的边际收益时，才是公平、正义的。

凯恩斯及其后的现代财政思想都注重对财政收入与支出过程中公正问题的探究，在现代社会理念下，财政的公平、正义增添了新内涵。一方面，在平衡纳税人赋税牺牲与获取公共服务收益的同时，更加注重税收在社会成员收入分配中的作用，即不仅要基于某种赋税牺牲来设计税收制度，更重要的是要通过课税使社会成员之间的收入与财富占有趋于均衡（基尼系数变小）。另一方面，罗尔斯的正义论思想影响和渗入政府公共资源的供给之中，认为每个社会成员不仅拥有平等的获得公共资源的权利和机会，而且，在保障前述权利和机会的前提下，公共资源应更倾向于境况最糟糕的群体，只有增进这个群体的社会福利，社会才会更加公平、正义。

总之，财政思想在演进过程中都会基于特定社会理念而提出相应的公平、正义原则，或者说，公平、正义已成为财政理论的题中应有之义。

4. 财政的社会学

20世纪初，财政社会学逐渐成为一门新兴学科。20世纪以前，人们普遍认为，作为逐渐从经济学分化出来的财政学，隐含着法学、政治学以及经济学的理论基础。特别地，此时的财政学，只是针对财政本身或其内在的收税方式、税收中应遵从的基本准则、公共产品的定价及其他纯理论问题展开研究，即所谓的财政学的“技术化”思维。而20世纪初第一次世界大战之后，欧洲经济陷入混乱、财政紧张，单纯“技术化”思维下的财政理论无力解释现有的经济现象，也无力解决现实中的财政困难问题。面对这种状况，葛德雪（Rudolf Goldscheid）、熊彼特（Joseph Alois Schumpeter）等有一种基本的认知：经济学、政治学和伦理学基础下的财政学存在着内在缺陷，“目前最为严重的缺陷是，在社会科学领域中缺少财政社会学理论，因而让财政问题的研究始终缺乏社会学的基础”①，即忽视了社会经济结构对财政关系的影响，忽视了财政关系与社会经济结构之间的内在有机联系。

为此，葛德雪在1917年发表的《国家社会主义还是国家资本主义》一文中批判了财政学的技术化倾向，提出要建立财政社会学，在1925年发表的《财政问题的社会学研究路径》中进一步提出如何从社会学的视角来研究财政学，认为不能想当然地认为国家、政府、社会与其所形成的社会经济制度就是自然的善、正义，或体现着人性目的，实际上，这些价值判断只有建立在社会结构基础之上，才会有客观的基础。“只有社会学才能说明，社会条件是怎样决定公共需要的，怎样决定满足公共需要的方式的（以更直接或更间接的手段），以及社会模式与演进进程是怎样最终决定性地塑造公共支出与公共收入之间的内在联系的。”② 因此，社会学方法是财政学理论的客观基础，是财政学的支柱之一。

财政社会学的根本要义在于理解财政活动或财政关系与社会结构之间的内在联系。纵观世界各国的时代更替，一个时代结束、新时代到来之时，往往是原有的财政体制发生危机之时，并且，此时财政活动对时代的作用表现

① 葛德雪．财政问题的社会学研究路径［M］// 马斯格雷夫，皮考克．财政理论史上的经典文献．上海：上海财经大学出版社，2015.

② 葛德雪．财政问题的社会学研究路径［M］// 马斯格雷夫，皮考克．财政理论史上的经典文献．上海：上海财经大学出版社，2015.

得极其明显。“收集不带感情的、未经修饰的事实现在仍被看作社会学研究的工作，葛德雪（Rudolf Goldscheid）的突出贡献在于第一个将这一要求运用到对财政史的研究中，他认为：‘揭开一切误导性的意识形态，预算才是一个国家的骨骼（skeleton）。’”①

熊彼特认为，财政在国家治理中起着至关重要的作用。“在一个国家的历史中，财政史是最为基本的。为了满足国家需要对经济进行的抽取及其使用的结果对国家的命运产生了极大的影响。在有些历史时期，由财政需要和国家政策产生的对经济发展、所有的生活方式及文化的所有方面的直接影响实际上可以解释各种事件的一切主要特征。对大多数历史时期，它都提供了这样强大的解释力，只在极少数的历史时期它才显得无能为力。如果忽略了这一点，我们将无法理解我们的产业组织的实际情形。我们的民族被国家的财政压力所塑造。”② 财政动机决定着经济政策，“财政措施却创造和摧毁了产业、产业形式和产业领域，并且通过这种方式直接对现代经济大厦的构建（和畸变）和现代精神的产生发生作用”。而且，在人类历史中，无处不存有财政的痕迹、财政的影响：“一个民族的精神，以及它的文化水平、社会结构和政策预示的行动等，所有这些甚至更多的事情都是由财政史所书写，都留下了财政的痕迹。”③

总之，从研究对象来看，政府的财政活动问题不仅要研究如何将稀缺性的财政资源效率最大化，还要研究稀缺性财政资源如何在社会成员之间平等分配、应如何设置其中所遵从的规则，以及财政活动与社会结构之间存在着怎样的互动关系。这样，财政问题包含着经济学、政治学、伦理学以及社会学的学科属性，这些共同构成了财政理论问题的研究对象。

（二）从财政活动的主体性角度来观察财政性质

“主体”“主体性”作为历史范畴，不同学者对其有不同的理解。古希腊学者亚里士多德在《范畴篇》中认为，“主体”表示某种特性、状态和作用的承担者，意指一切性质、变化或状况的载体，实际上是“基础”或“实体”的

① 熊彼特《税务国家的危机》。此文来源于网络，下同。

② 熊彼特《税务国家的危机》。

③ 熊彼特《税务国家的危机》。

意思。黑格尔认为，实体即主体，“实体作为主体，本身就具有最初的内在必然性，必然把自己表现为它自在地所是的那个东西，即把自己表现为精神”。[①]实体自身具有能动性：作为主体的实体，自身具有内在的发展力量，是活的；发展运动中的实体，是在内在力量的作用下自我否定、自我扬弃，且螺旋式上升的过程。马克思也曾在亚里士多德意义上使用“主体”概念。他在《神圣家族》中指出“物质是一切变化的主体”[②]，并进一步继承和发展了黑格尔的主体性思想，认为“整个所谓世界历史不外是人通过人的劳动而诞生的过程，是自然界对人来说的生成过程”。这里主要表达了两层意思：其一，人是现实历史的主体；其二，人的主体地位是通过劳动得以确立起来的。马克思与黑格尔的区别在于，马克思认为人能够改造自然，世界是人的劳动对象。

总之，按照马克思主义关于主体性观点，人是社会的主体，财政的主体性体现为人作为能动的主体决定着财政活动及其演进。这样，财政作为人造物，与人之间就存在着客体与主体的关系。主体是在事物相互作用过程中具有能动性、主动性的一方；客体是主体的对象，是被动的、受动的一方。财政活动中，作为主体的人与作为客体的财政之间存在着辩证关系，财政正是在这种对立统一的辩证关系中不断演进。具体来说，①作为财政主体的人与作为客体的财政本身之间存在着改造与被改造的关系，人基于自身内在意志对财政进行塑造，并通过这种塑造使自己获得主体性的满足。②人对财政分配关系的改造建立于主体人对财政活动规律的认知、理解基础之上，也就是说，人只有认识了财政活动规律，才能对其进行塑造，使其满足人的主体性的要求。③主体的人与客体的财政活动之间存在着相互作用，人通过认识财政来塑造财政分配关系，体现着主体的主体性，但这种主体性受到财政本身内在规律的制约，具体表现为财政本身也有其“主体性”：财政一旦被人塑造出来，就会按照其内在性质而客观运动。因此，应遵循这一客观规律。

可是，财政的主体问题是财政理论到目前为止尚未解决的问题。一般教科书都认为，财政的主体是国家或政府。可是，有以下三个问题值得讨论。①从现象界来看，财政作为国家或政府的收入与支出的行为，现象上表现为

① 黑格尔．精神现象学：下卷［M］．北京：商务印书馆，1979：269.

② 马克思恩格斯全集：第2卷［M］．北京：人民出版社，2006：164.

国家是财政的主体。可是，国家是自然人的集合体，从本质上看，组成国家的个人是否是财政的主体？②国家与个人之间的关系。现实生活中，表面上我们看到的是国家或政府主导着财政活动，那么个人在财政中扮演什么角色，个人是否参与财政活动，如何参与，参与程度如何，什么准则决定着个人的参与？③国家或个人主体性下财政活动的有效性问题。财政活动在何种条件或环境下起作用，是否能达到预期？

实际上，这些问题已完全超出了纯财政学的范畴。要回答这些问题，必须从国家起源理论、公共活动的性质以及国家或集体在财政中的价值等方面来寻求答案，即要从社会学、政治学以及伦理学中寻找思路。实际上就是用社会理论或政治理论来观察财政问题。1917 年，葛德雪针对第一次世界大战后奥地利千疮百孔的经济社会状况，思考奥地利该走一条什么道路，写下了《国家社会主义还是国家资本主义》一文，其中提出了财政社会学的概念；熊彼特论证了税务国家的产生及其危机；帕累托等学者也都从社会学角度或运用社会学理论阐释了财政学的本源问题。但财政社会学这个领域实际上并未被完全发展起来。尽管如此，我们还是得以从这些研究中发现其中的一个基本命题：财政问题即国家问题。为此，需要进一步从社会学视野来观察财政的主体性问题。

三、西方财政思想史分期及其演进脉络

财政思想的演进具有时代性，是生产力发展到一定阶段的必然结果，并非某个“天才”的独创或突发产生的思想。财政思想总是体现为实践的产物，是社会发展实践认识的归纳总结与升华。一般来说，财政包含着历史范畴，是社会生产力发展到一定程度、与之相适应的社会生产关系发展到一定阶段的产物。在原始社会，没有近现代意义上的财政，只是有了近现代财政的“萌芽”。随着社会生产力水平的发展、民族国家的产生，财政得以产生，并且，在不同经济形态和政治形态下形成了不同的财政制度。

国家财政始于民族主权国家的产生，或者说，民族国家形成之后，与之相适应的国家财政才开始出现。而近现代国家财政理论的形成则是在 16 世纪封建社会晚期的重商主义时期。而且，我们认为，近现代财政思想自重商

主义之后经历了三次革命：第一次是亚当·斯密财政思想对重商主义财政思想的革命，第二次是边际效用理论的财政思想对斯密古典财政思想的革命，第三次是凯恩斯对边际效用理论财政思想的革命。由此，可以将近现代财政思想分为四个时期：①重商主义时期财政思想，包括以托马斯·孟等为代表的英国重商主义、以科尔贝为代表的法国重商主义以及德国旧官房学派（cameralism）；②古典财政思想，以斯密的《国民财富的性质和原因的研究》（简称《国富论》）为开端，直至密尔的《政治经济学原理》，其中还包括李嘉图、萨伊等；③新古典财政思想，以杰文斯、门格尔和瓦尔拉斯的边际效用理论为基础，包括以马歇尔、庇古等为代表的英美财政学派，以萨克斯、维克塞尔等为代表的意奥财政学派，瑞典学派以及德国新官房学派；④凯恩斯主义财政思想，20 世纪 30 年代凯恩斯的《就业、利息和货币通论》后形成的相关财政理论体系。

这里讲的“革命”，并非推翻重建或从头再来，其中蕴含着扬弃、继承与发展。扬弃那些与新的社会经济关系、生产力发展水平不相适应的成分，继承旧社会经济关系中合理的、有用的东西，发展出与新社会制度、生产力水平相一致的成分，或者说是将旧的传统社会中合理、有用的成分与新的生产力水平、新的社会制度所决定的成分相融合，形成一种全新的思想体系。总之，每一时期的财政思想总是根植于这个时代的沃土之中，社会经济环境发生变化，财政思想也会相应地发生变革，其革命就意味着在扬弃与社会生产力发展相左的东西的同时，继承原有制度中合理的成分，并由此发展出新的财政思想体系。

（一）斯密古典财政学派对重商主义财政思想的革命

斯密作为自然自由市场经济学体系的创建者[①]，对重商主义和重农学派的财政思想进行了“革命”，创立了基于自由市场经济体制的财政理论体系。

重商主义财政思想根植于封建社会晚期向资本主义社会过渡时期，此时手工业已然相对发达，出现了以机器大工业为核心的资本主义萌芽。重商主

① 马克思认为，魁奈是政治经济学的创立者，斯密的经济学是建立在自然自由市场基础上的，因此我们更愿意将斯密看作现代自由市场经济学体系的创建者。

义的财政思想建立在民族主权国家兴起的基础之上，这就决定了重商主义财政思想的核心就在于要使民族主权国家在国家间的竞争中处于优势地位，将国家视为一个整体来看待社会发展问题。

重商主义财政思想在欧洲普遍存在。如果说重商主义的发源地——英国的国家干预政策主要是在工商业中的大商人与国会的共同推动下产生、形成的，那么法国的国家干预政策则完全是由法国政府主导、推动的。

首先，斯密对重商主义财政思想进行的革命，核心在于反对其国家干预思想。斯密的自然自由市场突破了重商主义思想中关于市场有限性的假定。重商主义认为，世界市场的消费量是一定的，一个国家拥有更多的市场份额就意味着他国市场占有的减少。显然这是一种狭隘的市场观。正是这种狭隘的市场观，决定了重商主义认为为了民族主权国家的利益，应该通过国家主义原则来获得更广泛的国际市场和保护国内市场。而斯密基于对分工专业化的理解，认为在自然自由交换机制下，国家之间的交易活动如同人与人之间基于分工的交换一样，其市场范围、市场容量会不断扩大，国家在彼此之间的自由交易过程中都会获益。

为此，斯密及其古典学派扬弃了国家干预主义思想，反对政府运用财政手段干预经济活动，提出政府支出除了君主自身的费用外只需用在三个方面：一是为了抵御外来侵害的国防支出；二是为了稳定国内社会经济秩序的行政司法管理支出；三是为了便于开拓市场的基础设施和教育支出。其他事务将完全由自然自由的市场来解决，即在受政府规则和社会伦理道德规范的前提下，由人们按照自然自由的原则决定和选择各自的行动。实际上，斯密扬弃了重商主义和重农主义强调的国家或政府在经济社会活动中的主体性地位，以及市场在其中扮演的从属性角色，构建了政府与市场二分法：市场在政府规则和社会伦理道德规范下调节经济和资源配置，政府则弥补市场所不能解决的一些问题。

斯密扬弃重商主义国家干预主义思想的分析前提，在于个人主义研究方法。重商主义产生的基础是民族主权国家，重商主义政策的出发点是国家利益、国家权力，不是个人的利益。斯密基于自然法对人性设定的基础，提出个人的经济行为和选择可自行调节，在使每个人利益最大化的同时，也会促进整个社会福利的最大化，个人利益与整个社会福利存在着内在一致性。可见，斯密不再以国家整体作为分析对象，而是尊重每个人的自由选择，政府不能干预每个人的选择、行动。斯密的这一个人主义研究方法直至当代依然统治着英美经济学体系。

由此，我们不难发现斯密的财政职能与重商学派、重农学派的财政职能之间的差异。重商学派和重农学派的财政职能在于通过国家活动来促进国民财富的增进，而斯密则将财政看作弥补市场失灵的手段，扬弃了财政活动对国民财富增进的直接作用，将财政置于实现国富民强的次要地位。

当然，斯密也并非绝对的反政府干预主义者。斯密的自然自由市场观中含有“重商主义”的色彩：“如果骤然撤废高关税与禁止，较低廉的同种类外国货物，即将迅速流入国内市场，把我国千千万万人民的日常职业与生活资料夺去。由此而引起的混乱，当然很大。”[①]可见，斯密也认为政府应运用税收手段来保护国内市场，特别是运用关税刺激国内产业发展。“征收汉堡亚麻布进口税，可阻止这种布匹大量的进口，并且使更多的亚麻布在国内生产出来。”同样，“使用法律或章程把价格抑低到自然价格之下的措施，只可用之于出口货，……通过这种补贴，麻布就可能出口贩卖。……政府对售四十先令以下的一夸特的麦，每夸特给五先令补贴。由于人民兑付了八分之一的价格，麦就能够以便宜这么多的价格在国外市场出售”[②]。

斯密除了秉承重商主义关于人性的假定、配第的劳动价值论及其财富观，还继承了重农学派创始人魁奈的生理解剖分析方法和自然秩序法则。就研究方法而言，一方面，斯密采取了“内部联系的考察”[③]，就是将研究对象看作一个整体，考察事物内部各要素之间的相互关系。具体来看，斯密在分析财政活动时，将财政支出、财政收入等看作一个整体。比如，斯密将农业与工业发展联系起来，认为一个国家制造业越多，农业就越发展；反过来说，凡是抑制制造业发展的，同时也必然会使农业发展受到阻碍。又如，斯密认为，政府课税不仅是税收收入本身的问题，还涉及最终由谁来承担税负、是否会引起商品价格上涨、是否会产生不公平等问题。这实际上就是魁奈的生理解

① 斯密．国民财富的性质和原因的研究［M］．北京：商务印书馆，2008：40.

② 坎南．亚当·斯密关于法律、警察、岁入及军备的演讲［M］．北京：商务印书馆，2011：199.

③ “内部联系的考察”研究方法可参见王亚南在1965年为斯密的《国富论》再版而写的“改订译本序言”。王亚南指出斯密研究方法的二重性：一是内部联系的考察，二是外部现象的考察。

剖方法，“应当从整个联系中来观察法国农业，否则就不可能对它获得清楚和完全的概念，并很容易得出庸俗的诊断”[①]。另一方面，斯密的分工理论和交换理论无一不是建立在人的自然本性的基础上，认为人的本性中存在着交易的倾向，而且从道德伦理上说总是以自身的利益为追求的目标，激励着人们不断地分工与合作。或者说，在斯密看来，分工、交换等都是自然的选择过程，而非人类有意识的创造。这与魁奈的自然秩序法则完全一致。魁奈认为，人类社会同自然物质世界一样，存在着不以人们意志为转移的客观规律。马克思将重农学派看作政治经济学“真正的奠基人”，认为“魁奈医生使政治经济学成为一门科学”[②]，“重农主义者开拓了道路，使斯密和此后 100 年间所有的学者沿着它前进”[③]。这一论断在很大程度上是基于魁奈的方法论。可见，斯密“内部联系的考察”的研究方法以及自然秩序法则等都是从重农学派那里继承和借鉴过来的。

斯密的财政思想在重商主义、重农学派的基础上形成，也在批判重商主义、重农学派中形成了自己的学说体系。

斯密对财政理论的最大贡献在于，自然自由市场制度下的财政理论体系化、概念化了财政理论。一般认为，斯密是现代财政学的奠基人，其《国富论》是现代财政学的奠基之作。可是，斯密之前已然有了关于财政理论的全面论述，比如威廉·配第的著作《赋税论》被马克思认为是一部“十分圆满的、浑然一体的著作”[④]，与其另一部著作《政治算术》一同建立起了类似于现代财政的理论分析框架：以政府为主体的财政收入与财政支出及其二者的关系。政府有责任提供相应的公共产品和公共服务，并因此向社会征税，征收赋税的目的在于“各项公共开支”，即政府为了提供公共产品而向公众征税，税收是为满足公众对公共产品的需要而筹集的经费，税收与公共产品是相对应的。具体来说，政府支出重点在六个方面：国防费、行政管理费、宗教事务费、教育费、社会救济费以及基础设施建设费；政府赋税的原则应体现在五个方面：公平原则、效率原则、受益原则、确定原则以及经济效应原则。

---

① 魁奈．租地农场主论［M］// 魁奈经济著作选集．北京：商务印书馆，2011：1.
② 马克思恩格斯选集：第 1 卷［M］．北京：人民出版社，2012：217.
③ 季德，利斯特．经济学说史［M］．北京：商务印书馆，1986：14.
④ 马克思恩格斯文集：第 9 卷［M］．北京：人民出版社，2009：246.

由此我们不难看出，配第的财政理论框架与斯密的财政理论框架极其相似，那为什么不将配第作为现代财政理论的奠基人呢?

这是因为，斯密与配第财政理论的前提和基础存在差异。配第财政理论框架的基础是重商主义时期的民族主权国家主义，而斯密财政理论框架的基础则是自然自由市场体制，而斯密之后的主流经济学理论大都基于自由市场经济体制来进行逻辑思维。由此，我们将斯密的财政理论看作自由市场经济体制下现代财政理论的奠基之作，而以民族主权国家为前提的重商主义，显然不符合英美自由主义的理念。

总之，斯密对重商主义和重农学派的财政思想进行了一次“革命”，既有扬弃也有继承，并由此发展和构建了自己的古典财政理论体系。

（二）边际效用理论对斯密古典财政理论的革命

杰文斯、门格尔和瓦尔拉斯创立的边际效用理论不仅是对古典经济学的革命，还对财政理论产生了革命性的影响，使财政理论向着不同的方向发展，衍生出不同的理论体系。具体来看，一是马歇尔、庇古和道尔顿等的英美财政体系；二是意奥财政体系，又可分为政治财政、社会财政以及经济财政；三是德国官房学派。

边际效用理论对斯密古典财政学的革命，一是扬弃其财政思想的理论基础——对财富及其价值观的认识。斯密古典学派认为，财富来源于劳动、土地和资本，财富的价值由其中凝结的劳动量来衡量；边际效用理论认为，商品的价值取决于其稀缺程度和有用性，稀缺性的东西给人们带来的满足程度越高，其价值就越大。二是扬弃了斯密古典财政学派关于政府收入与支出的二分法。斯密、密尔等古典经济学家将财政收入与财政支出分开来讨论，认为税收的目的就在于满足政府财政支出的需要，或者说，将税收看作一种纯财政目的，筹集财政收入就是为了满足政府支出需要。同时，古典学派将税收看作一种损失、牺牲，认为政府的支出活动不产生社会财富，所以政府支出应尽量少，由此，其所需要的税收也不能过多。马歇尔、庇古、道尔顿等新古典学派认为，税收从纳税人角度来说是牺牲、损失，但这种牺牲要与税收的收益联系起来，看作政府组织活动的一种形式，从整体上来衡量是否有益。

1. 英美财政体系对斯密古典财政学的继承与发展

马歇尔在价值理论上将传统的古典经济学中的供给决定理论与边际效用理论中的需求决定论结合起来，形成了均等价格理论；在分配理论上，将古典经济学中的生产三要素扩充为劳动、资本、土地和工业组织四要素，将工业组织又分为内部组织和外部组织。马歇尔的内部经济就是通过企业内部的有效组织、协调而使效率提高；外部经济则是企业外部的组织活动改善了生产活动环境而使企业效率提高。马歇尔同斯密一样，认为政府应提供交通等基础设施、教育以及劳动者健康等，但是，关于政府提供这些公益设施的根据，马歇尔的观点则与斯密不同。在马歇尔看来，政府之所以提供这些公益设施，并不完全是因为市场不能够或不愿意提供，根本还在于政府提供这些外在于企业内部生产组织活动的有益品能够产生外部经济。可见，马歇尔的"外部组织"概念完全不同于斯密古典时期认为的"政府活动是基于市场失灵"，马歇尔强调的是政府提供的东西是"有用"的，即会对社会产生"外部性"。

马歇尔在《经济学原理》中提出的"外部组织"概念，为庇古、鲍莫尔以及道尔顿等后来者的政府干预理念提供了依据，由此也转变了财政思想的来源：政府支出活动并不完全是非生产性的、不创造社会价值的，相反，政府支出不仅创造社会财富，还为私人经济提高效率提供基础性保障。这样一来，政府支出活动并不是越少越好，而是要能够满足社会经济发展的需要。庇古沿着马歇尔外部经济与内部经济思想，构建起外部性理论，扬弃了斯密"看不见的手"，将自由市场置于政府之下，以此来说明政府为什么以及该如何干预社会经济生活。

现代税收原则中首要的是公平原则，而其中量能原则更是居于首位。实际上，从重商主义开始就一直崇尚这一原则，但"量能"的内涵发生了极大的变化。"量能"含义发生变化的背后是其中所蕴含着的思想发生了变化，即价值准则发生了变化，或者说，量能的目的是什么发生了变化。配第的量能原则是："不管赋税多么沉重，只要政府一视同仁，对所有人都按照合理的比例征收，那么人们都不会因为承担了赋税而使自己的财富减少。"即政府税收应对所有人按照同一比例进行课征，这样，人们的贫富程度相对不变，即便课税也保持了人与人之间原有的财富比例关系。像绝大多数重商主义者一样，配第的课税量能原则中体现着受益准则，即应该根据个人从国家的受益课税，而衡量个人受益的指标就是个人的支出，“人事实上的以及真正的富有，取决于他吃的、喝的、穿的，或者其他真实的及实在的享用，……而且人应该据此缴税”。

斯密的量能原则与配第一样，公平、正义的要义在于收入的比例，也可以说，斯密继承了重商主义税收的量能原则。密尔的量能原则较之斯密更为具体，提出了赋税公平应总量牺牲均等。埃奇沃斯的量能原则是边际牺牲均等。庇古的量能原则把均等牺牲说发展成最小牺牲说，并认为最小牺牲原则是税收的最高原则。

2. 意奥财政理论体系对斯密古典财政学的继承与发展

基于边际效用理论，意奥学者突破了政府不产生财富的理念，将政府财政活动的非生产性转向为具有生产性价值，并且对公共经济或国家经济产生了新的认识。他们认为，国家经济同私人经济一样，也要追求资源的最大化利用，以取得社会最大化效用。由此，财政理论获得了新发展。意奥学者的财政理论分化为三个方向。

第一，建立起了公共服务与税收之间的均衡关系。基于瓦尔拉斯一般均衡思想的财政收入与支出均衡理念，建立起公共服务需求量与税收分担之间的均衡关系。具体来看，运用边际主义分析方法，分析了关于公共供给与公共需求的均衡理论，这既是对斯密古典财政学派公共需要思想的进一步发展，也代表着现代公共产品理论的开始。特别是马佐拉提出了公共产品的基本特征：消费公共产品的不可分割性和成本的整体性。萨克斯将经济学的成本收益分析范式应用于财政收入与支出的分析之中。

第二，政治财政学的构建。潘塔莱奥尼的财政思想也正是从这两个方面的问题切入并展开的。即一方面，潘塔莱奥尼基于效用价值理论，认为国家提供的公共服务能够给人们带来效用，国家不仅是消费主体，也是生产主体，能够为社会提供价值。另一方面，国家公共支出涉及两个问题：一是由谁来安排的问题，在民主国家中大都由集体来选择、决策，这无疑是政治学的任务；二是涉及作为稀缺性资源的公共支出的支出效率问题，这是经济学的任务，特别是要判断国家公共支出产生的效率——不只要看公共支出带来的效用，还应将公共支出带来的效用与税收所产生的牺牲统一起来考虑。这样，财政支出问题就不单单是政治学的问题，而应是政治学与经济学交叉的产物。总的来说，潘塔莱奥尼运用边际主义分析方法将财政支出与税收统一起来，作为一个整体，基于政治学与经济学交叉的角度，研究财政支出的结构、方向。

维克塞尔针对公共产品供给、税收课征等公平、正义问题，提出财政正义的原则：自愿且一致同意。作为维克塞尔的学生，林达尔继承了这一财政思想，并进一步发展认为，公共产品的供给或税收的课征须每个人自愿且一致同意，公共支出的数量以及与此直接相关的税收分担是财政决策政治均衡的根本。为此，林达尔沿着维克塞尔的逻辑进一步分析了公共支出数量和税收分担的决定问题。

意奥财政学派的政治财政理论不仅开辟了财政思想的新方面，还为布坎南的公共选择理论指明了方向、奠定了基础。正如布坎南在 1986 年诺贝尔经济学奖获奖演说中讲到的，“我的职业生涯中最激动人心的时刻，是一九四八年在芝加哥古老的哈普（Harper）图书馆发现了尘封已久、尚未被翻译成英语的克努特·维克塞尔的论文《财政理论研究》”，“从那一刻开始，我下定决心要将维克塞尔的贡献向更多的人推广，并立即开始着手翻译工作”。1955 年至 1956 年，布坎南到欧洲大陆游学，亲身感受了欧洲政治财政思想的内涵，进一步坚定了投身公共选择理论的研究与建设的决心。

第三，财政社会学或社会财政思想。1917 年，葛德雪在思考奥地利第一次世界大战后走一条什么道路时，写下了《国家社会主义还是国家资本主义》一文，提出了“财政社会学”的概念。熊彼特于 1919 年提出了税务国家的产生及其危机，意大利学者帕累托等从社会学角度或运用社会学理论阐释了财政学的本源问题。实际上，社会财政思想着眼于从国家治理和国家发展的角度来理解财政问题。正如党的十八大提出的“财政作为国家治理的基础和支柱作用”，财政不仅仅是一个经济现象，需要被放在国家治理层面来理解，既包括现有的社会条件对财政本身的制约和塑造，也包括财政对社会条件的塑造问题。进一步来说，财政的根本在于服务于国家意志和国家职能，而国家存在的根本在于保障和增进人们的福利，每个人都应享有教育、卫生、养老等福利保障。为此，社会财政理论就是研究在特定社会结构和社会环境条件下，如何构建起以保障人民福利为核心的财政制度。

熊彼特提出的“税务国家”，指的是从财政角度来考察的国家。熊彼特以财政税收形式为窗口来观察国家的性质、形式及命运，认为财政塑造了国家及其形态，同时成了国家的附属。在塞利格曼看来，财政学作为一门社会科学，个人财政关系的根本在于国家的性质，正是这种国家性质使个人与国家的属性发生变化。财政需要就是公共需要，只有通过对公共需要进行分析，才能为国家的财政活动打下坚实的基础。他认为财政的主体是国家，意味着财政的主体是国家成员之间的财政关系。

财政学的社会学分析，解决了作为财政关系支配性解释的受益理论和能力理论之间长期存在的争论。由对财政关系的社会学分析，我们看到，对财政关系没有统一的解释，每项原则都有其适当的行动范围。而且，某些方面，两者都不是独立的准则，在某些情况下，它们都会受到对方的影响。特殊福利可以由能力修改；能力可以由特殊福利修改。

社会财政思想中体现着马克思的国家理论和财税思想。马克思主义认为，财政是随着国家的产生而产生的，财政存在于国家需要。

在这种国内外背景下，包括施穆勒、罗雪尔以及瓦格纳在内的一批经济学家主张通过国家来解决社会问题。德国财政学理论体系在国家观上认为国家要在促进经济社会发展方面起到更大作用，而且要从伦理道德方面来看待经济社会发展问题；从方法论上，受黑格尔历史哲学影响，德国财政学理论体系认为要从历史角度来考察现实社会问题。其代表人物是施泰因、谢夫勒和瓦格纳。

李斯特旗帜鲜明地反对亚当·斯密以及英国曼彻斯特学派的自然自由竞争思想，认为国家公债是一种国家福利的手段，即这一代的成就与努力的成本分摊于下一代或以后几代；关税是建立与保护国内工业的主要手段，只有以促进和保护国内工业力量为目的时，才要采取关税保护措施。李斯特认为，斯密的自由市场理论在关税保护问题上没有区别自然产物与工业品之间的差异，所以其结论是错误的，并对斯密及萨伊的关税保护理论带来的危害逐一进行了批驳。

总之，边际效用理论的产生与形成，使人们转变了对物品的价值理念，扬弃了古典经济学中关于政府不产生价值的思想，形成了新的政府观；同时在继承斯密自然自由主义理念的基础上，形成和建立了新的财政理论。

（三）凯恩斯主义对新古典财政思想的革命

以边际效用理论为基础构建起的新古典财政理论扬弃了古典财政学的财富观、政府活动的非生产观，继承了其自然自由市场理念。但是，新古典财政理论即便认为政府活动具有生产性，但仍然延承了斯密“最小政府”理念。可是，第一次世界大战使得欧洲国家 100 年的和平发展戛然而止（正如波兰尼在《大转型》中提出的），同盟国面临着战败后如何重建的问题，或者说，选择一条什么样的道路来重振国家主权力量。凯恩斯敏锐地观察到斯密的自然自由市场的内在缺陷，面对战争创伤以及由此而来的经济损害，自由市场难以通过“看不见的手”有效动员社会资源、重振经济，政府这只“看得见的手”是更好的选择。1929 年发生的“大萧条”，使人们进一步认识到自由市场并非如之前斯密古典学派论述的那样美好，可使商品供求、劳动供求等自动地产生均衡。凯恩斯进一步深化了对政府与市场关系的认识，即自然自由市场存在着内在缺陷，政府要弥补市场的问题。

政府弥补市场问题的手段或措施就在于，政府拥有或配置社会资源，可以影响经济社会的资源配置，以实现经济发展中供给与需求的均衡。具体来说，就是政府掌控更多的社会资源来干预经济社会运行。实际上，在一定程度上，凯恩斯回归了重商主义的政府干预主义理念。

自斯密《国富论》提出并全面批判重商主义，古典经济学成为主流后，重商主义无论是在理论上还是在实践中都逐渐衰落，以经济学综合而成名的马歇尔对重商主义理论也持反对意见。但凯恩斯在其《就业、利息和货币通论》中专门设立一章来讨论“重商主义”，肯定重商主义理论存在科学、真理的成分。

在讨论重商主义时，凯恩斯特别强调，他所讲的“利益”是针对“一国”而言的，而不是整个世界的利益。实际上，凯恩斯的这一观点隐含着古典经济学派自由放任理论中的假定：世界主义和个人主义。或者说，凯恩斯并不认同斯密的世界主义原则，凯恩斯建立的宏观经济理论体系基于每个国家都是主权国家，相互之间存在着竞争。

凯恩斯认为，他所构建的这一理论是对自由放任学说中“利息率和投资量可以在最优的数值上自行调节而没必要关心外贸平衡”理论的否定。实际上，凯恩斯否定的是古典学派对政府“守夜人”角色的局限性认识，同时也是在肯定重商主义中的真理成分。“作为管理国家的方法的贡献者，16 世纪和 17 世纪的早期经济思想的先驱者关心整个经济制度，关心整个制度的全部资源能达到最优的就业状态，从而他们所使用的方法使他们能抓住在实践中的一部分的明智之道”①，即通过政府干预货币的供给与需求关系、干预利息率等来实现充分就业、资源最优配置，是重商主义时期的明智之举。可是，这些好的东西都被李嘉图给抽象掉了。

这就是凯恩斯所讲的重商主义存在的真理成分：凯恩斯与重商主义都强调国家干预经济的思想。凯恩斯认为重商主义存在着科学成分，即完全市场中的就业、利息率等并不能自动趋于均衡，需要政府干预来调节并使之趋于均衡，并且重商主义与自由主义是对立的。可是，凯恩斯认为，重商主义的科学性可能是在实践中无意间形成的，之所以受到古典学派的攻击，就在于他们缺乏相应的理论分析。

尽管凯恩斯认为重商主义存在着科学的成分，就形式来说，凯恩斯主义与重商主义的干预措施有相似之处，但是，凯恩斯主义与重商主义存在着本质性区别。凯恩斯主义并不否定斯密的自然自由市场体制，或者说，凯恩斯主张的财政思想也建立在自由市场体制基础上，只不过是认为市场本身存在缺陷，应通过政府收入与支出活动来弥补市场问题。

同时，凯恩斯国家干预主义财政思想也不同于德国官房学派，后者是将国家看作主体、实体，认为市场是从属于国家而存在的。

四、财政思想史的研究方法

笔者以为，要洞悉某一时期或某一个人的财政思想，需有科学、适用的研究方法。财政思想史既属于财政学范畴，又具有史学属性，从这一角度来看，财政思想史是财政学与史学的结合体。

财政思想史研究的根本在于对人类发展过程中传承、留存下来的，关于人类财政活动的文字记载等文献资料、实物史料以及记录下来的口述资料进

① 凯恩斯．就业、利息和货币通论［M］．北京：商务印书馆，2011：350.

行整理、分析以及解读。可是，在解读前人资料的过程中，我们应遵循何种原则？或者说，理解、解释前人留存下的历史文献资料时应坚持什么原则？这可被看作诠释学，即对于文本之意义的理解和解释的理论或哲学，是一种方法论、价值观，意指对任何文本及其注释、法律、政策等的认识、理解时应遵从的基本原则。

罗尔斯在《政治哲学史讲义》中使用的研究方法即诠释学，而且，他进一步提出了诠释学所应遵循的三个原则：科林伍德原则、谦卑原则、密尔原则。

首先，关于科林伍德原则。科林伍德认为，历史学家在研究历史事件时，必须揭示出历史事件背后的思想，“政治理论的历史，不是对同一问题提出不同的答案的历史，而是对某个或多或少持续变化的问题提出不断变化的答案的历史”。科林伍德提出了历史哲学研究的三个定理：第一，“一切历史都是思想史”，历史学家研究的过去不是死去的过去，而是在某种意义上仍然在现实世界中活着的过去；第二，历史知识就是历史学家正在研究着的那些思想在他们自己心灵里的重演；第三，历史知识乃是对囊括于现今思想氛围中的过去思想的重演，现今思想通过与过去思想的对照而把后者限定在另一个层次上。因此，罗尔斯认为，我们必须“尽我们所能最大限度地融入到每一个思想家的思想脉络中去，并尽量以他们的角度（而非我们的角度）来理解他们的问题以及他们对这些问题提供的解决方案”。基于科林伍德对思想史研究的认识，我们可以得到以下启示：从历史角度来观察、分析某一问题的演进，并不是就这一问题提出所谓的新见解、新思维，而是观察、分析这一问题在历史演进过程中，其思想、理论、认知是如何变化的，演进的内在逻辑是什么，决定思想、理论演进的动力是什么。

其次，关于谦卑原则。罗尔斯假定，“我们正在研究的这些思想家总是比我聪明得多。如果他们不比我聪明的话，我为什么要在他们身上浪费我的时间和同学们的时间呢？如果我在他们的论辩中发现了某个错误，我便假定，他们也发现了它，并且必定对它做了处理”。即在思想史研究中秉承着“前人或历史中的思想家都是聪明的”原则，关于某一时代的思想，现代人并不会超越他们，要承认、认同前人的思想成果，并认为他们的理论成果是合理的、科学的。

最后，关于密尔原则。罗尔斯说，他一直牢记密尔在评价西季威克时所讲的话，即“在以其最佳形式得到评判以前，一种学说不可能真正得到评判”，而且他“努力想做的正是如此”。《政治哲学史讲义》的译者杨通进在前言里总结道：“罗尔斯总是力图以一种最为合情合理的方式来阐释和呈现他所研究的这些哲学家的政治哲学思想，使他们的思想显得更为连贯，更具有说服力。如果这些哲学家的思想在某个地方出现了不一致或自相矛盾之处，罗尔斯就力图挖掘这些思想的更为深层的理论基础，从而向人们展示，他们思想中那些显得不一致或矛盾的地方，与他们思想的根本原则并无矛盾之处；或者，从他们思想的那些更为核心的原则出发，这些不一致或矛盾的地方可以得到消除。”①

本书在进行西方财政思想史分析的过程中，注重把握好以下几个方面。

（一）继承性

财政思想是发展着的、变化着的，是对前人财政思想的扬弃，扬弃中既有否定，也有继承。对财政思想史分析的这一认识，既体现着上述科林伍德原则，也包含黑格尔的哲学理念。历史是连续的，现在是过去的发展或发展了的过去，现在包含着过去。具体来看，我们从现代财政理论中尚能看到重商主义、古典学派的影子。比如，从税收原则中我们能感受到配第、斯密的存在；关于基础设施投资以及政府支持教育事业等，斯密的认识、论述依旧是经典。为此，在财政思想史的研究中要寻找不同财政理论之间的关联性，其中既有扬弃、继承，也有发展。

（二）时代性

思想都是某一时代精神的体现，蕴含着这一时代特定的社会经济发展状况。无疑，财政思想根植于特定生产力发展水平上的社会经济环境，总是当时特定社会经济发展的一种反映。财政学作为一门应用性学问，不可能超越时代而独善其身。为此，要从特定社会制度、经济环境、社会关系中来理解、认知财政思想，或者说，我们不能用当代的社会制度、社会关系理念来解读

① 罗尔斯 . 译者前言［M］// 政治哲学史讲义 . 北京：中国社会科学出版社，2011.

那个时代的东西。正如罗尔斯所讲的诠释学中的谦卑原则，当代人对过往思想的认识不会高于前人，要身临其境来思考、认识和解读前人的东西，而非认为它们是非合理、非科学的，正如黑格尔所言，“存在着的总是合理的，合理的总是存在着的”。由此，我们应力图基于时代的环境来理解其思想。“任何企图表述‘科学现状’的论述实际上是在表述为历史所规定的方法、问题与结果，只有对照其所由产生的历史背景来考察才有意义。换句话说，任何特定时间的任何科学状况都隐含它过去的历史背景，如果不把这个隐含的历史明摆出来，就不能圆满地表述这种科学的状况。”①

每一种思想都是时代精神的产物，这些思想的记录者无疑也是他身处的那个时代以及此前时代的产物。人们不可超越时代而形成、记录时代的产物。所以，在介绍、分析每一财政思想之前，总是要介绍该作者的成长并对时代的政治背景、社会制度等加以简述，从中来理解时代精神，进而理解这一时期的财政思想。

（三）内在动力性或演进性

财政思想随时代发展不断发展，而其演进的动力就在于财政的主体性问题。财政作为人造物，近现代财政起源于现代主权国家，财政的主体是国家或政府，财政思想源于国家理念，国家理念也就决定了财政理念。无论是国家有机论还是国家无机论，其中都既包括国家与市场、社会的关系，也由此决定着财政体制、财政运行。比如，国家所提供的公共服务以及由此而课税的准则，是经济性原则，还是伦理性原则？又如，国家理念是个人主义还是集体主义？实际上，财政思想演进过程中蕴含着的不同的国家理念，正是随着生产力水平不断发展而形成的国家理念，它们决定和影响着财政思想。

五、本书框架

近现代财政思想指的是自重商主义以来，每个特定时期、特定地域的社会中流行的对政府收入与支出活动的意见、意识、共识。所谓财政思想史，

① 熊彼特．经济分析史：第一卷［M］．北京：商务印书馆，2011：20.

便是人类认识政府财政活动的历史或发展过程。那么，财政思想史分析就是将近现代财政活动作为一个整体，来认识不同历史时期财政活动的意识、共识及其在不同历史时期的内在关联性。或者简单来说，就是对人类近现代历史过程中呈现出的财政思想展开分析。本书《西方财政思想史分析》将重商主义以来的财政思想作为一个整体来看待，其中每一时期的财政思想只是这个整体内在的有机组成部分，与其他时期的财政思想存在着某种内在的关联。

基于上述对财政思想史的认识，财政思想史分析的关注点在于“分析”。在基本认知每一时期财政思想的同时，注重运用马克思主义的观点和方法来认识财政思想的演进，即运用事物之间的相互联系以及事物内在力量促进发展等观点，来分析不同时期财政思想的内容及其演进的逻辑、动力，并力图从总体上勾勒出近现代财政思想演进的路线、轮廓。具体来说有以下几点。

第一，财政思想形成的社会经济制度、社会结构状况，以及其中蕴含着的分析方法。本书试图在当时的社会经济环境中来理解和解读其财政思想，其中意味着，特定的社会形态、生产力发展水平以及相应的研究方法决定着财政思想，背后的意义在于探求其中的理性。为此，我们介绍、分析各财政思想流派代表人物的成长经历，同时梳理、弄清其时代背景。在一篇未曾发表的自传性小说的开头，熊彼特写道：“请把我放在这样的背景中去看！否则将很难理解我所描写的一切。想要了解一个人，他的民族和他所生长的社会背景是关键。”

第二，不同时期财政思想之间的扬弃、继承性。或者说，不仅仅观察财政思想之间的差异，更注重财政思想之间的内在联系，即后来财政思想中哪些是从前人那里继承来的，又扬弃了哪些。就像一棵大树是由一粒种子发育而成的一样，财政思想也总是在扬弃、继承中不断发展。

第三，财政思想演进的内在逻辑动力。历史与逻辑相统一，事物的历史过程与事物的内在逻辑运动相统一。财政思想史既是人类社会在客观发展过程中呈现出的财政活动的意志、观念，也是财政活动在历史发展过程中自身逻辑在思维中的概括的反映。财政思想演进过程中所呈现的财政活动意志、观念的变动有其内在逻辑性，还存在某种内在力量推动着财政活动的意志和观念的变化。为此，应力图寻求财政思想演进的内在逻辑动力。

第四，财政思想史中研究方法的运用。在财政思想漫长的演进中，不仅要研究对财政收入与支出及其关系的认识的变化，更为重要的是研究财政问题的方法论的变化。而方法论决定着其财政思想。重商主义时期将财政看作国家财富增长的手段，即要根据实践需要或者国家意志来确定财政收入与支出以及相应的政策。而斯密则是从国民财富增进的一般规律的角度来看待财政问题，其方法既有历史归纳法——从历史发展中寻求财政收入与支出的某些规律，也有抽象演绎法——根据历史发展规律及其现实，抽象出某些概念性的认知作为逻辑起点，并以此推演出影响国民财富增进的各抽象概念之间的联系。李嘉图抛弃了斯密的历史归纳法而将抽象演绎法推向极端，由此得出了某些“科学理论”，比如我们在教科书中看到的“李嘉图等价”，实则是毫无现实意义的“公理”。德国历史学派与门格尔的奥地利学派的方法论之争，更是显现出了财政思想的不同。总之，从研究方法来看，如果以斯密的方法为参考，我们不难发现，重商主义时期的研究方法，大都停留于现象描述或历史经验归纳总结，尚未完整显现出斯密的国民经济学中有机联系的分析方法。当然，配第除外。配第的政治经济学已经超越了他的时代，运用了有机联系的分析方法。

这也是本书的分析框架。本书不仅是对财政思想史的梳理，更加注重财政活动的演进、发展，这也是本书的主题。

本书重点考察重商主义时期至凯恩斯之前财政思想的演进。具体划分为三个时期：重商主义时期财政思想，其中包括了重农学派的财政思想；古典财政思想；新古典财政思想。这种划分依据财政思想本身内在价值的变革，可看作财政思想史的三次革命：第一次是以斯密为代表的古典学派对重商主义、重农学派的革命，第二次是边际效用理论对斯密古典财政思想的革命，第三次是凯恩斯主义对新古典财政思想的革命。

财政思想史中每一次革命的根本在于对政府及其与市场关系的认识。这既是近现代主权国家财政思想演进的内在力量，也是隐藏于财政思想史分析背后的一条主线。作为财政活动主体的政府，是要弥补市场的问题，体现为政府与市场的二分；还是政府应与市场相互融合，成为有机联系的整体；或是市场内在于政府或国家之中。对政府与市场之间关系的认识决定着财政的收入与支出活动的内在逻辑。政府与市场关系这一财政思想史分析主线还可从另外两种关系来理解：一是财政活动中个人权利与社会整体发展之间的关系，是个人权利优先于社会整体利益，还是社会利益置于个人权利之上；二是财政不同属性之间的关系，即不同财政思想所关注或强调的财政活动的根本是什么，是强调财政的经济性、政治性，还是伦理性、社会性，或是将其中的两个或多个属性综合起来。

第一篇

重商主义时期财政思想

一般认为，重商主义是指15世纪至18世纪中叶西欧社会的经济理论，认为货币即财富，财富的源泉在商业之中，政府通过干预对外贸易，保护有利于货币增加的国内工商业。

"重商主义"术语首先是由重农学派提出的。重农学派将"科尔贝主义"规定为"重商主义"，"下个世纪的重农主义者将称之为'重商主义体制'或'重商主义'，因为18世纪的经济学家们认为其先辈过分地重视了商业"[①]。《科尔贝：法国重商主义之父》一书的译者序提出："重商主义（或称重商体制）这一术语首先出现于法国重农学派先驱米拉波所著的《农村哲学》（1763年出版），但该术语的流行却是在斯密1776年出版《国民财富的性质和原因的研究》之后。"[②]熊彼特认为，现代经济学中关于重商主义体系的三个题目——出口垄断主义、外汇管制和贸易差额，是由亚当·斯密建立起来的[③]。大多数人对重商主义思想的理解停留于斯密在《国富论》中关于重商主义思想的讨论。

实际上，包括李斯特、凯恩斯等在内的诸多经济学大师并不完全认同斯密对重商主义的讨论。

李斯特并不认同流行学派（指自然自由市场经济学派）的称谓——"重商主义"，认为应称之为"工业主义"。李斯特认为，之所以是工业主义而非重商主义，就在于现实生活将"工业"置于重要地位，"所谓工业主义，原来并没有书面上的明确定义，也不是作家们设想出来的一套理论，只是在事实上执行着的，这种情况直至斯图尔特的时候为止"。[④]具体来说，一是认识到了工业在整个国民经济社会发展中的作用与地位；二是认识到了一个国家建立工业体系需要国家的保护与支持；三是将国家看作一个实体，将国家利益置于首要位置。同时，李斯特认为，斯密之后对重商主义的批判只是将贵金

① 缪拉．科尔贝：法国重商主义之父［M］．上海：上海远东出版社，2012：131.

② 缪拉．译序［M］//科尔贝：法国重商主义之父．梅俊杰，译．上海：上海远东出版社，2012：vii.

③ 熊彼特．经济分析史：第一卷［M］．北京：商务印书馆，2011：514.

④ 李斯特．政治经济学的国民体系［M］．北京：商务印书馆，2011：319.

属作为财富的唯一要素，缺乏现实基础，“不论就科尔伯特（即科尔贝——编者注）或就英国从乔治一世以来政府的施政方针来说，都不能说它们对于贵金融输入这一点的重视是超出了合理程度的”[①]。而且认为，商业政策以及保护性政策都是为了建立自己的工业体系。

李斯特认为，斯密对重商主义的批判“与重农学派一样，并不顾到国家的本质，几乎要把政治和国家力量这些因素完全丢开；它事先假定了一个持久和平与世界联合的局面，它低估了国家工业力量以及如何取得这种力量的手段的价值，主张贸易绝对自由”。在李斯特看来，斯密以及重农学派的自然自由理论抹杀了主权国家的存在，将个人的利己性格抬高到一切效力的创造者的地位，这种学说只是一种“私人经济学说”，“不过是一个店老板或商人个人的理论”[②]。进一步来看，李斯特实质上将国家看作一个实体，认为斯密经济学中不存在“国家实体”。无疑，斯密提供了一个纯粹经济学的分析范式，说清楚了经济中各要素之间关系的内在机理。可是，现实世界充满了矛盾、斗争，国家以主权形式存在，各个国家为了自身利益而相互博弈。

凯恩斯在其革命性著作《就业、利息和货币通论》中专门设立一章来讨论“重商主义”，肯定重商主义理论存在科学性、有其真理的成分，而且正得益于凯恩斯的论证，在 20 世纪 30 年代的凯恩斯革命中，重商主义才得以从被完全排斥的状态被重新认识。

在讨论重商主义时，凯恩斯特别强调，他所讲的“利益”是针对“一国”而言的，而非整个世界的利益。实际上，凯恩斯并不认同斯密的世界主义原则。他的宏观经济理论体系是基于每个国家都是主权国家，相互之间存在竞争之上的。

总之，重商主义作为历史阶段的产物，既有其历史的局限性，也有其一般意义。

---

① 李斯特．政治经济学的国民体系［M］．北京：商务印书馆，2011：321.

② 李斯特．政治经济学的国民体系［M］．北京：商务印书馆，2011：325-328.

第一章　重商主义时期社会经济结构与财政思想的形成

重商主义财政思想根植于这一时期的社会经济及其政治结构之中，只有清楚其社会背景，才能真正领悟到重商主义财政思想的真谛。熊彼特在其《经济史分析》中专门用一节来讨论重商主义产生的社会背景和社会条件。在他看来，重商主义思想是特定历史时期的产物，是社会生产力不断发展后在由传统封建社会向资本主义社会转变的过程中产生的，是这一时期特定的社会结构、社会条件的产物。在熊彼特看来，重商主义思想是一种社会实践下的经济思想，是社会发展到一定程度的反映。

熊彼特在论及重商主义时期经济思想时，认为这一时期尽管欧洲各国的经济社会政策并不完全一致，但是其中有一点是共同的，"那就是他们都讨论与经济政策有直接关系的实际问题，而这些问题又是新兴民族国家所面临的问题"[①]。由此，熊彼特进一步指出，这些经济思想也正是由社会结构、社会条件塑造的，"正是这些国家的结构、行为和变化，塑造了欧洲十五世纪以后的历史，这种历史既涉及思想又涉及行动"[②]。可是，尽管随着社会生产力的发展，资本主义已然成了一种社会势力，但居社会支配地位的仍然是封建主义。熊彼特认为，这一时期的社会"在性质和精神上都不是资产阶级的，而是运行在资本主义基础上的封建主义，是依靠资本主义为生的贵族军事社会，是一种两栖物，完全不受资产阶级控制。……主要隶属于军阀和贵族地主阶级

① 熊彼特．经济分析史：第一卷［M］．北京：商务印书馆，2011：227.

② 熊彼特．经济分析史：第一卷［M］．北京：商务印书馆，2011：227.

的君主，一直到十八世纪中叶仍然是社会体系的中枢”①。也就是说，在15世纪至18世纪中叶这一时期，社会生产力的发展产生了资产阶级，他们持有和占据着一定的社会财富，但是，贵族、地主以及由他们支持着的君主是支配社会的主要力量，资产阶级的社会势力受到他们的约束与限制。

一、重商主义形成的社会基础

一般认为重商主义盛行于15世纪至18世纪中叶，是随着封建社会的瓦解、商品经济的深入发展以及民族主权国家的兴起而发展、兴盛起来的。

从15世纪后期开始，随着资产阶级力量的不断强大以及中世纪以来世界文化统一体的瓦解，具有民族性的、摆脱超国家权力控制的现代国家形成，其基本特点就是国家坚持拥有绝对主权。欧洲绝大多数国家的君主都成了国家和民族的化身，不仅资产阶级和农民阶级要服从于君主，贵族、僧侣也得服从于君主，只是贵族和僧侣继续享有某些传统的社会和经济上的特权。在熊彼特看来，这样的“社会结构决定了这些新的主权国家是好战的。……像在原始时期那样，外国人实际上就是敌人。所有这些都有助于建立强大的政府；而强大的政府往往具有自己的经济力量无法实现的政治野心，于是便努力开发和利用本国的资源，试图以此增强实力”。所以，作为一个民族性的主权国家，其政策目标就是增加国家财富和国家权力，“经济政策的目标是获得最大的公共收入，供宫廷和军队消费，对外政策的目标则是征服”②。

随着生产力水平的不断提高，以手工业为代表的制造业、工业已经有了较大发展，由此也带动了商业、国际贸易的发展，而且，工商业、国际贸易政策逐渐成为这一时期的核心和重点。15世纪至18世纪中叶，工商业和国际贸易政策是公共垄断政策和商业惯例，指的是“这样一些措施和行为方式，它们试图通过以下方法使某一个人或集团的产品或服务具有‘销路’，从而赚得利润：①不让外国人进入国内和国际市场，如果国土尚未成为经济单位的话，常常还要排斥邻近城市或地区的生产者和商人；②除了得到特许的个人

① 熊彼特．经济分析史：第一卷［M］．北京：商务印书馆，2011：228.
② 熊彼特．经济分析史：第一卷［M］．北京：商务印书馆，2011：231–232.

或集团外，尽量防止其他人进入某一行业，例如不准零售商从事批发业务；③限制得到特许的个人和集团的产量，把这种产量分配给各个市场，并对其进行调节”[①]。那么，在熊彼特看来，采取这些垄断政策和限制措施的原因在于：第一，在相对贫穷的国家，创办企业和商业面临着较大的风险，一个国家要想超越某一经济发展阶段，就需要相应的手段和时间。为此，一国政府为了促进本国工商业发展，在许多情况下不得不赋予它们垄断权，或者，默许一些工商业的垄断行为，因为没有垄断特权，工商业可能无法生存下去[②]。第二，工商业存在于“运行于资本主义基础上的封建主义”社会之中。一方面，工商业受到行业组织、政府法律法规的约束，企业的某些自由受到限制，可能会影响其发展；另一方面，工商业会从这些行业组织的某些特权中获益，比如国际贸易中的特许公司，为贸易保护主义提供了各种机会。第三，各个民族国家建立垄断组织、实行垄断政策，其目的一是重建经济，二是使统治者获益。统治者或政府“一只手”扶持垄断组织，“另一只手”从垄断组织中获得利益。

15 世纪后新型政治统治形式——民族国家的出现，逐渐改变了以城镇管理为中心的理念，将城乡统一起来进行管理与控制，同时整合整个国家范围的资源，以切实提升国家实力。“就对外政治而言，主权的建立是当时所需要的；由此，重商主义的经国治术是为了国际事务上之权力这个目的而将全国所有的资源都集中起来。就国内政治而言，将这些被封建主义及地域排他性所分化的国家统一起来是这样一种努力的必然副产品。从经济上来说，统一的工具是资本，也就是以货币形式储积着，且因而特别于商业发展的私有资源。最后，中央政府的经济政策之基础的行政技术将传统之市镇的行政制度

① 熊彼特．经济分析史：第一卷［M］．北京：商务印书馆，2011：38.

② 实际上，为了国家和地区的经济社会发展，不仅是在重商主义时期，政府会赋予工商企业一定的特权，即便是在现代社会，从全世界来观察也不难发现，几乎每个国家都会赋予某些企业一些特权。比如，像美国等资本主义国家，当波音这样的大企业遇到经营困难或其他危机时，政府也定会赋予某种特权、给予特定的支持。这是典型的重商主义思想。从这个现实中我们就不难理解，重商主义时期为什么会采取这些垄断、限制性政策。实际上，熊彼特还讲到了重商主义思想产生和存在的两个非常重要的前提：国家主权主导下的扩张和落后国家。特别是落后国家，为了实现民族复兴和国家主权，要不断促进本国经济发展，而这种经济发展战略中常常会施以防守战术，即保护自己的工商业不受外来的破坏，就像保护一个襁褓中的婴儿不受成人的侵害。

扩张到全国。”① 这样，在重商主义时代，国家力量、军队、战争、国内贸易、对外贸易等都紧密联结在一起，对外通过战争争夺贸易垄断权、扩张领土、开辟殖民地等，即通过强权政治来获取国家的主权地位，同时在这一过程中也为国家积累财富。

所以，重商主义思想产生和形成的根本在于当时特定的民族性的主权国家。我们现在看到的重商主义观点中，无论是贸易差额、出口垄断还是外汇管制等措施，其中所体现的价值取向都并不完全是利润，正如熊彼特所说的，其中存在着的是强权政治。“那个时代是海盗式的帝国主义时代，贸易与开拓殖民地相联系，与毫无节制地剥削殖民地相联系，与非公开的战争相联系，与长期濒于战争边缘的状况相联系。”② 而且，在熊彼特看来，强权政治与经济利润并不是矛盾的，而是内在一致的，即在通过强权政治对殖民地进行征服的过程中伴随着经济利益的形成。

正是在这种政治、经济以及社会结构条件下，重商主义产生并形成，其财政思想既是这一时期政治经济社会结构的产物，又服务于特定的政治经济社会。

二、重商主义的经济思想

因政府干预的手段、方法以及强度不同，一般将重商主义分为早期重商主义和晚期重商主义。一般又称早期重商主义为重金主义，称晚期重商主义为重工主义。一般认为，早期重商主义只是强调金银是财富，以“货币差额论”为中心，强调少买，主张通过国家或政府干预，禁止货币输出，反对商品输入，以储藏尽量多的货币。晚期重商主义不再强调金银是国民财富，而是以“贸易差额论”为中心，强调多卖，允许货币输出国外，认为只要购买外国商品的货币总额少于出售本国商品所得的货币总额，就可以获得更多的货币。这些实际上是斯密批判重商主义时的观点，并且现代人继承了斯密对重商主义的看法。从斯密开始，特别是“19 世纪的绝大多数作家，不仅不赞

① 波兰尼．巨变：当代政治与经济的起源［M］．北京：社会科学文献出版社，2013：142.

② 熊彼特．经济分析史：第一卷［M］．北京：商务印书馆，2011：519.

同而且很轻蔑‘重商主义’作家对那些题目所持的见解……他们看到的只是这些见解的错误，而且在论述其前辈时，养成了一种风气，即只要认为某一种著作具有一丁点‘重商主义’气味，就几乎足以判处这部著作的死刑”①。这一认识、观念的形成，使得现代人忽视了重商主义在近代英国市场经济的构建及英国经济社会发展中所起到的作用，以及重商主义的市场经济价值。

实际上，重商主义思想是极其丰富的，它并不局限于斯密所批判的金银财富论和贸易差额论，还包括其他经济思想。斯密之所以将重商主义局限于这两个方面，是因为斯密批判的目的在于服务、构建其自然自由市场制度思想。斯密所批判的正是与其自然自由市场制度相悖的政府干预，而与自然自由市场思想相一致的重商主义思想并不在斯密批判的范围内，而这些恰恰被后人所忽视。

（一）早期重商主义的自由市场经济思想

人们对早期重商主义思想的认识主要是以下几个方面。

第一，在“金银货币即是财富”这一朴素的财富观的指引下，认为一国真正的财富是金银，国家的职责就在于增加国家的金银货币量，为此，主张和强调国家干预经济生活，即禁止本国金银货币的输出，主张对外贸易的基本原则是“少买多卖”。

第二，对外贸易是国家财富的真正来源。国内贸易不会产生金银货币的增减，固此国家财富也无变化。认为政府应通过各种措施、政策鼓励本国产品出口，抑制外国产品进口，最大限度地增加国内金银货币数量。

第三，重视商业资本，认为国民财富源于贸易流通，或者说，货币流通本身就是财富的源泉，所以，将商业资本作为财富增进的基础，进而对商业资本的运动放松管制。

实际上，这一时期的重商主义思想并不完全局限于上述斯密意义上的重商主义，他们还特别强调自由市场和市场的统一，主张统一市场，要求劳动力、土地以及资本等生产要素在全国范围内自由活动，强调市场机制对经济发展的作用与价值。“他们还探讨了价格、供求等市场自动调节机制，拉尔

① 熊彼特．经济分析史：第一卷［M］．北京：商务印书馆，2011：514.

斯·马格努松认为，17、18世纪重商主义作者对经济学的贡献之一，就是从孟和米塞尔登开始，对市场机制重要性的认识不断加深。W.D. 格拉普注意到英国重商主义者的价格机制概念在许多方面同古典学派极为相似，他们认为在一定的条件下资源的自由配置可能实现效率最大和充分就业。”①

这也可从熊彼特对约翰·海尔斯《论公共福利》(1549) 一书的评论中略见一斑。在熊彼特看来，当时人们的经济学素养是较低的，所撰写的经济学著作还只是停留于现象性的描述，缺乏对经济现象背后的东西及其相互之间联系的分析。熊彼特称之为“分析前的经济学”。但是，这种“分析前的经济学”中呈现出了市场的价格机制调节人们行为的思想，“他认为应该利用利润动机而不是消除利润动机，认为利润动机是十分必要的。而且，他有时能看到事物表面以下的东西。举例来说，他十分正确地看出，羊群侵占耕地会对旨在通过限价和禁止出口来压低小麦价格的政策产生很大影响，他认为由于羊群侵占耕地改变了小麦生产和羊毛的相对获利能力，因而上述政策的目标会落空。这样的推理（在顾问行政官的著作中经常可以看到与此相类似的推理）已超越了常识水平，实际上已接近于分析”②。也就是说，在熊彼特的意识中，这一时期的重商主义作者不仅给出了此时的某些经济现象，还在一定程度上洞悉了这些现象背后的东西。更有意义的是，熊彼特的这个例子说明了此时的重商主义者已然有了对现代市场机制的分析与认识。这既是重商主义作者分析和认识的升华，也是这一时期时代思想的反映，即此时社会经济运行中不仅仅存在着政府的管制，人们已然认识到了市场机制的机理、作用，并有意识地运用着市场的调节功能。

波兰尼在《巨变：当代政治与经济的起源》一书中考察了欧洲的经济史和市场起源，认为市场并不是自发性的，也并不是自律性存在的。在波兰尼看来，欧洲市场源于地方和远程贸易，最原初的市场仅仅局限在市镇之中，同时为了市镇自身的发展，市镇与乡村的交换、贸易被完全阻隔开来。正是在现代民族国家不断兴起之时，中央政府为了整个民族国家的发展以及对外贸易的需要，才不断废除各市镇之间以及市镇与乡村之间的贸易壁垒；也正

① 李新宽. 浅析重商主义与英国市场经济体制的形成［J］. 东北师范大学学报（哲学社会科学版），2006（3）.

② 熊彼特. 经济分析史：第一卷［M］. 北京：商务印书馆，2011：262–263.

是在重商主义时期，由此逐渐形成了全国统一市场。也就是说，重商主义强调全国统一市场，即劳动力、商品以及土地自然资源等诸市场要素在全国范围内自由流动。在波兰尼看来，全国性市场的统一及其发展是中央政府的“功劳”，正是在现代民族国家中央政府的强力干预下，全国性市场不断统一、完善。“市场在重商主义制度下高度发展的时期，它们是在中央集权管理——这在农民的家计经济和全国性这两方面都助长独裁——的控制之下而发展滋长的。”[①]即原始市场及其制度是中央政府集权规制下的产物，而非自发形成的。同时，波兰尼进一步指出，“管制与市场是同时成长的，自律性市场是前所未闻的，自律这个观念的出现是完全违反当时发展之趋势的”[②]。在人类发展过程中，市场的产生、形成与发展从来没有所谓的自发性、自律性、不受干预，都是在政府的干预和管制下逐步发展起来的，而且，重商主义时期将这一市场经由中央政府的干预而推向前行。特别地，波兰尼还将重商主义的国家干预政策看作一种推动贸易“自由化”的举动，“是将贸易从传统的排他主义中解放出来”。当然，在这一推动全国统一市场、促进对外贸易发展的过程中，“也扩张了管制的范围”。这也就意味着，政府只是将市场作为服务于其需要的一种工具，并规定着市场的运行机制。由此，波兰尼得出的基本结论是，市场总是在政府的控制之下，市场经济作为经济制度的一部分，隐伏于社会关系之下，“市场只不过是前所未有地受到社会权威之控制与节制的一项制度装置的一个附属特征”[③]。这样，我们也就不难理解重商主义思想中所体现着的垄断、政府干预以及市场分割等。

可见，波兰尼更深刻地解析了市场的存在——市场并非完全自然自由，而是与政府密不可分的，正是政府规制着市场的运行。所以，要从政府与市场的关系来解读和理解重商主义思想，政府与市场二者都可看作促进国家社会经济发展的手段，而非目的，其目的在于人民幸福、社会文明进步。实际上，斯密所构建的自然自由市场制度也是手段，目的在于增进国民财富。只是斯密认为，自然自由的市场机制可在使个人收益最大化的同时促进整个社会利益的最大化，为此，政府不要过多干预，让自然自由的市场机制发挥

---

① 波兰尼．巨变：当代政治与经济的起源［M］．北京：社会科学文献出版社，2013：145.
② 波兰尼．巨变：当代政治与经济的起源［M］．北京：社会科学文献出版社，2013：145.
③ 波兰尼．巨变：当代政治与经济的起源［M］．北京：社会科学文献出版社，2013：144.

作用。

在政府与市场的关系上，斯密强调自然自由市场制度，即基于自然法则，或者，基于每个人天生的本性，而自然产生的一些制度。比如斯密认为，人天性具有交换倾向，每个人生来就关心自己胜过关心他人，而且这其中也存在着“差序格局”。正是基于这种对人的自然本性的认识，斯密认为完全可能通过一只“看不见的手”来促进整个社会国民财富的增进，而无须政府的干预。无疑，斯密给出了更具一般性的财富增进的内在逻辑，可是斯密的逻辑也只是建立在没有民族国家边界、每个人都是自律的等前提之上，而且，斯密论证的目的仅仅在于国民财富的增进。

可是，政府存在的价值并非仅仅在于国民财富的增进、人民的富足。重商主义思想中政府的根本目的在于维护国家主权、增进国民财富，或者说，只有国民富裕，才能使国家强大、国家主权得以维护，这两个方面是相互依存的。特别地，依赖于国家的力量可以更有效地进行海外市场的拓展以及殖民地的开拓。为此，对外贸易、开拓殖民地等就成了这一时期的主题，这也是重商主义理念形成的重要基础。所以，在重商主义思想和实践中，国家干预市场、干预人们的经济活动，既是促进国民财富增进的手段，也是维护国家主权的一种需要。在英国重商主义思想和实践中，国家对经济生活的干预和管理与对贸易自由的追求并不矛盾，都是国家主权独立和国富民强的需要。

总之，早期重商主义的基本思想建立在“金银货币即是财富”的理念之上，并围绕这一理念设计和制定了相应的政策措施。同时，这些政策措施是建立于全国统一市场体系之上的，也正是统一市场制度促进了西方经济的发展。政府与市场的关系并非斯密的二分法，而是由政府来规制市场的规则，强调市场的工具性作用，服务于国家强盛和经济发展。

（二）晚期重商主义的贸易平衡思想

1620—1660 年欧洲市场爆发贸易危机，欧洲贸易体系遭到沉重打击，不得不围绕这一危机而展开讨论。这种讨论的基础在于，此时的社会已然了解了市场机制的原理，即运用供给与需求之间的相互关系来理解商品价格、工资价格，也已经意识到了经济体中有其自身内在的规律，人们应该遵从这种规律。由此，这一时期提出了“贸易平衡”的思想，即对外贸易差额思想。

如托马斯·孟的对外贸易的观点由单纯地扩大对外输出转变为强调进出口贸易顺差，“对外贸易是增加我们的财富和现金的通常手段，在这一点上我们必须时时谨守这一原则：在价值上，每年卖给外国人的货物，必须比我们消费他们的为多”[①]。也就是不再单纯地强调进口或是出口，而是强调进出口的贸易差额。而进行贸易平衡或强调对外贸易差额，并不意味着强化政府管制，而且，重商主义不仅不反对市场机制，还是经济自由和市场机制的积极倡导者。正如波兰尼所认为的，重商主义在推动着贸易“自由化”，反对单纯靠政府干预和保护来达到贸易平衡的做法，正如托马斯·孟等人所说的，“任何国家制定禁止一切外国货物的法律，都会使其他国家也制定同样的法律，后果将是毁掉一切对外贸易”[②]。实际上，托马斯·孟已经认识到了各国为了本国利益都会通过法律、政策等手段来抑制外国产品的输入，而带来的后果将是国家之间无法进行贸易。同时，他也认识到市场在对外贸易中的价值，“市场是价值最好的裁判，因为从买方和卖方的汇集能够最清楚地知道商品的数量和它们出售的机会。物品能卖多少钱，它就正好值那么多钱”[③]。

重商主义后期由重视、主张商业资本运动转向了产业资本运动，也就是由强调从国外获得更多金银货币的财富观以及由此形成的政策措施，转向为重视产业资本的运动，即用金银货币支持原料进口，并将原料加工成商品出口，以便获取更大的对外贸易顺差。产业政策成为这一时期的主要政策。

重商主义思想的核心：为了维护国家主权和增进国民财富，政府规制市场行为以使其发挥最大效能。而且，正如波兰尼所言，市场既不是自发的，也不是自律的，而是由政府规制出来的。

---

① 孟．英国得自对外贸易的财富［M］．北京：商务印书馆，2011：5.

② 孟，巴尔本，诺思．贸易论（三种）［M］．北京：商务印书馆，2011：79.

③ 孟，巴尔本，诺思．贸易论（三种）［M］．北京：商务印书馆，2011：58.

第二章　英国重商主义财政思想

“在近代早期的欧洲，只要能够充分、持久地控制为保卫领土和公民不受外来侵略以及应对其权威受到的内部挑战所必需的财政手段，国家就能生存下来。为了在一个国家间争斗不断的世界上变得更加强大，并且确保规范家庭、企业和机构推定自主权的主张能在其管辖之下生效，王国政府必须不断增加收入。因此，一个国家要被承认是一个成功的国家，不但必须能够持久地存续下去，而且还应该能够动员为在国际关系中采取有效行动，并拥有在权力受到国内挑战时自如所必需的资源。历史学家已经确认了国家权力与国家可支配财政手段之间的显著关系。”[①] 欧洲这一时期的财政思想交织形成于国家权力与国际关系之中，财政活动的依据在于民族主权国家的存在，既产生于民族主权国家的形成，又服务于民族主权国家。

英国重商主义也分为早期与晚期，早期重商主义始于1485年的都铎王朝，止于英国的光荣革命。都铎王朝的专制主义王权，采用典型的早期重商主义政策，认为金银货币是财富，国家财富的增加即金银货币的增加，通过专制主义对商业、对外贸易等进行干预，使国外金银货币流向国内。

这一时期英国重商主义思想主要代表人物是托马斯·孟、霍布斯以及配第、洛克等。

① 邦尼．欧洲财政国家的兴起（1200~1815年）[M]．上海：上海财经大学出版社，2016：52.

一、英国重商主义时期财政状况

这一时期的英国社会政治结构是绝对君主制，国王是国家权力的核心，议会是国王的议会，是国王下属的“政府机关”。宗教改革后，虽然议会增强了立法权力，但是并没有改变国家权力属于国王的这一本质属性。直到光荣革命之后确立了君主立宪政体，议会才成了国家最高权力中心。同时，就经济生产关系而言，正是重商主义政策为新兴资产阶级的形成与发展奠定了基础，即重商主义政策催生了工业和农业的资本主义发展，逐渐地摧毁了封建制度的专制主义王权，形成了新兴的资本主义势力。

这一时期呈现为资本主义生产关系显著发展与封建半封建部门并存；商业资本在国家经济中的比重以及对政治的影响不断增加，与此同时，对外贸易的发展也带动了产业资本的发展，而且，就资本主义生产关系而言，既有在这种发展中形成的新生的资产阶级，又有大部分贵族阶级逐渐地资本主义化，与新兴资产阶级构成同盟。

英国早期重商主义专制主义的社会政治经济特性决定了其财政状况。这一时期的英国财政呈现为专制君主制个人财产与国家财政并存的二元财政：王室财政和议会财政。其中，王室财政用于对外战争、平叛内乱以及其他非常支出，由议会按特别补助金处理，王室的经常性支出则由王室个人财产和特权收入来支付。

英国早期重商主义时期的王室财政随着社会的发展也在不断变化。一方面，财政总收入在相对稳定中波动，“在 17 世纪 90 年代前的大约 200 年里，英国国家财政征用收入很可能在一个占国民收入 2%~3% 的区间内波动”。另一方面，王室个人财产和特权收入在整个财政收入中的比例不断下降，到光荣革命前，财政收入中王室的财产收入已经非常微小了。“在 16 世纪大部分 10 年期里，王田以及王室其他形式的次要财产提供了约占总支出 35% 的收入，但这个比例在 17 世纪开始下降，并且在 18 世纪 10 年代初跌破了 5%。……一场代价昂贵的对法国和对苏格兰战争迫使亨利八世迅速廉价处置教会财产。此后，随着王室财产被变卖，而且在战争时期常常廉价变卖，王田的财政贡献降低到了微不足道的地步。”[①]这也就意味着，税收支持这一时期专制王朝国家的程度越来越深，其中，在16世纪的大部分时间里，都铎王朝都依赖于所得税和财产税，亨利八世直接税占整个税收收入的60%，而到了爱德华六世以及玛丽女王时期，这一比例已经超过了80%。

光荣革命后，英国财政体制发生了相应的变革，即设立永久性公债机构和重构税收体系——通过立法扩展商品和服务税收体系、提高税率以及改进收入管理等方式，提高税收收入。“在17世纪90年代、18世纪10年代和20年代这30年里，英国国家财政收入占国民收入的比例先是上涨了1倍，然后是上涨了2倍。”[②]在1688年至1815年因军费不断增长而筹借的追加收入中，只有一小部分来自所得和财产的直接税，大部分都来自间接税。“1688年以后，英国的税收也以快于国民收入和人均收入的速度增长，……然而，在光荣革命和滑铁卢战役之间，英国的税收结构显然变得更加依赖消费税、关税和印花税；继续具体表现为选择一些通常按单一税率针对富人阶层收入和财产课征的直接税种。”[③]

从英国的税收政策来看，在1688年至1815年重商主义时期的英国，“大多数农产品（除了生皮、麦芽酒、马匹和牛油外）完全免税；事实上，出口谷物要实际缴纳补充税。快速成长和创新的产业（纺织、化工、冶金、家用器皿和家具）几乎没有受到直接课征于这些产业最终产品或者投入品的税收的影响。历届政府的财政大臣虽然从未停止过寻觅新税种，但都尽量避开国内制造业领域。他们的掠夺之手常常伸向应税的‘农业相关产业’：啤酒及其原料、烈酒、苹果酒、醋、盐、精制糖、肥皂、淀粉质食品、糖果、皮革和纸张，但首先是住宅和住宅建筑业。此外，工厂主和商人完全能够通过把产品或商品出口到外国和帝国市场来避税。在以商品税形式对国内消费实施的广泛限制愈演愈烈的同时，退税、出口奖励和帝国特惠制，尤其是政府为海外市场而花费在海军上的支出导致英国工商业越来越依赖把产品和（航运、

① 邦尼 . 欧洲财政国家的兴起（1200~1815年）[M]. 上海：上海财经大学出版社，2016：59-60.

② 邦尼 . 欧洲财政国家的兴起（1200~1815年）[M]. 上海：上海财经大学出版社，2016：59.

③ 邦尼 . 欧洲财政国家的兴起（1200~1815年）[M]. 上海：上海财经大学出版社，2016：62-63.

金融和商业）服务出口到世界其他国家”[①]。不难看出，这一时期税收结构的特征：一是对农产品征税，对制造业免税；二是对国内市场课税，对国外市场免税。实际上，这一时期的税收政策是重商主义思想的一种体现，认为国民财富来源于边际收益相对较高的制造业，所以，为了鼓励纺织、化工等新兴制造业的发展，对这些产品甚至其投入品都免税。同时，重商主义认为增进国民财富的重要途径就是拥有广阔的市场，特别是国外市场，为此，为了拓展国外市场，不仅不对制造业征税，还采取出口奖励等政策，提高本国制造业产品的海外竞争力。

从英国财政支出来看，这一时期的军费支出是国家支出的重点。“在1688—1815年间，从形式上看，英国的财政支出仍然以军费支出为主，并且大部分用在了从对外侵略到为英国工商业保护殖民地和海外市场的国内经济防卫上。有重商学派的作者指出，英国的军费支出是英国经济崛起并在1815年后的1个世纪里称霸世界的先决条件。”[②]

战争等因素导致了财政需求的增长，单一的税收难以满足财政要求，公债成了国家收入的重要来源。“到了乔治三世统治时期，上缴伦敦财政署的税收收入约有80%来自于间接税。间接税支持了1688—1815年间财政国家在英国的崛起，并且提供了大量为增长非常快的永久公债还本付息所必需的额外收入。永久公债在1688年几乎为零，但到了1815年永久公债的名义本金已经增加到了全国总收入的2倍以上。”[③]

二、孟的财政思想

（一）孟及其《英国得自对外贸易的财富》

托马斯·孟（Thomas Mun，1571—1641），英国重商主义的代表人物，贸易差额论的代表者。

托马斯·孟于1571年出生在伦敦的一个旧的家庭手工业者和商人家族，

① 邦尼．欧洲财政国家的兴起（1200~1815年）[M]．上海：上海财经大学出版社，2016：63.
② 邦尼．欧洲财政国家的兴起（1200~1815年）[M]．上海：上海财经大学出版社，2016：64.
③ 邦尼．欧洲财政国家的兴起（1200~1815年）[M]．上海：上海财经大学出版社，2016：60.

他的继父是英国东印度公司的创办人之一，他于1615年成为东印度公司较有影响力的董事，在对外贸易实践中，不仅积累了对外贸易方面丰富的实践经验，对国外贸易有了较深入的认识，而且为了维护对外贸易活动，参与了国会以及其他政治活动。特别是为了应对和解决16世纪20年代的国际贸易危机，托马斯·孟加入了专门为应对这次危机而成立的"国家贸易委员会"，并提出了具有针对性的建议。与此同时，他还撰写相关文章，不仅是为了保护他们的商业利益，还不断推动了国家政治制度改革。他一贯反对集权的专制制度，主张限制国王的权力，其中包括征税方面的权力。

托马斯·孟的代表作《英国得自对外贸易的财富》，是在1621年出版的《论英国与东印度的贸易，答对这项贸易常见的各种反对意见》基础上，经由后人不断修改，于1664年帮其出版的。托马斯·孟当时作为东印度公司的董事，写作这本书的初衷是反驳早期重商主义者对东印度公司输出货币的攻击。早期重商主义者认为，"财富即货币，货币即财富"，"他们在眼见任何数量的金钱从祖国流出时，都会大声叫苦，一口就认定我们已经丧失这许多的财富了"①，任何数量的货币外流都是王国财富的减损。托马斯·孟认为"输出我们的货币借以换得商品乃是增加我们财富的一种手段"，金银货币并不是一国的财富，仅仅是交换的媒介和价值的尺度，要把货币投入对外贸易之中。把本国货币输往外国，把货币投入有利可图的对外贸易中。在对外贸易中先买进外国商品来扩大贸易，等时机成熟再把这些商品以更高价格卖给其他国家，赚回更多货币，即"货币产生贸易，贸易增多货币"。由此提出了贸易差额论："对外贸易是增加我们的财富和现金的通常手段，在这一点上我们必须时时谨守这一原则：在价值上，每年卖给外国人的货物，必须比我们消费他们的为多。"②

斯密以及马克思、恩格斯等对托马斯·孟的《英国得自对外贸易的财富》都有高度评价。斯密在《国民财富的性质和原因的研究》中将托马斯·孟的这部著作誉为"不仅成为英格兰而且成为其他一切商业国家的政治经济学的基本准则"③。马克思认为托马斯·孟的这部著作"在一百年之内，一直是重

① 孟.英国得自对外贸易的财富[M].北京：商务印书馆，2011：15.
② 孟.英国得自对外贸易的财富[M].北京：商务印书馆，2011：5.
③ 斯密.国民财富的性质和原则的研究（下）[M].北京：商务印书馆，2008：7.

商主义的福音书。因此，如果说重商主义具有一部划时代的著作，……那末这就是托马斯·曼的著作”[①]。熊彼特用现代经济学思维评价了托马斯·孟的著作，认为“孟的书一般被看作是英国‘重商主义’的经典著作。享有这种突出地位是适当的，但并非完全不配。……各种各样的问题——从渔业到禁运金银——在该书宏大的结构中得到了合理的论述（尽管缺乏特别的尝试和创见），联系的线索用约翰逊教育的恰当的术语来说，可以称之为对‘产生生产能力’的关心。……孟有关实际问题的论点，其背后的经济学虽然有点粗浅，但实质上还是正确的”[②]。可见，熊彼特站在现代经济学立场上中肯地总结了托马斯·孟的重商主义思想。在他看来，尽管其缺乏经济学理论、思想，但对当时问题的认识还是正确的。

（二）贸易差额理论

托马斯·孟作为一个商人，在实践中认识到了在对外贸易中增进国家财富的途径，不仅否定了早期重商主义“货币即财富”的财富观，认为单纯的金银货币并不是财富，真正的劳动产品才构成一国的财富，而且提出了在对外贸易中“多卖少买”形成贸易差额的观点，认为劳动创造的产品要多于消费的产品，“只有从我们的对外贸易的差额所带进我国的财富，才是会留在我们之间，并且从而使我们致富的”[③]。

首先，托马斯·孟反对早期重商主义“货币即财富”的货币观，提出了自己的货币观：“货币产生贸易，贸易增多货币。”金银货币并非财富，只是充当交换的媒介和价值尺度。

其一，单纯的金银货币并不能致富。“我现在还要指出的，就是那种表面的货币充裕现象与唯一能够实际担负起致富的任务的那种货币因素区别开来。因为有许多的方法，可以替国家带来很多货币，但是由于随着这种变更而来的种种麻烦，不但不能使国家致富，反而会使它贫困了。……倘使我们将我们的金银器皿都熔铸成硬币，我们确实可以一时就有了充裕的货币，然而我

① 马克思恩格斯全集：第 20 卷［M］. 北京：人民出版社，1971：253.
② 熊彼特 . 经济史分析：第一卷［M］. 北京：商务印书馆，2011：533.
③ 孟 . 英国得自对外贸易的财富［M］. 北京：商务印书馆，2011：24.

们并不能因此而更富一些。”[①] 从现实来看，获得一定量的金银货币的确可以使之拥有一定的购买力，或者说，获得一定的财富，但是，为了自己的消费需要，这些金银货币总是要用来购买商品而消费掉的，而一旦将获得的金银货币使用完毕，将不再拥有财富。所以，托马斯·孟认为单纯的金银货币并不是创造财富的货币，只有将货币运用到生产或贸易之中才能创造财富，金银货币仅仅是财富的价值尺度。

其二，金银货币并非越多越好。“我们还要指出的，只不过是如何将我们的金钱加在我们的商品上面，使它们一块儿输往外国，从而我们可以获得更多的财富。”[②] 货币应与其商品价值相当，如果货币过多，会使本国商品价格上涨，竞争力下降，所以，本国的货币量应保持适度的规模。

其三，决定对外贸易的并不完全是金银货币。人类在货币出现之前已然存在着物物交换的贸易，也存在着国家间的贸易，“因此，使贸易活泼、壮大的，不是王国内死藏的货币。而是引起各方面的贩路与使用的，是英国的商品与外国的需要与使用及我们对其商品的需要”[③]。

其四，金银货币产生贸易，贸易可以增进金银。就是说，用金银货币来购买外国的原料，经过本国制造之后再输出，则所获金银一定会远远超过所输出的数额，因为制造品比原料价格高。

其次，托马斯·孟“多卖少买”的贸易差额理论的实质是工业主义思想，即通过贸易差额来促进国家制造业发展的思想。托马斯·孟在《英国得自对外贸易的财富》一书的第三章至第十一章重点论述了扩大对外贸易的途径，从这些途径来看，扩大出口、限制进口并非一味地依赖于国家或政府的保护，而是应通过发展本国的制造业。具体有以下几点。

第一，注重外国需要的商品生产，“在我们出口的货物里边，我们一定不可以仅仅注意到我们自己所多余的东西，而是还必须考虑到我们的邻友们的必需品”[④]，自己生产过剩的产品出口到国外，可给我们带来财富，但托马斯·孟认为这些产品一般都没有竞争力，其他国家也可以生产，为了扩大对

① 孟．英国得自对外贸易的财富［M］．北京：商务印书馆，2011：23.
② 孟．英国得自对外贸易的财富［M］．北京：商务印书馆，2011：25.
③ 孟．英国得自对外贸易的财富［M］．北京：商务印书馆，2011：30.
④ 孟．英国得自对外贸易的财富［M］．北京：商务印书馆，2011：8.

外贸易，要更加注意其他国家需要的一些东西。

第二，实行进口替代，扩大需要进口产品的生产。英国可以在现有耕地条件下，利用和开垦无边无垠的荒地，“可以自行供应现在还需要向别人去买的苎麻、亚麻、绳索和烟叶以及其他各种货物，同时我们制止这些货物进口”[①]，由此，不只可满足人们的需要，重要的是还能增加土地利用和劳动投入，用辛勤的劳动促进商品生产和技艺的发展，创造出社会财富，而不是由于进口而消耗社会财富。

第三，通过国家激励政策促进制造业发展。一是取消工业品出口的关税，“对于本国产品不要课以过重的关税也是很必要的，这样免得外国人嫌这些商品价格昂贵而影响了销路”，如果施加关税，势必提高商品价格，将使本国产品失去竞争力。二是取消制成工业品所需要的进口原材料的关税，不仅可以发展制造业，还可以给贫困群体提供就业机会，提高他们的收入。“国家如果对于一切用外国原料制成的工业品，如天鹅绒和其他各种刺绣丝线、粗绒、捻丝等免去关税，乃是明智和有利的。那样，很多贫民便可以受雇就业，并且还可以大大增加我们每年输出到别的国家里去的货物价值，同时（为要达此目的）就要输入更多的外国原料，结果是增进了皇上的关税。……在外来生丝的绕丝和搓丝的工作之中，……在三十五年内……该业竟已雇用一万四千个人从事工作了。”[②] 实际上，托马斯·孟已然认识到：一方面，原材料加工制成的工业品相对于原材料具有更大的价值，所以，要鼓励工业制成品的发展与出口；另一方面，除非是具有垄断性质的原材料，一般性的原材料各个国家都有，既充满竞争，也不具有较大价值，而工业制成品则既需要一定的劳动量，也需要相应的技艺，而这些技艺又需要一定的时间和技巧以及秘诀。所以，工业品具有更大的边际收益，发展本国工业更有利于增进国民财富。

第四，大力发展航海业和转口贸易。托马斯·孟认为应重视本国航运业的发展，一方面可以形成新的产业并由此产生新的价值，“我们的出口货物，倘使是用我们的船自运出去的，也是可以大大提高价值的，因为这样我们不

---

① 孟．英国得自对外贸易的财富［M］．北京：商务印书馆，2011：7.

② 孟．英国得自对外贸易的财富［M］．北京：商务印书馆，2011：12.

但会得到货物的本国售价，还可以加上商人的利润，保险的费用以及将它们运往海外的运费”①；另一方面可以维持大量的海员和航海事业。

第五，对外贸易与国内贸易是相互依存的，且对外贸易是一项利国、利民的伟大事业。“（这样）靠着别国的财物而发了财，与靠着勤劳努力而增多我们自己的资财比起来，并不见得不光荣和缺乏判断力的，特别是在后者的增进乃是由前者助成的时候，例如我们在东印度发现的情况就是这样，我们由于买卖大量的锡、纺织品、铅以及其他商品，在那些从前并不用我们的货物的国家里的销售量也日渐增加了。”② 托马斯·孟并不否认财富的性质：“劳动创造财富。”他是从占有或享有社会财富的角度来说，勤劳努力创造出劳动产品是获得财富的方式，同时，通过对外贸易也可以获得财富，这也是一种占有社会财富的方式。而且，托马斯·孟并没有将这两种获取财富的方式对立起来，而是认为这两种方式是对立统一的，对外贸易的发展还可使劳动成果得到更大的市场，进一步促进人们勤劳工作。所以，托马斯·孟认为对外贸易是“与公共财富、实力和幸福有重大关系的伟大而高贵的事业”③。

托马斯·孟在本书的结尾总结出了其贸易差额理论的本质：“那么请仔细看看对外贸易的真正面目和价值罢！那就是国王的大量收入，国家的荣誉，商人的高尚职业，我们的技艺的学校，我们的需要的供应，我们的贫民的就业机会，我们的土地的改进，我们的海员的培养，我们的王国的城墙，我们的财富的来源，我们的战争的命脉，我们的敌人所怕的对象。”④ 就是上述这些原则，才使政府重视、精心爱护对外贸易这一事业。从中我们进一步认识到，托马斯·孟的贸易差额理论绝不是为了获得金银货币财富，其本质在于通过扩大对外贸易来增进本国劳动产品，发展本国制造业。

（三）托马斯·孟的财政思想

托马斯·孟的财政思想来源于其贸易差额理论。

---

① 孟．英国得自对外贸易的财富［M］．北京：商务印书馆，2011：12.
② 孟．英国得自对外贸易的财富［M］．北京：商务印书馆，2011：12.
③ 孟．英国得自对外贸易的财富［M］．北京：商务印书馆，2011：11-12.
④ 孟．英国得自对外贸易的财富［M］．北京：商务印书馆，2011：103.

1. 财政政策思想

通过财政政策工具来影响对外贸易。为了本国工业发展，增加贫民的就业机会，在对外贸易中对出口的工业制造品、进口的原材料都应免税；对原材料出口、工业制成品进口要课征关税。

2. 课税原则

国王收入源于私人经济，依赖于国家或私人经济发展，所以，在征收社会财富时，应遵从以下原则。

（1）平等原则

“当我们必须筹集较多于从经常的赋税而来的款项时，我们就应该按平等的原则办事，方可免遭人民憎恨。”[①]尽管托马斯·孟没有给出税收平等原则的内涵，但是，他给出了政府课税时的准则，即要从人民满意的角度来考虑平等问题。

（2）适度原则

国王的收入要适度，不能使人民陷入贫困。“一个国王的收入虽然是很多的，可是如果国家所得的利益很小，那么国王每年适于积存的财富的准则和比例也就应依后者而定，因为倘使他积聚的金钱大于对外贸易的顺差值的话，那么他对于人民就好比在羊身上吸血而不是剪毛了，那么，由于以后羊死而无毛可剪之故，他也必将与他的羊同归于尽”，所以，托马斯·孟认为“一个国王，凡是不去压迫他的人民，而却能维护他的财产和权利，同时不使自己堕入贫困，为人所耻，为人所恨和受到危险的，一定是要积累财富而又勤俭节约的”[②]，国王的财富来源于人民，只有人民富裕了才能使国王获得更多的财富。

（3）经济发展适应原则

公共收入要与社会经济发展相适应，“一切国产税和其他公共收入所赖以维持的那许多船舶、工艺和人民的立足的基础，贸易事业和生存条件，乃是工作的机会而不是那个地方，乃是富饶的渔业而不是那一片贫瘠的低地”[③]，财政收入来源于人民的事业之中，否则，这些公共收入、国产税也就不会存

① 孟. 英国得自对外贸易的财富［M］. 北京：商务印书馆，2011：78.

② 孟. 英国得自对外贸易的财富［M］. 北京：商务印书馆，2011：78.

③ 孟. 英国得自对外贸易的财富［M］. 北京：商务印书馆，2011：89.

在了。“一个国王之所以被人视为强大过人，与其说是在于他的钱柜里存着的大量财富，还不如说是在于他有许多既富裕而又心悦诚服的臣民。”[①] 国王财产寓于人民的财富之中。

3. 财政支出原则

关于国王的收入如何来使用，托马斯·孟认为不能将其储藏起来，除了国王日常节俭消费外，要将来自人民的财富再散发到人民中间去，不仅可使之生利，更为重要的是还可进一步促进国民财富的增进。具体来说，国王的收入一方面用于战争的军事建设，比如制造战舰及其附属设施、建筑修缮要塞、储存战备物资等；另一方面“兴建银行，使他们的人民可以增进贸易”。货币保障着国内外贸易的运行，同时，所购置的战备物资要尽量使用本国的制造品。“因为一个国王（在这种场合下）正像人身体里边的胃一样，倘使它一旦不能起消化作用，也不能将养料分送到身体的各部分去的话，那么它立即就要破坏那些部分，而同时也毁灭了它自身。”[②] 国王从人民那里获取的财富就像进入胃中的食物，而国王就是身体里的胃，如果这个胃不能很好地消化这些食物，人的身体就不能获得足够的营养，就会出问题。所以，国王要将从人民那里获得的财产用到人民身上，其中既包括国防战争需要，也包括人民的生产、贸易的需要。托马斯·孟在这里特别强调了国王储藏金银货币是无用的，金银货币并非财富，即便是面对战争时，“一个在有急需的时候买不到东西的国王，是和一个没有钱去买东西的国王一样贫困的；因为，虽然现金被称为战争的命脉，可是那是因为它可以在必要的时候和地方供应、统筹和调动人力、食料和军火。倘使这些东西，在需要的时候得不到供应，那么我们拿着我们的现金能做什么？”[③] 真正的财富还是劳动所生产的产品。

4. 财政制度

托马斯·孟认为，由政府成立的议会来决定公共收入与支出是一个好的制度，“创立了议会制度乃是政府的一种高明政策，凭此就可以使贵族必须对债务负债，可以为平民弥补他们所受到的损害，同时也可使国王不致偏袒某一方面，而对双方都能讨好；所以结果是可以使国王与他的属民，能够同心

① 孟．英国得自对外贸易的财富［M］．北京：商务印书馆，2011：80.
② 孟．英国得自对外贸易的财富［M］．北京：商务印书馆，2011：81.
③ 孟．英国得自对外贸易的财富［M］．北京：商务印书馆，2011：82.

同德。此外恐怕我们就不能更有见地地为一个国家的公共安宁，或者更周详地为一个国王的安全，再想出任何其他的方法了”[①]。可见，此时托马斯·孟已经有了财政收入与支出的民主思想，尽管在他看来，让人民议会来决定财政收入与支出是出于国家的安宁、国王收益的增加，并没有完全站在人民的立场上来考虑这一制度安排，但其进步意义也是不容忽视的。

（四）简要评论

自斯密开始，直到现代，人们仍在批判托马斯·孟的一个观点：我国的收入即他国的损失。显然，托马斯·孟的这种观点与斯密分工与合作可提高劳动生产力进而可产生互利共赢的思想是截然相反的。斯密认为人们通过分工与合作可以产生共同收益，不存在零和博弈。托马斯·孟则认为国际经济中存在着零和博弈，存在着竞争关系，为此要进行贸易限制。托马斯·孟是一个商人，他是基于商业现实得出的结论，现如今我们依然可以领略到托马斯·孟这种观点的内涵。在高科技统领世界经济的当下，哪个国家掌握着高科技，哪个国家就具有对经济的垄断权，就可以对其他国家“薅羊毛”，由此在这一领域中就是零和博弈，一个国家的收益建立在其他国家的损失之上。可见，托马斯·孟的这一观点仍具有现实意义。

三、霍布斯的财政思想

托马斯·霍布斯（Thomas Hobbes，1588—1679）是英国著名的重商主义者和资产阶级思想家。霍布斯是17世纪的思想家，曾作为培根的秘书，与笛卡儿、贵族、国王等交往密切。其主要的贡献在于，在哲学上创立了机械唯物主义，认为宇宙是所有机械地运动着的广延物体的总和；在政治学上提出了自然状态和国家学说，对王权神授进行了挑战，对人们认识国家、认识政府提出了一种新思维。

① 孟．英国得自对外贸易的财富［M］．北京：商务印书馆，2011：78.

（一）霍布斯的国家观

霍布斯关于国家的起源的观点不同于卢梭。卢梭认为，国家是基于人在实际过程中一种自然的需要——合作，为了完成个人所不能完成的事项，而结合在一起的，而且认为战争是国与国、民族与民族之间的事，而非个人之间的问题，原始状态下的人与人之间是难以相见的。

曼德维尔在《蜜蜂的寓言》中，基于所观察到的蜜蜂的社会组织形式——各自为了自己的利益而工作，而整个蜜蜂社会秩序井然，直接将蜜蜂这种群居动物的行为移置于人类，认为人类同蜜蜂一样，在每个人的利自心的支配下，不仅可以使自己的收益增加，还可以促进整个社会的利益，人们之间不存在战争、争斗，有的只是为了自身利益而相互合作。斯密在一定程度上继承了曼德维尔的这一理念，将市场比作一只“看不见的手”，认为每个人在追求自己利益的同时也会增进整个社会的利益。

而霍布斯有着比他们两人更为深刻的认识。霍布斯认为，蜜蜂、蚂蚁等群居动物之所以不存在战争，就在于这些动物本身没有人类的好胜心和与他人进行比较的意识。在霍布斯看来，“这些动物中，共同利益和个体利益没有分歧；它们根据天性为自己的个体利益打算，这样也就有助于公共利益。但人类的快乐却在于把自己和别人作比较，感到得意只是出人头地的事情”[①]。也就是说，人类不同于动物之处就在于，人类的快乐是建立在相互比较基础之上的，正如人们所言，“不患寡而患不均”。而且，霍布斯认为这些动物不似人类存在理智，能够基于自己的认知来对公共事务进行分析。所以，在他看来，争斗、战争是人类天性的一种必然产物。霍布斯基于上述“人性恶”的假定，认为人的欲望决定着其要不断争斗，如若没有一个绝对权威，人类将遵从丛林原则，上述自然法也无从实现。“因为自然法本身，如果没有某种权威使人们遵从，便跟那些驱使我们走向偏私、自傲、复仇等的自然激情互相冲突。没有武力，信约便只是一纸空文，完全没有力量使人们得到安全保障。这样说来，虽然有自然法（每一个人都只在有遵守的意愿并在遵守后可保安全时才会遵守），要是没有建立一个权力或权力不足以保障我们的安全的话，每一个人就会，而且也可以合法地依靠自己的力量和计策来戒备所有其他的

① 霍布斯．利维坦［M］．北京：商务印书馆，2011：180.

人。”[①]而且认为，即便组成了一个组织或城邦，如果其内部没有绝对权威，也可能形成上述的争斗。“群体纵使再大，如果大家的行动都根据各人的判断和各人的欲望来指导，那就不能期待这种群体能对外抵御共同的敌人和对内制止人们之间的侵害。”[②]所以，如果要抵御外敌而不受侵害，就只有一条道路，即将所有权力委托于一个人或一个组织，即国家，能将大家的意志转化为共同的意志而行动。“这就是一群人相互订立信约、每人都对它的行为授权，以便使它能按其认为有利于大家的和平与共同防卫的方式运用全体的力量和手段的一个人格。……承担这一人格的人就称为主权者，并被说成是具有主权，其余的每一个人都是他的臣民。”[③]

可见，在霍布斯看来，国家的产生是以按约而成，区域或城邦内的人民共同订立信约，让渡出自己的权力于这个人或组织，即主权者。主权者的权力、职能的状态，不是取决于主权者，而是取决于所有人民所订立的信约，或者说，取决于所有人民，是所有人民一致同意的结果。

（二）霍布斯的财政观

霍布斯的财政思想根植于其国家理论之中。在霍布斯看来，国家是人民共同的契约，国家作为主权者，旨在为人民提供人民所需要的东西，或者说，国家通过人民相互之间的契约而成立。“如果要建立这样一种能抵御外来侵略和制止相互侵害的共同权力，以便保障大家能通过自己的辛劳和土地的丰产为生并生活得很满意，那就只有一条道路——把大家所有的权力和力量托付给某一个人或一个能通过多数的意见把大家的意志化为一个意志的多人组成的集体。”[④]这也就是说，所成立的国家的目的是使人民幸福、自由，“主权者不论是君主还是一个会议，其职责都取决于人们赋予主权时所要达到的目的，那便是为人民求得安全”[⑤]。这样，主权者或国家的职责是：①对外抵御外来侵害，保护人民生命和财产安全；②对内维护社会秩序和平、安宁；③保障

---

① 霍布斯．利维坦［M］．北京：商务印书馆，2011：128.
② 霍布斯．利维坦［M］．北京：商务印书馆，2011：129.
③ 霍布斯．利维坦［M］．北京：商务印书馆，2011：132.
④ 霍布斯．利维坦［M］．北京：商务印书馆，2011：131.
⑤ 霍布斯．利维坦［M］．北京：商务印书馆，2011：260.

人民合法的劳动生产活动。

这也就构成了国家财政支出的重点，即用于国家安全的国防财政支出、用于维护国内秩序的行政司法管理财政支出，以及用于保障人民劳动生产的财政支出。

主权者或国家为了实施上述职责，就须拥有相应的课税权，以满足上述国家财政支出的需要，这样就将课税权、国家军事权与司法行政权统筹起来。主权者"如果将国民军交出去，保留司法权就没有用了，因为法律将没法执行；要是他把征税权让出去，保留国民军也就是空话；要是把统治学理的权利让出去，人们就会由于恐惧幽灵鬼怪而发生叛乱"。① 即将军事权、司法权及课税权等作为一个整体来考虑，这些权力既是不可或缺的，也是不可分割的。而且，在霍布斯看来，国家拥有的绝对的课税权与人民的自主纳税权并不矛盾，这是因为"人民为公共事业缴纳税款，无非是为换取和平而付出的代价，分享这一和平的福利部门，必须以货币或劳动之一的形式为公共福利，作出自己的贡献"②。就是说，国家为人民进行防卫并带来和平，那么，人民就应该承担相应的防卫支出；而且，国家成立即意味着人民契约的确立，人民让渡和赋予主权者相应的权力，即人民赋予主权者保护人民不受侵害的权力，同时也让渡出一部分劳动成果给予主权者，主权者运用这些劳动成果保护人民不受侵害、使人民获得更大自由。这样说来，人民纳税是出于人民的自愿，是人民意志的自觉表达。

人民自愿地为了和平、安定而纳税，霍布斯认为人民纳税应体现公平、正义的原则。公平、正义课税的准则在于人民纳税数额应与其受到国家或主权者保护而获得的利益相一致，"公平征税也属于平等正义的范围，税收的公平则不依赖于财富的平等，而依赖于每人由于受到保卫而对国家所负债务的平等。人们光从事劳动以维持自己生计还不够，有必要时还要从事战斗以保卫自己的劳动。……因为主权者向人民征收的税不过是公家给予保卫平民各安生业的戴甲者的薪饷"③。在霍布斯看来，国家征税应实行公平原则，即按照人们从国家那里获得的利益成比例地征税。这是因为国家征税的目的是

① 霍布斯 . 利维坦［M］. 北京：商务印书馆，2011：139.
② 霍布斯 . 利维坦［M］. 北京：商务印书馆，2011：156.
③ 霍布斯 . 利维坦［M］. 北京：商务印书馆，2011：269.

保护人们的生命和财产安全，而且，每个人从国家保护中获得的最大利益是“安生”，而“贫者对于保卫他的生命的人所负的债便和富人所负于这种保卫者的相等”，即将每个人拥有的财产数额作为课税的依据。

同时，霍布斯认为，“税收的平等与其说是要取决于消费者的财富的均等，倒不如说是要取决于消费本身的均等”①。霍布斯从人的自然本性角度给出了解释，认为有的人勤劳而有的人懒惰，勤劳的人会节衣缩食而积累劳动，懒惰的人则生活懒惰而消费过度。在霍布斯看来，国家应鼓励勤劳而抑制懒惰，即抑制人们过度消费，为此，要对人们的消费额进行课税。“如果税收按消费品摊派，每一个人便都要按自己所耗用的东西平等地捐纳，国家也就不会由于私人的奢靡浪费而蒙受损失了。”② 消费税的目的在于鼓励节约、抑制奢侈。可见，霍布斯的公平课税原则即比例原则，即按个人拥有的财产数额同比例课税、按个人消费的数额同比例课税。

就国家财政收入来源而言，霍布斯认为不能将公共土地等的收入作为国家公共收入。“人性既然已经成为现在这个样子了，拨出公共土地或任何一定量的收入给国家都是没有用的；一旦主权落到不慎重对待公帑或轻启战端、将公共钱财冒险使用于持久或耗资的战争的君主或议会手中，便会使政府解体，并陷入单纯的自然状况和战争状况之中。”③ 也就是说，在霍布斯看来，人的自然天性中的欲望会使人们在没有政府的前提下陷入战争状态，每个人都为了自己的幸福、利益而抢夺他人财物，国家形成后只不过是通过主权者避免了人与人之间的这种战争，但是人的本性是不会变的。一旦这些公共资源落入不慎重者手中，他们为了自己的利益，或是不能善待“公帑”，或是“轻启战争”，不仅会给国家带来灾难，国家的公共收入也难以维系。所以，霍布斯强调国家或主权者保护下的私有制，国家应通过税收来获取相应的公共收入。

霍布斯关于政府收入不应依赖于公共财产收入的观点，与斯密完全一致，都是强调应通过税收形式来获取政府的公共收入。

总之，霍布斯基于其国家契约理论，将国家或主权者所拥有的课税权与

① 霍布斯．利维坦［M］．北京：商务印书馆，2011：269.
② 霍布斯．利维坦［M］．北京：商务印书馆，2011：270.
③ 霍布斯．利维坦［M］．北京：商务印书馆，2011：194.

国家或主权者的职责统一起来了，而这也是国家契约理论的内在逻辑——人民纳税并不意味着侵犯人民的权利、侵害人民的自由，恰恰相反，这是人民自主权利、自由的一种体现。

四、配第的财政思想

（一）配第及其财政思想的形成

威廉·配第（William Petty，1623—1687），英国古典政治经济学之父。他于1623年出生于英国的一个手工业者家庭，年仅14岁便外出谋生，先后在英国、荷兰、法国等国从事水手等工作；1644年至1645年在荷兰莱顿大学学习医学，1649年在牛津大学获得医学博士学位。1651年任克伦威尔的私人医生，随后任其私人秘书。配第聪明、勤奋，敢于冒险，善于投机，拥护英国资产阶级革命，1658年被选为英国国会议员。1659年克伦威尔政府失败，配第引退移居伦敦，致力于学术活动。1661年，他被封为男爵并被任命为土地测量总监。1662年，配第和一些著名科学家一起创立了英国皇家学会，同年向詹姆斯二世建议对税制进行改革，自荐出任统计局局长，但未能实现；1673年被选为该会副会长。配第的著作主要有《关于税收与捐献的论文》(1662，简称《赋税论》)、《献给英明人士》(1664)、《政治算术》(1672)、《爱尔兰政治剖析》(1674)、《货币略论》(1695）等。

配第生活在的17世纪中叶的英国，已经成为世界工业最发达的国家，工场手工业是其主要的生产方式。与这一生产力相适应的生产关系是，产业资本逐渐取代商业资本，在社会经济中占据主要位置，为此学术研究也就要不断满足产业资本的利益和要求。配第正是在这一背景下形成了其古典经济学思想。

配第被马克思称为“现代政治经济学的创始人”，把经济学研究对象从流通领域转到了生产领域，运用统计和数学方法分析经济现象，提出了劳动价值论基本命题，运用统计方法对财政收支进行总体分析，主张减少非生产性支出、增加生产性支出。马克思对其在经济思想史中的地位作了高度评价，认为配第作为“现代政治经济学的创始人”，其《赋税论》已经“对商品的价值量作了十分清楚的和正确的分析”，而且认为《赋税论》是一部“十分圆满的、浑然一体的著作”①。

单纯从财政学学科建设的角度来看，我们认为，配第的《赋税论》在形式上体现了财政学的收入与支出的分配活动框架：以政府为主体的财政收入与财政支出及二者的关系。就财政存在的依据来说，配第认为政府有责任提供相应的公共产品和公共服务，由此进行征税，赋税的征收目的在于“各项公共开支”，即政府为了提供公共产品而向公众征收的费用就是税收。所以，其中的内在逻辑是，政府为了提供公共产品而向公众征税，税收是为满足公众对公共产品的需要而筹集的经费，税收与公共产品是相对应的。

配第对经济学的贡献还包括其研究方法。他主张用“数字、重量和尺度”等术语来阐述社会经济现象——政治算术。实际上，配第旨在通过观察、计算各经济变量之间的关系，来反映社会经济状况，“凡是政府事务以及有关君主荣誉、百姓幸福和国家昌盛的事项，都可以用算术的一般法则证实。……这种方法，就是用一种极其普通的科学原理解释纷繁错综的世界情形”②。进一步来说，就是将整个社会经济看作一个整体，通过观察各经济变量之间的关系，来理解和认识整个社会经济的运行情况。马克思评价配第“在某种程度上也可以说是统计学的创始人”。

（二）政府职责和财政支出

配第认为，政府应保护国家领土完整和国家安全，对内维护社会秩序、塑造人们良好的德性以及提供一些诸如教育、道路等的公共设施。基于这些政府的职责，配第提出了财政支出的六个方面。

①国防支出，“用于防卫领土、领海，捍卫国内、国外和平以及维护国家尊严不受他国损害”。

②各级政府职员的行政开支，“解决个人之间、集体与成员之间的纠纷，审理、惩罚已发生的违法犯罪案件以及预防违法犯罪案件的发生而引发的司法费用”。

---

① 马克思恩格斯文集：第 9 卷［M］. 北京：人民出版社，2009：246.

② 配第 . 政治算术［M］. 北京：中国社会科学出版社，2010：1.

③“用于教会拯救人的灵魂，启发人的良知”的经费。通过教会来培养人们的美德，提高人们的善观念，知道什么是善的，如何来行善。这些对社会也是极其有益的。

④“各类学校和大学的经费，尤其是对国民进行阅读、写作和算术等诸方面的教育投入”，这些能力对每个人都非常重要，而且对整个人类也是有益的，因为通过这些教育可有效地“去探索、发现自然界的运行规律”，“从这个意义上讲，教育应该享用公共经费”。

⑤“用于抚养孤儿，包括那些无家可归和被遗弃的孩子。同时，那些因各种原因而失去劳动能力的人以及失业的人也应得到生活的保障”的费用。因为“根据上天的法则，任何人都不应该挨饿，上天为每个人准备了食物。因此，任何人都应该被允许得到公众的接济，我们更应该用公共经费来赡养他们”。

⑥“用于建设和维护公路、航道、水利工程、桥梁、港口以及其他造福公众的建设项目”[①]等基础设施的费用。

针对上述六种财政公共支出，配第还深入分析了财政支出结构，具体分析了哪些公共支出应削减，哪些应增加。具体来说，应削减四个方面的公共支出：①不应发动不正义的战争，这样用于战争的军费就会减少；②可通过合并教区来减少宗教公共支出；③通过废除不必要的、多余的、过时的官职等方式，以削减行政司法方面的公共支出；④通过测算学生人数来安排相应的教师，以减少大学教育经费。

这四个方面的财政支出，在配第看来都是非生产性的支出，特别是不正义的战争、不必要的行政司法支出，百害而无一利。所以，为了增进国民财富，就要减少这些财政支出，同时增加政府的生产性支出。

第一，增加救济贫民的公共支出。救济贫民的公共支出包括“收容身体尚健的老年人、盲人以及跛足人的收容所的费用开支；还有治疗疑难杂症或慢性病，可以治愈的或者绝症的内科或外科各种疾病的医院的经费开支，还包括治疗急性病和各种传染性疾病的医院等等；此外还要考虑收容孤儿、无

① 配第．赋税论［M］．北京：中国社会科学出版社，2010：3-5.

家可归的儿童以及育婴的收养所的费用开支”[①]。在配第看来，政府提供这些并不是什么新奇稀罕之事，这些公共支出不仅对个人有益，而且对社会大有益处。

第二，增加修建道路、桥梁、河道等公益设施以及植树的公共支出。这既可以改善基础设施状况，有利于商业发展，还可为贫困群体提供工作和就业机会，进而增加他们的收入、减少贫困。这是从贫民角度或者是从社会再分配角度来看待公益设施的公共支出问题。

配第认为，公共支出用于这些公益设施建设，还可以提升贫困群体的能力，促进他们的发展。首先，政府有责任为贫困人群提供工作，“这时候我们就应该想着为所有其他的贫民谋求一份固定的工作了”，可是，“我们要给这些贫民寻求的工作究竟是些什么工作呢？我认为，这些职业应该隶属于公共开支的第六项所涉及的那些职业”[②]。其次，为这些贫民提供工作，不仅可使他们获得稳定的收入、丰衣足食，进而使他们形成良好的道德习惯，还有利于他们子女的教育与发展，“至于这类工作既可以锻炼他们的精神，又会让他们养成服从命令的习惯；同时还可以使他们的身体得到锻炼，从而在必要的时候能够从事为社会带来更多收益的劳动”。最后，这体现了财政公共支出具有再分配作用的思想。在配第看来，财政再分配会使每个人都有可能变得更富或更穷，通过财政公共支出的政策安排可以增加贫民收入。国王（政府）要防止出现“经过重新分配，可能会出现某些人获得收益，而另外一些人蒙受损失的情况；或者说，重新分配后，每个人都有可能变得比以前更富，当然也有可能变得比以前更穷”[③]。

我们不难看出配第财政思想的先进性。配第所认为的公益设施公共支出的价值更主要是从“人”特别是“贫困的人”的角度来看待，也就是说“物”背后的东西是“人”。如果一个国家的人民只依靠天然物产作为他们的生活来源，那么，“这个国家的人就会变得不拥有任何技能；而且四体不勤的人无法忍受精神上的折磨，过度思虑就是其中一种原因”[④]。配第通过现象界“物性”

① 配第．赋税论［M］．北京：中国社会科学出版社，2010：18.
② 配第．赋税论［M］．北京：中国社会科学出版社，2010：18.
③ 配第．赋税论［M］．北京：中国社会科学出版社，2010：19.
④ 配第．赋税论［M］．北京：中国社会科学出版社，2010：20.

的财政活动看到了其背后的“人”的价值，政府无论是收税还是提供公益设施，最终都会影响和作用到“人”，“人”才是其最终目的。

反过来，我们再观察配第之后的古典经济学。斯密虽然继承了配第的劳动价值论，但并没有完全继承配第关于生产性与非生产性劳动的划分。配第将对穷人的救济支出和公益设施支出看作生产性劳动的支出，可增进国家社会福利，可是，斯密将这些都看作非生产性支出，认为它们不创造社会价值。配第关于财政支出的本质在于“人”的理念，也被斯密之后的经济学遗弃，将政府的财政活动完全“物化”。

（三）赋税思想

配第的赋税思想既包括赋税的原则，也有税收中性思想。

配第没有在《赋税论》中专门、明确论述税收原则、税收制度等税收问题，而是将其隐含于对征税方法、各个税种的论述之中，依此可将配第的赋税原则归纳为以下几个方面。

1. 公平原则

现代税收原则强调每个人都应纳税，对每个人都适用同样的税收制度。配第提出，“不管赋税多么重，如果政府能一视同仁，按照合理的比例对每个人征税，那么相对于任何人来说都不会负担了赋税而使自己的财富减少，人们的财富关系不变，每个人都保持了原有的地位、尊严和身份”①。政府对每个人都同等对待，对每个人征税不改变纳税人之间的财富比例关系，这体现为现代税收原则中的量能负担原则。同时，配第认为“使纳税人感到最为不满的，是对他们课征的税额高于对他们邻居课征的税额”②，现实中影响纳税人满意度的主要是人与人之间是否同样纳税，即现代税收原则中的横向公平——条件相同的人应纳相同的税。配第也指出了现实中存在着的课税不公平现象，认为“征收人头税的方法其缺点是非常不公平，能力不同的人都要纳相同的赋税”，同时指出税收不公平将导致“纳税人的报复”，“子女最多的人则负担的税款最多”，最终导致纳税人之间税负不公平现象出现。

① 配第．赋税论［M］．北京：中国社会科学出版社，2010：23.

② 配第．赋税论［M］．北京：中国社会科学出版社，2010：23.

2. 效率原则

配第强调，所制定的税收制度要有利于国民财富的增进、避免国民财富的额外损失，同时还要方便纳税人完税、征税人征税，即税收的完税成本不能过高。配第认为“如果国家课征的赋税过多，使得市场上流通的货币量不足以维持国内正常商贸活动的需要，那么直接的后果就是工作量的减少”①。可见，配第认识到了，税负不能过高，过高的税负可能会影响到经济的正常运行，还可能引起民众的不满。税负过重，“国民就会认为国王的索取超过了他们的需要”，而这样的想法一旦存在于国民心中，国民就容易出现“不愿意缴纳赋税的现象，反过来国王会采取更为严厉的办法来征税，而这样做会加重原先的不满”，进而可能引发政府与公众的对立。配第在论述“征收人头税的优点”时，认为税务机关在征税人头税时“征收速度快且费用少”，体现了征税的效率原则。同时，配第认为，政府也应该注意减轻纳税人的纳税负担，尤其是在当时商品经济不是很发达的情况下，“政府规定所有的赋税都必须用货币的形式缴纳，这看起来似乎是有些不合理”②。

3. 受益原则

在论述国内消费税时，配第提出“每个人都应当根据他们所得到的和实际享受的多少来缴纳税款”，从政府提供的公共产品和公共服务中获得的收益越多，应纳的税就越多，不能随意定夺。

4. 确定原则

配第认为，税收制度要确定，不能有任何模糊的地方。“没有评估税率的明确标准容易使政府在征税时犯了很多的错误”③，国家如果“按照规定有规律地定期征收赋税也会起到鼓励人们生活节俭的作用并从中获得巨大的财富”。如果税收制度不能有效确定下来，即对国民“临时或突然性地征收”赋税，那这个国家将不可能成为一个幸福安康的国家，“因为临时或者突然地征税其实才是税收负担沉重的真正原因”。

---

① 配第．赋税论［M］．北京：中国社会科学出版社，2010：26.

② 配第．赋税论［M］．北京：中国社会科学出版社，2010：26.

③ 配第．赋税论［M］．北京：中国社会科学出版社，2010：25.

5. 经济效应原则

经济效应原则即促进国民财富最大化原则。配第作为王权代理者，认为赋税要有利于国民财富增进。配第在《政治算术》的第三章分析了在什么情况下赋税可使国民财富增进，在何种情况下会使国民财富减少。

第一，“如果国家通过赋税形式向人们征收上来的资金或者其他财产被破坏或者付之一炬，那么，很明显，公共财富会减少。此外，如果这些征收上来的资金或者其他财产被输到国外而没有得到任何收益的话，公共财富也会减少，甚至情况更糟”[①]。

第二，配第认为，赋税就是意味着财富从一个人手中转移到另一个人手中，那么，可能存在两种情况：一种情况是通过赋税将财富由从事生产经营活动的人手上转移到不善管理的人手上，国民财富将会减少；另一种情况是财富从那些大吃大喝的人手上转移到善于管理的人手上，用于土地改良、开矿以及兴办工业等活动，显然这种“资金和财富的转移对国家来说是有利的”[②]。

第三，如果“赋税征收的对象是那些将公共资金用来吃喝或者将资金用于购买易逝品的人，然后将征收上来的资金交给用于购买衣物的人，那么，我认为这样对于公共财富也是有益的”[③]。

第四，“如果国家迫使那些非完全就业的人员从事进口商品的生产，或者通过征税的方法迫使他们这样做，那么我认为这种赋税的征收有利于公共财富的增加”[④]。配第基于赋税对国民财富增进的这一认识，提出“判断一种赋税是否有益，我们首先要彻底了解国民的生产和就业情况”[⑤]。

同时，配第在《赋税论》中还提出了税收中性的思想。“如果对所有人征收相同比例的税，那么就不会有人因纳税而遭受任何财富损失，这是一种前所未有的好税收。对人们来说……如果他们的财产要么减半要么加倍，那么在这两种情况下他们都保持同样富裕。因为每个人都保持过去的地位、尊严

① 配第 . 赋税论［M］. 北京：中国社会科学出版社，2010：24.
② 配第 . 政治算术［M］. 北京：中国社会科学出版社，2010：33.
③ 配第 . 政治算术［M］. 北京：中国社会科学出版社，2010：34.
④ 配第 . 政治算术［M］. 北京：中国社会科学出版社，2010：34.
⑤ 配第 . 政治算术［M］. 北京：中国社会科学出版社，2010：35.

和阶层。”[①] 可见，配第的这一观点可看作“税收中性”这一现代概念的先驱。

与斯密的税收四原则相比，不难发现，配第更强调税收对经济增长的作用，特别是税负在不同群体间的负担状况影响和决定着经济发展的进程。而在斯密看来，税收只会对经济增长产生抑制作用。

总体而言，从形式上看，配第的财政理论分析框架与现代财政理论相一致，既给出了税收思想，即如何征税，也提出了支出思想；从内容上看，配第的赋税思想体现着基于国家财富增进的支出与收入思想，是从国家整体，而非单个个体的角度来考虑国民财富的增进问题。

① 配第．赋税论［M］．北京：中国社会科学出版社，2010：24.

第三章　法国重商主义财政思想

15 世纪后期至 17 世纪前期，法国封建制度的强制性权力在中央王权、封建领主、教会之间分享。随着生产力的发展和经济关系的变化，三者之间的权力争斗不断发生，特别是随着农奴解放、商业资本的形成，封建领主的权力由封建贵族向商业资本转移，并产生了独立的自耕农。这样，中央王权与商业资本相结合，封建贵族被打倒，强制性的权力由地方分权转向了中央集权。随着以货币为媒介的商品经济的发展，扩大国家财政和王室财富就成了此时经济政策的核心，由此，在 16 世纪后期，随着法国专制王权的形成，重商主义经济政策也形成了。“法国财政的中央集权史，就是一部法国历代国王在对外政策和战争方面的承诺以及 17 世纪和 18 世纪历任财政大臣实施详尽财政政策决策和控制的历史。”①

重商主义财政思想的代表人物有让・博丹、科尔贝、孟德斯鸠等。

一、博丹的财政思想

（一）博丹及其生活的时代

让・博丹（Jean Bodin，1530—1596），法国政治家、法学家，“他是亚里士多德以后最重要的人物之一。他出生于翁热，在那里的大学学法律。……赴巴黎，担任律师，……1576 年他在布卢瓦成为议会议员，尽瘁于信仰自由

① 邦尼．欧洲财政国家的兴起（1200~1815 年）[M]．上海：上海财经大学出版社，2016：123.

和和平事业。他因反对国王的财务计划得罪了国王，……担任着一个次要职务。他是个学识广博的人，在许多问题上识见宏通。他的主要著作是《国家论六卷》（1576年）和《研究历史的捷径》（1566年）。在《国家论六卷》的第六卷内对国家财政问题作了重要讨论”[①]。

在博丹时代，法国中央王权、地方封建领主与教会的权力斗争，造成了战争、社会失序、法律失效、臣民失控，社会陷入混乱。如何使国家走向秩序，谁应是这种混乱的非正常状态中最高的仲裁者，是当时人们不断思考的问题。博丹认为王权在混乱中代表着秩序，为此，他针对王权所应有的权力、地方领主和教会何以统一在中央王权之下等问题，提出了一套君主权威理论，即《国家论六卷》，其中核心是王权的主权理论。博丹认为，国家源于家族制度，并延承着家族的基本特征：一是国家犹如家庭一样，人与人之间是不平等的，女人和孩子比男人低下；二是国家承认私有产权；三是国家运转要依靠诸如家庭中拥有绝对权力的父权一样的王权。也就是说国王拥有绝对的权力，国家的最高主权赋予国王，同时，这种只受上帝与自然法约束的王权与正在兴起的新兴资产阶级相平衡，即私有财产植根于自然法之中，拥有完全的自然权利，私有财产神圣不可侵犯。其中，国家有灵魂和躯体，财政是国家的神经，财政权是国家主权的一部分，财政分配状况会影响国家权力，财政分配不平等会产生很大的危险性。财政权也必然受制于自然法的约束，税收必须取得代表占有者的等级会议的同意。

（二）国家财政收入来源

博丹认为国家财政收入有七种来源。

第一，公共财产收入。除了道路、寺庙和剧院等公共建筑外，把属于所有人的某些土地，即共同土地分配给联邦。这些土地被耕种或出租给私人，租期为若干年或永久。这些土地的租金上缴财政部，用于支付联邦政府的开支。博丹认为，为了使王子们不必被迫给他们的臣民带来税收负担，或者为没收他们的财产找借口，所有的国王和人民都应把公共领域视为一个普遍的、

① 博丹．对马莱斯特罗特侈谈物价高昂及其补救办法的答复［M］// 门罗．早期经济思想．北京：商务印书馆，2011.

不可挑战的规则，即公共领域应该是神圣的、不可侵犯的、不可剥夺的。

第二，征服外国获得的收入。既包括征服他国后没收的财产收入，也包括他国作为其殖民地而获得的收入。

第三，他国的贡奉收入。

第四，盟国的贡品收入。为了国家安全、和平，两国签订条约，在需要时给予盟国任何形式的支持和援助，而盟国则提供相应的费用。

第五，贸易活动收入。王子可进行一定的贸易活动，既包括一般的商业活动，也包括出售荣誉、职位和福利等，从中获得一定的利益。在博丹看来，在王子可以从事的所有形式的交易中，出售荣誉、职位和福利是最有害和最肮脏的。

第六，关税收入。博丹认为，通过向进出口商品的商人收取费用来增加收入，是最古老、最普遍的公共财富习俗之一，为此，应该按照进出口关税的原则，对那些不能出口的东西增加出口关税，这既可增加国家收入，又有助于人民；同时，降低从国外进口的原材料的关税，增加制成品的关税，禁止从国外进口或者从本国出口铁、皮、钢、羊毛、麻线、生丝等原材料。

第七，税收收入。博丹将税收收入置于国家收入的最后一个方面，体现了它在整个国家收入中的作用。博丹认为，国家收入首先要通过前述几个方面来解决，在所有其他措施都失败之前，不应该对人民征税，而且只有在紧急需要，比如战争等，涉及每个公民的安全和共同利益时，才能通过税收来获取国家收入。而且博丹认为，只有在这样的危机中，税收才是最公正的。为了确保战时征收的特别税在和平时期不继续征收，最好以强制贷款的形式征收。圣路易斯在遗书中对他的长子和继承人腓力说："要虔诚地待奉上帝；对穷人要慈悲仁慈，并用你的帮助来安慰他们；遵守你王国的好法律；不要对你的臣民征税，除非紧急和明显的必要性迫使你这么做，而且是出于某种正当理由，但不是武断的。如果你不这样做，你就不会有国王的名声，而是暴君的名声。"博丹认为，在 1338 年，一些国家已经庄严宣布"未经人民同意，不能向人民征税"，而且这条规则一直被遵守，在西班牙、英国和德国也是一个很好的习惯。

关于税收的形式，博丹认为，收税的方式要有助于上帝的荣耀和国家的收入、在物质上使人民满意并使穷人得到救济。为此，他认为应该对奢侈品征税，比如，对香水、金银布、丝绸、花边、精美纸巾、金银珐琅等都要征税，对所有不必要的衣物，以及猩红、深红、胭脂红等染料也要收税。而且，他认为最好对这些商品施以重税，使这些东西变得昂贵，以至于只有非常富有和放纵的人才能负担得起。

就国家财政收入来看，博丹认为国家应占有或拥有一定的公共财产，将其收益作为国家财政收入来支持国家的各种开支，这是国家最正当、最保险的收入。同时强调，尽量不向人民征税，言外之意即尽量不增加人民的负担。博丹的这种国家收入思想与18世纪德国官房学派的尤斯蒂的观点颇为相似，他也认为尽量不要使用税收作为国家收入来源，要用国王和君主的公共财产的收入支持国家的开支。而不难看出，博丹的国家收入思想与斯密的思想截然相反。

斯密与博丹国家收入思想之间的差异，根本上是由时代决定的。博丹所生活的时代早于斯密约200年，此时封建王朝的生产力水平尚不发达，处于自给自足的农业文明时期，人们为了满足自己的需要进行劳作，即便有剩余，也只是为了“互惠”而交换，并不是为了“赚钱”而交换。或者说，在生产力低下的农业社会，国家占有并进行生产活动的产出，与私人生产并没有多大的差别。而且，国家的支出主要是维护国家安全支出以及国王或君主的王室费用，也就是说，国家必需的支出完全可由君主或国王的财产收入或特权收入来解决。而斯密时期已进入前资本主义时期，已经有了较发达的手工业，不仅有了广泛的分工，而且整个社会已然出现了社会分层。人们生产的目的不是自给自足，且其交换活动不再是为了“互惠”，而是为了从中获取更多的收益，或者说，为了追求财富最大化而为他人生产、服务。那么，包括农业在内的各个经济活动的专业分工将会提高效率。正如斯密所讲的，从效率角度来说，由国家来从事某些经营活动就未必是有效率的，因为这里存在着委托代理问题、激励问题，所以社会资源由私人占有并从事生产活动是更好的选择。

（三）国家公共支出

关于收入的正确使用或支出问题，博丹认为，首先，要为国王的家庭提供生活费，即维持王室费用，以及支付军队和官员工资。博丹认为上述支出安排也将使所有贫穷的臣民都受益，因为人民将避免受到税收之苦。其次，重点是安排贫困人员的救济支出。最后，如果上述各项支出还有结余，部分资金应用于在边境战略要地修建防御工事、修路、修桥、租船、建造公共建筑、建立学术和荣誉学院。这项维护工作不仅是必要的，而且有助于整个联邦的利益。鼓励手工艺者和工匠生产救济穷人的必需品。当统治者从臣民身上得到的钱用于所有人，特别是每个人的利益时，税收的不受欢迎程度就减轻了。对于国家收入的结余问题，博丹认为，要积累一定的国家收入，以备不时之需。同时，博丹强烈反对举债。

二、科尔贝的财政思想

（一）科尔贝其人

让·巴普蒂斯特·科尔贝（Jean-Baptiste Colbert，1619—1683）是法国路易十四时代的财政大臣，被公认为"法国重商主义之父"，被伏尔泰称誉为"治国良相"。其重商主义政策被斯密在《国富论》中点名批判。

科尔贝生于兰斯一个世代从事金融和贸易业务的大商人家庭，是法国政治家、国务活动家。1651—1661 年，科尔贝担任路易十四的首相马扎然的私人专员。马扎然临终前向路易十四推荐了科尔贝，由此，科尔贝担任了财政大臣和海军国务大臣。他作为路易十四的财政大臣，实行的重商主义政策被冠以"科尔贝主义"[①]，彰显了科尔贝在法国和西方经济思想史中的重要地位。德国经济学家对科尔贝给予了极高的肯定，认为科尔贝真正认识到了工业的重要性，正是"科尔贝主义"才使法国踏上了工业化之路，"法国工业的全盛时代是从科尔伯特开始的。……科尔伯特却有勇气独立担负起一种任务，这种任务在英国是经过三个世纪不断努力、两次革命的代价，才得以顺利完成的"[②]。言下之意，科尔贝只用几十年的时间就给法国带来了大工业，"尽管人

① "科尔贝主义"的本质在于：为了赶超工商业领先者，运用国家行政力量去干预和组织经济活动，"提倡有领导的生产以满足国家的需求，可能的话，也面向出口"。（缪拉．译序［M］// 科尔贝：法国重商主义之父．梅俊杰，译．上海：上海远东出版社，2012：ii.）

② 李斯特．政治经济学的国民体系［M］．北京：商务印书馆，2011：74.

人都晓得，自从科尔伯特执政以后，法国才第一次有了大工业，而且就是头脑最迟钝的也懂得，工业是促进农业和商业的主要手段”①。

科尔贝关于国家收税的经典名言是：“向人民收税，就像拔天鹅的羽毛一样，关键是要尽可能地拔毛，但又不让天鹅被痛到。”

（二）科尔贝担任财政大臣时的法国经济社会状况

1661 年科尔贝出任财政大臣时，法国财政已是债台高筑，处于寅吃卯粮的状态，已将未来两年的财政收入提前支出；财政制度混乱，赋税极其不公平，仅仅第三等级纳税而且税负较重，捐税征课采用包税人制度②，存在着横征暴敛、贪污腐败现象。“当马扎然死的时候，法国不论是工商业、航运业或渔业都没有达到重要地位，那时法国的财政更处于恶劣的境地。”③

科尔贝主义盛行时期，法国手工业蓬勃发展、第一次工业革命萌芽，美洲新大陆的发现以及工商业生产力水平的进步，使社会产生了共识：工业作为未来的发展方向，正影响着农业、航运以及国外贸易，正如拿破仑所言，“以前对于财产只有一种说法，就是土地的占有；但是现在兴起了一种新型的财产，这就是工业”④；而且，实践业已证明，已经发展起来的工业可在一夜之间一败涂地，但要恢复却并非易事。为此，发展工业、促进和保护工业发展便成了一种选择，国家管制、国家计划就成了一个充分的平台。“法国的重商主义从一开始就由政府而非某一社会阶级主动推行。整个国民（而非单纯的商人寡头）都能从政府期盼并执行的政策中获益，这也是科尔贝的思想。”⑤

无疑，科尔贝主义形成于法国及国际的经济社会发展状况之中：民族主权国家兴起。每个大国作为主权国家，相互之间处于竞争关系之中，战争是这种竞争关系的具体写照。经济竞争与军事战争交织在一起，经济战就等于军事战。但民族国家之间的竞争根本上还是财富的竞争，为此，使自己强盛便成了国家的唯一选择。所以，缪拉强调，“决不该忘却的是，重商主义的兴

---

① 李斯特．政治经济学的国民体系［M］．北京：商务印书馆，2011：324.

② 法国捐税实行包税人制度，就在于法国君主追求的捐税收入最大化。君主习惯于伸手要钱，而不考虑整个国家的国民收入以及国家财政状况。

③ 李斯特．政治经济学的国民体系［M］．北京：商务印书馆，2011：74.

④ 李斯特．政治经济学的国民体系［M］．北京：商务印书馆，2011：76.

⑤ 缪拉．科尔贝：法国重商主义之父［M］．梅俊杰，译．上海：上海远东出版社，2012：134.

起与民族主义概念的问世发生在同一时代，因此，重商主义成了一种爱国行为，成了一种政权体制。一个国家‘针对’其他国家政权而张扬自身权力，如此咄咄逼人的竞争是重商主义理论的题中之义，这种竞争在 16 世纪日益加剧了”[①]。缪拉提出了重商主义产生于民族国家的兴起，或者说，民族主权国家的兴起是重商主义产生的前提。

当然，科尔贝的经济理念也受到此时生产力发展水平的局限。他坚信并遵从的基本准则是，经济扩张是不可能的，因为市场是有限的，市场或消费决定着生产，决定着社会财富。在世界经济消费量一定的前提下，每个国家只有在损害他国的基础上才能使自己的国家获益，一个国家的进步须以牺牲他国的利益为代价，这种因果关系统治着那个时代人们的意识。用现代人的眼光来看，“科尔贝们”的理念是如此狭隘，可这就是他们那个时代的社会意识。

科尔贝是实干家而非理论家，他的根本目的在于法国的强盛，一切政策措施都是围绕着使法国强大而展开的。科尔贝传记的作者缪拉在财政制度方面给予了科尔贝高度评价，认为“科尔贝是现代公共财政的真正创始人，他在管理中的伟大创新体现于要求记录三本账，一是收入账，二是支出账，三是手上现金账，同时还应定期准备预期支出报告（估算报告）和实际支出报告（决算报告）。换句话说，科尔贝在确立国家预算的理念”[②]。实际上，这是科尔贝针对当时法国财政秩序混乱而采取的一种措施，通过这三本账来约束法国税收的任意性和财政支出的混乱性，使财政收入与支出平衡。

（三）科尔贝的财政思想

从思想史的角度来说，某一时期的经济思想、财政思想只属于其所处的时代、所处的地域，是这一时期、这一地域的人的思想，或者说，是特定的时代、特定的地域造就的社会的普遍意识。科尔贝主义的形成与产生也不例外，它正是法国特定的国情以及欧洲社会经济发展到一定阶段的产物。

科尔贝是路易十四的财政大臣，路易十四统治下法国的专制王权达到极

---

① 缪拉 . 科尔贝：法国重商主义之父［M］. 梅俊杰，译 . 上海：上海远东出版社，2012：132.

② 缪拉 . 科尔贝：法国重商主义之父［M］. 梅俊杰，译 . 上海：上海远东出版社，2012：79.

盛，路易十四自称“朕即国家”，拥有绝对的权力。奠定路易十四专制王权经济基础的人正是科尔贝。他认为拥有金银货币的数量决定着国民的富强程度，也决定着国家的军事、政治力量，而增加国家货币量只能通过扶持和发展国内制造业、商业来实现，为此，其财政思想就是采取以保护、促进本国工业、商业为根本的税收政策和财政支出政策。

1. 税收政策

第一，采取内外有别的税收政策，取消部分国内关税，统一税率。一方面，为了阻止外国产品进口，保护民族工业，法国先后于 1664 年、1667 年两次修改关税条例，对英国的羊毛和地毯，比利时的挂毡及荷兰、西班牙的呢绒等外国输入货物课以重税。科尔贝实施禁止性关税，就是希望通过使外国商人需要缴纳三倍于法国公司的税收，从而将他们完全排除在法国市场之外。正如马克思所言，“工场手工业一般离开保护是不行的，因为只要其他国家发生任何一点小的变动都足以使它失去市场而遭到破产。只要在稍微有利的条件下，工场手工业就可以很容易地在某个国家建立起来，正因为这样，它也很容易被破坏”[①]。新兴的工场手工业在国家间的竞争中需要一定的保护，否则就会“死掉”。另一方面，针对国内关卡和地方关税，法国于 1664 年建立起统一税收制度，以促进商品的国内自由流通和消除税收的不公正。

第二，改革税制，减少以人头税、不动产税为主的直接税，改善饮食品税、盐税以及国内消费税的承包征收制度，增加间接税。在科尔贝的影响下，路易十四下昭免除了百姓从 1647 年到 1656 年的全部三百万人头税，每年免除的苛捐杂税价值五十万埃居[②]。

第三，采取一系列扶植工业发展的税收政策，对制造业主及其工人减免租税、免服兵役等，促使工业迅速发展，以便征取更多的赋税。将实物税改为货币税。

第四，通过政府补贴资助、税收豁免以及皇室荣誉冠名权等发展民族制造业。科尔贝对金银货币的财富观不同于早期重商主义者，他开始用资本家的眼光来看待金银货币。因为他与同时代的人们一样，看到和认识到葡萄牙、

① 德意志意识形态［M］// 马克思恩格斯全集：第三卷 . 北京：人民出版社，1960.

② 龚萍 . 重商主义之外的柯尔培尔［J］. 云南教育学院学报，1995，11（3）.

西班牙等早期通过入侵征服、殖民劫掠和敲诈勒索而获得的金银财富，既不构成国家收入的可持续稳定来源，也不是国民财富的真正来源，增进国民财富的最好办法是将金银货币投入制造业中，既可以稳定国民收入来源，也可以使广大人民就业，增加他们的收入。所以，针对当时法国私人资本家更愿意做国家债权人和包税人，不愿意将资本投入工业之中的局面，科尔贝采取政府补贴资助、给予税收豁免权和皇室荣誉冠名权等方式激励私人资本投入制造业。科尔贝的财政补贴以及税收激励政策并非针对所有产业，对制造业采取激励政策，而对原材料产业则实行限制政策。

2. 财政支出政策

第一，提供道路、桥梁、运河、航道等基础设施，以便利国内、国际商品交换。

第二，建立海军舰队和商船队，便于对海外殖民。

第三，用于医院、学校、慈善收容院等公益事业建设。

第四，用于公共场所秩序治理。为了维护社会秩序，专门设立了警察总监，负责公共道路安全，追捕土匪、盗贼、骗子以及拦路抢劫者，组织了巡夜队，负责公共场所的秩序，赌场、戏院的风纪，以及行路人的安全。

第五，用于人才培养。1664 年 8 月，路易十四在其颁布的特许状中明确规定："联业已批准恩纳建立工厂……恩纳及其合伙人在工厂建立的第一年时，即可雇佣英国的和外国的工人一百名，而在第一个六年中，每年可以增添工人一百名。为了使他们能够从外国招募到可能得到的最大数目的工人，朕将从准备金中每人二十锉的数目拨款给恩纳和其合伙人。复因训练大量的法国工人至为重要，故恩纳及其合伙人应于任何时候得保持此等学徒的数目……同样，朕规定凡外国工人工作八年后，如愿永远居留法国者均视为归化臣民而为法国人。"①

3. 财政制度

科尔贝 1661 年掌管国家财政之时，与财政债台高筑、入不敷出、寅吃卯粮等相对应的是，国家财政制度极度混乱，存在着一个庞大的免税特权群体、税负分摊不公、贪污腐败严重、包税人主宰着财政收入。在财政支出方

① 龚萍．重商主义之外的柯尔培尔［J］．云南教育学院学报，1995，11（3）．

面，皇室开支与公共开支混为一谈，财政收入依赖于或取决于财政支出，而不是“量入为出”，这也是财政债台高筑的原因所在。科尔贝为了实现财政收入与支出的平衡，就要消除国王与国家财政关系中的模糊性，为此修订了法国历史上第一份国家预算，试图建立起清晰有序和量入为出的公共财政体系。具体来说，通过对财政收入与支出的预估，试图形成有计划的量入为出的财政行为；努力大幅减少征税，仅用税款满足某些基本的开支，即使在战争期间（1672—1678 年）也尽量遏制增税冲动；为开辟财源而又不过分触犯特权制度，加大了面向全体消费者的日用品间接税（主要是盐税）的比重，并减少了直接税（主要是贵族和僧侣一向免缴的人头税）的比重；建立国家储蓄银行，便利资金融通，也让利率回归合理水平，借此改善公共债务状况。

（四）科尔贝主义与英国重商主义的区别

重商主义理念起源于英国 16 世纪中叶，为鼓励工业设立和贵金属的供给，采取保护主义经济政策：英国对外国进口产品征税或禁止其输入，同时支持本国工业品输出；禁止本国原料出口，允许外国原料进口。

科尔贝主义在国家主导下，将经济保护主义政策推向极致，而且是由政府来直接推动。国家直接控制了经济，从根本上说，经济活动完全服务于国家。这样说来，科尔贝主义可被称为“国家工业主义”。

科尔贝主义的推动者仅仅是科尔贝以及路易十四，其他贵族、官员几乎全部反对。法国旧制度中的“包税人制度”、“官职税制度”、不平等的赋税制度等，形成了不同的社会等级和社会阶层。特别是贵族和官员，他们享受着旧制度给他们带来的好处，坚决反对科尔贝主义平等性的改革方向。

（五）斯密对科尔贝的评价

斯密对科尔贝的财政管理能力给予了极高的评价：“路易十四有名的大臣科尔贝尔（即科尔贝——编者注），为人正直，而且勤勉异常，有渊博的知识，对公共账目的检查，又富有经验，极其精明。总之，在各方面，他的能力都使他对于公共收入的征收和支出，能搞得井井有条。”在他离开人世的时候，法国国家总收入由他上任之初的 3700 万法郎增加到 1.05 亿法郎，债务由 5200 万法郎减少到 3200 万法郎。

但是，斯密也对其政策给予了批判。“科尔贝尔才能虽不小，但在这里，却似乎为商人和制造业者的诡辩所欺蒙了，这般商人和制造业者，老是要求一种有害同胞的独占权。……这位大臣 1667 年公布关税法，对大多数外国制造品课以极高的关税。”① “这位大臣抱有重商主义的一切偏见。这种学说，就其性质与实质说，就是一种限制与管理的学说。……给某些产业部门以异常的特权，而给其他产业部门以异常的限制。”可见，斯密批判科尔贝重商主义思想的重点是其通过财政政策，对不同产业部门施以不同的政策，使一些产业拥有独占权，不仅导致了产业之间的不平等，还限制了竞争。

三、孟德斯鸠的财政思想

孟德斯鸠（Charles de Secondat，Baron de Montesquieu，1689—1755），18 世纪法国启蒙思想家、法学家。出生于法国波尔多拉布莱德，1708 年 7 月获法学学士学位，同年 8 月获法学硕士学位，同时任职波尔多高等法院律师。1713 年 11 月 15 日继承“孟德斯鸠男爵”封号。孟德斯鸠的代表作有《论法的精神》《波斯人信札》《罗马盛衰原因论》等。其著述虽然不多，但影响广泛而深远，尤其是《论法的精神》，奠定了近代西方政治与法律理论发展的基础，也在很大程度上影响了欧洲人对东方政治与法律文化的看法。

孟德斯鸠所处的 17 世纪末和 18 世纪前叶是法国封建主义及君主专制走向没落的时期，工业资产阶级的利益与专制主义的冲突日益尖锐，英国培根的实验主义，法国笛卡儿的理性主义以及洛克、霍布斯等的自由、平等等革命性思想被广泛接受。孟德斯鸠在洛克分权思想的基础上提出了“三权分立”思想，强调法的功能，认为法律是理性的体现，倡导人的自由和平等。

孟德斯鸠反对王权专制，其财政思想建立在共和政体之上。共和政体体现的是民主体制，是市民社会，人人都自由、平等，人民作为主权者是国家的主人，国家意志取决于人民意志，所以，“人民在某些方面是君主，在另一方面是臣民”。

第一，孟德斯鸠认为政治体制是与税赋密切相关的，“大多数共和国可以

---

① 斯密 . 国民财富的性质和原因的研究：下卷［M］. 北京：商务印书馆，2008：38-39.

增加赋税，因为国民相信赋税是给自己的，因此愿意纳税，而且由于政体性质的作用，通常有力量纳税。君主国是可以增加赋税的。因为他的政体宽和，能使国家富饶丰足。增加赋税作为对君主尊重法律的一种报酬。专制国家是不能增加赋税的。因为奴役已经到了极点，无法再增加了”①。

第二，关于赋税的性质，孟德斯鸠的定义是“国家的收入是公民所付出的自己财产的一部分，以确保他所余财产的安全或快乐地享用这些财产”②。对赋税的这种认识实质上是将国家与纳税人之间的关系定义为利益交换关系，纳税人让渡出自己的部分财产权以换取自身的某种利益。

第三，从经济社会发展角度来看，征税既不能损害人民的基本生活，也不能不利于经济发展。“从性质来说，人头税较适合于奴役；商品税较适合于自由，……最适合于宽和政体性质的赋税是商品税。”他认为不同的税种对人们产生的影响是不同的，还认为在不同的环节征税也会产生不同的影响，即如果对国民的财产征税，意味着国民财产的一部分以税收的形式交与了国家，减少了私人财产，从而使私人经济不得不缩小其再生产规模；而如果从财产生产所得的收益里提取一部分作为税收，那么税收则不会影响到私人经济的再生产。此外，孟德斯鸠还提出了累进税制，认为制定累进税制时适用的下限标准是保证维持基本生活水平，上限则是不应妨碍剩余积累。

第四，提出了国家应减少公债。国家发行公债意味着国家从勤劳的人们手中夺取了相当的财富，损害了人民的利益。国家之所以发行国债，主要是为了满足国王的权力欲、统治欲，以专制王权的财产进行军备扩张，所以，为了人民计，“绝不应该因为国家想象上的欲望而剥夺国民现实的欲望”③。同时，发行公债也不利于工业发展，因为为支付公债利息所征的税，提高了工人的工资，增加了制造业产品成本，降低了其竞争力。

第五，提出了税收的征收制度。长久以来，法国专制王权实行包税制，孟德斯鸠认为包税人用无数手段使国家贫困。“如由国家直接征税，君主可以把包税人所获厚利省掉。包税人用无数手段使国家贫困。……一个有钱人通常成为他人的主人，因此包税人便对君主也施行专制了。包税者并不是立法

---

① 孟德斯鸠．论法的精神：上册［M］．北京：商务印书馆，2011：221.

② 孟德斯鸠．论法的精神：上册［M］．北京：商务印书馆，2011：212.

③ 孟德斯鸠．论法的精神：上册［M］．北京：商务印书馆，2011：213.

者，但他已是立法的一种力量了。……君主国家的历史充满了包税人罪恶行为的记录。”①

孟德斯鸠作为重商主义后期的思想家，其财政思想已更接近于工业化或市场化条件下的财政观。

① 孟德斯鸠．论法的精神：上册［M］．北京：商务印书馆，2011：225.

第四章　法国重农学派财政思想

一、法国重农学派财政思想的形成及其评价

（一）重农学派的形成

重农学派是18世纪50—70年代法国资产阶级古典政治经济学学派。重农学派以自然秩序为最高信条，视农业为财富的唯一来源和社会一切收入的基础，认为保障财产权利和个人经济自由是社会繁荣的必要因素。

16世纪之后，随着生产力水平不断提高，人类逐渐摆脱了以农业为主的自然经济模式，转向以工商业为主的商品经济模式。这一时期，在政治上，法国发动了四次对外战争，耗尽了国家的财力。在经济上，为了维护自己的利益，封建统治者采取了一系列管制措施，如采取重商抑农的政策，降低农产品的价格来控制工业成本；为维护统治者的官办手工业，封建行会对城镇内的贸易进行了严格的控制，并赋予官办手工业一些垄断特权。在农业上，采用包税制和谷物贸易管制，使广大农民和新兴工商业阶级承受沉重的税负，农产品不能自由流通，严重打压了农业生产的积极性和工商业的发展。"由于农业的被忽视，加以不断的战争和使农村荒废的民兵，使王国的收入减少。……结果使法国蒙受非常的灾祸。"[①] 同时，此时不合理、混乱的赋税制度使法国国家收入陷入困境。赋税的随意性和不公平、包税人制度下征税的随

① 魁奈．谷物论［M］// 魁奈经济著作选集．北京：商务印书馆，2011.

意性，以及地方市场割据而形成的地方关税等，都加剧了人民的负担并抑制着经济的发展。

在这些制度下，法国财政困难重重，国民经济濒临崩溃。为了恢复法国的经济，路易十五初期采纳了重商主义学派的建议，试图通过发行大量信用货币的方法解决危机，可是最终却导致了严重的信用危机、货币挤兑和通货膨胀，甚至许多贵族也因此破产。为了给国民经济寻找新的出路，重农学派就在这种情况下诞生了。

重农学派的创始人是魁奈，此外还包括杜尔阁等。随着魁奈的去世和杜尔阁的免职，加之1776年《国富论》的出版，给重农学派带来了致命的打击，标志着重农学派的崩溃。1789年法国大革命后，法国制宪会议从杜尔阁改革方案中得到启发的财政政策，也只是重农学派财政思想的“回光返照”。

（二）对重农学派的评价

重农主义的自然秩序，实质上是被理想化了的资本主义社会。人身自由和私有财产是自然秩序规定的人类的基本权利，是天赋人权的主要内容。自然秩序的实质是个人利益和公众利益的统一，而这种统一又只能在自由体系之下得到实现。于是重农主义者就从自然秩序引申出经济自由主义。

1. 李斯特对重农学派的评价

李斯特认为，重农学派源于法国当时特定的社会经济发展状况。“法国的地产大部分掌握在教会和贵族的手里。耕地农民则呻吟憔悴在农奴境地与人身压迫之下，他们陷入了迷信、愚昧、怠惰与贫困的深渊中。……真正的耕地农民，对于农业改进，既没有精神手段，也没有物质手段。”① 在李斯特看来，如果科尔贝的政策得以实施、路易十四不好大喜功和骄奢淫逸，如果社会财富不是完全集中在教会和贵族手中，如果工商业得到了更大发展，法国不可能出现重农学派。

2. 熊彼特对重农学派的评价

熊彼特认为重农主义的产生与当时的社会风尚很合拍，“这种热情出于两个来源，互相推波助澜，第一，农业技术的革命赋予农业问题以一种新奇的

① 李斯特.政治经济学的国民体系［M］.北京：商务印书馆，2011：322.

现实性。第二，把人类的自然权利与美化了的原始社会状态不合逻辑地联系在一起，以后又把这种状态与务农不合逻辑地联系在一起，使农业成了闲谈中的流行的话题”①。在熊彼特看来，法国当时“却没有像过去以及现在仍然流行的马克思主义运动那样的重农主义运动，特别是没有扎根在农业阶层之中的重农主义运动”，重农主义只是上流社会中的流行话题②。正是基于这种认识，熊彼特认为重农主义作为一种思想，“作为政治推动力所起的作用是微小的”。

但同时，熊彼特认为，近现代经济学的分析方法自重农学派开始才进入“科学”阶段。比如，魁奈的“生理解剖学”分析方法，将分析对象看作一个整体来观察其内部要素之间的有机联系。“直至重农学派时代，那些学者的分析技巧还很简单，属于常识的范围，即使没有学问的实际工作者也能掌握它们。”③

3. 斯密对重农学派的评价

斯密在《国民财富的性质和原因的研究》中对重农主义进行了考察，但并没有详细说明。因为他认为，将土地生产物看作国民收入唯一来源的重农主义观点只是部分法国学者的一种思想，既没有被任何国家采用过，也没有对任何学说产生过危害，所以没必要长篇大论地去探讨。

法国之所以产生了重农主义思想，在斯密看来，是因为路易十四时期的财政大臣科尔贝极力崇尚重商主义思想，赋予部分产业以异常的特权，同时又限制其他产业的发展，特别是给予城市产业以特殊的鼓励政策而限制农村产业的发展，再加上对土地耕作者的横征暴敛，使法国农业被“压抑得不能依照自然趋势，按其肥沃土壤和极好气候所应有的发展程度而发展”，即处于一种消沉沮丧的状态。重农主义是对重商主义的一种矫正，只不过有点矫枉过正，只重视农村产业而又轻视了城市产业。

法国重商主义思想形成的另一个原因在于法国所特有的文化。斯密认为，

---

① 熊彼特 . 经济分析史：第一卷［M］. 北京：商务印书馆，2011：356.

② 这或许解释了为什么重农主义思想只是昙花一现。“1750 年还没有重农主义，从 1760 年到 1770 年全巴黎的上层人物都谈论它，而在凡尔赛则谈得更多。到了 1780 年，第一个人（除了自命为经济学家的人以外）都把它忘了。”也就是说，重农主义在实践中真正流行起来不过 20 年的时间。

③ 熊彼特 . 经济分析史：第一卷［M］. 北京：商务印书馆，2011：89.

在法国上流社会，人们总是爱好一些奇谈怪论，总想讨论一些奇怪的话题，也总想显得自己能够理解和知晓平常人所不能理解的东西。重农主义将制造业劳动看作不生产的劳动，或者说，认为城市制造业不创造社会财富，就属于是一种怪论，故此会引起一些人的关注和研究而形成一个经济学派。

斯密认为，重农主义学说最大的谬误是将工匠、制造业工人以及商人都看作不生产阶级，即不创造社会财富。但同时也认为，重农主义尽管存在诸多问题，但较之重商主义更接近于真理。国民财富非由不可消费的货币财富构成，而由可消费的货物构成，这无疑是非常正确的。

4. 马克思对重农学派的评价

马克思认为重农主义思想中充满着矛盾，“对于土地所有权的表面上的颂扬，竟一变而为土地所有权之经济的否定和资本主义生产的确认。一切课税，都要课加在地租上，或者局部地把土地所有权没收，法国的革命立法［虽然有洛伊特尔（Roederer）等人从中反对］就曾经要这样做。由李嘉图学派导出的现代经济学，也曾得到这个结论。课税会全部转嫁到地租上来，因为地租是唯一的剩余价值，所以一切课加在别种所得形态上的课税，结局都是课加在土地所有权上，不过是迂回曲折的，从而是经济方面有害的，那就是会妨碍生产。如果采用这种专门课取土地所有权的税的方法，课税以及一切国家干涉，就会由工业本身撤除出来，并使工业可以不受一切国家干涉。可是表面上这些都为土地所有权打算，不是为工业利益”①。表面上看，实行单一税制可减轻农业负担，可是，这种单一税对货币资本商业者、制造业者等都免除征税，显然有利于资本主义经济的发展。

二、魁奈的财政思想

（一）魁奈及其财政思想的形成

弗朗斯瓦·魁奈（Francois Quesnay，1694—1774），古典政治经济学家，法国重农学派的创始人。魁奈在成为经济学家之前是一位有名的外科医生。

① 马克思．剩余价值学说史：第一卷［M］．上海：三联书店，1957：46.

其 1736 年发表的论述生理学的哲学基础的《动物经济论》，将生理学的有机论运用于经济学研究中，从自然法和事物内在有机联系的观点出发，提出了自由放任的主张。1749 年后，魁奈作为路易十五的宠姬朋巴陀侯爵夫人的侍医，在凡尔赛宫接触了很多哲学家、思想家和经济学家，逐渐熟悉了法国的政治经济情况。

当时的法国因科尔贝的重商主义政策，以牺牲农业为代价扶植工商业，出现了经济问题，财政困难，人民生活困苦。由此，魁奈的研究从医学和哲学转到经济学上来。受当时法国上层人物及思想家的影响，魁奈认为法国财富生产的显著减少，首要原因在于当时“重商抑农”的重商主义政策导致的农业衰退，要增进国民财富并使人民富裕，重要的是发展农业。他 1756 年发表的《租地农场主论》和 1775 年发表的《谷物论》这两篇经济论著，就反映了这种思想。此后他还撰写了《农业国经济统治的一般准则》《人口论》《赋税论》《农业哲学》《自然权利》等，为重农学派的代表作《经济表》的形成、完善提供了支持。

魁奈的重农主义思想源于当时法国经济社会的发展状况。17 世纪以来，法国工商业发展，其比较利益高于农业，大量农村人口逐渐涌入城市，农业人口转向工商业，农业面临荒芜。同时，重农学派之所以重视农业生产，还在于对农产品在整个国民财富增进中的位置的认知。即将农业作为国家一切财富的基础，“我们必须培育树木的根基，不应只考虑枝叶的处理。最好使枝叶自由地繁荣发展。但不能忘记为生长和增殖供给必要的树液的土地”[①]。魁奈将土地和农业看作一个国家成长的根基、真正支撑国家财富增进的根本，不能只看到发展着的手工业、商业，如果离开了农业的发展，手工业、商业也会受到阻碍。所以，魁奈说：“正是这种不断地再生产的本源的财富，维持着王国其他一切的阶级，给所有其他职业以活动力，发展商业，增殖人口，活跃工业，因而维持国家的繁荣。”[②] 在魁奈看来，手工业、商业只不过是农业的分支，只有依靠农业才能存在，农业不仅为商业、手工业提供原材料，还为它们提供生活资料。斯密在《国富论》中对此也进行过充分的论证：农业

① 魁奈 . 谷物论［M］// 魁奈经济著作选集 . 北京：商务印书馆，2011：59.
② 魁奈 . 谷物论［M］// 魁奈经济著作选集 . 北京：商务印书馆，2011.

不仅为制造业提供原料，其价值和意义还在于推动了工业制造业、商业的发展。此外，斯密明确指出，较之手工业和商业，农业推动的劳动是最多的，也就是其国民财富价值最大。

魁奈的重农主义思想中含有“凯恩斯主义”。他是消费主权论者，认为生产的目的在于消费，个人只有将其收入转化为消费，才能使社会经济正常运转，而如果人们储蓄大量货币却不形成消费，就可能使社会经济走向衰落。由此，政府应将人们不能转化为消费的收入通过税收的形式，转移给那些有消费欲望而没有消费能力的人，这样可提高社会的消费水平。

重农学派被认为是现代政治经济学以及现代自由市场经济的重要来源，被看作政治经济学“真正的奠基人”。“魁奈医生使政治经济学成为一门科学；他在自己的著名的《经济表》中概括地叙述了这门科学。”[①]“重农主义者开拓了道路，使斯密和此后100年间所有的学者沿着它前进。”[②]斯密政治经济学中的劳动价值论以及“生理解剖学”的研究方法等都是从重农学派那里借鉴过来的。

（二）政府存在的基础在于自然法

在魁奈看来，无论是君主制、贵族制还是民主制国家，决定社会形态的都不是这种权力形态本身，而是自然法。从现象来看，决定国民权利、社会秩序的是政府的法律，但实质上是自然权利。也就是说，人类社会中存在着的都是实定法，即人为的法律，当现实社会中的实定法和监护的权力不能有效保障人民的所有权和自由时，或者说，与自然法不相符时，这个实定法下的政府和社会就不是有效的，只是披着政府的“外衣”，最终必将走向“破灭的宿命”。魁奈认为，人类社会同自然物质世界一样，存在着不以人们意志为转移的客观规律。可是，人类社会的自然秩序与物质世界的不同之处在于，人类社会没有绝对的约束力，人们可以基于自身的理性、自己的意志来规定它，构建起符合自身理性的人为的社会秩序（这既可体现为人类社会朝代的更替，也可表现为即便是同一时代，不同国家存在着不同的政治、经济制度

① 马克思恩格斯选集：第1卷［M］. 北京：人民出版社，2012：217.

② 季德，利斯特. 经济学说史［M］. 北京：商务印书馆，1986：14.

和法律规章等）。为此，“为了认识结合成社会的人的自然权利的范围，必须尽可能以作为最好统治基础的自然法则为依据。这个人们必须服从的统治，对于结合成社会的人说，是最有利的自然秩序，同时也是实定法的秩序”。[①]在魁奈看来，实定法只有与自然法相一致时，人类社会秩序才是正义的、善的。也就是说，只有对人们最有利的秩序、法则，人们才必须遵从。“实在的立法，只有在宣示它是对结合成社会的人们最有利的秩序所依据的自然法时才能成立。也可以很简单地说，是最有利于君主的秩序，因为真正最有利于君主的，也是最有利于国民的。要经常保持帝国的稳定和繁荣，除了认识这个最高规律之外，没有其他方法。”[②]

实定法是政府意志的体现，因而，只有当政府拥有理性，并将理性运用于社会秩序的构建时，才可能有益于国家和人民。魁奈的理性指的是“在最初不过是使人能够获得自己所必要的知识，并依赖这项知识，把握作为人的存在的本性所不可缺少的实际的善和道德的善所必要的能力和才能。理性对于灵魂的关系，好像眼睛对于身体一样，如果没有眼睛，人就不能享受亮光，如果没有亮光，人就不能看到任何东西。”[③]可见，他的理性的基础是知识，不仅要拥有或获得必要的知识，还要能够正确地运用这些知识，所以，魁奈说：“无知是孤立的野蛮人的原始属性。所以在社会中，无知是人类为害的最大的缺点。无知可说是有罪的，因为所谓赋有理性的人，必须超越野蛮状态的阶段。”[④]拥有必要的知识并能够正确运用是政府存在的必不可少的条件。

（三）反对重商主义学说：认为重商主义的根本在于商人利益而非国家利益

魁奈认为国家富裕的四个根源是土地的肥力、产品的售价、资金的合理使用以及人的劳动及其积极性，而这四个方面只有在政府对人、对所有制和产品加以正确保护的情况下才能起作用，即政府得有符合自然法理念的政策，否则，即便是有上述较好的条件，国民财富也难以增进。

---

① 魁奈．自然权利［M］//魁奈经济著作选集．北京：商务印书馆，2011：332.
② 魁奈．自然权利［M］//魁奈经济著作选集．北京：商务印书馆，2011：334.
③ 魁奈．自然权利［M］//魁奈经济著作选集．北京：商务印书馆，2011：334.
④ 魁奈．自然权利［M］//魁奈经济著作选集．北京：商务印书馆，2011：335.

为此，魁奈认为重商主义思想不利于国家利益。一是重商主义的“金银货币即是财富”观。他认为一国的财富状况不取决于货币数量，而取决于通过劳动所创造的财富。“一个国家的力量的确决定于收入，而不是决定于货币的总量。后者很少能达到收入一半的数量。因此国家的支出不应当以此为根据，而要以每年通过收入而恢复的财富为根据。”①

二是重商主义在对外贸易中的垄断、特权。在魁奈关于财富增进的理念中，商品交换、对外贸易都是增进国民财富的有效手段，他认为“商人也应当列入生产者的阶级，只要他们能够通过对外贸易中达到的有利价格促使大家富裕”②。当然，他这里指的商人主要是从事对外贸易的商人，而对于从事国内贸易的商人，魁奈则认为，“严格地说，只进行国内贸易的商人不能算作从事生产性劳动”，不创造国民财富。可见，魁奈不仅不反对对外贸易，还宣扬大力增进对外贸易，因为通过对外贸易可促进国内生产而增加国民财富。由此，他在论证军队建设时，极力主张增加海军力量，以保障对外贸易的顺利进行。魁奈反对的是重商主义垄断、特权的主张。他认为重商主义者仅仅是从商人自身利益的角度来看待对外贸易关系，本质上是为了商人自己的利益，而不是公共利益、国家利益。即低价收购而高价出口、低价进口而高价出售，从这一买卖价格差中获取利益。为此，商人游说政府，让政府出台贸易政策，要么使其具有垄断权，要么获得某种特权，以实现其“低买高卖”的利益最大化。“他们本身的利益常常促使他们忘记国家的利益。”“根据经验很容易证明，商人的特权愈多，国内农产品生产的保障就愈少，那些享有特权的商人经常是靠损害本国而不是损害外国人来发财致富的。”③

在魁奈看来，重商主义者从商人自身利益最大化的角度提出对外贸易政策，可能会损害整个社会的公共利益。单就重商主义倡导者来看，绝大多数都是商人，即便他们是为了社会公共利益，也不可能不考虑自身的利益。就实践来看，英国给予呢绒商特权、蚕丝商和棉布商优惠，结果是牲畜业急剧缩减。即获取特权的商人获得了相应利益，而给其他产业带来了不好的影响。

总之，魁奈认为“判断一个社会健康与否就看它是否符合自然秩序，政

① 魁奈．人口论［M］// 魁奈经济著作选集．北京：商务印书馆，2011：119.

② 魁奈．人口论［M］// 魁奈经济著作选集．北京：商务印书馆，2011：164.

③ 魁奈．赋税论［M］// 魁奈经济著作选集．北京：商务印书馆，2011：198.

治经济学的任务就在于阐明经济的规律，使人为秩序和自然秩序相符合。而实现自然秩序的有效机制便是自由竞争和自由放任”。这个思想也与时代背景分不开，重农学派几乎反对一切封建主义和重商主义对贸易、农业、工商业的管制，支持国内工商业和国际贸易自由化，主张经济自由主义，反对政府人为干预经济生活。魁奈在《中国的专制制度》一文中便指出，这种人为的干预和垄断严重违反了生产的自然法则，对国家和社会都产生了极为严重的危害。重农学派当然科学地发现了一些具有“必然性”的生产形式，他们首先分析了资本主义生产必然会出现的物质形式——工具、原料等，认为无论劳动过程的社会形式如何，这些要素都是必然会存在的。

熊彼特认为，“在自由贸易问题上，重农学派也许真正是第一个主张无条件自由贸易的集团”，“就魁奈关于经济过程的观点与他的政策意见而论，十九世纪自由主义的全部理论武器实际上当然都可以追溯到他那里”①。熊彼特指出了重农学派的自由市场的理念。

（四）魁奈的研究方法：生理学方法或事物都是有机联系的

在魁奈看来，为了认识支配人类经济活动的规律，必须掌握人类全部经济活动的具体情况，并加以解剖分析。“应当从整个联系中来观察法国农业，否则就不可能对它获得清楚和完全的概念，并很容易得出庸俗的诊断。”②在《农业哲学》中，魁奈指出：“我们只有说明与组成经济机构有关的全部要素，才能达到了解最单纯的真理目标。这样，最先必须熟悉这个再生产机构的全部过程，因而这里的问题是解剖这个机构，用解剖学来说明它的一切部分，它的各部分的相互关系，以及各部分相互作用的结果，以此来显示出这种机构的组织。”“一切事物，只有由种种关系的相互连接而在自然中活动。有人说种种的要素都处在相互斗争的状态中，但同时相反地，它们相互支持，相互促进。”③

从魁奈的论述中不难看出，他用丰富的实际材料、具体数字作为论证的基础，并分析其各个构成部分，然后说明它们之间的内在关联性，由此进一

① 熊彼特．经济分析史：第一卷［M］．北京：商务印书馆，2011：359-360.

② 魁奈．租地农场主论［M］// 魁奈经济著作选集．北京：商务印书馆，2011：1.

③ 魁奈．农业哲学［M］// 魁奈经济著作选集．北京：商务印书馆，2011：266-267.

步论述事物基于内在联系而形成的发展的必然性，或从中寻求出某些规律性的东西。

魁奈的经济分析中呈现出了功利主义色彩。他的每一个经济分析中都暗含着主观价值判断：以最小的牺牲或最小的劳动、痛苦，求得最大的满足。这实际上就是后来的功利主义思想，只是魁奈没有表达得非常清晰。从这个角度来说，魁奈可被看作功利主义的创始人之一。

（五）政府行动的目的：国家繁荣

"政府与其只注意节约，不如着重于促使国家繁荣所必要的措施。因为支出虽然庞大，如果财富跟着增加，就不能算过多，但是不应把浪费和真正的支出相混淆。原因是浪费会吞噬掉国民和君主的所有财富。"①可见，在魁奈看来，政府的注意力应集中于如何使国民财富不断增进，至于节约或者约束支出则大可不必。他的逻辑在于，只要将一个国家的"蛋糕"做大，即便政府课征赋税的比例不变，也会使政府获得更多的税收收入，这是支撑政府支出的前提。

"财务行政不要在赋税征收方面或是政府支出方面形成货币财产。因为这种财产会把收入的一部分从流通、分配以及再生产过程中夺去。国家非常必要的财源，只能从国民的繁荣中取得，绝不应该求之于金融业者的信贷。因为货币财产是一种不知道什么叫君主或祖国的隐秘财富。"②实际上，魁奈反对政府通过公债来获取政府收入。

军队作为国家防御的工具，其状况要与国家的收入相适应，取决于国家的财富和政治协调能力。实际上，魁奈认为军队不能影响国家财富的增进，特别是不能因此而减少人口，因为人口数量是国民财富增进的主要源泉。"更有远见的政府，不会因为要具有反对敌人的手段和供养优秀的将军而使乡村变得荒无人烟，使国家收入的来源变得枯竭。"③在魁奈看来，国家富裕与军队强大是相辅相成的，只有在国家财富不断增进的前提下，才可能成为一个军事强国，反过来说，军事强国可有效促进国外贸易，进而增进国民财富。

① 魁奈．农业国经济统治的一般准则［M］// 魁奈经济著作选集．北京：商务印书馆，2011：354.
② 魁奈．农业国经济统治的一般准则［M］// 魁奈经济著作选集．北京：商务印书馆，2011：354.
③ 魁奈．人口论［M］// 魁奈经济著作选集．北京：商务印书馆，2011：121.

“要是人们失去了保障、权利和财产，他们就不会留恋自己的君主，也不会留恋自己的祖国。……一个国家衰亡的通常的原因，是由于政府的滥用权力和施行暴政。”[①]“政府经常致力于使人口增加，因为人能够使财富增多。但是如果它过于贪婪，就会急于把应当用于使国家收入增多和使人口增长的财富搜刮殆尽。如果它急于使用现有的财富，而超出了在不损害农业的情况下所容许的范围，它就会使自己濒于贫困的境地。它通过足以使人破产的、没有很好调节的赋税，通过强迫和罚款，通过为产品设立障碍，通过剥夺贸易自由或者通过对外销的粮食产品征税等方法，来搜刮这些财富。”[②]这些征税方法只会减少君主的收入，导致国家贫困。

（六）赋税论：以国家利益最大化为原则，倡导对纯产品课税

关于赋税的性质，魁奈开篇即讲，“向国民征收的租税，或是国民付给国家以抵补政府开支的赋税”。赋税是人民抵补给国家，政府用这些赋税来为人民提供保障，内含着一种契约关系或交换关系。

“租税不应过重到破坏的程度，应当和国民收入的数额保持均衡，必须随收入的增加而增加。租税应该对土地的纯产品课征，为了避免使征税费用增加，妨碍商业，和使每年不至于有一部分财富被破坏，租税就不应对人们的工资和生活用品征税。同时也不应对租地农场主的财富征收，因为一个国家在农业上的预付，应当看作不可动用的基金，是为租税、收入和所有市民阶级的生活资料的生产所必需的。不这样做，租税就会变成掠夺，很快地使国家趋于衰落破灭。”[③]从中我们不难看出魁奈的赋税思想：第一，国家或政府课税不能影响社会再生产；第二，国家或政府只能对纯产品课税；第三，不能对农场主的财富课税。

总的来看，魁奈认为，政府为了保障国民人身和财产安全而课征的赋税，不能损害国家和君主的收入，税收要以国家整体收益最大化为原则。特别是要从整个国家财富的角度来考虑征税问题，或者说，要将赋税纳入整个国家财富增进的层面来考虑。“征税的时候，应当从可能的最大产量的总数出发，

---

① 魁奈．人口论［M］// 魁奈经济著作选集．北京：商务印书馆，2011：143.
② 魁奈．人口论［M］// 魁奈经济著作选集．北京：商务印书馆，2011：184.
③ 魁奈．农业国经济统治的一般准则［M］// 魁奈经济著作选集．北京：商务印书馆，2011：365.

从它的各个部分的相互关系对价格、对人口增长、对农产品生产的影响出发；而不应当以每一种个别产品的价格和数量作为根据：应当研究它们相互之间的支持作用。”[①] 由此，我们不难看出魁奈生理解剖学有机联系的研究方法，就是将税收看作整个社会有机体的一个组成部分，它的存在与形态会影响到其他要素的发展。所以，确定课税对象、税率以及课税方法时，应考虑到它们对商品价格、人口发展等可能产生的作用，换句话说，税收制度的设立要以整个国家财富的增进为根本，而不是以某个产业或某些人的利益增进为目的。

魁奈首先分析了货币资金与农业（也就是虚拟经济与实体经济）之间的关系。在魁奈看来，拥有大量的货币资金并不意味着国家的富裕，反而可能是一种衰落、崩溃的迹象，因为货币本身并不是财富，仅仅是财富的衡量尺度。一方面，如果货币资金增加或从货币资金中获得了更多的收益，而社会的财富不变，那便意味着原有的社会财富将会贬值，这当然不利于社会再生产。“如果没有实物财富，货币财富只是非生产性的和无益的财富。”这些货币财富可能会一文不值。另一方面，如果人们能够从货币资金的交易中获得更多的收益，那么，社会货币资金就会更多地流向货币市场，从而可能提高社会再生产的融资成本，也不利于社会再生产。为此，在魁奈看来，政府征税对社会再生产的损害要尽量小，这样才能使更多的货币资金流向社会再生产。

基于上述分析，魁奈提出了赋税的原则。

第一，不能对补偿社会再生产的财富征税。购买种子、生产设施等为了社会再生而预付的支出，本身不产生新的价值。魁奈认为，在劳动创造社会财富的过程中，大农经营和小农经济的产出存在差异，即生产要素的投入决定着土地的年产物。如果对生产要素课税，势必会影响人们对生产要素的投入，进而影响生产的产出。

第二，不应对对外贸易活动征税。魁奈认为将本国农产品销售到外国，既可以扩大本国农产品的售卖量，还可以提高农产品价格，这两方面都有利于促进生产，即增进国家的财富。

魁奈主张用葡萄园税替代饮料税。其内在逻辑是即使取消饮料税，通过

① 魁奈 . 赋税论［M］// 魁奈经济著作选集 . 北京：商务印书馆，2011：217.

对外贸易以及国民消费的增加，葡萄园的种植面积也会扩大，税收也会相应增加。同时，他强调对殖民地、外国商品课以消费税，对烟草生产课征特别税，征收盐税，等等。这实际上是对其单一税的补充。

第三，实行对纯产品课税的单一税。“从土地取得的盈利扣除了一切支出以后，所余的产品就是构成国家收入的每年创造的财富。”① 即农业年产物扣除生产过程中所耗费的生产资料成本和维持农业生产者的生活资料成本之后，剩余的农产品就是纯产品。按照马克思关于再生产的划分，魁奈的纯产品就是马克思的剩余价值，即农业总产品 $C+V+M$ 中除去 $C+V$ 后的余额。

在魁奈看来，纯产品才是国家真正的财富，才是为国家的需要服务的财富。“税是从这些财富中征取的，政府把这些税用于必要的开支以及保卫国防。”② 原因在于只有将这些纯产品全部花费掉，才会对国家的再生产有利。实际上，在魁奈看来，纯产品不仅不会影响到农业再生产，而且在全国分配并消费掉它将会有益于社会再生产。如果纯产品集中于吝啬的土地所有者手中，“国家就会变得荒无人烟”，反而无益于社会再生产和国民财富增进。这样，按照魁奈的逻辑，对于人们占有的纯产品，如果人们不能有效消费，那就要强制人们消费，或国家或政府通过一定的方式让他人来消费。

也就是说，在魁奈看来，只有对纯产品课税，才不会影响到劳动、土地等生产要素，而且，对纯产品征税并将其分配给相对贫困的人们，还可能有利于促进农产品的生产，从而增进国民财富。魁奈在《赋税论》中指出，“关于赋税落在哪些对象身上的问题，是没有任何意义的。它总是落在同一个元本上，因为总是靠土地收入来支付”，“把赋税的分配重新调整，采取负担较小的征税形式，绝对不向农业本身征税，而只是向农业提供的收入以及靠农业收入维持的各种工作征税，这是非常重要的”，“因为一切的税结果都是由土地收入负担的”。

实行土地单一税收的好处还在于征税成本较低。对农产品和工业品课税将会增加征税成本，比如需要更多的人力和物力征税，这无疑会大大增加社会成本。魁奈认为对农产品和工业品课税的成本，除了包括大量官吏的薪水，还有

① 魁奈 . 赋税论［M］// 魁奈经济著作选集 . 北京：商务印书馆，2011：191.

② 魁奈 . 赋税论［M］// 魁奈经济著作选集 . 北京：商务印书馆，2011：192.

"额外损失"。即课征农产品和工业品税，一方面，会使更多的人成为税员，而使国家失去更多从事生产性劳动的人员。这些税员不仅不再创造社会财富，同时还要消耗国家财富，魁奈将此看作国家财富的"纯损失"。另一方面，由税收收入支付给税员的薪水，所形成的是非生产性资金或消费资金，不能用于生产性劳动而扩大再生产，这样就会阻碍对土地的改良、投入，进而影响社会再生产和社会发展。"对于土地所有者，对于君主和全体国民来说，把赋税完全对土地收入直接征收，是有很大的利益的。因为所有其他的课税形式都是违反自然秩序的，都是对于再生产和赋税本身有害的，都是会在赋税之上加上赋税的。"①

总的来看，魁奈对单一税的认识中包含了现代税收原则——效率原则，即设计税收制度时要考虑到税收成本，其中既包括征税的直接成本，还包括税收可能产生的额外成本。

第四，改变传统的征税方式。魁奈说："早有人说过，对国家造成巨大危害的不是征税本身，而是征税的方式。这个真理被猜对了，……对私人财产和农产品贸易任意征税是最有害的征税形式，但这种征税自古以来都被认为是最恰当和最容易的征税方法，或者对于管理税收的人说来，毋宁是最隐秘和最方便的方法。"② 也就是说，在魁奈看来，给国家发展带来危害的不仅仅是税收本身，政府的征税方式也会对国家财富的增进产生影响。

魁奈认为传统征税方式中存在的问题在于"任意征税"。所谓任意征税，是指没有确定的课税标准和依据，体现为在不清楚国家财富来源的前提下而按国民财产成比例地征税。因为"土地、工业和手工业的产品构成国家每年恢复的财富。但不可能找到确定这些产品的数量和价值的尺度或计算标准"③。任意征税的坏处在于它的不公平。按照国民财产成比例地征税，比如课征"什一税"，看起来似乎是公平的，实则不是。因为土地的肥沃程度不同，其带来的收入也会不同，魁奈认为从贫瘠的土地上课征的"什一税"相对于肥沃的土地来说，就成了加倍征税，即贫瘠土地所承担的相对税负要重于肥沃土地。如若对农民征税过重，可能迫使他们不愿意工作。

① 魁奈．经济表的分析［M］// 魁奈经济著作选集．北京：商务印书馆，2011：344.
② 魁奈．赋税论［M］// 魁奈经济著作选集．北京：商务印书馆，2011：200.
③ 魁奈．赋税论［M］// 魁奈经济著作选集．北京：商务印书馆，2011：200.

由此，魁奈提出，为了税负的公平，不能根据土地价值，而应根据土地的年产量来确定土地税。“土地税和租借费的比例，是对租地农场主课税的最确实的基准，因为有了这个基准，就可避免对租地农场主进行任意征税的不合理现象，从而给他以保护。土地所有者和租地农场主都知道自己的课税对象，他们相互的利益，在于正确地保全君主的权力。”[①] 这样，一方面，可将土地的租借费作为赋税的根据，因为土地所有者与租借者确定契约时，基于自身利益，已经考虑到了土地年产量的状况；另一方面，也可尽量避免包税人随意征税的行为。

关于法国当时实行的租税包征人（包税人）制度[②]，魁奈表示反对。这是因为租税包征人一方面从国家这里领取津贴，另一方面在替国家征税的过程中“暗中压迫人民取得自己的盈利和财产”，不仅不能使国家获得更多的财政收入，而且会抬高农产品的实际价格。也就是说包征人制度既不利于国家收入，还会损害到国家收入和人民收入的源泉。由此，魁奈认为，增加国家收入的根本在于充足的税源，而不是更多的租税包征人。

总之，魁奈的赋税原则体现为：赋税在有利于国民财富增进的基本原则下，既要讲求效率原则，产生尽量小的直接成本和额外损失；又要讲求公平原则；还要讲求确实原则，强调课税对象的确定性，避免随意性。

（七）简要评价

魁奈主要从促进国家富强的角度，认为国家和政府有责任使穷人摆脱贫

① 魁奈．赋税论［M］// 魁奈经济著作选集．北京：商务印书馆，2011：208.

② 所谓租税包征人指的封建王朝时期替国王或王室课征间接税（农产品和工业品税）的人。我国在封建时期也曾实行过“包税人制度”，始于宋代的“扑买”。在宋朝，随着商业和贸易的发展与繁荣，出现了众多的集市，为了有效地获取集市贸易中的税收，政府规定，凡税收在一定规模下的小集市，将根据政府按一定标准测算的该集市年应收税收总数，承包给当地富商。这个富商即包税人，他将税收总额交与政府，然后再向集市交易者课税，收入盈亏由包税人自己负责。法国包税人制度始于 13 世纪（比中国晚了 200 多年），由国王的司库与多个人签订征税的承包协议。承包人预先一次将税额交给国库，取得王家税收权，再向纳税人征税。16 世纪末期，包税权逐渐集中在某些包税人手中，某一项税单独承包给总包税人，总包税人再分包给其他包税人。魁奈时期正是包税人盛行时期，成立有包税人公司，专门负责国家或政府税收的承包事项。法国大革命中，包税人制度被废除。包税人制度有其优点，从国王或政府的角度来说，既节约了设置征税机构的成本，便于管理，又可得到应得的税收，保障了所需要的税收收入。可是，这一制度对整个社会经济发展未必是有利的，比如包税人肆意加税，加重了人民的负担，进而影响到经济社会发展。

困。他认为只有富足的生活才能使人们爱好劳动，为了享受舒适生活而加倍劳动，同时也会教育他们的子女习惯于劳动。或者说，只有人民富足了，国家才能富裕。如果人民因贫困而消费受到限制，国家也会遭受到同样的损失。国家和政府不能对贫困群体课征过重的税，而影响到他们的消费和生产。魁奈认为，“必须在他们的劳动和正确的国库政策的帮助之下保证穷苦人的消费，因为使君主和国家的收入来源枯竭的、考虑不周的赋税，是会促使这种消费缩减的”[①]，“要是政府不注意保护这些生产性的财富，那么乡村就会开始衰败，土地会得不到肥料，而且不好好地耕种，农民会变得没有任何资金”[②]。

在私人利益与公共利益上，魁奈与斯密具有相同的观点，在强调个人利己主义的同时，倡导自然自由主义，“因为只有自由和私人利益才能够使国家欣欣向荣”[③]。人们应在一个自由而免税的商业社会中，自由自主地来选择生产和生活活动。“在所有的商业交易中，贩卖者和购买者是相对立的，但可以根据自己的利益自由地订立契约。他们自己这样调整的利益是和公共利益相一致的。”[④]魁奈的这一理念与斯密“看不见的手”的思想是完全一致的，即在自然自由市场体制下，人们在追求个人利益最大化的同时，也会使整个社会利益最大化，个人利益与社会利益相一致。而且在这样的社会中，流通着的商品处于一个“正常价格”，即“在能正常保持商业上的自由竞争，以及充分保证农业经营上使用的财富基金的条件下，各通商国家之间所采行的价格”[⑤]。

三、杜尔阁的财政思想

（一）杜尔阁及其财政思想的形成

杜尔阁（A. R. J. Turgot，1727—1781），法国18世纪后期的经济学家，重农学派主要代表之一。1727年出生于富商家庭，1761—1774年任利摩日州行

① 魁奈．人口论［M］// 魁奈经济著作选集．北京：商务印书馆，2011：151.
② 魁奈．人口论［M］// 魁奈经济著作选集．北京：商务印书馆，2011：163.
③ 魁奈．人口论［M］// 魁奈经济著作选集．北京：商务印书馆，2011：181.
④ 魁奈．重要的考察［M］// 魁奈经济著作选集．北京：商务印书馆，2011：355.
⑤ 魁奈．经济表的分析［M］// 魁奈经济著作选集．北京：商务印书馆，2011：341.

政长官，1774 年出任路易十六的海军大臣，不久后调任财政大臣，1776 年因推行重农主义改革遭反对而被迫辞职。

杜尔阁与休谟之间有着深厚的友谊。杜尔阁在《关于财富的形成和分配的考察》的附录中附有他与休谟之间的往来书信，他们就学术活动以及赋税问题，展开了广泛而深刻的交流。同时，杜尔阁在 1765 年前后还结识了亚当·斯密，他们就经济、哲学等问题进行了广泛而深入的讨论。有人说杜尔阁从斯密那里接受了其哲学思想，而斯密则从杜尔阁的经济思想中受到了启发。

杜尔阁作为重农学派的代表人物，秉承了重农学派创始人魁奈的基本思想，但较之魁奈，他的理论明显地在向前发展，修正或提出了新的论点。我们一般将杜尔阁看作重农主义理论的最高点，正如马克思所评价的，"在杜尔阁手上，我们看见了重农主义学说的最高发展"[①]。

杜尔阁的经济学说主要体现于他写于 1766 年的《关于财富的形成和分配的考察》[②]一书中。他遵从着魁奈关于"农业是国民财富的唯一源泉"的理论，对魁奈的学说进行了深入的思考。比如，他赞同魁奈的纯产品概念，进一步提出纯产品是自然界所赐予的，而且是劳动利用自然生产力的结果。也就是说，杜尔阁在魁奈的基础上进一步明确了劳动与作为自然的土地生产力的结合创造了社会财富。又如，杜尔阁进一步发展了魁奈的社会阶级划分学说，首先将社会划分为生产阶级即耕种者阶级和薪资阶级即工匠阶级，进一步又将社会划分为三个阶级：生产阶级、薪资阶级和可以自由支配的阶级，即耕种者、工匠和土地所有者三个阶级。这种划分为其工资理论提供了基础，即

---

① 马克思 . 剩余价值学说：第 1 卷［M］. 上海：三联书店，1951：51.

② 《关于财富的形成和分配的考察》是杜尔阁在 1766 年为两位中国青年而写的。乾隆十八年（1754 年），21 岁的高类思和 20 岁的杨德望由教会资助留学法国，其间得到了法国皇家的资助。1765 年，在法国国王路易十五资助他们回国前，法国财政大臣杜尔阁特地为他们撰写了《关于财富的形成和分配的考察》，杜尔阁之所以为中国的两个青年学生写作此书，在这本书的"英译本序"中有明确的介绍，"当时的法国经济学家一般都认为中国是开明政治的策源地；人们都希望这两位中国青年能够让他们的欧洲东道主不断地了解中国的内部情况。杜尔阁曾向他们提出一系列的问题请求解答，因此，他写这本书，以便他们能够更好地领悟这些问题的旨趣之所在"。可见，杜尔阁特别关注着遥远中国的经济社会发展状况。高类思、杨德望回国后对杜尔阁的问题认真研究，对中国的土地、资本、劳动及农业经济，以及中国造纸、印刷、纺织之原料、制法；中国地质、陶土、纸、墨、茶叶等，形成研究文稿并汇编成《北京耶稣会士中国纪要》，陆续提供给法国政府。这些为法国及至欧洲了解、研究中国提供了基础资料，特别是高类思的《中国古代论》在法国引起很大反响，北京耶稣会提供的图画《中国兵法论》及绘图《米谷保存法》单独印行出版。

生产者与土地所有者或资本所有者之间的博弈与竞争。而且，杜尔阁所分析的，不再是封建主义社会的生产关系，而是考察了资本主义内部的生产关系，这就是马克思所评论的，“在重农主义学派中更激进的头脑，尤其是杜尔阁，却完全蔑视这个外观，并且把重农主义体系当做渗透入封建主义社会内部的新的资本主义社会来叙述”[①]。此外，杜尔阁还提出了资本的概念，认为资本是储存起来的财货。从现代经济学观点来看，杜尔阁把所有储存的财货都不加区别地称为资本，泛化了资本概念，与实际不符。可是，在当时来说，这是一种进步，既是对魁奈重农学说的发展，也为包括斯密在内的古典学派的资本理论提供了基础[②]。

杜尔阁出任路易十六的财政大臣，为其践行经济理念提供了机会和平台。面对路易十六时期国库空虚、债台高筑问题，他提出，改革计划的核心是顺应自然规律，实行国内农业的自由贸易。具体措施：第一，取消徭役制，将强制性的修路劳役改为道路税，以产业税作为计税依据，减轻耕作者的负担；第二，降低进入城市交易的粮食税，促进农产品流通；第三，实行普遍纳税制度，推行不分等级的普遍纳税制，对于农民底层阶级实行普遍课税。

杜尔阁的税制改革以及其他改革，触犯了封建贵族的利益，遭到了封建贵族阶级的反对。1776 年 5 月，路易十六接受皇室贵族官僚的劝告，下令解除杜尔阁财政大臣的职务。杜尔阁的一系列改革措施同时宣告作废。

（二）实行单一租税

杜尔阁认为，对工商业课税，最终还是会转嫁到地主阶级身上，结果只能是提高工业品的价格。所以，杜尔阁反对对工商业课税。同时，他也明确反对对货币的利息征税。“就国家可以无害地拿走一部分利息来满足它的需要这一意义来说，货币的利息不是可以自由支配的。”这是因为如果对货币利息课税，就意味着资本家的收益减少，“如果减少这种报酬，资本家就会抽回他的货币，企业就会停顿。因此，这种报酬应当是不可侵犯的，并享受完全免

① 马克思 . 剩余价值学说：第 1 卷［M］. 上海：三联书店，1951：43.

② 亚当 · 斯密在某种程度上继承了杜尔阁关于资本的概念，同时也对他的资本概念进行了修正，斯密将储存的财货分为两个部分，即直接用于消费的财货和能为所有者带来收入的财货，斯密认为能够带来收入的财货才是资本，而消费性的财货不是资本。

税的权利”[①]。不仅是货币利息税，还包括对工商业者的工资、利润以及制造品等征收的间接税，“最后却是全部落到土地所有者的身上”。

从现实来看，关于重农主义所提倡的单一税制，杜尔阁也承认“根本就没有任何一个政府的实践是符合这一原则的”。对此，杜尔阁在与休谟的书信中给出了他的解释。在他看来，一是当人们并未真正明白其中的道理时，便形成了相应的财政制度，即便人们从理论上弄清楚了，要构建起来还需要较长的时间。二是每个国家的政府都“服从于金钱”。为了获取更多的国家或君主收入，政府更愿意采用间接税，“他们的目的就是要拔掉母鸡身上的毛，同时却不让它叫喊”。言下之意是，间接税不易被人们觉察，从而便于课税。

（三）赋税效应

杜尔阁与休谟讨论了赋税的效应问题。杜尔阁不同意休谟关于“对消费者课税的结果是最终赋税仍将落到土地所有者身上”的说法。

首先，杜尔阁认为休谟的这种观点不符合事实。就欧洲各国消费税与劳动的价格关系的实践来看，并没有发现消费税会提高劳动价格。杜尔阁认为，劳动的价格取决于劳动的供给与需求关系。实际上，杜尔阁给出了工资理论，劳动者的工资取决于劳动者的供给与需求关系，与赋税没有直接关系。可是，休谟和斯密在讨论对工资课税时，都指出，为了使劳动者能够获得最低的收入标准，应将所课的税收转嫁给雇主来承担。实际上，休谟和斯密关于工资理论的讨论针对的是最为贫困的劳动者群体，而非一般劳动者。杜尔阁所反驳的也恰恰是这一点。

其次，杜尔阁认为征收消费税的直接后果是，劳动者为了维持其生活水平，要么是减少消费，要么是增加工作以获得更多的收益来弥补课征消费税的损失。

最后，除了土地所有者和一般贫困的劳动者外，还有很多相对富裕的人，在杜尔阁看来，“没有正当的理由可以说这一纳税人阶级必须把它的赋税负担转嫁给土地所有者，因为它所获得的种种利润和种种收入肯定能够承担一种扣除”。

---

① 杜尔阁 . 关于财富的形成和分配的考察［M］. 北京：商务印书馆，2011：90–91.

四、布阿吉尔贝尔的财政思想

布阿吉尔贝尔（P Pierre Le Pesant，sieur de Boisguillebert，1646—1714），法国经济学家，法国古典政治经济学创始人，重农学派的先驱。布阿吉尔贝尔生于法国鲁昂一个“长袍贵族”家庭，年轻时受过良好的教育。1675年出任鲁昂地区法院法官，1690年出任鲁昂军区陆军中将。

当时法国处在封建王朝统治下，农民受到严酷的剥削，再加上政府推行重商主义政策，片面强调发展对外贸易和手工业，禁止谷物输出，压低农产品价格，使农业生产遭到严重破坏，农民生活十分困苦。布阿吉尔贝尔作为地方法官，目睹农村情况，满怀激情地揭露封建王朝和贵族对广大农民的残酷剥削与压迫，尖锐地抨击政府的赋税政策，坚决反对当时实行的重商主义政策，自称是“农业的辩护人”，强调发展农业的重要性。他称农业和畜牧业是国家的两个“乳头”，农业兴旺是一切其他部门繁荣的基础，复兴法国经济，首先要保证农业的发展。布阿吉尔贝尔提出了一系列经济改革方案，却因此而被流放外省，其著作也被查禁。布阿吉尔贝尔晚年才回到鲁昂，直到去世。

布阿吉尔贝尔的著作有1695年出版的《法国详情》，1697年出版的《货币缺乏的原因》，1705年出版的《论财富、货币和赋税的性质》，1706年出版的《论谷物、种植、交易和利益》，1707年出版的《法国的辩护书》和《法国详情补篇》。

（一）把布阿吉尔贝尔纳入重农学派的缘由

严格来说，无论是从时间还是财政思想来看，布阿吉尔贝尔都算作重商主义与重农主义之间的过渡性人物。日本学者坂入长太郎的《欧美财政思想史》将布阿吉尔贝尔的财政思想放在“法国重商主义财政论”中，作为对重商主义财政思想的批判，并未将其归为法国重农学派。可是，马克思则认为布阿吉尔贝尔是“重农学派的前辈作家、法国最老的经济学家之一”[①]。本书也将布阿吉尔贝尔的财政思想置于法国重农主义财政思想之中。

① 布阿吉尔贝尔．布阿吉尔贝尔选集［M］．北京：商务印书馆，2011：400.

就布阿吉尔贝尔的经济思想来看，他坚决反对重商主义的财富观以及由此形成的重商主义政策，认为“货币本身并非财富，而且它的数量一般和一个国家的富裕无关”。他明确表示财富是能够满足人们物质生活和精神生活的需要而具有使用价值的东西，“包括人们的全部享受，不仅是生活必需品，也包括非必需品以及能够满足人们身体官能快乐的一切物品”[①]。进一步来看，财富作为有价值的东西，实际上也就是土地生产物，“任何国家的财富均与其国土的肥沃程度成正比”。而且，“在一个得天独厚的、最文明的国家，使它臻于完善的两百种职业，全都是由土地产物所派生的”。在布阿吉尔贝尔看来，一个国家各行各业的繁荣发展取决于农业状况，耕种者的繁荣昌盛是社会一切其他等级获得财富的必要基础。如果耕种者因谷物价格低廉而不能收回成本费用，包括地主在内的社会其他各阶层也不会得到好处。“农产品的增长，使律师、医生、演员以及其它一切小手工业者得以工作，所以在那些贫瘠的国家，这些人极少，而不象在富庶的国家中那样大量存在。”[②]所以，他强调财富归根结底是由农产品构成的，劳动和土地是财富的真正源泉[③]。这显然与重农主义的财富观相一致。

就经济学研究的方法论来看，布阿吉尔贝尔采用的也是自然法则方法论。他在分析法国经济问题，研究赋税论、价值理论等过程中，无不强调人类经济社会活动过程有其内在规律，人类的活动只能按照这一自然规律进行，否则，就会受到自然规律的惩罚。布阿吉尔贝尔正是基于这一自然法则，坚决反对重商主义国家干预经济社会活动的政策，主张要让人们按照自己的主观意志来进行选择。实际上，在布阿吉尔贝尔看来，按照自然法则、自然规律行动就是实行自由竞争。显然，这与重农学派的自然法则方法论如出一辙。同时，布阿吉尔贝尔将整个社会看作一个统一的有机体，内部个体之间存在着依赖与依存关系。比如，他在研究关税时，认为关税的设立，一方面，会影响到商品的价格，设置进口关税会提高进口商品和国内商品的价格，抑制人们的消费；另一方面，可能会产生走私现象，进而需要更多的政府力量来

① 布阿吉尔贝尔．布阿吉尔贝尔选集［M］．北京：商务印书馆，2011：153.

② 布阿吉尔贝尔．法国详情［M］// 布阿吉尔贝尔选集．北京：商务印书馆，1997：13-14.

③ 布阿吉尔贝尔被马克思认为与威廉·配第一样都是古典经济学劳动价值论最早的奠基人之一。他在分析人们进行交易的商品之间的价值的比例关系时，给出了劳动创造价值的结论。

打击和防范这一行为。又如，他将农业发展与工业发展作为一个整体来看待，认为工业收入依赖于农业发展，只有当农业不断发展时，工业才能得到更大进步。这些都体现着魁奈的有机联系方法。

就财政观来看，布阿吉尔贝尔认为，政府或君主的财政措施必须以不损害法国经济发展为前提，强调取消特权、公平赋税、清除不合理的租税办法，实际上就是反对科尔贝主义的重商主义财政政策，改变路易十四时代不公平、不合理的财政制度。

总之，尽管布阿吉尔贝尔没有形成一套完整的理论体系，但其研究方法、经济思想以及财政观，与重农学派高度一致。他坚决反对重商主义思想，运用自然法则来研究现实经济社会发展问题，强调农业在整个国民经济发展中的主体性地位，主张推翻重商主义时期的赋税制度，构建公平、合理、不损害国民财富增进的财政制度。客观地说，布阿吉尔贝尔的这些思想大都体现于魁奈、杜尔阁等重农学派的理论体系之中。

（二）站在农民一边的布阿吉尔贝尔

布阿吉尔贝尔生活的 17 世纪下半叶，科尔贝主义盛行。法国政府极力扶持国内工商业，抑制农业发展、漠视农民利益，制定了一系列不利于农业和农民利益的政策，比如禁止谷物和原料的自由输出、限制农产品价格等。为了满足庞大的军费开支和王室及贵族的挥霍、穷奢，农民负担不断加重，农业发展受到抑制。布阿吉尔贝尔在其家乡担任法官职务期间，耳闻目睹了法国农民深受奴役、民不聊生的惨状。此时，法国社会贫富不均严重，少数人极富有，绝大多数人赤贫。由此，他极为担忧法国未来的经济社会发展，深切同情贫困、被奴役的农民，所以，他的著作都是站在农民一边，为贫困农民的利益和法国的农业发展进行辩护的。正如马克思所言，“布阿吉尔贝尔虽然身为路易十四的法官，却既热情又勇敢地替被压迫阶级声辩”[①]。

布阿吉尔贝尔的著作就是站在农民阶级的立场上，来论述如何改革科尔贝主义政策以促进法国农业发展和改善农民利益。他的财税政策具有强烈的平等意愿。

① 马克思恩格斯全集：第 13 卷［M］. 北京：人民出版社，1957：44.

（三）布阿吉尔贝尔的财政思想

布阿吉尔贝尔财政思想的出发点和落脚点都在于促进国家收入的增长，其《法国详情》《法国的辩护书》等，都是从如何促进国家财富增长的角度来论述和看待赋税问题的。或者说，在布阿吉尔贝尔看来，正是法国的赋税制度抑制了法国的经济发展。具体来看，法国当时的赋税制度无论是税种的设立还是赋税的课征方法，都不利于经济增长，正是这一赋税制度使法国经济、国民收入陷入困境。

布阿吉尔贝尔认为，路易十四时期国民收入减少的真正原因是消费不足，只有形成消费的东西才是真正的财富。之所以消费不足，他认为有两个原因：一是征管制度的问题；二是赋税不合理。这也是从国民收入减少的角度来看待法国财政存在的问题。

消费不足的一个原因是达依税[①]课征中存在的问题。布阿吉尔贝尔认为，"达依税变化不定，完全任意配征而无固定的税则"。实际上，布阿吉尔贝尔认为，在达依税课征过程中，存在着两个问题。一是赋税不公平，"在法国，缴纳达依税的人还不到三分之一，这就是那些最无力量、最为困苦、土地最少的人"[②]。不仅如此，由于达依税的税负过重，部分人彻底破产而无力赋税，政府就将达依税又加到另外一部分人身上，如此循环往复，使得大部分人陷入破产的境地。另一个原因是达依税课征制度存在问题，使得税收课征存在随意性。当时法国赋税的征管体制是，由御前会议决定每一个税区的税额，由该税区的税务执事来测算人们的纳税数额，并依此分派赋税。可是，税务执事在实际分派税额时，并非严格按人们应缴纳的税额进行分派，因为纳税人会通过各种方式"游说"税务执事，使自己的税负减轻甚至不纳税。这样，最终纳税数额的分派是人们"游说"后的结果，每个人的税收负担"并不是以公平合理作为分派的唯一标准"，最后的结果当然是赋税极其不公平。这可看作税收制度中典型的寻租行为。

这样，"任意专横的达依税迫使商人收藏起他的银钱，使农民任其土地荒

① 达依税类似于当时课征的人头税。法国当时按人口和产业向平民征收人头税，即根据纳税者的财产来规定高额税收以及强制征收的一种赋税。

② 布阿吉尔贝尔．法国详情［M］// 布阿吉尔贝尔选集．北京：商务印书馆，2011：25.

废”。纳税人因过重的税负而破产并陷入贫困，所以无力进行有效消费；这不仅无益于不纳税的人们，还会使他们受到损害，因为这些人的产品无法转化为消费，无法转变为实际的财富。在布阿吉尔贝尔看来，这些不纳税人们的损失要三倍重于负担达依税的农民。总之，布阿吉尔贝尔认为，土地荒芜、国家贫困以及民不聊生的原因之一就是达依税的不合理。“第一，对各乡区和所有人按人头稽征的达依税率变化无常；第二，达依税分配不公，不是根据纳税者的财产来规定高额税收，……而是仅仅考虑某个人为了使自己或佃户免征达依税所可能具有的自卫力量的大小和地位的高低而定的；第三，由于分配不合理，达依税的征收最终大部分落到承担这一倒霉征收的人头上使之遭受损失，……结果全都破产。”①

导致国民收入减少的另一个税收原因在于不合理和过重的赋税。“土地荒废的第二个原因，即耕种之后货物卖不掉，所以索性不种，是由于酒税、出口关税、王国内部的过境税等是商品所能承担的四倍。”② 布阿吉尔贝尔认为，政府课征的酒税、关税以及过境税等，导致土地所有者和劳动者承担过高的税负，有的人索性使土地荒芜，即便继续从事生产活动的，也不再有积极性从事农业的改良、创新，结果就是土地收入减少。“酒税、关税，以及过境税、出口税等税额之重是商品所能负担的四倍，这就使人眼看着满窖的饮料却要饿死，而同时在邻近的地区这些商品却又价格奇昂。”③

总之，布阿吉尔贝尔认为，赋税制度及其相应的课征制度不公平、赋税过程以及课税任意性大等问题，直接导致国家财富的减少，进而使王国的财政困难。

鉴于法国赋税制度存在的问题，布阿吉尔贝尔认为应改革旧有的赋税制度，提出了其赋税思想。

第一，公平赋税，按照各个纳税人的能力大小来负担捐税。以按财产多寡实行公平征税作为努力的目标，实现贫者少缴、富者多缴。

第二，进行税制改革，减轻对农民过重的课税。改革达依税，对于一些

---

① 布阿吉尔贝尔．法国的辩护书［M］// 布阿吉尔贝尔选集．北京：商务印书馆，2011：303-304.

② 布阿吉尔贝尔．法国详情［M］// 布阿吉尔贝尔选集．北京：商务印书馆，2011：115.

③ 布阿吉尔贝尔．法国详情［M］// 布阿吉尔贝尔选集．北京：商务印书馆，2011：120.

城市和大市镇，按税率稽征，即应按照可行的税收形式来征收其应缴份额的达依税。撤销国内关税、出口税以及渡河税。“把王国内部征收的这些税全部取消，这对于国王及其人民乃是一笔巨大财富。”① 在布阿吉尔贝尔看来，将这些王国内部的税取消，不仅可使人民获取相应的收益，更为重要的是可促进人们的消费和生产，更有效地促进国民收入的增长，这对于王国和人民而言，都是一件好事。削减间接税率，零售酒类等消费品的税率由四分之一减少到八分之一。此外，还应将各种五花八门的税整合为一种税，既便于人们缴纳，也可降低征管成本，并取消一些“妖怪”税，如容量税、申报过路税等。

第三，改革捐税的课征办法。设置捐税制度时要注意税收成本，既包括政府征课税收的成本，也包括纳税者的纳税成本。布阿吉尔贝尔认为，在进行赋税课征时不能像弗朗索瓦一世时那样：有一万个税务法官、雇佣十万人来征税。这会形成非常高昂的征管成本，既不利于国家或君主，因为纳税人的部分税收没有落入国家或君主的手中，也不利于纳税者，因为在税收需求一定的前提下，落入收税人手中的捐税越多，人民的负担就会越重。与此直接相关的是，捐税的税种不能太多，税种多，占用的人力、物力成本就会增多；反过来说，税收若是由纳税人直接交给君主，且捐税种类最少，那么用来收税的人也会最少，占用的税收成本也就最低。所以，布阿吉尔贝尔说：“捐税名目不宜繁多，捐税的收入尽可能直接由纳税者上缴国库，此乃君主与人民的共同利益。”②

布阿吉尔贝尔提出国家预算的概念。“每年必定都有每年的开支，因为每笔资金都有其用途，对此人们绝不动用，而征税额或大或小，严格按国家的需要而定。”③ 同时，他反对国家借债，认为君主或国家设立公债，相当于让人民自己给自己背上债务，还本付息的担子也会落到人民的肩上。实际上，布阿吉尔贝尔反对国王或君主借债背后的另外一层含义是，这可能导致国王的奢靡、滥用钱财，无益于国家收入的有效增进。

---

① 布阿吉尔贝尔．法国的辩护书［M］// 布阿吉尔贝尔选集．北京：商务印书馆，2011：363.
② 布阿吉尔贝尔．法国的辩护书［M］// 布阿吉尔贝尔选集．北京：商务印书馆，2011：310.
③ 布阿吉尔贝尔．法国的辩护书［M］// 布阿吉尔贝尔选集．北京：商务印书馆，2011：323.

第五章　德国官房学派

"官房学派"本意是管理国家或君主财富，维护经济和政治权力的财政学术。德国官房学派产生于17世纪，盛行于18世纪，特别是普鲁士王国国王弗里德里希二世（1740—1786）时期。

16—17世纪，德国由为数众多的诸侯与城邦组成，并伴有各诸侯、城邦的战争，德国皇帝徒有虚名，可谓"邦国时代"。此时，各邦国政治上分裂，形式上德国皇帝在其领土内拥有国王主权，但实际上是由诸侯领主控制；经济上各自独立，各邦国拥有较大的财政权，德国皇帝的财政主权受到极大限制，其收入来源于国民赋税和各诸侯国的分担金。为了国家强盛、富足，弗里德里希二世支持普鲁士的启蒙运动，进行了军事、司法、宗教、官僚机构、农业以及教育等诸多领域的改革，目的在于建立"开明专制主义"的中央集权体制，推进国家现代化。为此，他优先起用一批学者作为王国财政融资顾问，参加有关国家财政融资事务的讨论。这些学者被称为"官房学者"，其学派被称为"官房学派"，与近代早期官僚的发展紧密相关，是一种财政学术。

"当时特别是在像德国和意大利这样的官僚乐园中，越来越需要对那些准备从事行政管理工作的年轻人，或那些想提高知识水平的中年人进行训练。于是在十八世纪，便开始设立教授职位讲授德国所谓的'官房学'或'国家科学'，并讲授可以较为确切地称之为'经济管理和政策原理'的课程。"①

官房学派作为重商主义的一种形式，重视增进国家福利，认为增加国家的货币财富能增强国家的经济力量，被认为是重商主义在德国的变种。

① 熊彼特．经济史分析：第一卷［M］．北京：商务印书馆，2011：251.

当时邦国财政收入来源于四个方面：一是特权收入，包括封建领主以其特权身份向市场诸如计量衡、造币、矿山等赋予特权而征收的许可费，封建领主所拥有的审判权的收入，以及入市税、关税等；二是官地收入；三是赋税收入，包括国境关税、国内消费税、直接税等；四是公债收入。这些收入归邦国统治者所有，这样的财政就被称为“国库”或“官房”。

由于战争等因素，邦国财政支出大大增加，势必要求增加邦国的收入，特别是随着以交换为核心的商品经济的发展，发展邦国经济成为主要矛盾。为此，各邦国都实行保护工业、农业的扶植政策，邦国或国家对产业的干预、保护就促成了行政国家的诞生，即要有更多的官员来承担诸如此类的行政事务。“官房学是向邦国王侯讲授（管理）政策，进一步说是讲授产业保护政策的学问，用以提高邦国全体的福利。这个名称的由来出自管理王侯官房财产的需要。官房学是为谋求扩大邦国财政收入的财政管理与经营业务，以及与此有关的实践活动的系统知识。”①

德国官房学派分为旧官房学派与新官房学派，二者以 1727 年在哈雷大学和奥德大学设立官房学讲座为界限。

一、旧官房学派

官房，在欧洲中世纪时指国家的会计室，中世纪以后指国库或泛指国王的财产，官房学就是有关国王财产的一门学问，或有关如何管理国王王室财产的一门学问。旧官房学派“指皇帝马克西密里安（Maxmilian）于 1493—1501 年在因斯布鲁克（Innsbruck）和维也纳（Vienna）设置了官房机构，在德意志奥地利各大学中从事官房学的研究和教授，以培养通晓通行行政工作原则及任务的、干练的官吏的时期”②。这一时期的代表人物有奥布里特、薛肯道尔夫、贝切尔等。

德国旧官房学派的研究以充实国库，特别是王室财政为主题。从国家观来看，当时的基本特点是德国各诸侯国各自为政，其秉持封建王朝的国家观，

① 坂入长太郎 . 欧美财政思想史［M］. 北京：中国财政经济出版社，1987：75.

② 坂入长太郎 . 欧美财政思想史［M］. 北京：中国财政经济出版社，1987：75.

"国王即国家"，把国家财政认作国王或君主私人性质的财政，财政的收入与支出活动就成为国王或君主的私人行为。所以，薛肯道尔夫认为财政收入应来源于国王或君主的财产收入以及铸币税等特权收入，只有在这些收入不足以弥补财政支出时才进行征税。

在税收方面，赋税体现为"利益说"，即君主或国王征税是为保护人民生命财产安全，因此人民有义务来承担相应的赋税。"他认为：从三十年战争所造成的国力疲敝中复苏的指针，是制定正确的社会政策，减轻赋税负担，减少借款，应当把官有财产以及特权收入作为财政收入的基础。这些财政理论对封建诸侯财政管理有较大的影响。"[①] 这里我们不难发现，薛肯道尔夫已然有了财政的"社会政策"概念，即利用财政的收入与支出手段来恢复国力。

二、新官房学派的财政理论

"后期官房学派指1727年普鲁士王威廉一世（William Ⅰ）在哈雷（Halle）大学与奥德（Oder）大学设立官房大学讲座的时期。"如果说旧官房学派的主要目的在于使国王或君主收入增加，有了"社会政策"的雏形，新官房学派就已经将财政政策的目的定位于增进国家财富之上。当然，其国家观并未发生改变，仍然认为国家应置于经济与社会之上，君主政体也仍然是较优的体制选择。这与德国的社会结构和社会经济状况相关。

新官房学派的典型代表人物有尤斯蒂、宋能非尔斯等。

（一）尤斯蒂及其国家理论

约翰·海因里希·戈特利布·冯·尤斯蒂（1720—1771）是德国官房学派最著名的代表人物，是重商主义经济学家之一。他出生于德国中部的图林根，在德国的几个大学研读法理学。1750—1753年在维也纳高等学院担任财政学教授；此后，在格丁根担任警察局长、采矿顾问委员会委员，以及采矿局局长、玻璃和钢铁厂监督等职位。他勤勉好学、著作颇丰，与财政思想有关的著作有《国家经济——经济学与财政学系统研究》（1755）、《财政学》

① 坂入长太郎. 欧美财政思想史［M］. 北京：中国财政经济出版社，1987：76.

（1766）以及《财政体系》（1776）等。其核心思想在于致力于增进国民财富。

尤斯蒂站在国家或政府的角度来看待经济问题，提出了增加国家财富的三条途径。

第一，增加人口。因为一个国家的财富和国防力量取决于其人口数量，所以，国家必须提倡宗教自由、招聘外国工人、奖励婚姻鼓励人口增殖。尤斯蒂认为，国家收入是由人民提供的，国家收入取决于人民收入的情况，只有人民收入改善或人口增加，国家收入才可能增加。

第二，振兴国外贸易。一方面要提升国内的制造业水平，发展制造业；另一方面要通过设立海外贸易公司，开拓海外市场。

第三，开发矿山。

在尤斯蒂看来，政府不仅要致力于整个国家国民财富的增进，还要在微观上对个人、企业以及具体社会事务负责，有责任保障每个人的就业、生计，企业的生产方式改进、原材料供应，并改善教育、医疗卫生、城市建设等。在君主专制下，人民忠诚并服从于君王，向君王缴纳税收，而君王就要对人民的幸福负责，将国家收入用于提高人民的福利。

（二）财政性质与财政支出

尤斯蒂的财政思想蕴含于其政府理论之中，认为财政是关于国家收入的学问，而国家的终极目标是增进国民的福利，国家的政治形态决定着财政的基础。他把政治形态分为三类：君主制、贵族制和民主制，其中，在促进国家福利和稳定社会秩序等方面，君主制要优于另外两种形态。所以，尤斯蒂坚持君主制政治立场，他的财政思想就是建立在君主制政治框架上，站在国家观立场上，研究管理国家财产、适当征收赋税以及加强赋税管理，从而增进君主和民众的福利的学问。

1. 关于财政的性质

只有国家富强、民族昌盛，每个国民才能获得幸福，所以，国家整体福利就是国民的福利，或者说，没有国家的福利也就没有民众的福利，国家利益最大化能使国民个人得到幸福和利益。那么，财政就是要服务于国家利益最大化和民众利益最大化。为此，一是国家征用财产，不应采取对臣民福利无益的方法，而应有利于民间企业。二是除非国家最高的需要，不可侵犯国家财产的基础。三是国家收支必须适合。四是国家的经费开支必须以君主与臣民的最高利益为目的，国家支出必须与国家收入及财产状况相符。五是财政事务必须建立正常秩序而正确地实行。最后一条财政原则是财政的最高原则，如忽视这条原则不仅不能造福于国家与臣民，而且对两者都将带来不利的影响。① 可见，财政的性质在于增进君主和民众的公共福利。

2. 关于财政的用途或支出

尤斯蒂认为国家存在的目的是国家成员“求得共同福利”，提高社会的公共福利，为此，国家不得不支付必需的花费。具体来说，一是与君主或国家最高权力者的身份相称的生活支出；二是用于行政司法管理人员的俸禄以及相关费用；三是保卫国家安全的各种费用；四是国家对外交往所发生的费用；五是实行维护和增加国家财产的社会经济政策，为了照顾到每个人的福利所发生的费用。在尤斯蒂看来，与财力相对薄弱的国家相比，一个国家财政支出越多，就表明在国际关系中居于越有利的地位。当然，这并不意味着国王可随意增加国家支出，“国王的责任是，为了使国家得到应有的供应而作出仅仅是属于必要的那些支出，聪明而正直的国王是永远把这一原则铭记在心的。……为供应国家需要的支出，不应该为仅仅是属于想象中的需要而增加，凡是不属于真正必要和有益的支出，概应省免”②。

（三）财政支出与财政收入的关系

国家存在需有必要的费用，否则将难以维系。一般认为，“人民因此必须缴纳捐税”，可是，在尤斯蒂看来，由“国家必需支出”到“人民因此捐税”之间在“逻辑上是一次飞跃”，即国家支出与人民捐税之间并不存在直接的、必然的逻辑，或者说，国家支出未必要由人民捐税来支持，还可能存在其他途径。比如，公共财产、专属国家的房地产及其特权收入，都可以用于国家必需费用的支出。

尤斯蒂关于国家支出与人民捐税之间的逻辑分析，与斯密在《国富论》中关于“一般收入或公共收入的源泉”的分析，有异曲同工之处。斯密首先

① 坂入长太郎. 欧美财政思想史［M］. 北京：中国财政经济出版社，1987：78-79.

② 尤斯蒂. 财政学［M］// 门罗. 早期经济思想. 北京：商务印书馆，2011：376.

分析了“特别属于君主或国家的收入源泉”，提出君主或国家的资财、土地不宜作为国家公共收入的源泉，进而认为出自人民的税收是国家公共收入的真正源泉。尤斯蒂称归国家持有的财产为“直接财产”，其他社会一般财产为“间接财产”，在理论上，这两种财产都可作为维系国家必需支出的来源，可是，在尤斯蒂看来，满足国家必需支出的合理收入来源是，“国家因应付其需要而作出支付时，在乞助于间接性的财产之前，应从其或特有财产中支付。因此，当国家应付其需要时，不应基于其需要的不可避免，即直接由此断定，其人民必须从私有财产中拨出必要之数，进行缴纳；只有当国家不存在直接财产或特有财产，或者是，认为不宜用它来应付国家的必要支出时，才能这样做”[①]。可见，尤斯蒂与斯密在关于国家支出与人民捐税之间的逻辑上存在着一致，但关于是否“因此应由人民捐税”，则完全相左。

尤斯蒂认为满足国家必需支出的收入来源，第一个是国家的直接财产或特有财产，即土地收入、直接财产收入和特有财产收入。因为一方面，每个国家都有国有地或王室领地，这些土地收入可直接用于社会共同福利的支出；另一方面，每个国家的地面和地下总是存在着不宜作为私人财产的资源，这些资源或者“应留归全体国民共同使用，没有一个人除外”，或者因其范围过大，不可能使一个人独享或单独保管，比如江河湖海、公路、森林以及地下金属等，都可作为全体人民的收入，由国家所有并将其收入作为国家公共支出。尤斯蒂认为这是“再公平没有的”，而且，使用这些事物的人必须支付一定的费用，“也解决了对公民之间的使用如何进行分配的困难”。第二个是捐税。尤斯蒂认为，在古老国家前述国家资金的两个来源足以满足国家必需支出需要，而“随着时间的推移，风气逐渐颓败，政府支出越来越多，于是就取人民的私有财产，以应需要”[②]。为此，在尤斯蒂看来，不开征捐税是件大好事，因为：一是捐税是最容易被国家滥用，也最容易使国家受损害的，也就是说出于人的本性考虑，管理国家捐税的人并不会珍惜人民的捐税，也不能进行有效的管理，即便是滥用人民的捐税也不会产生内疚和惭恨；二是捐税数额逐渐增加，人民的负担不断加重，也必然会影响到国家的发展，可能使

① 尤斯蒂．财政学［M］// 门罗．早期经济思想．北京：商务印书馆，2011：377.
② 尤斯蒂．财政学［M］// 门罗．早期经济思想．北京：商务印书馆，2011：379.

得人民和国家两败俱伤。所以，尤斯蒂认为捐税既不会带来好处，对人民也不会有任何利益。

可是，捐税是一种现实存在和必然。尤斯蒂的捐税指的是“当王室领地和特权项下的收入不足以应付国家的必要支出时，人民不得不就其私有财产和收益按一定的比率作出的支付”[①]。税收是为了弥补国家支出中王室和特权收入不足的缺口，而不是为了支付国家正常运行所需要的费用。这里就涉及如何课税或政府课税的原则。总的来说，尤斯蒂认为，捐税的“一个牢不可破的准则必然是，不管什么方式，只要对人民说来负累最少”，政府课税不能使人民的负担太大。同时，政府应平等课税。尤斯蒂批判了传统的“什一税”。一般认为，从劳动、产品和收益中抽取一部分作为捐税，是税收措施中最好的、最公平的，人民的税负是绝对均等的。而尤斯蒂认为税负的绝对均等是办不到的，而且，“什一税”的课税原则所体现的理念是“罚勤奖懒”，不能促进国民财富的增进。为此，尤斯蒂提出对课征税收的方式、方法等进行研究、部署，建立“国家的捐税制度”。

（四）国家捐税制度与税收原则

1. 国家捐税制度

具体来说，尤斯蒂的国家捐税制度有以下几点。

（1）让人民有能力缴纳捐税

所谓有能力纳税，指的是政府课税不能够影响到人民对必需品的享有、不能够损及用于社会再生产的资本。由此，尤斯蒂认为，政府课税不能超过一个限度，过多征税就意味着掠夺、勒索，而且，超过这个限度的收入绝不是必要的支出。

（2）按公平合理的比例向人民征收

所谓公平合理的比例即按每个人拥有的财产的比例分担国家支出。这是因为政府课税的前提是不能损害人们对必需品的享有和用于社会再生产的资本，也就是说，必须让人民在力所能及的范围内纳税，这个“力所能及的范围”就是每个人的财产。这一原则意味着个人拥有的财产越多，其捐税的数

① 尤斯蒂．财政学［M］// 门罗．早期经济思想．北京：商务印书馆，2011：383.

额就越大。关于对财产按同比例课税的公平问题，在尤斯蒂看来，这实际上是不公平的，“现在很少考虑到随着资产的增加而提高税率这一点，结果是，按照国家规定的税制，最富的人对国家支出的贡献却最少”①。他实际上提出了累进税制度的思想，即拥有和占有财产越多的人，不仅应在缴纳税负的数额上承担越多，其缴纳比例也应越大，也就是对拥有更多财产的人应适用更高的税率。

同时，尤斯蒂具体区分了公平课税的不同情况。一是对制造品进行课税应考虑到税负转嫁问题。如果制造品有市场且能够顺利将产品销售出去，那么，课征在该产品上的税会转嫁给购买者；而如果该产品销路不畅或积压，销售产品是亏本的，那么，税负就由制造者负担。二是对必需品课税不利于穷人。富人和穷人都会消费差不多的必需品，如果对必需品课税，因穷人的必需品消费占其收入的比重远远高于富人，那么，与之收入相比，穷人的相对税负就远远高于富人，即存在着税收的累退性。三是以不动产作为课税对象，可实现税负的公平。四是对资本、货币等课税应是公平、正义的。尤斯蒂站在劳动价值论的基础上，认为社会财富是由劳动创造的，资本、货币等并不创造财富，对这些课征以资本税，并不会影响整个劳动阶级以及劳动生产活动。

（3）政府征税的方式方法不得损及国家和人民的福利，不得损及公民自由权

尤斯蒂认为，政府存在的主要目的在于国家和人民的福利，为此包括税收制度在内的一切制度建设都必须从这一目的出发。税收制度要有利于制造业、商业，还要有利人民，促进人民的福利与自由。他还特别提出，“最明智的捐税制度，不但不会损及人民的自由权和福利，而且可以使人民满怀热忱、心甘情愿地进行缴纳，就好像纳税是完全出于他们的自愿”②。

（4）税收制度要与政府性质相投合

在尤斯蒂看来，税收制度内在于国家政体之中，服务于国家需要，不同形式的政体所需要的财政组织是不同的，君主专制政体与贵族政体、民主政

---

① 尤斯蒂．财政学［M］//门罗．早期经济思想．北京：商务印书馆，2011：385.

② 尤斯蒂．财政学［M］//门罗．早期经济思想．北京：商务印书馆，2011：390.

体所要求或需要的财政形式存在着较大的差异[①]。进一步来说，尤斯蒂认为，国家政体与国家的形势、生产力、生产水平以及人民的才能、情操、爱好和精神面貌等直接相关，或者说，国家政体取决于社会条件和社会结构，那么，这些社会条件、社会结构也会影响税收制度，即要从生产力发展水平、社会自然条件、社会发展条件以及人民的性情等方面来考虑税收制度的构建。

（5）税收制度须明确、捐税数额须确切且为人民所熟知

在尤斯蒂看来，只有税收制度明确，捐税数额固定且明确，才可避免课税人员“串通作弊”、人民被蒙蔽。“每个人都必须知道征税的理由及其数额，才不会受到经办人员的欺压。”

（6）捐税的方式应简便、所涉及费用最低

“收税时的费用愈大，国家所能享有的税收愈少，人民在税款方面不必要的负担愈重。”这涉及捐税征收和税收缴纳两方面的费用。税收的征收费用，主要是收税人员的费用以及相关费用。尤斯蒂认为“每一地区只应设立税务办事处一所”，收税员与其他办事员应力求避免重叠。关于纳税人的费用，纳税方式、时间、地点等都应便于人民完税，在征税方式上要力求照顾人民。

2. 税收六原则

由此可以概括出尤斯蒂的税收六原则。

一是纳税能力原则，纳税不能影响人民的生产与生活；二是纳税平等原则，税负在人民之间平等负担；三是课税不能损及国家和人民福利原则，课税不能损害人民和国家的福利，不能侵害人民的自由权；四是课税要与国家政体相投合原则，税收制度应与国家的法律制度相一致，课税应有明确的法律依据，没有不正之处；五是课税制度确定、透明原则，让人民熟知课税的数额、方式；六是税收费用最小原则，纳税手续简便。

---

① 尤斯蒂的这一税收原则实则强调了税收制度建设的社会学原则，即从社会基本条件、社会结构来考虑税收制度，其中既包括所处时代的生产力水平、人民的精神状态，也包括所选择的政治制度。就是说，税收制度根植于社会土壤之中，如果脱离这一土壤，包括税收制度在内的各种社会制度都将变为“空中楼阁”，缺乏根基。从人类发展史中，我们不难看出，不同的社会经济形态下所自然形成的财政制度是完全不同的。比如，在封建王朝时期，财政制度的类型是家计财政，无论是收入还是支出都表现出国王或君主的私人性质，收入来源于国王或君主的私有财产或特权收入，支出主要是服务于自身需要；在市场经济形态下的资本主义社会中，财政制度表现为公共财政，财政收入源于社会创造的财富，财政支出是为了整个社会的公共福利。也就是说，国家政体形态决定了财政制度类型，财政制度不可能脱离政治制度而存在。

尤斯蒂认为，他提出的税收六原则每一条都必不可少，如果减少了一条也就使捐税失去了其基本特征。

由此可以看出，尤斯蒂已然具有了现代税收理念。第一，前两个原则是尤斯蒂站在民众角度，强调国家征税不能侵犯民众合理的利益，或者说，征税不能影响民众正常的生活以及生产活动，所制定的税收制度要使民众自发纳税。第二，国家课税要规范、公平。第三，无论是从纳税人还是从征税人的角度来说，税收制度的实施成本都要尽可能低，既便于纳税人完税，也要有利于税收的征管。无论是与斯密的税收原则相比，还是从现代税收原则的角度来观察，尤斯蒂的税收原则都体现了现代性。

（五）对尤斯蒂的评价

熊彼特给予尤斯蒂较高的评价，认为他是将当时所流行的自然法理论与实践紧密结合以解决现实问题的典范。“（尤斯蒂）一生中一半时间担任大学教授，一半时间担任公营企业的管理人。他一方面懂得当时和他以前的全部自然法哲学，同时又具实际经验，两者罕见地结合在一起。”① 门罗将尤斯蒂的《财政学》选编入其主编的《早期经济思想》中，并对其有高度评价。“他的写作取自他前辈的地方很多，但他自己也有许多独到见解，在如何以理服人方面，表现了他的卓越才能。在《财政学》这一著作中，我们在重商主义经济学最重要的部分，看到了极其精辟的陈述。”②

尤斯蒂与斯密作为同时代的经济学家，都致力于增进国民财富的研究。为此，熊彼特比较了二者的基本思想，认为斯密是自然自由市场制度的倡导者，不同于其他学者，他也不认为尤斯蒂是政府主义者，将其也看作自由市场的倡导者，“与A. 斯密同样清楚地看到了实行自由放任的实际理由，而且他所说的官僚机构虽然在需要时可以提供指导和帮助，但在不需指导和帮助时，随时都准备让位”③。也就是说，在熊彼特看来，尤斯蒂与斯密一样强调自由放任促进经济发展的作用，而且，尤斯蒂比斯密更清楚阻碍自由市场发挥作用的因素，正因如此，也就比斯密更加强调政府在社会经济发展中的干预

① 熊彼特．经济史分析：第一卷［M］．北京：商务印书馆，2011：267.

② 尤斯蒂．财政学［M］// 门罗．早期经济思想．北京：商务印书馆，2011：373.

③ 熊彼特．经济史分析：第一卷［M］．北京：商务印书馆，2011：269.

作用（熊彼特的意思是，斯密并没有关注到自然自由市场本身的问题，也就是我们现在所称的“市场失灵”）。这意味着尤斯蒂并不反对市场在配置资源过程中的优势，同时他也观察到了自然自由市场在调配资源，促进社会经济发展中存在问题，主张政府应纠正或弥补自由市场出现的问题。所以，熊彼特评价“尤斯蒂的经济政策主张看起来像是去除了糟粕的自由放任主义”[①]。可见，尤斯蒂的政府理论更像凯恩斯的观点，强调通过政府对市场的干预，来提高资源配置的效率，促进国民经济的发展。

三、德国官房学派与英法重商主义之比较

德国官房学派源于英国重商主义思想，以国富民强为宗旨。可是，它又不同于英法重商主义，如果说英法重商主义旨在通过对外贸易，获取更多财富以富民强国，而德国官房学派从一开始就是通过国家治理来促进国富民强，也就是他们的逻辑起点是不同的。前者强调作为手段的国际贸易，后者则强调国家治理。所以，德国官房学派不仅涉及经济领域，还涉及政治、伦理、社会等多个学科领域。这样，德国官房学派就形成了一个更为广泛的学科体系，同时也就构建起了一个管理者所需的更为宽泛的知识体系。

德国官房学派的属性既取决于普鲁士王国特定的社会经济条件以及由此而形成的社会时代精神，也与官房学派的人员构成相关。与英国重商主义者大都是商人不同，德国官房学派大部分来自官僚机构中的文官和大学教授。英国重商主义代表人物大都在股份制公司、银行等商业部门活动，他们提出的建议、方案基于自己的利益。斯密在批判重商主义时指出，“谁是这重商学说体系的设计者，不难于确定，我相信，那决不是消费者，因为消费者的利益全被忽视了。那一定是生产者，因为生产者的利益受到那么周到的注意。但在生产者中，我们的商人与制造业者，又要算主要的设计者”[②]，这些设计者总是从自身利益出发来考虑相关的制度、政策。当然，从表面上看，他们提出的制度、政策尚还有利于国家进步。而德国官房学派的代表人物有的专

① 熊彼特 . 经济史分析：第一卷［M］. 北京：商务印书馆，2011：270.

② 斯密 . 国民财富的性质和原因的研究：下卷［M］. 北京：商务印书馆，2008：229.

职于经济学和财政学学术研究，有的并非专注于这一方面的研究，而是为了国家富强而思考。同时，这些人在弗里德里希二世统治的影响下成长起来，在他们身上体现出一种以国家主权为根本的政治性民族精神，注重和强调国家主权，主张通过国富民强来使主权国家强大。

德国官房学派的核心是财政学，官房学作为一门学科，是一种财政学术。正如弗里德里希二世在其《政治遗嘱》中写道："国家要幸福，必须保护良好的财政状况。"财政与国富有不可分割的联系，财政问题关乎国家命运，即应用财政手段谋求国家的经济统一，增加财政收入和国家经济实力。所以，德国官房学派的学术思想集中体现为基于国家治理的"公共财政"。这也是德国官房学派的独特性。

第六章　重商主义时期财政思想的总结

从现代财政学的观点来看，斯密之前已然有了现代财政学的形态：以国家或政府为主体的收入与支出活动及理念。既有学理上的财政思想，也有实践中的财政政策。

一、社会制度形态

重商主义形成于封建王权专制末期，生产力水平提高，打破了封建社会自给自足的自然经济状态，出现了资本主义萌芽，出现了交换。但是，此时的交换并不完全是资本主义时期那种“图利”式的交换，所体现着的是“互惠”式的交换。这一时期，交换关系逐渐由“互惠”式向以“图利”式转换。经济基础决定上层建筑，资本所有者在占有更多社会财富的同时，也就拥有了相应的政治权力，封建领主受到冲击，封建王权专制也逐渐瓦解。为此，国家或君主就要从民众利益、整个社会经济发展的角度来思考，如何来维护封建王权统治并增加国家收入。也就是说，经济基础发生了变化，作为统治主体的封建王权的治理理念也相应地会发生变化。所以，这一时期的财政思想正是这种社会制度形态的产物。

二、所遵从的理论基础

重商主义时期，以“图利”为目的的交换逐渐形成，金银货币既可作为交换的媒介，也可作为价值的尺度，人们拥有金银货币即意味着占有社会财富。如果将凯恩斯定义为重商主义者，并用其理论来解释，那就是需求决定供给，供给决定国民收入，而由于存在流动性偏好、边际消费倾向递减等，有效需求不足成为常态，影响到生产供给，进而影响到国民经济的发展。所以，首先要解决需求不足的问题，特别是要通过对外贸易，开拓国外市场，增加国外的需求。此时，政府干预是一个更好的选择。

三、财政思想的逻辑起点

朕即国家，国家即朕。此时的财政理论或政策是为专制制度下的国王或君主服务，但国王或君主要为其臣民或民众计。从收入的角度来说，不能多收，要公平地收，要有利于民众地收，要有利于经济社会发展地收；就支出而言，财政主要用于战争、维持社会秩序安宁以及满足民众生活和社会经济发展需要等。所以，封建王权专制下的财政是国王、君主或国家的财政，是服务和服从于王权或国家治理需要的财政。

四、财政存在的目的

财政存在的目的体现于两个方面，一方面是为战争筹集资金，另一方面是应对国家内在的挑战。这种挑战既有民众生存问题，也有新兴资产阶级的压力。实际上，这就是熊彼特、葛德雪等人的社会财政学所研究的主题：财政国家——财政兴起于国家治理的需要，同时支持着国家的存在。“在近代早期的欧洲，只要能够充分、持久地控制为保卫领土和公民不受外来侵略以及应对其权威受到的内部挑战所必需的财政手段，国家就能生存下来。为了在一个国家间争斗不断的世界上变得更加强大，并且确保规范家庭、企业和机构推定自主权的主张能在其管辖之下生效，王国政府必须不断增加收入。”①。

① 邦尼．欧洲财政国家的兴起（1200~1815 年）[M]．上海：上海财经大学出版社，2016：52.

五、财政活动的依据

财政的主体，决定着财政的收入与支出。欧洲封建王权专制末期，以资本为核心的新兴资产阶级的经济力量日益强大，以货币为媒介的市场交换成为主要的经济形态。因此，资本所有者逐渐占有社会财富，而没落的封建君主则面临着外患与内忧（外患即对外战争对领土与民众财富的争夺；内忧是人民的贫困与经济如何繁荣），需要依靠相应的财政力量来解决。在社会财富由新兴资产阶级所掌控，而封建君主陷入财政困境之时，封建君主又无力运用其权力将赋税、公债强加于民众，于是拥有经济力量的新兴资产阶级就以赋税和公债作为武器来与封建君主对抗，市场和资本就在政治上特别是在税收、举债上逐步获得了一定的权力。由此，封建君主专制政体不得不作出相应的变革，以赋税和公债为主体的财政权逐步由以议会为代表的人民享有。托马斯·孟对这种赋税和公债由议会决定的制度安排极为赞赏。从引致北美独立战争的重要因素之一——税收控制权之争的案例中，也可观察到重商主义时期财政主体的演变。

“按封建原则，国王的一切花费均出自他的封建收入，但在特殊情况下例如战争爆发时，这些收入又远不足用，只有设法求助国民在封建收入之外获得补贴。为了达到这一目的，国王的他人代理人必须向征税对象说明征税理由，在取得对方理解的基础上方可商议征税数量、时间等事宜。这样便形成了西方封建社会独具特色的协商制。英国动产税、人头税、关税、所得税、教区所得税、教区税以及都铎时代的补助金的征收无一不是通过协商形成制度，且在再次征收时进行具体讨论的。在法国，早在盐税、户税征收之前，也已形成了以地区为基础，由僧侣、贵族、城市市民组成的会议，有关赋税问题包括可否征收、征收数量、征收方式等均由会议作出决定。1302 年之后，这些问题又转归三级会议处理了。”①

当然，在欧洲封建社会末期，尽管市场和资本力量发展壮大，随着民族国家的统一，大部分地区还是存在着绝对的专制国王，即这些国王拥有绝对的权力，无须召集议会或各等级人士便可自行决定赋税和举债。君主专制的

① 马克垚．中西封建社会比较研究［M］．上海：学林出版社，1997：396.

典型代表路易十四，就宣称“朕即国家”，“国王是专制君主，当然拥有完全地或无限制地处理属于教士或俗人的一切财产的权力。无论在什么时候，在适当考虑到节约与国家一般利益的情况下，都可行使这权力”①。国王对其臣民拥有完全的权力，可以决定如何占有民众的财产。当然，从路易十四教导其儿子如何管理政务的言语中也可看出，国王的权力并非没有限制的，一方面要“适当考虑节约”，另一方面要考虑到“国家的一般利益”，要从国家利益的角度来赋税、举债。但是，从法国君主专制的财政实践来看，在市场和资本主义力量逐步强大的背景下，专制的财政是难以为继的，这实际上也为法国大革命推翻旧制度埋下了根源。

六、财政的性质：私人性质还是公共性质

“英国历代君主及其谋士在财政政策上花的时间、心思和精力要多于花在国家治理的其他方面”，财政性质是由社会经济制度所决定的。在欧洲重商主义时期封建君主专制制度中，财政既有王室财政的私人性质，又有国家和民众一般利益下的公共性质。具体体现在财政的收入与支出两个方面。

就财政收入来看，首先，包括国王的私人性质的收入。国王私人财产收入、捐助收入和贡奉收入，以及以王室领地收入为主体的封建税，这些都可以看作国王的私人性质的收入。其次，14 世纪后，随着新兴资产阶级的发展以及市场交换的繁荣，一方面，民族和国家统一下的战争不断；另一方面，国内政治制度的变化带来了政府机构的增加、官员人数的增多，加之发展经济的需要，原本用以满足王室消费的封建国王的私人收入已远远满足不了对外战争、对内发展的需求，为此就要寻求新的财源：赋税和公债。而课征新赋税需要代表人民意愿的议会同意，可见，征税权并不完全由国王所掌握，国王没有随意处置民众的财产的绝对权力，强调公平课税，人人平等纳税。所以，重商主义时期的赋税体现着公共性质，即一方面，政府的财政收入来源于民众的财产，而且经过民众同意；另一方面，赋税体现着平等原则。

重商主义封建王权专制时期的财政收入的性质决定了财政支出的性质。

① 转引自：萨伊．政治经济学概论［M］．北京：商务印书馆，2010：504.

"在民族国家兴起以前，西欧封建政府因私人性质规模不大，开支项目较小，且多由国王支出自个人收入。由此可见，国王在国家财政支出中的作用是十分有限的。"[①] 而在封建君主领主制后期，战争及国内事务导致的财政收入增加中，赋税的比例要远远大于国王的私人性质的收入。"政府财政收入便可粗分为 4 部分：（1）以王室领地收入为主体的封建税；（2）以关税为主体的商税；（3）以 1/10 和 1/15 税为主体的动产税；（4）人头税、教区税户税、财产所得税等的综合，这些项目虽不常征，但征收量大，合而计之，则不可小视。这 4 部分收入中，只有一部分来自封建税，其余皆出自国税，所以封建税收入与国税相比，颇为悬殊，而且随着时间的推移，差距越来越大。"[②] 也就是说，随着社会的发展，在财政收入结构中，君主私人性质的收入占比越来越小，相应地，来源于社会民众的赋税的占比越来越大。由人民同意而课征的税收背后体现着的是"取之于民、用之于民"，取之于民的财政收入当然也应支出于民众的需要，而民众之需要所体现着的当然也是公共性质：战争支出、社会秩序安宁支出、民众和国家一般利益支出——比如修路、建桥、救济贫困等。当然，财政支出中依然存在王室的消费，属于君主私人性质的支出。

总之，这一时期的财政既有源于君主收入与支出的私人性质，也有基于民众和国家一般利益的公共性质。

七、财政学的性质：多学科的综合

"税收是财政学与公共行政学联手的地方。在此外，财政学和公共行政学互为条件，构成了一门研究有机生活的更高学问的一部分，那就是有关国家、国家的伦理活动（即对社会而言的道德秩序）的理论。"[③]

重商主义时期的财政思想具有鲜明的学科综合化特色，典型的如德国官房学派的财政思想，包含今天的经济学、伦理学以及社会学等学科属性。具体来说，首先，无论是英法重商主义、法国重农学派还是德国官房学派，财

① 马克垚 . 中西封建社会比较研究［M］. 上海：学林出版社，1997：405.

② 马克垚 . 中西封建社会比较研究［M］. 上海：学林出版社，1997：394.

③ 斯坦因 . 论税收［M］// 马斯格雷夫，皮考克 . 财政理论史上的经典文献 . 上海：上海财经大学出版社，2015.

政的经济学思想都是一条主线，无论是国家公共财政收入的获取还是财政支出活动，都要讲求现代经济学中所说的“效率”，对财政这一稀缺资源倍加珍惜。其次，财政思想中都体现着伦理学的思想，即公平、正义观。不难看到，每个学者在论述税收原则时都会提出“公平性”原则，即人们应公平地承担赋税，只不过不同学派对“公平”内涵的认知不同。最后，不难发现，特定的财政思想总是建立于特定的社会结构、社会条件之上，也会讨论特定的财政活动对社会产生的不同影响。这些都可看作财政的社会学范畴。总之，在重商主义时期的财政思想中，存在着研究对象的多学科属性。随着 19 世纪末和 20 世纪初经济学的“纯粹化”，以及社会科学学科的不断分化，财政学被放在经济学学科下，实际上，其在本质上从未完全脱离其他学科而纯粹以经济学性质存在。

第二篇

古典财政思想

斯密对重商主义和重农学派财政思想进行了“革命”和发展，由此构建起古典财政理论体系。正如恩格斯所言，斯密的《国富论》创立了近现代财政学，既标志着古典财政学的诞生，也意味着学术意义上重商主义财政思想的完结。古典财政学奠基之作——《国富论》问世之后，李嘉图、萨伊以及密尔等沿着斯密的财政思想不断深化，无论是在方法论上还是在对财政收入与支出的认知上都不断完善，直到 19 世纪 70 年代，边际效用理论成熟，以边际效用论为基础的财政思想逐渐形成，标志着古典财政思想的完结。

第七章　斯密对重商主义的批判及评价

斯密在《国民财富的性质和原因的研究》的第四篇重点批判了重商主义思想，可被看作重商主义思想在学术方面的完结。熊彼特曾指出，“十九世纪的绝大多数作家，不仅不赞同而且很轻蔑‘重商主义’作家对那些题目所持的见解——就他们持有一致的见解而言。他们看到的只是这些见解的错误，而且在论述其前辈时，养成了一种作风，即只要认为某一种著作具有一丁点‘重商主义’气味，就几乎足以判处这部著作的死刑”[①]。不难看出，后斯密时代，重商主义思想几乎成为“过街老鼠”。

从财政思想演进的角度来说，斯密对重商主义的批判可以说是一场革命，否定了重商主义时期政府财政活动的基本理念，即斯密信奉自然自由市场经济，否定了重商主义关于政府干预市场经济活动的思想。当然，斯密在这场对重商主义的革命中也存在着继承，比如继承了配第的劳动价值论思想、重商主义的人本性思想以及魁奈“内在有机联系”的分析方法等，而且与重商主义具有同源性：一是国民财富的增进；二是国民财富增进的路径——市场。总之，斯密对重商主义的革命既有否定，也有继承。

不过，后人关于斯密对重商主义思想的批判持不同意见，有人甚至有些赞同重商主义的观点。所以，我们应辩证地来看待、分析斯密的这一批判。

① 熊彼特．经济分析史：第一卷［M］．北京：商务印书馆，2011：514-515.

一、斯密对重商主义的批判

斯密在《国富论》中，基于其自然自由市场经济理念继承性地否定了重商主义以政府干预为主导的财政思想，认为重商主义存在的根本问题在于政府对市场经济活动的干预，不仅不能促进国民财富的增进，还会产生诸多社会问题。斯密把重商主义的原理简化为两项可以批驳的“谬论”——财富由货币或金银构成和贸易顺差是获得财富的手段，从这两个方面来批判重商主义思想。

（一）斯密对重商主义财富观的批判

斯密认为重商主义的财富观是“财富即货币、财富即金银”。“总之，按照通俗的说法，财富与金银，无论从哪一点来看，都是同义语。”①

第一，斯密认为，货币或金银存在着三大职能：交换媒介、价值尺度和一定的使用价值。商人正是从这一角度来看待对外贸易。“商人们完全知道，国外贸易如何使他们自己富裕”，对外贸易顺差可使他们获得更多的金银即财富。但这些商人并不了解如何从外贸中富国，“了解国外贸易如何富国的问题，却不是他们的分内之事了”。然而，对外贸易政策正是由这些商人向国王、贵族等提出的，并形成了决策。斯密的意思是，王公贵族以及议会等从商人那里获得信息并由此形成政策以富国，而商人们只是从自身利益出发提出对外贸易政策，商人利益与国家富强是两回事。商人们可能不太懂得如何富国，他们作为经济人，也不太考虑国家富裕之事。

第二，尽管晚期重商主义政策由监视金银输出转向监视贸易差额，但依然不重视国内贸易，斯密认为这同样不利于国民财富的增进。托马斯·孟在《英国得自对外贸易的财富》中认为，“内地或国内贸易，尤其重要的是，即那种以同量资本可提供最大收入而又能使本国人民获得最大就业机会的贸易，却被视为只是国外贸易的辅助。国内贸易既不能从外国带货币回来，也不能把货币带出国外，所以，除非国内贸易的盛衰可以间接影响国外贸易的状况，

① 斯密．国民财富的性质和原因的研究：下卷［M］．北京：商务印书馆，2008：2.

否则它就决不能使国家变得更加富裕或更加贫困”[①]。斯密认为，重商主义割裂了国内贸易与国外贸易的关系。在论述殖民地贸易时，斯密进一步说明，国外贸易仅仅是扩大了国内产品的市场，进而进一步促进国内产业分工，由此增进国民财富。

第三，斯密认为，金银作为货币，同其他商品一样，也存在着供给与需求之间的关系。当金银供给过多时，一方面，它会流向价值更高的国家或地区，“当一国所输入的金银量超过有效需求时，无论政府怎样保持警惕也不能阻止其输出”，“一个有资力购买金银的国家，如果在任何时候缺乏金银，要想法补足，就比补足其他任何商品的缺乏都更方便”[②]。另一方面，金银的价值会下降，“因为美洲金银矿山丰饶，这些金属的价格降低了。与 15 世纪相比，现今购买金银器皿所需付给的谷物或劳动，约为当时的三分之一。欧洲每年同量的劳动和商品，就能买到大约三倍于当时的金银器皿”[③]。这实际上充分体现了金银作为货币的价值尺度的作用。它不是真正的财富，只是表征着一定量的劳动所创造出来的产品。“无论在哪一个国家，铸币量都受国内借铸币而流通的商品的价值的支配；商品的价值增加了，立刻就会有一部分商品被运到有金银铸币的外国，去购买为流通商品所必须增加的铸币量。”

第四，斯密认为支持并赢得国家之间战争的并不是金银，而是土地和劳动的年产物。“维持这种战争的基金似乎很少依靠流通货币、私人家庭的金银器皿或国库财宝的输出。……一定主要不是靠金银的输出，而是靠英国某种商品的输出。”“归根结底，仍是商品，仍是一国土地和劳动的年产物，才是使我们能够进行战争的基本资源。”[④] 斯密观察 18 世纪的欧洲战争认为，不能长期对外作战并不是因为缺少金银，而是因为缺少比较精巧的工业品，是国内的制造业支撑和决定着国家之间的战争。

第五，斯密认为，美洲等殖民地之所以使欧洲繁荣、富强，并不是因为在那里发现了金银矿山，而是因为殖民地为欧洲提供了巨大的市场。“美洲的发现给欧洲各种商品开辟了一个无穷的新市场，因而就有机会实行新的分工

① 斯密．国民财富的性质和原因的研究：下卷［M］．北京：商务印书馆，2008：7.
② 斯密．国民财富的性质和原因的研究：下卷［M］．北京：商务印书馆，2008：8–9.
③ 斯密．国民财富的性质和原因的研究：下卷［M］．北京：商务印书馆，2008：19.
④ 斯密．国民财富的性质和原因的研究：下卷［M］．北京：商务印书馆，2008：15–17.

和提供新的技术，而在以前通商范围狭隘的大部分产品缺少市场的时候，这是决不会有的现象。”[①]斯密的逻辑是：财富增进依赖于一定的市场容量，市场扩大不仅能使产品的销量增加，还可进一步促进分工和技术的改良，即提升生产效率以及提高人的能力。正是市场、分工、技术以及人力水平的改善，才使财富真正得以增进。斯密还基于当时的事实分析了，单纯对金银矿山的追求并不能带来国家的繁荣。“在任何国家，贮积金银被认为是致富的捷径。美洲发现后，有一个时期，西班牙人每到一个生疏的海岸，第一个要问的问题，就是近处有无金银发现。他们就根据这种情报，判定那个地方有没有殖民的价值，乃至有没有征服的价值。”[②]而“中国、印度斯坦、日本等帝国以及东印度的几个帝国，虽然没有比较丰富的金银矿山，在其他各方面却比墨西哥或秘鲁更为富裕，土地耕种得更好，一切工艺和制造业更为进步”。[③]而事实是，西班牙在 17 世纪便陷入了衰退。

就财富本源而言，斯密的讨论与分析是深刻的。他认为，财富是土地和劳动创造的，财富产生的内在逻辑是：货币只是劳动创造出来的财富的表现形式，而且，在市场流通过程中，货币财富随着流通过程所附加的劳动而进一步增加（这是区别于马克思劳动价值论之处）。进一步来说，财富增进的内在逻辑是：分工深化—劳动生产力水平提高—市场扩大—人的能力提升—分工深化。也就是说，财富增进的根本还在于提升人的能力，进一步深化劳动分工，由此提高劳动生产力水平或提升效率，增加产出率，即生产出更多的产品。但有一个前提：须有市场。即存在社会有效需求。所以，其中的关键点是，一方面，通过分工能够有高效率的产出；另一方面，得有市场，能够将生产出来的东西卖出去。总结起来，斯密的财富观包括两个方面：①财富是劳动的产物；②财富的增进存在着内在逻辑。即人的能力提升下的劳动生产力的提高与市场的扩大，二者缺一不可。

在斯密看来，金银货币的价值仅仅在于，其作为交换媒介和价值尺度，既要能推进更多的劳动与土地的结合，也要有利于分工的深化、市场的扩大。而金银货币的自由流动无疑是对这些最为有利的。因此，重商主义与斯密的

① 斯密．国民财富的性质和原因的研究：下卷［M］．北京：商务印书馆，2008：20.
② 斯密．国民财富的性质和原因的研究：下卷［M］．北京：商务印书馆，2008：12.
③ 斯密．国民财富的性质和原因的研究：下卷［M］．北京：商务印书馆，2008：21.

财富观是不同的。

我们认为，重商主义的时代性决定了金银货币的存在还有一定的合理性。重商主义无论是在早期还是晚期，都强调金银货币的重要性，将金银货币作为财富。第一，将金银货币作为财富，是指金银货币交换媒介职能意义下的价值尺度，购买、占有社会劳动成果的能力，不是斯密和马克思所论证的本体财富观，而仅仅是形式财富观。第二，如果说斯密的金银货币是价值意义上的财富，那么，重商主义的金银货币是价格意义上的财富，既不是理论上的财富也不体现真实的财富，只是使存在着的商品呈现为价格上的财富。第三，重商主义财富观反映了现实中人们对财富的基本认知，是人们朴素的现象界看法，不是理论的或本质上的认识，不是对财富本体意义上的规定，而是对财富体现在“量”上的规定。总之，重商主义的财富观基于其特定的时代背景和人们朴素的认识，尽管只是形式上、“量”上的财富观，但仍具有一定的内在合理性。

当然，重商主义本身存在着问题。就像马克思将19世纪30年代后穆勒、萨伊等的学说称为“庸俗的政治经济学”一样，重商主义也可被称为“庸俗的政治经济学”。其庸俗性就在于不注重财富创造的本质，只强调财富的形式，只关注如何在流通过程中使原有的财富增值。

（二）斯密对“贸易顺差是获得财富的手段”的批判

斯密批判重商主义关于“贸易顺差是获得财富的手段”的立足点在于，“所谓利益或利得，我的解释，不是金银量增加，而是一国土地和劳动年产物交换价值的增加，或是一国居民收入的增加”[①]。好的对外贸易与坏的对外贸易的根本区别在于，一国土地和劳动年生产物的交换价值是否增长，而不是是否存在贸易差额。这种贸易理论的前提还是斯密的财富观：一个国家是否富裕，不在于国家有多少金银，而是要看其土地和劳动年生产物状况的好坏。斯密关于国外贸易的判断准则无疑是正确的。

斯密认为重商主义昧于外国贸易的自然之道：假定两个国家，每个国家都有其自身的优势，即每个国家都有其剩余产品。若这两个国家都向对方开

① 斯密．国民财富的性质和原因的研究：下卷［M］．北京：商务印书馆，2008：61.

放自己的市场，既没有国内的奖励也没有进口的税收，自由进行交换，那么，每一国家都为对方提供了其剩余产品，或者说，都为自己的剩余产品找到了市场。这样，两个国家在经济上便都将对方的主权疆域看成自己疆域的自然延伸，或者说，在主权疆域范围没有变化的条件下，贸易交换的疆域自动地扩展了。由此，本国国内的土地和劳动的年生产物有了更大的市场，国内的财富也就势必增进了。

斯密也注意到了，现实世界中，两个国家并不会按照他所设想的进行交易。究其原因，斯密认为是它们错误地追求自身的主权或民族国家的目标："以一切邻国陷于贫困境况为目标的近代外国通商原则。""依据这样的原则，各国都认为他们的利益在于使一切邻国变得穷困。各国都嫉妒与他们通商的国家的繁荣，并把这些国家的利得，看作他们的损失。"①

这种原则产生于商人与制造业者的独占精神，"最初发明这种原则、传播这种原则的，无疑是独占的精神"②，可是，商人和制造业者保有独占权却损害了广大人民的利益，因为"在任何国家，人民大众的利益总在于而且必然在于，向售价最廉的人购买他们所需要的各种物品"。通过课税，商人、制造业者获得了独占权而获得了相应的市场，可是人民大众却要为此支付更高的货物价格。斯密认为，重商主义者奖励出口和限制进口，是为了商人和制造业者的利益，"小商人的卑鄙策略，居然成为一个大帝国政治设施的原则"③。

举例来说，斯密认为，重商主义国家目标之贸易嫉妒使得英国和法国这两个比邻的富裕国家带着嫉妒的眼光看待彼此的发展与繁荣。英国和法国作为邻国，本来可增进两国人民友谊，可是，这种错误的理念"却成为助长激烈的民族仇恨的原因，……商业上的嫉妒，由激烈的民族仇恨所激起，而激烈的民族仇恨也助长了商业上的嫉妒，两者相互助长"④。"如果这两国能抛弃商业的嫉妒和国民的仇恨，来考察其真实利害关系，那么对英国来说，法国的贸易，将比欧洲任何其他国家的贸易更有利；由于同一理由，对法国来说，

---

① 斯密．国民财富的性质和原因的研究：下卷［M］．北京：商务印书馆，2008：65.
② 斯密．国民财富的性质和原因的研究：下卷［M］．北京：商务印书馆，2008：66.
③ 斯密．国民财富的性质和原因的研究：下卷［M］．北京：商务印书馆，2008：65.
④ 斯密．国民财富的性质和原因的研究：下卷［M］．北京：商务印书馆，2008：68-69.

英国的贸易，亦将比欧洲任何其他国家的贸易更有利。”[①] 因为“勤劳的邻近的富人和穷人比较，是更好的顾客；邻近的富国，也是这样”。富裕的邻国具有较大的购买力，必能产生更大的交换价值，提供更大的有效市场。斯密具体分析了，英法两国若能在双边贸易中投入与他国贸易同等的资本，那么英国与法国各自所能推动的劳动量将是其他国家的五倍乃至六倍，能够雇用和养活之于现在五六倍的人口。

所以，斯密认为“一国富强，增加另一方的恐惧，不利的贸易差额，将使国家濒于灭亡”的学说激起了各个国家的政策保护，可是从实践来看，与重商主义者预料的恰恰相反，越是开放的国家，越是有好的发展。

当然，邻国之间的确存在着战争风险，斯密也认识到了这一点。但他认为，人类进入文明时期，邻国之间的敌对和战争状态不是霍布斯意义上自然的、持续的战争状态，也并非常态。所以，如若按战争状态来安排民族国家之间的经济交往，势必会阻碍各自的经济发展、国民财富的增进，而且，这也非国民财富增长的自然之道。

总之，斯密对外国贸易的观点犹如其对待国内经济活动一样，崇尚自由贸易，不允许政府干预。进一步来说，斯密认为，经济活动有其自身的内在规律和内在逻辑，无论是国内经济活动还是对外贸易，都无须政府干预，完全可通过一只“看不见的手”来实现社会福利最大化。

二、对斯密批判重商主义的评价

实际上，斯密批判重商主义的目的还在于构建起自然自由市场经济体系，通过“破”重商主义的政府干预理念，来“立”自然自由市场经济思想。不过，斯密的这种批判也存在其局限性。其局限性在于两个方面：一方面，斯密认为自然自由市场经济可产生并实现完全竞争，或者说，可产生包括商品、劳动在内的一切生产要素的一般均衡，进而可促进国民财富的增长；另一方面，在斯密看来，以民族为基础的主权国家之间不存在政治利益或者国家竞争。从现实来看，斯密所讲的这两个方面都是不成立的。

① 斯密 . 国民财富的性质和原因的研究：下卷［M］. 北京：商务印书馆，2008：67–68.

（一）自然自由市场经济并不能产生完全竞争或实现一般均衡

斯密认为市场经济有其自身内在的运动逻辑，市场经济独立于社会、政府而运行，或者说，市场与政府二者是相对立的，国民财富的增进无须政府的干预，有一只“看不见的手”指导着经济自主运行。这意味着作为生产者，为了自己的利益，须以他人的需要为前提来组织生产，而且生产者生产的东西恰恰能够满足消费者的需要。斯密认为政治家不如生产者了解消费市场，所以无须政府进行干预。即后来新古典经济学完全竞争的思想。可事实是，市场不可能达到完全竞争，因为市场存在着垄断、信息不对称、交易成本等。

“关于可以把资本用在什么种类的国内产业上面，其生产物能有最大价值这一问题，每一个人处在他当地的地位，显然能判断得比政治家或立法家好得多。如果政治家企图指导私人应如何运用他们的资本，那不仅是自寻烦恼地去注意最不需注意的问题，而且是僭取一种不能放心地委托给任何个人、也不能放心地委之于任何委员会或参议院的权力。把这种权力交给一个大言不惭地、荒唐地自认为有资格行使的人，是再危险也没有了。”① 每个人都是收益最大化的追求者，都知道不同的资本用途可产生出不同的收益，都会将有限的资本或劳动用于收益最大的地方，无须他们来指导人们如何进行配置资源。所以，国民财富的增进无须政治家、立法家们的注意或干预，“我们完全有把握地相信，自由贸易无需政府注意，也总会给我们提供我们所需要的葡萄酒；我们可以同样有把握地相信，自由贸易总会按照我们所能购入或所能使用的程度，给我们提供用以流通商品或用于其他用途的全部金银”②。在自由贸易下，一个有财力购买金银的国家从来不会缺少金银，一个有财力购买葡萄酒的国家从来不会缺少葡萄酒。在一只“看不见的手”的引导下，无须政府干预和注意，每个人在追求自身利益最大化的同时也实现了社会利益的最大化，“他通常既不打算促进公共的利益，也不知道他自己是在什么程度上促进那种利益。……他受一只看不见的手的指导，去尽力达到一个并非他本意想要达到的目的。……他追求自己的利益，往往使他能比在真正出于本意的

① 斯密．国民财富的性质和原因的研究：下卷［M］．北京：商务印书馆，2008：27-28.

② 斯密．国民财富的性质和原因的研究：下卷［M］．北京：商务印书馆，2008：7.

情况下更有效地促进社会的利益”[①]。在自由市场机制下，个人利益与社会利益是一致的。斯密的自由贸易思想不仅被应用于国内贸易，在国外贸易中也应遵从。

实际上，斯密和重商主义都强调市场和流通的价值，只不过斯密强调的是自然法则下的自由贸易，重商主义强调的则是国家和政府干预下的贸易，其中内含着政府与市场的关系问题。

重商主义并非只强调国家干预，实质上关注的是国家干预下的自由贸易，认为通过国家干预可获得更多的财富。黑尔斯的《论英国本土的公共福利》中，爵士与博士之间的对话就是重商主义自由市场思想的具体体现。

爵士问道：“你能采取什么办法更好地扶植他们使用犁呢？”博士回答：“让他们靠耕种土地比以往获得较多的利益，并使他们可以像人们处理其他物品那样在任何时间、任何地点随便出售小麦。毫无疑问，小麦的价格将上涨，特别是在最初的短时期内；但价格将刺激每个人去拿起犁来耕耘土地，开垦荒地，并把圈用的土地从牧场改为可耕地；因为每个人都将乐于趋向他们看出可以从中获得较多利润和收益的行业。这种办法一定可以保证小麦充盈，并由此将大量财富带入我国；此外，其他一切食物也将在我们中间大量增加。”[②]

重商主义者强调按照市场规律来开展商业活动，可是商贸活动本身不是目的，目的是通过扩大市场促进本国制造业、农业的产出，进而增进国民财富。所以，他们的逻辑是以国家干预政策为后盾的“市场扩展”，能够促进工农业发展，增进国民财富。正如托马斯·孟所言，“由于我们能够在土耳其以低廉的价格出售我们的纺织品，所以我们已经大大地增加了它的销路，而威尼斯人的纺织品却因为索价较高，在那些国家里已经没有什么销路了。而从另一方面来看，在几年以前，当时我们的纺织品因为羊毛价格过高以致价格高昂，因此我们输出到外国去的衣服至少减少了一半，其后也只是因为羊毛和纺织品价格大落，才能够（很接近地）再行恢复。……在纺织品贵的时候，别的国家就立即从事衣着的制造，并且我们知道它们做这种工作，并不缺乏

① 斯密．国民财富的性质和原因的研究：下卷［M］．北京：商务印书馆，2008：27.

② 拉蒙德．论英国本土的公共福利［M］．北京：商务印书馆，1989：70–71.

技巧和原料。但是当我们减低价格的时候，我们就可以把它们从这门行业中赶出去，而当我们再行提价的时候，它们便也会再施故伎以资挽救”[①]。

斯密与重商主义者都是市场经济的倡导者，强调市场在配置资源中的价值、作用，二者的差异在于对市场的认识。斯密认为市场是一个完全的、不应受干预的市场，而重商主义者则认为市场应受到控制，在政府的干预下自由运行。

（二）主权国家之间不仅仅存在经济竞争，更存在国家权力的较量

斯密在《国富论》中批判重商主义的自由市场经济可以被看作“世界主义经济学”，在国家关系中主权国家没有主权意志，只有国家之间的经济关系。

主权国家总是将国家利益放在首位，国家利益的核心是主权国家权力。国家权力包括政治权力、经济权力、意识形态权力，三者既是相互独立的，也是相互联系且内在统一的。

为了国家权力，具有贸易优势的国家总是崇尚自由贸易，而当对外贸易影响到本国的就业、市场竞争力时，就会毫不犹豫地实施贸易保护。所以，主权国家为了国家利益，总是根据自身的经济、军事等力量来调整自己的对外政策，并相机调整自己的经济政策。当然，也随之调整与此相联系的经济理论。在19世纪之前，英国相对于法国、西班牙等并无明显优势可言，于是确立了重商主义政策，通过垄断特许、贸易保护、政府管制等重商主义措施来发展本国的制造业，获得垄断市场。而当其制造业取得发展而具有明确优势时，就将国家间的自由贸易理论作为其国家贸易政策的理论基础。正如当代美国人将自由市场经济制度上升为意识形态一样，英国此时也实质上将自由贸易理论上升为意识形态，通过这一意识形态来影响、引导他国一道崇尚自由贸易思想。其根本目的还是国家利益。正如斯密在《国富论》中指出的，“随着英国的工业优势到1800年时日益彰显，自由贸易当然开始成为英国制造商的最佳政策”，尤其在“1815年后，英国人已确信自己的霸权，开始废除原先本着重商主义精神而实行的一些限制……。同时，他们以无可指责的国际分工和贸易互惠的理

① 孟．英国得自对外贸易的财富［M］．北京：商务印书馆，2011：7.

由，力图说服别国也照此行事”。

所以，无论是自由竞争还是贸易保护，都是国家权力竞争的一种选择。关税、国家干预、自由贸易等是以主权国家为主体的政治和经济策略，要基于国家竞争的角度来观察，而非单纯的经济问题或发展问题。

重商主义的根本在于将国家或政治与经济统一起来，一方面追求国家的财富，另一方面追求国家的权力。财富与权力是统一的，体现为国家竞争、主权者之间的竞争，无论这个主权者是君王，还是全体人民。既是经济的竞争，也是权力的竞争。

实际上，斯密也并没有完全不顾及国家安全而单纯地强调国家财富的增长。如斯密在分析英国的航海法时认为，“一国对外国的通商关系，像个别商人对他所交易的人的关系一样，以贱买贵卖为有利”，航海法使“我们不仅在购买外国货物时，要买得更贵，而且在售卖本国货物时，要卖得更贱”，从经济角度来说，航海法是不利于国外贸易和本国财富增进的，“但是，由于国防比国富重要得多，所以，在英国和种通商条例中，航海法也许是最明智的一种”①。实际上，一方面，英国制定航海法是出于国家权力、国防的考虑，“当时的民族仇恨，以消弱唯一可能危害英格兰安全的荷兰海军力量为目的”；另一方面，尽管斯密没有明确指出，实际上，他讨论航海法的目的，就是通过商业战争来增进国民财富，利用航海法与荷兰争夺世界贸易中心的地位，摧毁荷兰的贸易和海运，最终在经济竞争中占据优势地位。

英国长期奉行贸易保护和国家干预政策，在 13 世纪中期就颁布了严格限制羊毛等原料出口的“牛津条例”。而且，正是关税保护贸易保护主义引发了工业革命并使英国在工业上占据了绝对的优势地位，“英国的战舰割断英国在工业上的竞争者同他们的殖民市场之间的联系”，“同时又用武力为英国贸易打开了这些市场”，“南美各殖民地脱离了它们的欧洲宗主国，英国侵占了法国和荷兰的所有最重要的殖民地，印度被逐渐征服——这就把所有这些广大领土的居民变成了英国商品的消费者。于是，英国在国内市场上实行的保护关税制度，又用在国外对它的商品的一切可能的消费者实行自由贸易作了补充。由于两种制度的这样巧妙的结合……英国就已经成了一切最重要的工业

① 斯密 . 国民财富的性质和原因的研究：下卷［M］. 北京：商务印书馆，2008：35-36.

部门的世界贸易的实际垄断者"[①]。恩格斯认为，英国如果不实施保护关税制度，很难建立起垄断世界贸易的工业部门，正是保护关税在一定程度上成就了英国的工业发展。

马克思和恩格斯也对自由贸易进行过较深刻的研究，认为自由贸易是资本的自由，自由贸易的基础是垄断。"在现代的社会条件下，到底什么是自由贸易呢？这就是资本的自由。排除一些仍然阻碍着资本前进的民族障碍，只不过是让资本能充分地自由活动罢了。"[②] 可是，当资本构建起自己的垄断地位之后，就会祭出"自由贸易"的大旗。"保护关税制度不过是为了在某个国家建立大工业的手段，也就是使这个国家依赖于世界市场，然而，一旦它对世界市场有了依赖性，对自由贸易也就有了或多或少的依赖性。"[③] 可见，马克思主义对自由贸易的认识更深刻。英国之前采取贸易保护主义，是为了国家利益和国家权力，之后之所以又倡导自由贸易，就在于它已经处于世界领先地位，通过自由贸易可更好地剥夺世界。

（三）李斯特对斯密批判的评价

德国经济学家李斯特在其《政治经济学的国民体系》中明确反对斯密的自然自由市场以及对重商主义的批判。李斯特以主权国家和民族利益为逻辑起点，建立起了国家经济学，具体体现于 1841 年发表的《政治经济学的国民体系》。该书阐述了在德国推行保护关税制度的必要性以及生产力理论，把关于自由贸易与保护关税的辩论推向了一个高潮。李斯特国家经济学的基点是一个国家的"财富的生产力比之财富本身，不晓得要重要到多少倍"[④]，认为一个主权国家应该拥有创造财富的生产力，而不仅仅是财富。由此李斯特提出了国家干预经济，要实行贸易保护政策，特别是通过关税来保护国家经济，因为"保护关税如果使价值有所牺牲的话，它却使生产力有了增长，足以抵偿损失而有余"[⑤]。"历史这就向我们指出，限制政策并不只是出于凭空的理想，

① 马克思恩格斯全集：第 21 卷［M］. 北京：人民出版社，1965：414.
② 马克思恩格斯选集：第 1 卷［M］. 北京：人民出版社，1995：227-228.
③ 马克思恩格斯选集：第 1 卷［M］. 北京：人民出版社，1995：229.
④ 李斯特 . 政治经济学的国民体系［M］. 北京：商务印书馆，2011：128.
⑤ 李斯特 . 政治经济学的国民体系［M］. 北京：商务印书馆，2011：129.

而是由于利益的分歧，由于各国在追求独立与优势方面的争夺，也就是由于国际竞胜与战争的自然结果。”[①] 而如果国家只是考虑经济利益特别是眼前的经济利益，盲目开放市场实施自由贸易，那么国家的民族工业将会衰弱，进而会导致国家政治、经济地位的衰落。

李斯特认为，斯密之所以反对政府干预并主张自由贸易政策，是因为当时的英国是世界上最发达的工业国，自由贸易会给英国带来巨大的经济利益。因此，从国家利益的角度来看，不同的贸易主张都具有合理性。所以，李斯特认为，作为一个主权国家，在满足一些基本条件之后，就可以采取自由贸易。“要使一个世界共和国……也就是世界各国彼此承认有同等权利、放弃单独采取纠正行动的广泛同盟成为现实，只有多数国家在工业与文化、政治修养与权力达到尽可能近于同等的程度时才能办到。只有当这样的同盟在逐渐形成的过程中时，普遍自由贸易才能发展；只有由于这样一个同盟的结果，才能使一切国家像现在在政治上联合起来的各省各州一样亲，享有同样大的利益。”[②] 也就是说主权国家之间实施自由贸易，需各国经济发展水平相近，而且各国应平等地结成广泛的同盟以实现持久和平。

李斯特认为，在当代世界政治经济环境下，落后国家尚不宜实行自由贸易政策，因为“在目前世界形势下，实行普遍自由贸易的结果是不会产生一个世界范围的共和国的，情形将适得其反，比较落后的国家将普遍屈服于工商业与海军强国的优势之下”[③]。李斯特认为，斯密并没有考虑不同主权国家经济社会的历史发展阶段，所以才提出无主权国界的自由贸易思想。可是，“历史教导我们的是，凡是先天的禀赋不薄，在财富、力量上要达到最高度发展时所需的一切资源色色俱备的那些国家，就可以，而且必须……按照它们自己的发展程度来改进它们的制度。改进的第一个阶段是，对比较先进的国家实行自由贸易，以此为手段，使自己脱离未开化状态，在农业上求得发展；第二个阶段是，用商业限制政策，促进工业、渔业、海运事业和国外贸易的发展；最后一个阶段是，当财富和力量已经达到了最高度以后，再行逐步恢复到自由贸易原则，在国内外市场进行无所限制的竞争，使从事于农工商业

① 李斯特 . 政治经济学的国民体系［M］. 北京：商务印书馆，2011：104.
② 李斯特 . 政治经济学的国民体系［M］. 北京：商务印书馆，2011：117-118.
③ 李斯特 . 政治经济学的国民体系［M］. 北京：商务印书馆，2011：112.

的人们在精神上不致松懈，并且可以鼓励他们不断努力于保持既得的优势地位”①。所以，李斯特认为，“任何国家，如果靠了保护关税与海运限制政策，在工业与海运事业上达到了这样的高度发展，因此在自由竞争下已经再没有别的国家能同它相抗，当这个时候，代它设想，最聪明的办法莫过于把它爬上高枝时所用的梯子扔掉，然后向别的国家苦口宣传自由贸易的好处，用着那种过来人后悔莫及的语气告诉它们，它过去走了许多弯路，犯了许多错误，到现在才终于发现了自由贸易这个真理”②。

① 李斯特．政治经济学的国民体系［M］．北京：商务印书馆，2011：105.
② 李斯特．政治经济学的国民体系［M］．北京：商务印书馆，2011：307.

第八章　斯密的财政思想

恩格斯指出，斯密“在 1776 年发表了自己关于国民财富的本质和成因的著作，从而创立了财政学”①。一般认为斯密是现代财政学的创始人，其《国富论》是现代财政学的奠基之作。

一、斯密及其财政思想的形成

亚当·斯密（1723—1790），英国经济学家、伦理学家，现代西方经济学的主要创立者、现代西方财政学的创始人，被誉为“古典经济学之父”。

1723 年 6 月 5 日，斯密出生于苏格兰法夫郡小镇寇克卡迪。幼年的斯密聪明好学，在接受正式教育的同时，受到了良好的社会教育——斯密观察到了福斯洒流域内陆地区的工业发展和农业改良，并受到苏格兰启蒙运动的深刻影响。

斯密 14 岁进入格拉斯哥大学（University of Glasgow），主修拉丁语、希腊语、数学以及道德哲学。在大学期间（1737—1740），斯密对牛顿物理学、数学以及强调自制生活的斯多亚哲学有着极浓的兴趣，特别是斯密的老师——弗兰西斯·哈奇森博士的伦理道德哲学为斯密思想的形成奠定了基础。1740 年，斯密获得了奖学金，进入牛津大学学习。在此期间（1740—1746），斯密进行了广泛而深入的阅读，对经典巨著有了精进的掌握，“斯密正是从这一时期的阅读中吸取了素材，用以阐明他最感兴趣的关于政治史和经济史互

① 马克思恩格斯全集：第 1 卷［M］. 北京：人民出版社，2006：675.

动关系的研究"[①]。同时，斯密认为这一时期是"令人扫兴的阶段"，因为极富天赋的老师对教学毫不用心，究其原因在于缺乏学术竞争[②]。1748—1751 年，斯密在爱丁堡大学作为自由演讲者，其间教授过修辞学和文学评论课程，就哲学、科学的历史做过演讲，还就"法学"做过私人讲演，这些演讲内容或多或少地都体现在斯密的著作中。这期间，斯密还结识了休谟，并与他成为挚友。

1751 年，斯密回到母校格拉斯哥大学任教授，主讲逻辑学、修辞和文学评论以及道德伦理哲学。斯密的伦理学讲义于 1759 年以《道德情操论》为名出版，并因成为欧洲启蒙运动的推动者而闻名。《道德情操论》不仅直接挑战了霍布斯、曼德维尔和卢梭等人关于人类具有内在自私性的理论，还为其后来的经济学著作奠定了伦理学基础。

1764 年，斯密受巴克莱（Buccleuch）公爵之邀作为私人教师游学国外，在两年间游历了巴黎、图卢兹和日内瓦等。在此期间，斯密目睹了不同的经济行为以及两种完全不同的政治体制——法国的独裁政治和瑞士的共和制寡头政治；遇到了伏尔泰、法国重农学派的代表人物魁奈。这些对斯密经济理论的形成产生了较大影响，尤其是重农学派的经济学家魁奈。

1776 年，斯密出版了《国民财富的性质和原因的研究》，休谟对该书给予高度赞扬，认为"该著作深刻、可靠而视角敏锐，例证翔实，出版会引发公众很大的反响"[③]。《国富论》也标志着古典自由主义经济学正式诞生。马克思曾评价说："在亚当·斯密手中，政治经济学已经发展到某种完整的地步，它包括的范围在一定程度上获得了完备的轮廓。亚当·斯密第一次对政治经济学的基本问题作出了系统的研究，创立了一个完整的理论体系。"[④]熊彼特认

① 罗斯．亚当·斯密传［M］．杭州：浙江大学出版社，2013：13.

② 斯密的这一认识直接体现在《国富论》中对教育体系中教师的制度安排中。斯密认为老师的工资应由学生承担，并以此来选择老师。这样，老师就会尽心尽职。竞争思想也是斯密学术思想的核心：竞争是整个市场效用最大化的直接动力。

③ 实际上，休谟对斯密经济思想的形成产生了重大影响，不仅体现在方法论上，还体现在具体学说方面。比如，"斯密吸收了休谟关于流通货币量的调整、利率的基础等方面的学说，以及哪里有公民的自由哪里就有贸易繁荣的观点。从更宽泛的层面来看，休谟的影响也渗透到了斯密将经济划分为农业和制造业这一做法上。休谟还强调了人们的自然需求和艺术及科学发展之间的联系"。（参见伊安·罗斯《亚当·斯密传》）

④ 马克思．剩余价值学说史［M］．北京：人民出版社，1975：35.

为，《国富论》“不仅是最为成功的经济学著作，而且也是或许除了达尔文的《物种起源》外迄今的最为成功的科学著作”①。在熊彼特看来，斯密的《国富论》已然上升到“科学”的高度。同时他还认为，“亚当·斯密在劳动经济学领域中的贡献是很有代表性的，而且，事实上，总的来看他的著作就是很好的榜样，加之他对这门科学完善的、系统的论述，更增加了其重要性”②。

1787 年，斯密应邀去伦敦为英国内阁成员讲授经济学，同年 11 月，又被推荐担任母校格拉斯哥大学的校长。1790 年 7 月 17 日，斯密逝世。在他逝世后，根据他的学生的笔记，整理出版了《哲学问题论集》(1793)、《天文学史》(1795)、《正义、警察、岁入和军备讲稿》(1796)③。

二、斯密生活的时代背景

在斯密生活的年代，英国已然是世界最强大的国家，不仅拥有了广泛发展了的工场手工业，完成了自 15 世纪开始的农业革命，还拥有庞大的殖民地及其市场。同时，英国经济还在迅速发展，由农业国家逐步转向工业国家。斯密自然自由经济思想正是产生在手工工场向大工业过渡时期。

根据马克思的观点，近代资本主义始于文艺复兴和哥伦布发现新大陆，随着社会生产力发展以及新的市场被开拓，商业活动得以不断扩张，财富逐渐增加。“这种协作，作为资本主义生产过程的特殊形式，在真正的工场手工业时期占据统治地位。这个时期大约从十六世纪中叶到十八世纪末叶。”④实际上，近代资本主义在 1760 年以前都处于工场手工业时期，之后才进入大工业时代。工场手工业的基本特征是，生产中受工场手工业制度支配的分工与协作。在马克思看来，“协作仍然是资本主义生产方式的基本形式。……以分工为基础的协作，在工场手工业上取得了自己的典型形态”。斯密在《国富论》中描述了这一分工与协作的场景：在一家别针手工工场中，通过分工与协作可大大提高劳动生产力。马克思认为，工场手工业的两种生产方式，一种是

① 熊彼特．经济分析史：第一卷［M］．北京：商务印书馆，2011：283.

② 熊彼特．经济分析史：第一卷［M］．北京：商务印书馆，2011：286.

③ 本部分资料根据伊安·罗斯所著的《亚当·斯密传》整理而得。

④ 马克思．资本论：第一卷［M］．北京：人民出版社，1972：373.

斯密笔下的制别针的例子，“不同种的独立手工业的工人在同一个资本家的指挥下联合在一个工场里，产品必须经过这些工人之手才能最后制成”，另一种是“许多从事同一或同一类工作（例如造纸、铸字或制针）的手工业者，同时在同一个工场里为同一个资本家所雇用”，都“仍然按照原有的手工业方式进行劳动”①。实质上，在马克思看来，工场手工业并没有摆脱传统的劳动方式，“不管操作是复杂还是简单，它仍然是手工业性质”，只是通过分工与协作提高了单位时间内每个人的劳动效率，即工场手工业存在的前提是分工与协作。与此同时，工场手工业已然是劳动与资本的分离，也就是说，劳动者不再使用自己的劳动工具、原材料进行生产，而是集中在一起，共同使用某一资本所有者提供的生产工具、原材料进行生产，劳动者只是提供劳动力并以此来获得劳动收入。

斯密《国富论》出版时，英国已处于大工业初期。大工业区别于工场手工业的突出特征就是使用机器来替代人的劳动。我们从马克思《资本论》的逻辑体系中很容易看出这一点：论述“工场手工业”的第二十二章的章名是“分工与手工工场”，论述“大工业”的第二十三章的章名是“机器与大工业”。言下之意，“工场手工业”与“大工业”相对应，而“分工”与“机器”相对应。也就是说，如果分工是工场手工业存在的前提，是工场手工业的根本，那么，机器则是大工业的根本。“在工场手工业生产和机器生产之间一开始就存在着本质的区别。在工场手工业中，单个的或成组的工人，必须用自己的手工工具来完成每一个特殊的局部过程。……在机器生产中，这个主观的分工原则消失了。在这里，整个过程是客观地按其本身的性质分解为各个组成阶段，每个局部过程如何完成和各个局部过程如何结合的问题，由力学、化学等在技术上的应用来解决。”②也就是说，在大工业时期，机器是生产的起点，而不是分工与协作。

当然，大工业并不意味着分工的缺失，而只是说它不是大工业的推动力。而且，技术进步以及机器的专业化反而会推动分工与交换，由此促进国民财富的快速增长。

---

① 马克思．资本论：第一卷［M］．北京：人民出版社，1972：373–374.

② 马克思．资本论：第一卷［M］．北京：人民出版社，1972：417.

总之，斯密生活在工场手工业向大工业转换的过程之中，既深入观察到了工场手工业的原则——分工，也看到了大工业的趋势——机器推动下分工与交换的演化。机器推动着分工、交换，资本在其中占据着重要地位，所以，斯密将资本的有机构成作为影响国民财富增进的一个重要因素。

在工场手工业向大工业转型的过程中，一是人口不断增加，正如马尔萨斯所论述的，人口过快增长已成为贫困的根源，同时，人口逐渐由农村流向大城市，城市化程度不断提高；二是无论是工场手工业还是大工业，都呈现出劳动与资本的分离，资本雇用劳动从事生产活动。与此同时，社会结构逐渐变化，不仅形成了新的阶级，如资本家阶级、工人阶级和农民阶级等，阶级间的矛盾也不断加深，主要矛盾就是阶级间收入差距不断拉大。按马克思主义的观点，资本家阶级通过剩余价值剥夺了劳动者阶级所创造的财富，而且也正是大工业制度不断创造出了无产阶级大军。

总之，这一时期，在技术上，机器逐渐替代人工劳动，以分工和协作为原则的手工劳动转向了由机器驱动的大工业生产。在经济上，资本不断集中、大企业体制不断形成，资本与劳动的对立由此不断加剧。在社会上，由于新的阶级产生，社会结构不断分化，不同阶级之间的贫富差距逐渐拉大，社会对抗不断加剧。

三、斯密财政思想的方法论

本节将从方法论的角度来解读斯密财政思想的逻辑体系，其中既包括财政问题的研究方法，又包括对财政活动的认知。

熊彼特认为，“斯密的分析骨架师承于经院学者和自然法哲学家，不仅格罗秀斯和普芬多夫的著作中有现成的这种骨架，而且，斯密的老师哈奇森也向斯密作了传授”[①]。实际上，斯密还吸收和继承了重商主义时期的方法论。斯密与重农学派代表人物魁奈交往甚密，魁奈的“生理解剖学”方法对斯密有着深刻的影响。

《国富论》的译者王亚南在译者序言中讨论了斯密的方法论问题。王亚南

① 熊彼特．经济分析史：第一卷［M］．北京：商务印书馆，2011：286.

认为："由他的阶级观点决定的这个二重的方法论，即，一方面为内部联系的考察，一方面又为外部现象的考察的方法论，就使得他的每一个正确论点都表现为半截的、半途而废的、充满了矛盾的东西。""斯密本人非常天真地运动于不断的矛盾之中。一方面，他探索各种经济范畴的内在联系，或者说，资产阶级经济制度的隐蔽的结构。另一方面，他同时又按照联系在竞争中表面上所表现的那个样子，也就是按照他在非科学的观察者眼中，同样在那些被实际卷入资产阶级生产过程并同这一过程有实际利害关系的人们眼中所表现的那个样子，把联系提出来。这是两种理解方法，一种是深入研究资产阶级制度的生理学，另一种则只是把生活过程中外部表现出来的东西，照它表现出来的样子加以描写、分类、叙述并归入简单的概念规定之中。"①

王亚南所说的"内部联系的考察"方法、马克思所说的"资产阶级制度的生理学"方法，即马克思的科学抽象法的雏形，或黑格尔的辩证法的雏形。其特征是：①对现实问题进行比较、归纳，从杂多现象中分析找出其内在本质，并且，将经济社会作为一个整体，探求这个整体的内在联系，体现的是由现象到本质，再用本质说明现象的分析过程。②确定基本概念，并将基本概念具体化，从而形成由抽象概念到具体概念的运动，而这些相互内在联系着的概念就构成了科学体系。所以，这是一个以概念为核心，将抽象概念逐步具体化的分析过程。③从历史视角来观察现实问题，现实问题是历史发展的必然结果，是历史演进的结果，体现的是历史与逻辑的统一，"凡是合乎理性的东西都是现实的，凡是现实的东西都是合乎理性的"，存在着的东西都是合理的、符合逻辑的、符合理性的，都是自然发展的产物，所以，现实是历史发展的自然结果，要到历史长河中寻求现实合理的东西。

王亚南所说的"外部现象的考察的方法论"、马克思所说的斯密"按照联系在竞争中表面上所表现的那个样子"方法，即现象归纳法，是一种由个别到一般的论证方法。它通过许多个别的事例或分论点，归纳出其中所共有的特性，从而得出一个一般性的结论。现象归纳法的特点是对杂多、复杂的现象进行归类，抽象出众多个体现象中的共同特点上升为"一般"，并将这一"一般"界定为规律、概念。

① 马克思恩格斯全集：第 26 卷［M］. 北京：人民出版社，2006：181-182.

经济学中的实证分析方法就源于归纳法。即提出一个命题或假设，然后基于历史分析或现实资料、数据，来论证这一命题或假设。其中也涉及一些经济变量，但对这些经济变量之间的联系及解释只是外在的、现象性的，而非内在的、本质性的。比如库兹涅茨曲线、经济增长理论模型等都是对现实观察进行总结、归纳为一般原理的。

抽象法与现象归纳法的根本区别在于以下两点。一是对事物之间联系的认知、理解不同。前者是从内在的、本质性的角度来理解、解释事物之间的联系；后者则是基于外在的、现象性的认识，比如，将人分为白种人、黑种人、黄种人就是一种现象归纳法，只是基于外在的肤色作区别，而非内在的、本质性的基因。二是都对概念作出了规定，但规定的重点、内容不同。抽象法是将概念运动作为建立学科体系的核心，通过从抽象到具体的运动过程而使其成为一个内在相互联系着的体系；而现象归纳法中的概念，是现象的集合，是现象的总结。概念居于次要地位，它的核心是现象。

斯密的研究方法基于经验主义的认识论，继承了休谟的认识论和功利主义思想。①人的行为是自利的，即每个人都在为自己打算，既没有考虑他人的利益，也没有考虑促进公共利益，每个人行为的出发点都是利己的。特别地，在讨论经济活动时，将这种自利看作经济行为的必要条件，即“经济人”。同时，每个人都有同情心、怜悯心，以及正义感。可是，从人之本性来看，首要的是人的“自爱”，对自己事务的关心更强过对他人的关心。在自爱心引导下追求自己的利益可能会妨碍同情心、怜悯心的充分发挥，所以，人们应当克制自己的自爱之心。斯密的《国富论》不仅以人的自利性作为分析的基础和前提，“同情”也贯穿全书。②从政治经济学的角度来看，经济行为的目的在于国民财富的增进，人们能够有足够的收入或生计。“被看作政治家或立法家的一门科学的政治经济学，提出两个不同的目标：第一，给人民提供充足收入或生计，或者更确切地说，使人民能给自己提供这样的收入或生计；第二，给国家或社会提供充分的收入，使公务得以进行。总之，其目的在于富国裕民。”[①] ③富国裕民的途径是自由市场竞争，政府尽量少地干预经济，政府的作用只是保护人们的财产权，保障市场交换秩序和人们所签订的

① 斯密．国民财富的性质和原因的研究：下卷［M］．北京：商务印书馆，2008：1.

契约关系，以及提供教育、基础设施等外部性产品。

从中我们不难发现，斯密是一位功利主义者，其功利主义思想，一是建立在人性的自利之上，追求社会财富最大化，特别地，斯密论证了个人利益与社会利益是一致的，每个人在追求自身利益最大化的同时也使社会财富最大化；二是个人及社会利益最大化的路径是自由市场竞争。

四、斯密财政思想的理论基础：国家理论

（一）斯密的功利主义国家观

西方自启蒙运动以来，关于国家存在的根据，大都信奉霍布斯、洛克以及卢梭等的社会契约论。可是，斯密并不认为国家存在的依据在于人们所订立的契约，“这一向是我国的公认的学说：契约是服从行政司法根据。但事实并不是这样，这可以从以下原因看得出来”[①]。一是存在着的政府从来没有这样的契约，也就是说，从现实实践来看，我们的社会中并不存在这样的契约，而且，人们也不信奉这个所谓的契约。二是即便国家在初始时存在这种契约，但他们的后代跟所谓的契约没关系，不会遵从这个契约，也不能拿这个契约来约束后代的人们。三是人们离开或进入这个国家，并不意味着受到契约的约束。总之，在斯密看来，人类社会并不存在所谓的契约关系，国家是人类社会发展到一定阶段的产物，是人类为了保障自身的财产权、人身权等而自然产生的。

也就是说，在斯密看来，在生产力不发达的原始社会，人们只是从事简单的生产劳动，所创造的财富也只是满足于生存需要，尚未有财产累积，没有现代意义上的财产权，也就无须建立现代意义上的政府。“在猎人中间不存在真正的政权，他们按自然法则生活。造成财富不均的对牛羊的私有，乃是真正的政府产生的原因。在财产权还没建立以前，不可能有什么政府。政府

① 坎南．亚当・斯密关于法律、警察、岁入及军备的演讲［M］．北京：商务印书馆，2011：38.

的目的在于保障财产，保护富者不受贫者侵犯。”[①] 随着社会生产力水平不断提高，不仅产生了劳动剩余，还出现了贫富不均，这时就需要一个组织——政府，来避免贫穷者对富人的侵犯。斯密在这里提出了与马克思主义相一致的思想，即对财富的占有也就意味着对“人”的占有与控制[②]。在生产力水平相对不高的奴隶社会、封建社会，穷人要依靠富人而生，比如在游牧时期，富人“把财产的一部分赠给穷人，他们就可对穷人拥有那么大的力量，使穷人在一定程度上成为他们的奴隶”[③]。所以，在斯密看来，财富等于权力，为了避免穷人对富人财产的侵犯，为了富人对穷人的奴役，有必要建立一个政府，来平衡富人与穷人之间的社会关系。“大宗价值财产的获得，必然要求民政政府的建立。在没有财产可言，或顶多只有值两三日劳动价值的财产的社会，就不这样需要设立这种政府。”[④] 斯密认为在氏族和部落社会时期“严格地说根本没有什么政权”，只有随着生产力水平提高而产生更多剩余并形成阶级时，才会产生真正意义上的政府。

在社会契约论下，人们基于一致同意原则建立政府，并形成相应的制度、法律法规等。如果不存在社会契约关系，也就是并不基于社会成员的一致同意而规定政府的行动，那么，应按照什么原则来确立政府行动的准则？或者说，人们为什么以及如何要服从政府？政府行动的准则的依据是什么？

斯密说：“有两个原则使人们参加文明社会，我们把它们叫做权能原则和实利原则。”[⑤] 这两个原则就构成了政府存在的理由。

所谓人民服从政府的第一个原则——权能原则，指的是从自然角度来看，人们总是服从于德高望重、能力卓越的人，而政府则具有这种权能。在斯密看来，在民政政府存在之前的人类社会中，一直存在着权威，而且，人们对权

---

① 坎南．亚当·斯密关于法律、警察、岁入及军备的演讲［M］．北京：商务印书馆，2011：41–42.

② 斯密这一关于“物”与“人”之间关系的思想，与马克思主义思想相一致。也就说，斯密将“物”看作服从和服务于人的工具，人是一切的核心，即斯密的人本主义思想，物是为人而存在着的，其价值也取决于满足于人的需要程度。斯密的这一思想在其《道德情操论》中也有论述。

③ 坎南．亚当·斯密关于法律、警察、岁入及军备的演讲［M］．北京：商务印书馆，2011：42.

④ 斯密．国民财富的性质和原因的研究：下卷［M］．北京：商务印书馆，2008：273.

⑤ 坎南．亚当·斯密关于法律、警察、岁入及军备的演讲［M］．北京：商务印书馆，2011：35.

威的服从不是先验建构性的，而是自然发生的。在人类社会发展过程中，自然地存在着四种形成权威的原因或方式："高龄、卓越的体力和智力、门第和雄厚的财力这四者似乎给一个人提供了管理他人的权能。"[①]斯密认为，权能原则存在的依据在于：一是人民之所以能够接受权能原则，并非因为现实存在的某种具体权威对其进行了某种形式的具体外在强迫，也并非某种先验的必然性使然；二是人们之所以认同并最终服从于某种权威，使政府有了存在的基础，主要是因为人类拥有一种共同的心理体悟感和能力。也就是说，从自然法的角度来说，人们自然地就会遵从某种权威，这是一种人的自然倾向。所以，斯密论述的政府建立的原始原则之一的权能原则并不是基于外在情势的强迫或是抽象的先验规制，而是基于人们可以"情同共感"(《道德情操论》中的概念）的心理能力——大家都有遵从权威的意识和愿望。

人民服从政府的第二个原则——实利原则，指的是政府总是能够提供一种可以被社会成员切身感受到的实际利益。斯密认为，"每一个人都感觉到这个原则对维护社会正义和安宁的必要性。通过政府，连最贫困的人受到最有钱有势的人的侵害时，也能得到赔偿"[②]。服从一个具有权威性的政府对于每个人而言都是有益的，人们对政府的服从不只会带来"安全"这一项实际利益，还会产生其他实际好处，比如社会的公平、正义。

总之，政府存在的根据就在于，生产力发展到一定程度，社会中会形成矛盾体，并且，每个人都会从政府的存在中获得实际利益，不仅仅是物质利益，也包括自然权利的保障。"如果一个国家的政府具有悠久的历史，如果这个政府有正当的岁入来维持，而且同时操在一个有大才能的人的手里，那么这个政府的权威就已达到了极点。……在所有国家，这两个原则都在一定程度上起着作用，但在一个君主国家里权能原则占主要地位，而在一个民主国家里则实利原则占主要地位。"[③]

可见，斯密认为政府存在的依据在于功利性、权威性，功利性就是为人

① 坎南．亚当·斯密关于法律、警察、岁入及军备的演讲［M］．北京：商务印书馆，2011：37.

② 坎南．亚当·斯密关于法律、警察、岁入及军备的演讲［M］．北京：商务印书馆，2011：37.

③ 坎南．亚当·斯密关于法律、警察、岁入及军备的演讲［M］．北京：商务印书馆，2011：37.

民带来利益，权威性则是体现社会的公平、正义。这也成为政府职责之所在：一方面，要促进国民财富的增进，使每个社会成员都能过上体面的生活；另一方面，要保障人们的财产、人身等自然权利不受他人侵犯。

（二）政府的职责

斯密认为政府的作用主要体现在两个方面："保持清洁，维持治安。设法做到价廉物博。……前两者即清除街道尘土的适当方法和执行有关防止罪行的规则以及维持市保安队的方法有关的法律。"① 即政府职责分为两类：一是保持街道清洁和维持社会治安；二是促进国民财富增进。

关于第一个方面，斯密认为无须更多的讨论，就是要建立相应的组织机构和人员。同时，斯密认为，"防止犯罪，关键不在于设置警察，而在于尽量减少仰食于人的人数。使人类陷于堕落的，无过于依赖；反之，独立则会提高人的诚实性格"②。社会秩序有序、稳定与和谐不取决于警察数量，而取决于社会成员的生存状况。在斯密看来，"人们如有可能从正当的、勤劳的途径赚到更好的衣食，谁愿意冒险干拦路贼的勾当呢？"也就是说，人们如果都过上了体面的生活，依靠自己的劳动丰衣足食，就不会犯法，社会秩序就会变好。由此，斯密进一步明确，"建立商业和制造业是防止犯罪的最好政策，因为商业和制造业有助于增进人们的自立能力"③。这其中体现着斯密的人本主义思想：社会活动的一切在于"人"，人类自身的行为决定着社会秩序，所有的社会创造物也是为了"人"本身。同时，要通过经济发展来解决社会矛盾，或者说，社会矛盾产生的根源还在于经济发展。所以，接下来斯密通过论述增进国民财富的内在逻辑来明确政府的职责④，或者说，斯密关于政府职责的观

① 坎南．亚当·斯密关于法律、警察、岁入及军备的演讲［M］．北京：商务印书馆，2011：175.

② 坎南．亚当·斯密关于法律、警察、岁入及军备的演讲［M］．北京：商务印书馆，2011：176.

③ 坎南．亚当·斯密关于法律、警察、岁入及军备的演讲［M］．北京：商务印书馆，2011：176.

④ 笔者认为，我国改革开放的内在逻辑与斯密的这一思想一致。在20世纪80年代，我国不仅经济发展水平有限，也存在着各种社会矛盾，为此，我国提出并践行"发展是第一要务"，在发展中解决社会矛盾。实践表明，当人们生活富裕安康时，一些社会矛盾也确实会得以解决。我国当前社会中存在着的收入差距、相对贫困以及生态环境等问题，也只能通过发展来解决。

点建立在如何理解国民财富以及为何要增进国民财富上。

就国民财富的性质或者什么是国民财富，斯密认为，国民财富来自劳动和土地，劳动创造财富、劳动创造价值。进一步来说，如何提高单位时间内的劳动效率，即如何在单位时间内创造出更多的产品，是斯密研究国民财富的逻辑起点。

在斯密生活的时期，工场手工业深入发展，斯密认为分工与协作是促进国家富裕的根本动力，每个人都受一只“看不见的手”引导并作出选择，在获得利益最大化的同时带来了整个社会利益的最大化。整个社会利益的最大化即是社会的公平、正义，政府应鼓励个人追求利益最大化，鼓励自由竞争，不干预个人的经济行为。这就是斯密构建起的自然自由市场体制，政府外在于自然自由的市场竞争，其职责仅仅是服务于自由竞争。政府或政治家代替个人来选择资本的投向，不仅不能取得良好的效果，而且是一件危险的事。总之，斯密认为，自然自由市场经济制度就是政府让每个人在法律框架内按照自己的意愿行动，不干预产业发展，而且，在斯密看来，凭借人类的智慧和知识还做不到指导产业发展、促进社会整体利益增进等，国王或政府如若履行这种职责，就会陷入错误之中。

在自然自由市场秩序中，劳动创造国民财富，分工与协作提高劳动生产率，进一步增进国民财富。可是，在斯密看来，并非所有的劳动都创造财富。他将劳动划分为生产性劳动和非生产性劳动。社会年产物中，用于农业、制造业、批发业、零售业的投资，可有效促进国民财富增进，用于其他方面则不会创造国民财富，包括用于君主以及他的官吏和军队的收入，用于牧师、律师、医生以及演员、歌手等的收入。斯密对生产性劳动和非生产性劳动的划分，为其政府理论奠定了基础，即政府支出不创造财富，所以应尽量减少政府活动，或者说，将政府活动限制在最小范围内。

总之，斯密关于国家和政府职能的观点建立于自然自由市场经济体制和政府非生产性劳动的理论基础之上，认为政府作为促进国民财富有效增进的“廉价政府”而存在。一方面，政府要服从和服务于自然自由市场有序运行。实际上，在斯密看来，政府与市场之间是二分法，要将政府与市场分开来考虑。市场作为一只“看不见的手”，不仅可促进具有利己心的个人利益最大化，也会促进整个社会国民财富的增进。为此，政府无须干预个人的市场活动，其活动范围仅在于市场无暇顾及的领域，即提供一些公共需要的产品和服务。另一方面，在斯密的价值理论体系中，政府活动不创造价值，是非生产性劳动，政府的支出只是在消耗国民财富，所以要尽可能减少政府活动，将政府活动控制在最小活动范围里。

斯密关于政府职能的这一认识就决定了其财政理论："按照自然自由的制度，君主只有三个应尽的义务。……这些义务的适当履行，必须有一定的费用；而这一定的费用，又必须有一定的收入来支付。第一，什么是君主或国家的必要费用，其中哪些部分应由对全社会的一般课税来支付，哪些部分应由对社会内特殊部分或特殊成员的课税来支付。第二，应由全社会支付的费用，将用各种什么方法向全社会课税，而这各种方法的主要利弊怎样。第三，近代各国政府几乎都用这种收入的一部分来作抵押以举债，其理由及原因何在，此种债务对社会真实财富即土地和劳动的年产物的影响又怎样。"① 斯密认为，在自然自由制度之下，国家应尽三种义务，并由此确定国家的收入总量以及向谁和如何课税、举债。换句话说，其中的内在逻辑是，自然自由制度和生产性劳动与非生产性劳动理论决定了国家或君主的义务和所需要的费用，而这三种义务和费用又决定着课税的总量和结构，以及课税的对象。而且，无论是国家的义务还是课税都要以有利于增进国民财富为宗旨，或者说，不能妨碍自然自由制度下国民财富的增加。

五、斯密的财政支出思想

斯密认为，根据自然自由制度，君主或国家负有三项义务，由此也就形成了三种国家支出：国防费、司法费、公共工程和公共机关费用。

（一）国防费

保护本国居民的人身和财产安全，使之不受其他独立的外来社会的侵害，是国家的义务，完成这种义务所需要的费用即国防费。

斯密认为，生产力水平决定着社会生活方式，也决定着军队的规制，进

① 斯密．国民财富的性质和原因的研究：下卷［M］．北京：商务印书馆，2008：253.

而规定着国防费用的状况。在最低级最粗野的狩猎社会，不存在国家或君主的概念，每个人都是狩猎者，亦都是战士。当需要保护自己的家园时，战士就用自己的劳动负担所需要的费用。在相对进步的游牧社会，也如同狩猎社会一样，人人都是战士，负担了战斗的一切费用。农业社会不像狩猎社会和游牧社会，人们已然有了固定居所。此时，人们不仅要保护人身安全，还要保障其固定家园不受侵害。参与作战的只是部分男人，而且战士“既不需要君主或国家花很大的训练费用；他们实际作战，也不需要君主或国家花很大的维持费用”①，从未向君主或国家领取任何报酬。可是，随着社会生产力水平提高、制造业进步和战争技术改良，参与作战的人们以自己的费用维持自己已然不可能了。制造业的进步意味着技术工人占比的增加，这些技术工人参与战争后就失去了收入来源，不能不由国家的费用维持。战争技术改良带来的是战争时间更长、武器装备更复杂，即便是农业人口也难以支持这些费用，须由国家来负担。而且，斯密认为战争的技术是一切技术中是最高级、最复杂的，也有必要组建职业军人，也就是说需要更多的费用来支撑，既包括研究战争的武器技术所需的费用、装备费用，也包括固定军人的使用费用或维持费用。

在文明社会，斯密认为国防军备人员只能采取两种方式来充实：民兵制和常备军制。民兵制指的是，法令规定，凡是到兵役年龄的一切市民都需与兵士的职业结合起来，其日常生活的收入来源主要是其职业；常备军制是指国家雇用一部分公民，使士兵成为一种职业，由国家给予他们生活费或饷金。这两种方式的区别在于：从国家支付的费用来看，常备军的费用要远大于民兵；就纪律性和战斗力来看，常备军制要远胜于民兵制。在斯密看来，“只有富裕的文明国家，才能好好维持这种军队；亦只有这种军队，才能保卫这种国家不受贫困野蛮邻国的侵掠。所以，一国要永久保存其文明，甚或要相当长久保存其文明，只有一个方法，那就是编制常备军”②。从中也可看出，随着技术的进步，特别是火器的发明，国家负担的军费越来越多，越是富裕的文明国家，越能拥有这些武器，也越有财力支持装备先进武器。斯密认为这会

① 斯密．国民财富的性质和原因的研究：下卷［M］．北京：商务印书馆，2008：257.
② 斯密．国民财富的性质和原因的研究：下卷［M］．北京：商务印书馆，2008：269.

使文明国家处于优胜地位，对富裕文明国家来说是一种“利益”。同时，其中也隐含着斯密的分工理论。常备军制就意味着分工，一部分公民专门从事这一特殊职业，通过专业训练，可使用复杂的武器装备并掌握专业技术，并可提高其熟练程度，进而提升作战效率。

总之，斯密认为，国家或君主的第一义务是保护国家安全，而实行这种义务所需要的费用势必会随着社会生产力水平的提高而增加。从中我们可以看出，斯密一方面承认国家防卫作为国家的第一要务，在国家或君主职能中占据着重要地位；另一方面也认可国防费不断增加的正当性。

（二）司法费

斯密认为，君主或国家的第二个义务是保护人们的人身和财产不受社会他人的侵害，为此要设立相应的司法行政机构。实行这一义务、保障司法行政机构运行的费用即司法费。在斯密看来，这一费用的多少取决于社会富裕程度。在狩猎社会，人们没有什么财产，即便有也不过是两三日的劳动价值的财产，所以，这一时期没有固定的审判官，没有司法行政机构，也就不存在司法费。只有社会生产力发展到一定程度，产生了“大财产、大不平等”时，才需要司法官，才需要民政政府。“民政组织的建立，实际就是保护富者来抵抗贫者，或者说，保护有产者来抵抗无产者”。[①] 由此可见，斯密认为政府是社会阶级对立的产物。

斯密认为，在起初的君主的行政司法权，在解决社会矛盾的同时，实际上成了君主的一种收入，即原告方愿意给裁判一定的报酬或礼金，而犯罪者要缴纳相应的罚金。在斯密看来，行政司法作为一种敛财组织，其职权可能被滥用，即“陷于极度的腐败状态，即在最好国王的统治下，也谈不到什么公正、什么平等，而在最坏国王的统治下，那就是一塌糊涂了”[②]。所以，随着社会文明程度不断提高，君主或国家可通过赋税来获得国家收入，司法审判过程中的收费就取消了，实行免费审判。

审判官和行政司法机构的费用由国家来负担，审判官实行工薪制。斯密

① 斯密 . 国民财富的性质和原因的研究：下卷［M］. 北京：商务印书馆，2008：277.

② 斯密 . 国民财富的性质和原因的研究：下卷［M］. 北京：商务印书馆，2008：278–279.

认为，这些费用只占整个国家全部费用的极小一部分，对整个国家经费不会产生影响，虽然是不经济的使用，但是，这种制度安排可有效地解决“腐败”以及不公正、不平等问题。由国家支付的这部分费用，来源于法院的手续费和诉讼印花税。

总之，斯密认为，君主或国家的第二义务是保障人们不受社会上他人的侵害，实行这一义务所需要的经费只占整个国家费用中极小的一部分，而且主要来源于法院的手续费和诉讼印花税。

我们不难发现，斯密并没有详细论述君主或国家提供行政司法费的构成，就其来源，也仅仅提到由法院的手续费和诉讼印花税来支持。他的重点是运用社会学的方法论述了行政司法的发展，以及其中所需费用制度的变迁。具体来说，君主或国家的这一义务是人类社会发展到一定阶段的产物，即大财产以及由此产生的大不平等的出现，或者说是，产生了不同的阶级且形成了他们之间的对立。行政司法存在的目的就在于解决这一矛盾。审判之所以是免费的，在斯密看来，是因为如果实行审判收费制度，就会产生“腐败”，其结果是带来非正义、不公平，穷人可能因贫困受到不公正的待遇。可见，这些都是从社会学的角度来看待行政司法的费用问题。

（三）公共工程和公共机关费用

斯密认为，君主或国家的第三种义务是建立并维持公共工程。君主或国家之所以要负担这一义务，在斯密看来，有两个方面的原因：一是这些公共工程对整个社会来说是有益的，可增进整个社会的最大利益；二是追求个人利益最大化的市场不愿意提供这些公共工程，因为提供这些无利可图，“就其性质来说，设由个人或少数人办理，那所得利润决不能偿其所费”[①]。也就是说，有些工程对包括一般社会商业在内的整个社会事业发展是大有好处的。斯密所说的“公共设施对全体社会有利益”，笔者认为不仅意味着这些公共设施能增进整个社会的国民财富，在自然自由制度下，还意味着会给每个人都带来利益。正如他在《国富论》和《道德情操论》中都讲到的，“即便是现在的一般人也比古时的国王还要富有”，整个社会的发展带来了每个人利益的增进。

---

① 斯密．国民财富的性质和原因的研究：下卷［M］．北京：商务印书馆，2008：284.

可是，这些工程，要么所耗费资金过于庞大，个人或少数几个人无力承担，要么不能产生等同或超过一般商业利润的收益。因此，市场不愿意提供这些工程，那么就需由国家来提供。由此，我们不难看出，斯密分析君主或国家支付公共工程和公共机关的费用的出发点在于经济性原则，是从整个社会福利最大化的角度来论述这一问题的。

斯密认为，君主或国家提供的公共工程和公共机关，主要包括两个方面：便利商业发展的公共设施、促进人民教育的公共设施和工程。后者又包括两个方面：关于青年教育的公共设施、关于一切年龄人民的教育的公共设施。

1. 关于便利商业发展的公共设施和公共工程的支出

在斯密的经济思想中，政府的根本职责在于促进国民财富的增进。按照斯密的逻辑，劳动创造财富，分工与协作可提高劳动生产力，进而提高劳动创造财富的效率，而分工受到市场范围的限制，市场范围越大，越能促进并细化分工与协作，进一步来说，市场范围取决于交通设施，即是否能将产品通过便捷的交通运往消费地。在斯密看来，交通越便利，市场范围也就会越大。这也就是为什么斯密认为应将工厂设在交通便利的大江大河旁边。实际上，这也就是我们经常说的“要想富，先修路”，可用现代经济学中交易成本的概念来解释，即道路、桥梁等交通设施的改善可有效降低交易成本或运输成本，进而降低商品的价格。根据市场交换原则，当该商品具有需求价格弹性时，商品价格降低可使需求量增加，从而增加商品的生产量。这样，对消费者而言，用同等的货币可消费更多的商品；对生产者而言，在一般利润率不变的前提下，可生产更多的产品，获得更多的收益；这可看作对整个社会都是有利的。道路、桥梁等公共交通设施的改善还可扩大市场交易半径，将商品运往更远的地方，开拓新的市场，增加商品的生产量，不仅提高了生产者的收益，也使其他区域的人们享受到了更多的商品。进一步来分析，根据规模效应原则，生产规模扩大，还可降低单位产品的生产成本，商品价格下降，需求量增加，又可进一步扩大生产量。无疑，这些都会增进整个社会的财富。所以，斯密说：“一国商业的发达，全赖有良好的道路、桥梁、运河、港湾等等公共工程。”[①] 同时，斯密认为，个人或少数几个人难以筹集资金建设

① 斯密．国民财富的性质和原因的研究：下卷［M］．北京：商务印书馆，2008：285.

这些重大交通设施，个人即便能够提供这些，也难以获得更多的收益。所以，这些对整个社会商业发展有益的交通设施就需由君主或国家来提供，也就是说要由君主或国家来负担建设这类公共设施的费用。

可是，斯密认为这类工程的费用并不用在国家一般公共收入中列支，可通过收费或课税的方式，对使用道路、桥梁等公共交通设施的消费者收取相应的费用或税赋，来支持其建设和维护，而无须增大社会一般收入的负担。课征的原则是，谁从这些公共设施中获得利益，谁就要负担相应的费用，体现着受益原则或交换原则。斯密认为这种原则是极其公平的，“最后支出这税额者由于课征该税而得到的利益，超过由于完纳该税而蒙受的损失。他的支出，恰和他所得的利益成比例，实际上，不过是他利得中之一部分。他必须舍弃这一部分来取得其余部分。征税的方法，我看再不能比这更公平了”①。

在公共交通设施的交换原则下，“谁受益谁付费”，付费的主体是明确的。可是，收费的主体是谁？是君主或中央政府、地方政府，还是个人？在斯密看来，公共交通设施的性质不同，应有与之相符合的收费主体，不仅有利于获取相应的收费，还有利于公共设施的维护，进而保障有效增进国民财富。

具体来看，首先，斯密认为像运河通行税、水闸税等应由个人来管理和征收。因为为了使个人收益最大化，个人就会将收取的这些税费用于这些公共设施的治理。比如运河，如若不能进行有效治理，就意味着难以行船，势必会减少船只的通行数量，其收益也会降低，所以，个人必须将获得的大部分税费用于维护这些公共设施。而若由政府来管理和征收这些税费，“这通行税全部，恐怕都要消费在徒事装饰的开销和不必要的开销上，而这工程最重要的部分则任其趋于塌毁”②。其次，斯密认为像道路这样的公共工程的税费则不便由个人来管理征收。因为像道路这样的公共设施，不似运河那样，即便不加以维护也不会完全不能通行，所以，如果由个人来收取管理税费，可能不利于道路的维护。同时，斯密也不同意政府把征收的这部分公共交通设施税费作为国家一般的费用，即公共设施收费应做到“专款专用”。原因在于，一是将通行税用作国家一般费用，会大大提高通行税，成为“商业的大

① 斯密 . 国民财富的性质和原因的研究：下卷［M］. 北京：商务印书馆，2008：286.

② 斯密 . 国民财富的性质和原因的研究：下卷［M］. 北京：商务印书馆，2008：287.

病”，即增加产品的成本，既不利于生产者，也不利于消费者，进而会影响整个国民财富的增进。二是按重量课征的通行税，若用于道路维护，就是公平的，若用作国家的一般费用，就是不公平的，因为与斯密所讲的税收的能力原则相悖。在斯密看来，人们公平纳税的宗旨是按照各自的收入能力、占有财富的能力等来纳税，可是，按重量课税并没有体现出产品的价值，只体现出了重量。而且斯密认为，重量大的产品往往是“粗劣笨重的商品”，更多地由穷人消费，所以，按重量课税的结果是使贫困者承担了更多的税负，也就意味着不公平。三是即便规定此项税费中须有一部分用于道路维护，也不能解决前述问题。总之，斯密主张，像道路这样的公共设施收取的税费要完全用于该工程的建设维护。

不难看出，斯密这一部分的分析主要是基于效率原则，或者说，是基于促进国民财富增进的原则，来考虑课税的主体。特别是斯密关于公共交通设施“专款专用”的理念，对现代而言，仍具启发意义。

如果一项公共工程自身的收入不能维持其运行，则需要由国家来负担一部分费用。这又分为两种情况：一种是对整个国家的社会成员都有益的，斯密认为应由国家的一般收入来维持。另一种是“其便利只限于某特定地方或某特定区域”、只是对特定区域的人们有益的，斯密认为则不应由国家一般收入来维持，而是应由地方收入来维持。斯密认为，如果各地方的公共设施由国家一般收入来负担，不符合“谁受益谁负担”的原则。地方公共设施主要由该区域的人们享用，那么就应由这些人来负担其成本。另外，斯密还暗示，由地方政府提供当地的公共设施更有效率，“伦敦市上的照明与铺路费用，如由国库开支，那街上所点的灯，所铺的石，能做到现在这样完善，其费用，能像现在这样撙节么？”[①] 也就是说，伦敦市的路灯及道路主要是伦敦当地人民受益，如果由国家负责来建造维护伦敦的路灯和道路，不仅不能够做到如此到位、完善，恐怕所耗费的成本也较大。由此，在斯密看来，主要受益群体具有区域性特征的公共工程，由地方政府来提供更有效。事实上，斯密提出了现代财政学中的分权理论，也就是说，中央政府与地方政府在财政收入和财政支出上进行分权，各自都有自己的财政收入权力和财政支出责任范围，

① 斯密．国民财富的性质和原因的研究：下卷［M］．北京：商务印书馆，2008：292.

这样可以提高财政资源配置的效率。

2. 关于青年教育设施的支出

斯密认为，青年教育设施如同道路、运河等交通设施一样，可用自身收入来满足开支。不过，斯密论述的青年教育设施费用的重点是支付给教育青年人的教师的费用。斯密认为，教师的报酬的来源主要有社会的一般收入、设立的专门基金、学生付给老师的学费或谢礼以及捐赠等。其中，有的教师的报酬来源于一种，有的则来源于几种。在斯密看来，教师报酬给付方式不同，对教师的激励效应也不同。

如果教师报酬仅仅来源于某一捐助基金，则对教师的勉励性不大；如果教师的薪俸仅仅占其报酬的一小部分，大部分报酬来自学生的学费或谢礼，那么，这会大大激励教师的勤勉；如果教师被禁止领受学生的学费或谢礼，薪俸就是其全部收入，那么，“教师的义务与利益，立于尽可能对立的地位了”。同时，在斯密看来，这些专门学校或大学，无论是由学校自己管理还是由外部监督管理，都无法激励教师的勤勉，只有通过教师报酬来源的设计才能对教师产生某种勤勉激励。可见，在斯密看来，如要勉励教师不断努力提高教学能力和教学水平，教师报酬中至少有一部分要来自学生的学费或谢礼。

斯密之所以将教师的费用作为重点考虑对象，根本原因是青年教育的决定因素是教师，教师的勤勉、能力等是影响青年教育质量的核心要素。正如梅贻琦在 1931 年出任清华校长的就职演讲中讲到的，“所谓大学者，非谓有大楼之谓也，有大师之谓也”。斯密已经认识到了青年教育的真谛。而之所以说教师的报酬要部分地来自学生，就在于要让学生来选择教师，一方面，激励教师花费更多的时间和精力来备课，以吸引学生；另一方面，可使教师之间产生竞争，即要尽可能地争取更多的学生。

斯密提出，国家或政府应举办面向人民的教育。斯密说：“国家对于人民的教育，不应加以注意么？如果有注意的必要，那么，对各等级人民，国家所应注意的，是教育的哪些部分呢？而且，它应该怎样注意呢？”[①]

第一，政府要通过教育防止人民完全堕落或退化，即通过政府提供的教育使人民拥有更符合自然社会状态需要的一切能力和德行。在斯密看来，在自然

① 斯密．国民财富的性质和原因的研究：下卷［M］．北京：商务印书馆，2008：338.

社会状态下，大多数人无法获取社会发展所需要的知识、能力以及道德，须通过政府举办教育来实现。

第二，政府要通过教育促进人民全面发展。斯密的逻辑是，人们的智力、能力以及道德等取决于其劳动分工[①]，而随着社会进步和分工深化，人们的劳动只局限于简单的操作，“他就没有机会来发挥他的智力或运用他的发明才能来寻找解除困难的方法，因为他永远不会碰到困难。这样一来，他自然要失掉努力的习惯，而变成最愚钝最无知的人。……这样看来，他对自身特定职业所掌握的技巧和熟练，可以说是由牺牲他的智能、他的交际能力、他的尚武品德而获得的。但是，在一切改良、文明的社会，政府如不费点力量加以防止，劳动贫民，即大多数人民，就必然陷入这种状态”[②]。可见，斯密是人本主义者，认为人自身才是人存在的目的，劳动、财富等都是服务于人的手段，而且，人不仅需要满足其生存的衣食等，还需要交往、健康的身体等。所以，斯密认为，政府要通过举办教育来发展那些在劳动实践中不能获得的东西，使人更能适应自然社会的发展。

第三，政府举办教育更有利于一般人民。斯密说：“在文明商业社会，普通人民的教育，恐怕比有身份有财产者的教育，更需要国家的注意。”[③]这是因为有身份、有财产的人可以通过聘请私人教师来使其子女、家人获得相应的知识、能力，而且，这些人由于受到了良好的教育，一是其劳动活动不像一般人民那样单纯、不变，也就意味着可以在不同的劳动活动中不断提升自己；二是其劳动活动可能相对复杂，“用手的时候少、用脑的时候多”，因此，智力水平就会不断提高。可是，一般人民不仅是从事单纯、不变的工作，而且大多是体力劳动。同时，在斯密看来，一般人民为了生计而不得不拿出更多的时间用于劳作，没有更多的受教育的时间，所以，政府举办教育更有利于一般人民获得全面发展。当然，斯密认为，政府举办教育的大部分费用应由国家的一般收入来负担，因为一般人民并没有负担这部分费用的能力。

---

① 斯密在论述分工时举了农夫与哲学家的例子，在他看来，哲学家与农夫在起初是没有区别的，正是分工使他们产生了差异。农夫之所以是农夫，就在于他从事了农业工作，是这一工作使之成为农夫。

② 斯密．国民财富的性质和原因的研究：下卷［M］．北京：商务印书馆，2008：339.

③ 斯密．国民财富的性质和原因的研究：下卷［M］．北京：商务印书馆，2008：340.

第四，政府举办教育对整个社会也是有利的。在斯密看来，政府举办教育，可给受教育者带来好处，可提升其个人的素质、技能，同时，对国家也有益。斯密认为，一个人越是无知，越是狂热、迷信，就越容易惹起扰乱；如果接受教育，不仅不会迷信，还会更知礼节、守秩序。这样，受过教育的人民，不仅有利于建设和谐社会，对政府也会友好，因为“政府的安全，大依存于人民对政府行动所持的友好意见，人民倾向于不轻率地、不任性地判断政府的行动，对政府确是一件重要的事”①。此外，斯密认为，人民知识、素质的提高还有利于创新以及分工的深化，因为人民受到教育、接收到新鲜事物和先进知识，既可以开阔眼界，还有利于认识市场、发现市场，在利己心的驱动下基于分工而创造出更多的财富。斯密的这种看法，一是提出了“外部性”的思想，即政府举办教育事业，不仅为受教育者带来了好处，为政府也带来了好处，还促进了整个社会的发展以及一国国民财富的增进。二是体现着现代人力资本理论，即一个国家或一个地区的经济发展水平取决于该国家或地区的人力资本水平，而人力资本水平在一定程度上又取决于人们的受教育水平。可见，斯密的教育思想在现代仍然具有现实意义。

斯密对国家教育供给的分析，蕴含着其自然自由市场制度思想。一是强调竞争。为了提高教育水平，政府设立的教育制度，要形成教师之间、教师与学生之间的竞争，特别是要对教师产生一定的激励效应。二是遵从市场原则或成本收益原则。教育投入要带来相应的回报，包括对个人的回报、对政府以及社会的回报，要以一定的收益为前提来看待教育问题。

（四）总结

斯密在论述国防费、司法费以及公共工程和公共机关费用的时候，都遵循了几个共同的原则。第一，并非单纯涉及经济性原则，还涉及社会学原则、伦理学原则以及政治学原则。由此可以看出，斯密并非用单一的经济学思维来看待财政问题，而是运用多学科的融合。第二，并非就国家支出论国家费用，而是将国家费用放在促进整个社会福利的高度来看待，将财政支出与所需资金的来源结合起来考虑。比如，国防费和司法费，都涉及全体人民的利

① 斯密．国民财富的性质和原因的研究：下卷［M］．北京：商务印书馆，2008：345.

益，所以应由国家一般收入支出公共交通设施对整个社会是有利的，应由社会一般收入开支，并无不当，可是，直接由受益人来负担这部分费用，社会一般人的负担就会减轻，也是不错的选择。也就是说，在斯密看来，由社会一般收入负担或由受益人负担交通设施费用，都可以。而其中只是涉及地区利益的，应由地方支出。对于国民教育，斯密认为，其作为一个正外部性的产品，对个人有益，对政府有益，对整个社会发展也有益处，可以看作一个混合产品，同时考虑到对教师的激励作用，教育费用应由国家和个人共同负担。第三，既体现着整个社会福利思想，也体现着自然自由市场原则。

六、斯密的财政收入论

斯密的国家收入理论根植于劳动价值论与自然自由市场制度理论之中，认为政府活动是非生产性劳动，其支出也就是非生产性支出，不创造社会财富，为此，政府活动应限制在最小范围内。政府活动的目的在于为人民、为社会提供服务。有些服务能够让全国人民都受益，比如国防、行政司法等，而有些服务则是部分人受益，如道路、桥梁等交通基础设施以及教育等公益设施。政府提供的服务需要相应的资金，就应由人民来承担。在斯密看来，服务于全国人民的费用，应由全国人民通过赋税的形式来负担；政府向特定的人提供的服务，其支出费用则应由其受益者来负担。实际上，在斯密的思想中，政府与人民之间存在着一种交换关系，政府向人民提供服务，人民就向政府支付相应的费用，人民所负担的费用与其所享有的服务成比例，享有的服务越多，承担的费用也就越多。斯密的国家收入理论的核心是受益者负担原则。

斯密在《国富论》第五篇第一章“论一般收入或公共收入的源泉”中指出，政府这些费用开支，“有两个来源：第一，特别属于君主或国家，而与人民收入无何等关系的资源；第二，人民的收入”[①]。第一种指的是由属于君主或国家的资财和土地所获得的收入；第二种指的是赋税和公债收入。实际上，这是斯密观察到的现实世界中国家的一般收入的情况，并不意味着斯密赞同

① 斯密．国民财富的性质和原因的研究：下卷［M］．北京：商务印书馆，2008：376.

这种收入来源。特别是，斯密不赞同国家的一般收入要来自属于君主或国家的而与人民无关的资源。

斯密认为，属于君主或国家收入的资源是其资财和土地。

首先，关于君主或国家由资财取得收入。由资财取得收入的方式有两种：一是亲自使用这笔资财，获取相应的利润；二是将资财贷与他人，获取利息。斯密认为不能将资财的收益作为国家收入的一般来源，因为“能够维持政府的安全与尊严的，只有确实的、稳定的、恒久的收入，至于不确实的、不经久的资本及信用，决不可把它当作政府的主要收入来源。所以，一切已经越过游牧阶段的各国政府，从来都不由这种源泉取得其大部分的公共收入”①。

在斯密看来，对于一些游牧民族国家或生产力水平较低的小国家，可以依赖于君主或国家所有的资财的经营收入，而对于像英国这样的文明大国，将资财的收入作为维持政府主要支出的收入是不行的。“像英格兰这样的政府，不论其优点如何，从未曾以善于理财著名。……各国君主往往从事其他许多商业，他们同普通私人一样，为改善其财产状态，也常常不惜成为普通商业部门的冒险家。可是他们成功的不多。”②这是因为：①如果由君主来经营商业，因其不善于经营管理，就会产生浪费，也就意味着不成功；②如果君主委托他人来代理经营，代理人由于仅仅为代理而不作为营生，就会草率行事、不精打细算；③代理人作为经济人，总是为自己的利益打算，会通过捏造账目等手段，为自己积聚财产，有时也与君主一样浪费严重。总之，在斯密看来，“商人性格与君主性格两不相容，可以说是无以复加了”，无论是由君主自己来经营还是委托他人来代理经营，都不会成功。

至于将国家积蓄的资财贷借于他人，将利息作为国家的一般收入，斯密认为，这样“由于滥用无度，结局多半是利少害多”。

其次，关于君主或国家由土地取得收入。斯密认为，土地是一种比较确实和恒久的资源，在斯密时期以前，欧洲各国君主或国家的土地收入基本上可以满足政府的一切必要开支。可是，斯密认为，在其当时，欧洲多数文明国家，若全国所有土地归属一个人所有，那么，其从土地上所能获得的地租，

① 斯密．国民财富的性质和原因的研究：下卷［M］．北京：商务印书馆，2008：379.

② 斯密．国民财富的性质和原因的研究：下卷［M］．北京：商务印书馆，2008：377.

绝不会达到向人民征税的数额。“这土地如通由一个人领有，而且置于他的代办人、代理人的怠慢、浪费和专横的管理之下，那全地租，就莫说两千万镑的二分之一，恐怕连四分之一也提供不出来。”[①] 也就是说，在斯密看来，如果由君主或国家来占有土地，所获得的地租远远低于土地私有下政府课税的收入。同时，斯密还认为，土地由一个人所有也不利于人民从土地上获得收入。“人民由土地获取的收入，不与土地地租成比例，而与土地生产物成比例。除播种的种子外，一国全部土地年生产物，都是归由人民逐年消费，或者用以交换他们所消费的其他物品。凡使土地生产物增加到其本来可能增加到的原因，无论是什么，它使人民收入因而减少的程度，总大于它使地主收入减少的程度。”[②] 总之，在斯密看来，无论是从获得国家收入的角度来说，还是从人民收入以及整个社会利益来看，君主或国家都不要经营土地，而是要将土地转让于人民，政府只管从中收取赋税。“所以，为社会全体利益计，莫若拍卖王室领地，从而分配给人民，而君主一向由其领地享有的收入，则由人民提供其他同等收入来代替。”[③]

综上所述，斯密认为，在自然自由的市场社会中，应将创造社会财富的资本以及土地交由人民来经营管理，这样，不仅对君主或国家有利，也对整个社会有利。特别是，由人民来管理经营公共资本和土地也会使国家获得更多的一般收入。为此，斯密总结道：“公共资本和土地，即君主或国家所特有的两项大收入泉源，既不宜用以支付也不够支付一个大的文明国家的必要费用，那么，这必要费用的大部分，就必须取自于这种或那种税收，换言之，人民须拿出自己一部分私的收入，给君主或国家，作为一笔公共收入。”[④]

七、斯密的税收思想

斯密税收思想中传承着重商主义的税收原则：伦理性与经济性。但斯密的税收思想又与重商主义存在着根本性的差别：斯密税收思想倡导税收中性，

① 斯密 . 国民财富的性质和原因的研究：下卷［M］. 北京：商务印书馆，2008：381-382.
② 斯密 . 国民财富的性质和原因的研究：下卷［M］. 北京：商务印书馆，2008：382.
③ 斯密 . 国民财富的性质和原因的研究：下卷［M］. 北京：商务印书馆，2008：383.
④ 斯密 . 国民财富的性质和原因的研究：下卷［M］. 北京：商务印书馆，2008：383.

而重商主义则强调税收的目的性。这种差别根植于不同的政治经济学思想：重商主义是国家主义，国富民强有赖于国家干预；斯密则是自由市场经济思想，反对政府对市场的干预。正是这种政治经济学理念的差异，带来了税收思想的不同。

斯密倡导的税收中性意味着税收的目的在于为政府活动提供相应的财政收入。斯密在《国富论》第五篇“论君主或国家的收入”第二章“论一般收入或公共收入的源”的开篇即讲，一个国家每年的国防费、君主养尊费以及并未明确由何等特定收入来开支的必要政费，需要必要的收入。可见，斯密认为税收旨在满足国家每年所需的费用，并不是为了促进经济增长，经济发展问题要交给市场来解决，干预最少的政府就是最好的政府。所以，税收仅仅是国家或君主所花费的必要费用的来源。

一般认为，斯密是现代财政学的奠基者，其《国富论》是现代财政学的奠基之作。一方面，斯密构建起了现代财政学的分析框架：以政府为主体的财政收入与财政支出体系。其对财政收入的讨论既包含财政来源，即政府收税的准则，也包含国债理论。现代财政学无非也是从这两个方面展开的。另一方面，斯密关于财政收入与支出的分析范式，体现了财政的工具性作用。无论是财政收入还是财政支出，都不仅仅是为了满足人们的某些需要，而是为了国民财富的增进。内在于政治经济学之中的财政，不仅涉及政府与不同阶级人民的关系、不同阶级人民之间的关系，还涉及各生产要素之间的变动，影响着国民财富的增进。

（一）税收四原则

斯密的税收准则[①]因其对税收理念的深刻认识以及系统性阐述而流传至今，在现代财政学乃至财政实践中都能看到斯密税收思想的影子。斯密在具体分析赋税前，提出了税收四原则。

第一，税收的公平性或平等性。税收作为公共性的东西，首要遵从的一个原则就是平等。可是，不同时期或不同学派对“平等”有着不同的定义。

① 斯密的税收准则并不完全是斯密的首创。配第在比《国富论》早 114 年的《赋税论》中就提出了斯密所讲的某些税收原则。后来的一些学者也都提出和践行着税收的这些准则。

斯密的“平等”指的是“各自能力的比例的平等”。也就是说，每个人都在国家或政府提供的各种服务下从事相关的生产经营活动，要按照同一比例从每个人获得的收入中征收赋税，即每个人所缴纳的税额要与其在国家或政府保护下各自获取的收入成比例。每个人的天赋能力不同，在政府提供的各种公共服务条件下，能力越强的人，获取的收益越多，按照同一比例纳税，所缴纳的税额也就越多。其中体现的“平等”遵循“量能原则”。

在具体的税种分析中，斯密的“平等”体现出的是受益原则，即纳税人纳税的数额取决于从政府提供的公共服务中获得的收益。

第二，赋税的确定性。赋税的日期、方法、数额等都应是确定的，不仅不能随意变更，还要使人们明白。否则，纳税人可能遭受横征暴敛。在斯密看来，税收的不确定性所产生的危害要大于税收的不平等性。赋税的信息对称能够实现交易成本最低。

第三，纳税的便利性。纳税人纳税的时间、地点、方法等都要给予纳税人最大的便利，实际上就是要使纳税人的纳税成本最低。

第四，征税的经济性。斯密提出了四个方面，一是征税的人员要尽量少，即征税的成本要尽量小；二是税负不能太重，税收不能影响到人们“事业”的发展；三是对逃税的惩罚不宜太重，刑罚重了不利于纳税人重新进行生产活动；四是税吏不能频繁烦扰纳税人，影响其正常生产经营活动。

综合起来，斯密的税收四原则可归结为两个准则：公平性与经济性。

公平性体现于第一项原则中，即每个人都要从政府或国家给予的保护中获得的收益的一部分按比例纳税。实际上，斯密的“平等”内涵非常丰富。

首先，对收入征税。斯密认为的收入来源于工资、地租和利润，而这些是由生产要素产生的：工资源于劳动者的劳动报酬，地租是自然要素——土地所蕴含的价值，利润则是资本的收益。所在，在斯密看来，只应对创造出来的收入征税。

其次，按比例征税。如果通读斯密的征税原则就不难发现，斯密是比例课税的信奉者。但是，结合《道德情操论》来看，斯密还是一个伦理主义者，主张在不影响国民财富增进的前提下，对富人课以更重的税。斯密在论述房租税时，就认为富人应负担得更多一点。“房租税的负担，一般是以富者为最重。这种不平等，也许不算怎么背理。富者不但应该按照收入比例为国家提供费用，而且应该多贡献一点，难道可说这是不合理的吗?”①斯密显然认为富人多向国家纳点税不是不平等，反而体现为更平等、合理。比如在论述对政府或国家建设的公路、桥梁等收取通行税时，斯密认为，对极尽奢华的车辆征收的通行税高于不可或缺的运货马车，是再公平不过的了，因为这种制度安排“可使懒惰与虚荣的富人，不觉困难地对贫民的救济有所贡献，换言之，使运往国内各地的笨重货物的运费减低若干”②。由此，斯密倡导“累进税制”，即收入越多，所适用的边际税率越高。

再次，平等意味着纳税应与受益相一致。斯密口中的“平等”基于量能原则，能力越强，纳税越多，这也就是我们现在所讲的“纵向公平”。可斯密在某些情况下也强调受益原则，即当个人从国家或政府提供的具体某个公共事项中获得利益时，就要按一定的规则缴费或纳税，来弥补这些公共服务的成本。比如在讲到国家或政府提供公路、桥梁以及铸币、邮政时，斯密认为，谁从中获得收益谁就要付费，公路、桥梁的建筑费和维持费就由对使用这些公共设施的车辆收取的通行税来负担，铸币、邮政等也是如此。“斯密天才地提出了两条有交集、有分叉的税收原则理论，即量能原则和受益原则。”③

最后，税收的平等既包含了伦理性，也有经济性。单纯从消费角度来看或者说不涉及经济增长问题时，斯密认为应对富人更多地课税，而如果税收影响到经济增长，就不一定要对富人课以重税。所以，斯密的“公平”要视具体情形而定。

斯密税收原则中的后三项都可看作税收的经济性。第二项确定性原则讲的是在税收制度中，对纳税人如何纳税的规定应是具体的、确定的、明确的，其目的实质上是使交易成本最小。在税收过程中，纳税人与收税人之间既可看作一种交换，即收税人依某种规定向纳税人收取相应的费用，也可看作双

---

① 斯密．国民财富的性质和原因的研究：下卷［M］．北京：商务印书馆，2008：401．实际上，斯密作为功利主义者，反对对富人课以重税。因为富人作为资本所有者，其资本用于生产性活动可促进国民财富的增长，对富人课税意味着富人的一部分资本被用于非生产性活动，不创造国民财富。斯密在此处讲到富人应承担更多的税，是因为他认为对购买奢侈品、装饰品等非生产性活动，可以征收相对较高的税负。所以，斯密对富人高课税的前提依然建立在要有利于整个国民财富的增长上。

② 斯密．国民财富的性质和原因的研究：下卷［M］．北京：商务印书馆，2008：286.

③ 马斯格雷夫，皮考克．财政理论史上的经典文献［M］．上海：上海财经大学出版社，2015：3.

方的博弈。那么，在这一博弈过程中就会发生收税人的征管成本和纳税人的奉行成本之外的额外损失，即这一过程的交易成本。如果税收的规则不明确，在斯密看来，一方面，同作为经济人且与纳税人对立着的收税员，可能会根据自己的偏好、理解来课税，即斯密所讲的可能存在横征暴敛，损害纳税人的利益，由此可能影响到纳税人进一步投资或消费，进而影响到经济增长。同时，不同的纳税人可能面临着不同的境遇，即产生新的不平等现象。另一方面，二者有可能串谋，导致国家收入减少。同时，还可能使整个经济社会秩序产生混乱，即人们通过不正当的手段来避税。

斯密税收四原则的第三项是指纳税人的奉行成本应尽可能低，不占用纳税人更多的时间成本、人力成本，否则不仅将增加纳税人的负担，还可能会影响到纳税人正常的生产经营活动。如果更多的社会资源用于这些非生产性活动之中，就会不利于整个国家的经济增长。

斯密税收四原则的第四项包含着税收的征管成本要低、征税的额外损失要小、惩罚违法者所产生的额外损失要小以及执法产生的额外损失要小四个方面。也就是说，设计的税收制度要有利于征管，占用的征管费用要少。征管费用是非生产性的费用，过多则不利于有效资本的形成。税收制度不能导致较多的生产要素流失，也不能为了惩罚违法者而使生产要素无法进行有效产出，还要有利于执法。总之，税收会使生产性资本转化为非生产性资本，在征收过程中尽量少消耗社会财富，以使更多的生产要素转化为市场资本，增进国民财富。

可见，斯密税收四原则的后三项都是从节约成本、减少额外损失的角度来考虑设计税收制度的。进一步来观察，斯密的总体税收原则是要有利于整体国民经济增长。

作为自由市场经济的提出者与倡导者，斯密所称的政府是“小政府”，并非简单指政府的人员少、规模小，更重要的是职能少，不能过多干预市场的自由交换。税收可以看作政府干预市场自由交换的行为之一，那么为什么税收还会存在呢?

总体而言，税收是为了进一步增进国民财富。其内在逻辑是：虽然政府活动是非生产性的，但是，有些政府活动是有利于国民财富增进的。比如，道路等基础设施、教育等公益设施，以及可使市场交易有序进行的行政司法管理，对一个国家而言都是必需的，如果这些缺乏有效供给，可能会导致经济不能正常运行。可见，斯密认为税收的目的在于保证有利于国民财富增进的公共服务的有效供给，而且，在一定程度上，这种供给可产生比所缴纳税收更大的利益。“最后支出这税额者由于课征税而得到的利益，超过由于完纳该税而蒙受的损失。他的支出，恰和他所得的利益成比例，实际上，不过是他的利得中之一部分。他必须舍弃这一部分来取得其余部分。”① 举例来说，公路、桥梁等基础设施完好，一是有利于降低交通费用，进而降低商品的价格，由此增加人们的消费量，显然会增加国民财富；二是可以扩大商品的交换半径，将某地的商品运送到更远的地方，增加商品的市场容量，增加生产与消费，国民财富也就随之增加了。那么，一般货运车辆缴纳的通行税，尽管最终会转嫁给消费者承担，但是，斯密认为消费者所承担的通行税完全可由其获得的利益弥补，甚至可能还会有剩余。总之，政府收税来提供公共服务有利于整个社会经济增长。

最后，关于斯密税收原则中公平性与经济性之间的关系，在其税收四原则的第二项中已表述得非常明确了：“据一切国家的经验，我相信，赋税虽再不平等，其害民尚小，赋税稍不确定，其害民实大。”② 赋税不确定以及征管成本、奉行成本过高等所带来的危害要大于赋税的不平等，因为它们会影响到整个社会经济的有效运行，而只有社会整体国民财富增加才有利于每个国民的利益。通读斯密的著作，就可领悟到，斯密的税收原则作为《国富论》的一部分服务和服从于斯密的整个“政治经济学”体系——增进国民财富的学说。其税收原则更强调税收的经济性，即税收要有利于国民财富的增进。

（二）具体税种的分析

税收来源于所有的收入，或者说，无论什么税，都出自土地、劳动以及资本的价值。国民收入包括地租收入、劳动工资收入和资本利润收入，税收作为国民收入的一部分，可被分为地租税、劳动工资税和资本利润税。

---

① 斯密．国民财富的性质和原因的研究：下卷［M］．北京：商务印书馆，2008：286.

② 斯密．国民财富的性质和原因的研究：下卷［M］．北京：商务印书馆，2008：385.

1. 地租税

地租税，即加在地租上的赋税，无论是针对土地还是针对土地生产物的税，最终的承担者都是土地所有者——地主。依附于土地上的财富增长取决于土地的改良，而地主是土地改良的主体，所以，如果附加在土地上的税有利于地主，那么土地就会得到改良，土地生产物就会由此增加，否则，土地就不会产生更多的收益。所以，在斯密看来，恒久性的土地税，尽管不公平[①]，但是体现了经济性。这时，斯密认为，"社会状态无论怎样变动，农业无论怎样进步或退步，银价无论怎样变动，铸币法定标准无论怎样变动，这样一种赋税即无政府注意，亦自会不期然而然地与事物的实际状态相适应，而且在这些变动下，都会同样适当，同样公平。所以，最适当的办法，不是把它定为一种总是按评价征收的税，而是把它定为一种不变的规定，或所谓国家的基本法"[②]。减少干预，做一个无为政府，只规定一个基本的课征数额，是最好的税法。因为这种税收制度具有经济性。斯密更是反对课征什一税，认为这会阻碍对土地的改良。

斯密在讨论房租税时提出的"地皮租是善政的产物"的观点，对当今社会也颇有启发意义。斯密所说的"地皮租"就是土地的租金，只不过他强调的是建筑物所处土地的租金。地皮租同一般地租一样，也存在着级差。在偏远的地区，地皮租同一般地租没有区别，地皮租最高的地区是一国的国都。在斯密看来，地皮租存在级差是源于政府的"善政"，"地皮租就其超过普通土地地租的数目说，完全是由于君主的善政"，即地皮租是政府提供的道路、绿地以及学校、医院等公益设施给人们带来便利的结果，政府提供的公共服务越好，地皮租就越高。这与现代房产价值的形成原理是一样的。比如，就同一区域而言，学校、医院等公共服务较好的社区的房屋价格大都较高；城铁开通前后房屋价格差异较大；等等。总体上看，公共服务优良的区域房产价值较高。正如斯密所言，不同区域房产价格的级差是政府公共服务的结果。对此，政府课征一种特别的税是合理的。这种税与其说是国家对占有或使用

---

① 恒久性土地税意味着，一方面，土地改良所增加的收益不会增加赋税；另一方面，改良的土地与不改良的土地之间收入不同，但要纳相同的税。这没有体现出斯密所讲的按收入的一定比例纳税的公平性原则。

② 斯密．国民财富的性质和原因的研究：下卷［M］．北京：商务印书馆，2008：392-393.

土地而课征的一种税，毋宁说是对政府提供公共服务的一种补偿，从理论上说，房产价格因政府提供公共服务导致的上涨部分，都应归政府所有。

2. 消费品税

消费品税，即加于消费品上，由消费支出承受的一种税收。斯密认为人们之所以发明消费品税，是因为包括人头税在内的各种税都无法“按照人民收入比例征收”，即不能保证公平性。

斯密将消费品分为必需品和奢侈品。必需品不仅包括维系正常生活必不可少的商品，比如盐、水、粮食、衣服等，在斯密看来，还应包括按照一个国家的风俗习惯，少了它就觉得“有伤体面的那一切商品”。可见，斯密的必需品包含着两个层面的含义：一是这些商品要能保障人们过上体面的生活；二是是否是必需品要取决于一个国家或地区的习惯，不同国家或地区对必需品的界定是不同的，在不同时期恐怕也会不同。或者说，随着生产力水平的提高，体面生活的标准也会相应提高，必需品的内涵和范围就会发生变化，所以，必需品是动态的。除了必需品外的其他商品都可看作奢侈品。

斯密认为，消费品税只应对奢侈品课征，而不应对必需品课征。因为，一方面，“对生活必需品课税，和对劳动工资直接课税，其所生影响恰恰相同”[①]。实际上，这里隐含着李嘉图的“工资铁律”，也称为工资的最低生存说：实物工资长期来看将接近于仅可维持工人生活的最低工资额。也就是说，对必需品课税，势必使必需品价格上涨，而劳动者为了保障其最低生活水平，就会要求雇主增加工资。即对必需品所课的税转嫁为雇主多支付的工资，这种税最终由资本所有者来承担。另一方面，对必需品课税，“必然会提高一切制造品的价格，从而减少它们贩卖和消费的范围”，并且，制造品价格上涨中的一部分可能会转嫁给地主或资本所有者来承担，影响到进一步的生产性资本的投入、土地的改良，由此影响整体的经济增长。“在荷兰，课于生活必需品的重税，据说，曾破坏了该国一切主要制造业。连渔业及造船业，恐怕也会逐渐受其阻害。英国对必需品所课的税很轻，没有任何制造业受过它的破坏。”[②] 由此可以看出，斯密不主张对必需品课税的原因，不在于对必需品课

① 斯密. 国民财富的性质和原因的研究：下卷［M］. 北京：商务印书馆，2008：432.

② 斯密. 国民财富的性质和原因的研究：下卷［M］. 北京：商务印书馆，2008：468.

税会带来价格上涨，影响贫困群体的生活水平，而在于对必需品课税会影响资本的有机构成，影响到整个社会的经济发展，以及中上层阶级的利益。“为使社会大多数人民，按照他们各自费用的比例，提供国家收入，似乎不必要对于费用所由而支出的每项物品课税。”①

而对奢侈品课税，既不会引起劳动工资的增高，又不会削弱下层阶级人民养育家庭的能力，除了这个商品本身也不会引起其他商品的价格变化。对奢侈品课税是由中上层阶级人民承担相应的这一比例税负，既不会对整体经济发展产生影响，也符合支出费用比例分担的原则。所以，斯密强调，“不过，我们要记住一件事：应当课税的，是下层阶级人民的奢侈费用，而不是他们的必需费用。对他们必需费用，要是课税，其最后支付，要完全由上层阶级人民负担，即由年生产物的较小部分负担，而不由年生产物的较大部分负担。在一切场合，此种税必会提高劳动工资，或者减少劳动需要。不把那种税的最后支付加在上层阶级身上，劳动价格决无从提高；不减少一国土地劳动年产物，即一切税最后支出的源泉，劳动需要决不致减少。劳动需要由这种税而减少的状态不论是怎样，劳动工资都不免要因此提高到没有此种税的场合以上。并且，在一切场合，这提高的工资的最后支付，必定要出自上层阶级”②。除了强调不对必需品课税，否则会提高劳动工资、减少劳动需要并可能对经济产生影响外，斯密还指出，对必需品课税违背了平等原则，即因存在税负转嫁而使中上层阶级人民承担税负，下层阶级人民不负担税负，这无疑与按照收入成比例来课税的原则不符。

总之，斯密税收思想是其自由市场经济思想的具体体现，在强调政府干预最小化的前提下，将人民收入或每个人的收入按照一定比例来纳税，课税过程中要遵从经济性原则，即政府在获得财政收入的过程中，要使课税的交易成本、奉行成本、征管成本、额外损失都尽量小。

---

① 斯密．国民财富的性质和原因的研究：下卷［M］．北京：商务印书馆，2008：444.

② 斯密．国民财富的性质和原因的研究：下卷［M］．北京：商务印书馆，2008：449.

八、公债理论

（一）公债的产生

斯密认为，在商业未开展、制造业未改进的未开化社会，不存在公债，只有等到社会生产力水平不断提高，进入商业社会，国家才开始举债。这是因为在未开化的社会，社会生产力水平有限，没有奢侈品，人们的收入大都用于购买必需品和储蓄，所以，“节约与藏蓄的倾向，流行于人民之间”。再加之即便发生战争，正如斯密在分析国防费时所指出的，战争费用也多是由人民负担，而且，相较于商业社会，此时战争成本较低，君主不用举债也可应对平时以及战争等特殊时期的需要。可是，随着社会生产力的发展、制造业的改进，在一般必需品之外，还出现了大量的工业品、奢侈品，“在富有各种高价奢侈品的商业国内，君主自然会把他的收入大部分，用以购买这些奢侈品，像其版图内一切大土地所有者一样。他本国及邻近各国，供给他许许多多的各种高价装饰物，这些装饰物，形成了宫廷华丽但无意义的壮观[①]。……他平时的费用，就等于他平常的收入；费用不超过收入，就算万幸了。财富的蓄积，再无希望；一旦有特别急需，需要特别费用，他定然向人民要求特别的援助”[②]。由此，斯密认为，“一国在平时没有节约，到战时就只好迫而借债”。可见，在斯密看来，君主借债是因为其奢侈、不节约而没有足够的积蓄来满足战争等急需之用。

君主或国家要向人民借钱，而人民得有贷款的能力和贷款的意向，或者说，人民得愿意将自己的货币借给君主或国家。斯密认为，在现代富裕文明国家，有众多的商人与企业主，他们有一定的资本，也愿意借给君主或国家。因为：一是其将资本借给君主或国家可获得与一般商业利润差不多的收益；二是富裕文明国家都有正规的司法行政制度，能够保障人民的人身与财产安

---

① 斯密在《道德情操论》中也论述了大致相同的观点，他认为君主或富有者单纯地追求一些全无用处的“小玩意”，并不因其有实用价值，而全因其精巧、雅致。

② 斯密．国民财富的性质和原因的研究：下卷［M］．北京：商务印书馆，2008：471–472.

全，那么，大商人、大工厂主也就会信任政府，将资本借给他们[①]。也就是说，讲信用的政府，既是国家富足的前提，也是获得人民的信任而愿意借贷给政府的基础。但也正因如此，斯密认为，“这种国家的政府，极易产生这种信念，即在非常时期，人民有能力把钱供给它，而且愿意把钱供给它。它既预见到借款的容易，所以在平时就不孜孜于节约”[②]。也就是说，政府随时都能够获得所需要的资本，也就无须蓄积财富。这便是政府举债的根本。

（二）政府举债的方法

斯密观察了欧洲各国举债变化情况，认为在最初，国家举债完全依赖于其信用，但随着债务规模的扩大，国家存在“破产”的风险，就会影响到借贷者的利益。所以，后来国家举债的原则就与私人之间借贷相类似：提供担保。这样，公债的种类就分为无担保债券和有担保债券。无担保债券又分为无利息债券——主要是指政府所拖欠兵役的一些费用，以及有利息债券——通过发行财政部或海军证券并通过英格兰银行来进行贴现流通。有担保证券指的是指定或抵押国家特定收入来担保债务的偿还。从偿还期限上来说，有担保证券分为有期限的债券和永久性债券两种，有期限的债券被称为预支法，永久性债券被称为息债法——永久付息。

从实践来看，英格兰银行在政府举债中扮演着重要角色，即担负着按资本付息公债的流动性作用。“英格兰银行，通过自动按照时价贴现这种证券，以及通过与政府议定以某种报酬条件替它流通财政部证券，即按额面价格收受证券并支付其所应付的利息等办法，给该证券保持了价值，便利流通。”[③]可见，斯密认为英格兰银行作为公债制度中公债发行者——政府与公债购买者——和人民之间的中介，提供了公债的流动性。

斯密进一步分析了赋税、英格兰银行以及减债基金之间的关系。斯密观察到当时英国举债制度中，债券与赋税、英格兰银行与其构建的减债基金存

① 斯密认为，一个国家之所以富裕，就是因为有一个公正、讲信用的政府，如果人民对政府的公正没有信心、缺乏安全感，其财产、人身没有切实的保障，那么，人民就不会安居乐业，这个国家也就不会长久发展，也就是不会成为富裕国家。反过来说，一个国家之所以成为一个富裕文明的国家，就在于有一个公正、正规的司法行政制度。

② 斯密．国民财富的性质和原因的研究：下卷［M］．北京：商务印书馆，2008：474.

③ 斯密．国民财富的性质和原因的研究：下卷［M］．北京：商务印书馆，2008：475.

在着内在联系，共同构成了其公债制度。

英国政府举债，先由包括英格兰银行在内的银行来垫付，同时，政府针对发行的公债数额来确定偿还公债的赋税，比如起初课征土地税和麦芽税用以偿债，等税款纳入国库后，逐渐偿还于相应的银行。如果每年课征的赋税足以还清银行垫付的每年所需偿还公债的部分本息，这一制度便可正常运行。可是，在某些年度，"税收往往在限定期限内，不够支付借款的本金及利息，于是就得延长收税年限，从而补足这项短额"[①]。斯密考察了英国 1697—1711 年的公债偿还过程，发现至少有 7 次延长税收期限。此外，还将若干税集合为共同基金或总基金，用于清偿债务。这期间，英国政府举债主要是运用预支法——有期限、有利息的举债方式。可是，欧洲各国"往往在第一次预支时，就对基金加以过度的负担；即或不然，也往往在第一次预支未偿清以前，就进行第二次第三次的预支，而加重基金的负担。这样下去，指定的基金，就变得完全不够支付所借货币的本金。像这样无打算的预支，必然会导致那破坏性更大的永久付息办法的采用"[②]。也就是说，在斯密看来，政府几次赋税延期的法令的结果，是短期预支的大部分赋税全都变成永久的了，而且其用途也不在于支付由预支法所借入款项的本息，而只是用于支付其利息。这样，政府公债就由原来的预支法转变成了息债法——永久付息。进一步来看，斯密认为，"在一切场合，由这种新方法能够筹到的款额，总比由旧的预支方法来得大。所以，人们一习知这新方法，每当国家万分吃紧之秋，一般都舍旧法而用新法。救目前的急难，是直接参与国事者的要图，至于公家收入的解放，那是后继者的责任，他们无暇顾及了"[③]。这也就意味着，人们渐渐地认识到息债法的优势，逐渐采用这一方法来进行举债。

斯密认为，在英国、法国等欧洲各国，在预支法与息债法之间，还存在着两种方法：有期年金借款和终生年金借款。斯密结合当时英国和法国的实际具体分析了这几种公债借款方法之间的差异，即政府作为借款者，与商人、制造业者以及银行之间进行博弈，每个主体都想使自己获得更多的收益，为此，政府就需要迎合出借者的需要而不断变换筹款方式。

---

① 斯密．国民财富的性质和原因的研究：下卷［M］．北京：商务印书馆，2008：475.
② 斯密．国民财富的性质和原因的研究：下卷［M］．北京：商务印书馆，2008：478.
③ 斯密．国民财富的性质和原因的研究：下卷［M］．北京：商务印书馆，2008：479.

总之，斯密总结道："近代各国政府平时的经常费，多半是等于或者大约等于其经常收入；所以战争一旦发生，要政府按照费用增加的比例而增加收入，就不仅非其所愿，而且非其所能。它们之所以不愿，是因为突然增加如此巨额的税，恐伤害人民感情，使得他们嫌恶战争。它们之所以不能，因为战争所需费用不定，赋税应增加多少才够，没有把握。各国政府所碰到的这两层困难，如采行举债办法，就容易解决了。借债能使它们只要增税少许，就可逐年筹得战争所需的费用；并且，通过永久息债，它们可能以最轻微的增税，逐年筹得最大款项。"[①] 从政府的角度来看，公债更容易获得所需的资金，而且仅需较少的赋税，因此，便成了筹集战争等资金的主要方法。

可是，战争结束，并不意味着原初用于偿还公债的赋税的免除。这是因为这些赋税都用作了公债利息的担保，即便这些赋税支付本息后还有剩余，这些剩余也会转作偿还公债债务的减债基金。减债基金主要用于偿还公债债务，从实践来看，远远不够在和平时期偿付全部公债的本息，更何况，减债基金还经常被政府挪用于其他目的。

本来，政府其他目的的支出一般要由相应的赋税或课征新税来满足，可是，政府更愿意用减债基金来支付。这是因为在斯密看来，开征新税会加重人民负担，使人民感到痛苦，引起怨声与反对；而不暂停偿还债务，则不会使人民马上感到痛苦，不致引起怨言。从英国的实践来看，也正是如此，政府不可能由经常收入来偿还公债。这样，政府的公债规模会越来越大。

（三）政府公债对国民财富增进的影响

对此，斯密分析的基础是：政府活动是非生产性劳动，用于政府活动的公债也是非生产性的，不产生国民财富。"最初债权者贷与政府的资本，在贷与的那一瞬间，已经由资本的机能，转化为收入的机能了，换言之，已经不是用以维持生产性劳动者，而是用以维持非生产性劳动者了。"也就是说，资本在私人手中时，要为私人带来更多的收益，非投资出去不可；可是，贷与政府后，政府只是将这部分资本消耗、浪费掉了，不会创造出社会财富。

政府资金来源于赋税，即人民收入的一部分。这部分人民收入中，有一

① 斯密．国民财富的性质和原因的研究：下卷［M］．北京：商务印书馆，2008：483.

部分由维持某种非生产性劳动转移至维持他种非生产性劳动；另一部分由储蓄起来的资本转移成了维持某种非生产性劳动的支出，无疑会成为新资本进一步蓄积的阻碍。可见，在斯密看来，赋税多少也会影响到社会资本的蓄积。

也就是说，斯密认为，公债和赋税作为政府筹集资金的两种方法，都会对社会资本的形成产生影响，并进一步分析了公债与赋税对社会资本蓄积影响的不同。斯密认为："当国家费用由举债开支时，该国既有资本的一部分，必逐年受到破坏；从来用以维持生产性劳动的若干部分年生产物，必会被转用来维持非生产性劳动。不过，在这种场合所征的赋税，较在前场合以积成资本的能力，亦因此减损较少。"[①] 即在斯密看来，通过公债筹集资金，减轻人民的赋税，一方面，公债使维持生产性劳动的资本减少；另一方面，因赋税减轻，积成资本的能力增强。可是，斯密进一步指出，"和以本年度税收开支本年度费用的方法比较，举债方法，如果在较大程度上破坏旧的资本，也在较小程度上妨害新资本的获得或蓄积。在举债制度下，社会一般资本时时由政府滥费所惹起的损失，是更容易由人民的节约与勤劳得到弥补的"[②]。可见，斯密是辩证地来看待公债与税收对社会资本形成的影响的。可是，他还是给出了明确的结论："只在战争继续的期间内，举债制度才优于其他制度。"而且，通过对欧洲各国的观察，他认为曾经采用举债策略的一切国家，都趋于衰弱。

有人说，公债利息的支付，不过是"右手"支给"左手"，从某一阶级的手中转移到另一个阶级手中，并不会带来国家财富的减少。显然，斯密不同意这种说法。斯密认为，国民财富的源泉是土地和资本，政府将部分生产性资本用作政府自身的消费，无疑意味着用于生产性劳动的资本的减少，也就意味着国民财富增长受到抑制。

所以，斯密认为，政府过度举债就会导致国家破产。而政府掩饰国家破产的惯用伎俩就是提高货币的名义价值，最直接的办法就是减低铸币的标准成色，在铸币中掺以较大量的劣金。斯密认为，"像这样偿还债务实不过貌为偿还罢了，在实际中，国家债权者应得的每一磅，都被骗去了十先令"[③]。实

① 斯密．国民财富的性质和原因的研究：下卷［M］．北京：商务印书馆，2008：490.
② 斯密．国民财富的性质和原因的研究：下卷［M］．北京：商务印书馆，2008：490.
③ 斯密．国民财富的性质和原因的研究：下卷［M］．北京：商务印书馆，2008：494.

际上就是政府降低货币实际价值，有意识地制造通货膨胀，骗取债权人的利益。斯密认为这是一种下策，既不利于人民，也无利于国家，显然，整个社会的财富增进会受到阻碍。“这种办法将使私人财产受到一种最普遍、最不害的破坏，而在大多数场合，将使勤劳、节约的债权者吃亏，怠惰、浪费的债务者致富；这样国家资本的大部分，将由能使这资本增益的人，转移到只知破坏这资本的人。”①

斯密认为减少公债及偿还公债伴生的弊端需要，其一，改革税收制度，增加国家收入。“实施比现在较为公平的土地税和房产税以及前章对于现行的关税制度及国产税制度所提议的改革，也许可在不增加大多数人民的负担而只把这负担平均分配于全体国民的情况下，就可使国家的收入大大增加。”②根据英国实际情况，斯密认为应将英国本国的税制推广至整个帝国所属的殖民地，这样，就可大大增加国家收入。其二，大幅度削减公共经费，特别是一些殖民地的负担。斯密特别强调，必须让殖民地分担自己本国的国防费等各种负担，否则，就应放弃该殖民地，从而缩小国家的公共费用。

总之，斯密认为，政府举债的原因在于浪费、奢侈，而且，举债会阻碍国民财富的有效增进，只有在战争时期，这种制度才优于其他制度。要尽量减少政府活动支出，将更多的资本用于生产性劳动，这样才有利于国民财富的增进。

---

① 斯密．国民财富的性质和原因的研究：下卷［M］．北京：商务印书馆，2008：495.

② 斯密．国民财富的性质和原因的研究：下卷［M］．北京：商务印书馆，2008：498.

第九章　李嘉图的财政思想

一、李嘉图及其财政思想的形成

大卫·李嘉图（David Ricardo，1772—1823），古典经济学家。生于犹太人家庭，父亲为证券交易所经纪人。12 岁到荷兰商业学校学习，14 岁随父从事证券交易，21 岁便独立开展证券交易活动（先是场外经纪人，后是股票交易所的经纪人和买卖人），25 岁时拥有 200 万英镑财产。1799 年（“在休养地闲得无聊的时候”——熊彼特语）读了《国富论》后开始研究经济问题，参加了当时关于黄金价格和谷物法的讨论。1817 年出版《政治经济学及赋税原理》[①]（以下简称《原理》），被誉为继《国富论》之后的又一经济学巨著。一般认为，李嘉图作为古典经济学的完成者，他的财政税收理论虽不像斯密那样完整和系统，但对税收问题作了进一步的深入分析和研究，虽与斯密一脉相传，却也有其独到之处。

可是，熊彼特对李嘉图的经济思想的评价并不高。他认为，尽管李嘉图出生于文化家庭，但是并没有受到过学校教育，重要的工作就是“买卖”，因而“李嘉图通常被称为功利主义者，但他并不是一个功利主义者。这不是因为他有另一种哲学，而是因为繁忙而注重实际的人是根本没有什么哲学的”[②]。同时他还认为李嘉图也不懂得什么社会学。熊彼特批判道，一方面，“他的工作方法的实质是抓住时代向他提出来的问题，并运用他通过批评所得到的工

① 资料来源于 MBA 智库百科。

② 熊彼特．经济分析史：第二卷［M］．北京：商务印书馆，2011：149.

具去解决它们”。熊彼特认为李嘉图的《原理》既基于对《国富论》的批评，又是对《国富论》的一种特殊地改写，之所以如此，是因为李嘉图对其他经济学家的著作知之甚少。另一方面，李嘉图对基本概念、基本原理以及经济体系等根本不感兴趣，他的兴趣点在于“具有直接实际意义的明确结果”，所以，李嘉图在进行分析时将事情简化为假设或是抽象出几个概念，然后在它们之间建立起简单的单向关系，使希望得到的结果显露出来。熊彼特认为，李嘉图的这种分析方法“几乎就像同义异语反复那样”，将其称为“李嘉图恶习”，“一种决不可能被驳倒的、除了没有意思之外什么都不缺少的理论，诚然是妙不可言的理论”①。

在斯拉法主编的《李嘉图著作和通信集》的“剑桥版编者序言”中，列出了《原理》与《国富论》的章节次序，从中不难看出，这两本书的次序“十分符合”。也就是说，李嘉图在理论框架上还是延承着斯密的基本思路，并没有创新。“李嘉图恶习”指的是李嘉图的方法论将经济学与社会制度因素剥离开来，将与社会制度相关联的、复杂的经济现象抽象为几个简单的变量并简化为数学关系以解释现实世界，没有继承斯密将经济问题置于社会制度框架内进行讨论的传统，对解释社会现实经济问题毫无用处。萨缪尔森将李嘉图的这种研究范式称为“抽象的方法论”，科斯则称之为“黑板经济学”。一方面，李嘉图经济学的抽象演绎方法是受到了德国历史学派经济学家李斯特、施穆勒等的强烈批判；另一方面，边际效用理论将抽象演绎法推向极致，之后成为西方经济学一元化的方法论，一直持续到20世纪50年代（我国的经济学研究中目前仍然存在着这种倾向）。

二、李嘉图生活的时代背景

李嘉图生活于英国工业革命时期。工业革命的标志就在于大机器替代手工劳动，社会生产力水平发展到新阶段，生产方式发生了革命性改变，导致产业资本不断积聚，社会经济关系大变。工业革命使机器、机械体系成为生产的技术条件，与工业革命早期的单纯协作与手工业工场阶段相比，大机器

① 熊彼特．经济分析史：第二卷［M］．北京：商务印书馆，2011：151-152.

的应用需要更多的资本，由此生产活动中的资本有机构成占比不断提高。实际上，工业革命的本质就在于机械的应用，机械化生产活动也使劳动与资本之间的关系发生着深刻变化，劳动服从于机器。按照马克思主义的说法，劳动者成了机器的奴隶，劳动者的劳动也不再有自主性，劳动产品中不再体现劳动者的意志，资本和资本所有者主宰着劳动者的命运，而且，劳动者所创造的财富也不完全归劳动者所有。这就是马克思主义所说的“异化劳动”。

工业革命使工业与农业分离，对农业也产生了极大影响。一方面，受比较利益驱动，大量的农村人口流向工业领域、流向城市，从事农业人口大量减少，而出现了大量的工业产业后备军；另一方面，受到工业机器化的影响，谷物及其他农产品价格上涨，刺激了农业集约化发展，由此使得大农场制快速发展，小农生产活动遭到驱逐。这样，英国社会逐步发展成了由资本家、土地占有者和劳动者三大阶级组成的社会。这也就是李嘉图在《原理》中说的，“土地产品——即将劳动、机器和资本联合运用在地面上所取得的一切产品——要在土地所有者、耕种所需的资本的所有者以及以进行耕种工作的劳动者这三个社会阶级之间进行分配。但在不同的社会阶段中，全部土地产品在地租、利润和工资的名义下分配给各个阶级的比例极不相同；……确立支配这种分配的法则，乃是政治经济学的主要问题”①。

实际上，李嘉图道出了英国这一时期的社会主要矛盾：社会各阶级的分配问题。工业革命在增进社会财富的同时，也使得资本家阶级、土地占有者阶级与劳动者阶级之间的利害冲突不断激化。资本家相对于劳动者而言居于优势地位，他们用较低的工资雇用手工业者、农民、女工甚至童工，从而获得高额利润。但资本家的利润会受到地租、物价、工资上涨的制约。地租首先上涨，甚至在短期内以百分之百的速度上涨，同时，关税阻碍了国外廉价谷物等产品的输入，使得农产品特别是谷物价格上涨，就必然导致了劳动者工资的上涨②，也就侵蚀了资本家的部分利润，进一步激化了各阶级之间的利

① 斯拉法．李嘉图著作和通信集：第一卷［M］// 政治经济学及赋税原理．北京：商务印书馆，2010：1.

② 斯密在《国富论》中清楚论述了谷物价格与劳动者工资之间的关系，马克思也分析过这一关系，认为资本家付给劳动者的工资只能维持劳动者的简单再生产，如果人们赖以生存的谷物的价格上涨，劳动者工资也必然会上涨，否则，劳动者将难以维持其基本的生存。

益矛盾，影响了工业产业的发展与进步，影响了整个社会国民财富的增进。所以，解决不同社会阶级之间的利益分配问题、促进整个社会经济增长就成了社会面临的主要矛盾，这也成为当时一些学者不断思考的问题。

总之，这一时期，资本主义社会商品经济处于比较发达的阶段，其中蕴含了诸多矛盾，如价值规律与利润之间的矛盾、社会各阶级之间的矛盾等。同时，由于资本主义的发展，各种社会矛盾也开始出现并逐渐激化。

三、李嘉图财政思想的理论基础

李嘉图经济学的中心思想在于促进生产力的发展，认为一切都应为发展生产力、增进社会财富创造条件。马克思对李嘉图发展生产力的思想有过积极评价："李嘉图曾把资本主义生产方法，当做生产一般的最有利的方法，当做财富生产的最有利的方法。这种看法，对于他的时代是正确的。他冀求为生产的生产。这是正当的。"① 马克思认为李嘉图促进生产力发展来实现整个社会财富增进的思想有其积极意义，但是，他仅仅考虑了"为生产的生产"，只是考虑了如何促进经济增长，而没有考虑到社会的生产关系，没有考虑到国民财富"公平性"的分配问题，或者说，只考虑到生产力发展问题，没有考虑到生产关系问题。

李嘉图增进国民财富的理论继承了威廉·配第以来古典经济学的劳动价值论。劳动价值论由配第创立，后经富兰克林、魁奈等重农学派学者以及斯密不断发展。李嘉图进一步明确，劳动时间是价值的唯一基础，商品价值由商品中包含的劳动量来决定。斯密认为，"劳动是衡量一切商品交换价值的真实尺度"，"任何一种物品的真实价格，即要取得这物品实际上所付出的代价，乃是获得它的辛苦和麻烦"②，也就是说，劳动不仅是价值的源泉，还是两种商品相交换的基础，或者说，商品交换体现为耗费的劳动的交换。同时，斯密进一步区分了复杂劳动与简单劳动，李嘉图在古典经济学劳动价值论的基础上进一步确定了这一观点，认为："劳动是一切价值的基础，相对劳动量是

① 马克思．剩余价值学说史：第 2 卷［M］．上海：三联书店，1957：296.
② 斯密．国民财富的性质和原因的研究：上卷［M］．北京：商务印书馆，2008.

几乎唯一的决定商品相对价值的因素。……生产出来的商品的交换价值与投在它们生产上的劳动成比例；这里所谓劳动不仅是指投在商品的直接生产过程中的劳动，而且也包括投在实现该种劳动所需要的一切器具或机器上的劳动。”[①]“如果体现在商品中的劳动量规定商品的交换价值，那末，劳动量每有增加，就一定会使在其上施加劳动的商品的价值增加，劳动量每有减少，也一定会使之减少。”[②]

李嘉图的劳动价值论是在评论或批评斯密劳动价值论的过程中形成与发展的。斯密认为，商品的价值是由生产商品的劳动决定的，商品价值分解为工资、利润和地租，实际上只包含马克思所讲的 $V+M$，即新创造的价值。李嘉图认为，斯密的价值构成不完全，商品价值不仅包括新创造的部分，即直接生产商品所耗费的劳动，还应包括生产生产资料所耗费的劳动，即商品中直接转移过来的部分，这样，李嘉图的商品价值构成就是马克思意义上的 $C+V+M$。这也构成了李嘉图社会阶级分配的基础。

李嘉图继承了斯密的自由主义思想。“在商业完全自由的制度下，各国都必然把它的资本和劳动用在最有利于本国的用途上。这种个体利益的追求很好地和整体的普遍幸福结合在一起。由于鼓励勤勉、奖励智巧，并最有效地利用自然所赋予的各种特殊力量，它使劳动得到最有效和最经济的分配；同时，由于增加生产总额，它使人们都得到好处，并以利害关系和互相交往的共同纽带把文明世界各民族结合在一个统一的社会。”[③]不难看出，李嘉图的这一论述体现着自由主义思想，强调自然自由的市场竞争，正是这一自然制度才使得个人在追求自身利益的同时使社会整体利益最大化。李嘉图的这一论述实质上是对斯密“看不见的手”的“重复”，这就是熊彼特并不完全赞同李嘉图的原因之一。与此相一致的是，李嘉图同斯密一样，认为国家财政活动具有非生产性功能。“一国的生产量必然会随着资本的减少而成比例地减少；所以，如果人民方面和政府方面的非生产性开支继续不变，而年再生产

---

① 斯拉法．李嘉图著作和通信集：第一卷［M］// 政治经济学及赋税原理．北京：商务印书馆，2011：13，17.

② 斯拉法．李嘉图著作和通信集：第一卷［M］// 政治经济学及赋税原理．北京：商务印书馆，2011：18.

③ 斯拉法．李嘉图著作和通信集：第一卷［M］// 政治经济学及赋税原理．北京：商务印书馆，2011：111.

量又不断减少时，人民和国家的资源就会日益迅速地趋于枯竭，穷困和灾殃就会随之而来。……然而肯定地说，如果没有赋税，资本的这种增加还会更多得多。凡属赋税都有减少积累能力的趋势。”[①]也就是说，国家的活动作为非生产性活动，只有减轻赋税才能有效促进经济增长、国民财富增加，所以，要将赋税限制在最小范围内，也就是将国家或政府的角色定义为“守夜人”。

四、税收思想

（一）李嘉图关于税收的基本思想

李嘉图的税收理论是基于其收入分配理论，并在对斯密的税收理论的批判、修正的基础上形成的。可是，李嘉图并未像斯密那样依据其国家理论[②]构建起现代财政学的理论框架，只是重点探讨了赋税理论。

关于赋税的定义或赋税的源泉，斯密认为税收来源于收入，无关乎资本，不会影响到资本的积累。而李嘉图则不赞同斯密的这一观点，他认为税收要么来源于收入，要么来源于资本，“赋税是一个国家的土地和劳动的产品中由政府分配的部分；它最后总是由该国的资本中或是由该国的收入中支付的”，所以，政府的赋税会影响到资本累积，进而会影响到国民财富的有效增进。“当政府的消费因增加课赋税而增加时，如果这种消费是由人民增加生产或减少消费来偿付时，这种赋税就落在收入上面，国家资本可以有受损失。但如果人民方面没有增加生产或减少非生产性消费，赋税就必然要落在资本上面，也就是说，原来决定用在生产性消费上的基金将会因此受到损失。”即如果赋税落在收入上，只是将人民的消费转移到政府的消费上面，不会影响社会经济发展，只会影响人民的享受和舒适；而如果赋税落到资本上，就会影响社会经济发展了。

---

① 斯拉法．李嘉图著作和通信集：第一卷［M］// 政治经济学及赋税原理．北京：商务印书馆，2011：126.

② 斯密的国家理论主要是通过论述欧洲经济发展史和批判重商主义与重农主义建立起来的，即在自然自由市场制度下政府尽量少地干预社会的经济生活。在坎南主编的《斯密法学讲稿》中，也可看到斯密对此所作的论述。

当然，在李嘉图看来，“赋税并不因为课加在资本上面就一定是资本税，也不因为课加在收入上面就一定是所得税”①，要具体问题具体分析。实际上，这里既涉及不同税种的转嫁问题，也涉及人们的消费习俗。也就是说，如果政府对人们所课的税只是减少了人们的消费，影响到了人们的享受，那么对资本积累没有影响；而如果政府课税没有影响到人们的享受，人们本可能会将这部分税收用于资本生产，那么，这种税收就影响到社会再生产了。如果将李嘉图的观点进一步引申，我们在进行税收制度设计时不仅要考虑具体税负的承担者，还要考虑民众的消费习惯、消费习俗。

李嘉图还分析了遗产税、财产转移税，认为不能像斯密、萨伊那样泛泛分析，要具体来看是否会影响到资本积累，还要看财产转移税是否能够使国家资本按照最有利社会的方式来进行分配，“为了普遍的繁荣，对于各种财产的移转和交换所给予的便利是不会嫌多的，因为通过这种方法，各种资本可以注入最善于利用它来增进国家生产的人手里”②。也就是说，在李嘉图看来，税收的功能还在于促使财产向产生最大价值的人或地方流动。所以，李嘉图说：“政府的政策应当鼓励人民这样做的倾向，不要征收那种必然要落在资本上面的赋税。因为征收这种赋税，就会损害维持劳动的基金，因而也就会减少国家将来的生产。”③总之，李嘉图的税收思想就是以资本积累为中心，一切要以促进国民财富的有效增进为宗旨。

（二）李嘉图的赋税论

李嘉图同斯密一样，认为国家财政活动是非生产性的，不创造社会价值。“赋税收入一般都是被浪费的，总是必需牺牲人民的舒适和享受才能取得，通常不是减少资本，便是妨碍资本的积累。”④为此，为了国家经济繁荣，赋税应

① 斯拉法．李嘉图著作和通信集：第一卷［M］// 政治经济学及赋税原理．北京：商务印书馆，2011：127.

② 斯拉法．李嘉图著作和通信集：第一卷［M］// 政治经济学及赋税原理．北京：商务印书馆，2011：129.

③ 斯拉法．李嘉图著作和通信集：第一卷［M］// 政治经济学及赋税原理．北京：商务印书馆，2011：127–128.

④ 斯拉法．李嘉图著作和通信集：第一卷［M］// 政治经济学及赋税原理．北京：商务印书馆，2011：186.

尽可能少。

李嘉图没有像斯密那样首先论述政府课税的一般原则，可是，在日本学者阿部贤一看来，李嘉图“是无条件而且极端承认亚当·斯密所谓赋税四大原则的”[①]。也就是说，李嘉图完全赞同斯密的赋税原则而无须重复，他的“得意”之处在于基于对事物自然发展的客观认识，提出的各种赋税。李嘉图的赋税论除了对赋税一般的论述外，还详述了 10 种赋税，本书将 10 个税种按照课税对象划分为：土地的赋税、所得的赋税、一般消费品的赋税以及济贫税。

（三）土地的赋税

李嘉图关于附加于土地上的赋税的理论以其地租理论和劳动价值论为前提。实际上，李嘉图有意识地将地租理论与劳动价值论联系在一起，或者说，他的地租论以劳动价值论为基础。“尚等讨论的是，土地的占有以及随之而产生的地租，能不能不涉及生产所必需的劳动量而造成商品相对价值的变动。为了了解本问题的这一部分，我们必须研究地租的性质和规定地租涨落的法则。”[②] 李嘉图认为，地租就是“为使用土地的原有和不可摧毁的生产力而付给地主的那一部分土地产品”，也就是说，地租是使用原有不可灭的土壤力的成本，而地租的多少取决于土地上所生产的农产品价值的大小。进一步来说，农产品价值所形成的地租又分为两种情况：级差地租和同一地块的等量资本、劳动投入所产生的收入差额。第一种情况是指，在不同的地块上，由于肥沃程度和地理位置不同，使用等量资本、劳动产生的农产品价值不同。李嘉图认为，劣等土地没有地租，其他等级的土地上施加等量资本、劳动所产生的相较于劣等土地的超额农产品价值就是地租。土地越是肥沃、地理位置越是优越，地租就越大。第二种情况是指“同一块地投下两个等量的资本劳动，所获得的两个生产量如果有大有小，差额当归地租”。可见，在李嘉图看来，地租是土地生产物价值的产物，农产品价格要根据劣等土地的生产成本来决定。“谷物价格完全由在不支付地租的土地上，或者毋宁说是用不支付地租的

① 阿部贤一 . 财政学史［M］. 北京：商务印书馆，1936：60.

② 斯拉法 . 李嘉图著作和通信集：第一卷［M］// 政治经济学及赋税原理 . 北京：商务印书馆，2011：53.

资本所生产的谷物的生产成本决定的。”[①] 总之，李嘉图关于附加在土地上的各种赋税的观点都建立在上述以劳动价值论为基础的地租理论之上。

李嘉图关于土地上的赋税有四种：农产品税、地租税、什一税和土地税。以下简要对前三种加以介绍。

1. 农产品税

农产品税是指对土地生产物所课征的一种赋税。

首先，李嘉图认为，农产品税存在税负转嫁，纳税人“有权按照课税额提高农产品价格”，将所缴纳的税额附加在农产品的价格当中，由消费者来承担农产品税额。“农产品税不会由地主支付，也不会由农场主支付，而只会由消费者在上涨的价格中支付。”[②] 这显然与斯密的观点不同，斯密认为附加在土地上的税最终都由土地所有者来承担。

其次，农产品税会提高劳动工资，并降低利润。“加在农产品和劳动者必需品上面的税课还有另一种效果——它会提高工资”。其原因就在于劳动者的最低工资须满足人们基本生存需要或满足人的简单再生产需要，而课税会使必需品价格上涨，由此也需提高劳动者的最低工资标准。劳动工资提高了，雇用劳动者的资本所有者的利润就会相应下降。

在李嘉图看来，对农产品课税，“对消费者发生影响来说是一种均等的税”。李嘉图所讲的“均等”指的是同等消费的消费者承担着同等的税额，消费越多，承担的税负越高，即斯密“能力均等”的含义。但是，“对利润发生影响来说，则是一种局部的税”，意思是农产品税只是影响着农场主、商人以及制造业者的收入，而对地主、股票持有人等则没有影响，这可看作一种不均等。

针对这两种影响，李嘉图以自提意见、自己回答的方式进一步阐述了其中的意义。

第一条意见：农产品税不是一种均等的赋税。对此，李嘉图反驳道，可通过对土地的地租和公债的利息等课以直接税，解决这一问题。实际上，李

① 斯拉法 . 李嘉图著作和通信集：第一卷［M］// 政治经济学及赋税原理 . 北京：商务印书馆，2011：130.

② 斯拉法 . 李嘉图著作和通信集：第一卷［M］// 政治经济学及赋税原理 . 北京：商务印书馆，2011：130.

嘉图隐含地说明，赋税是否均等、公平，不能只看一种赋税，而应从整个税制结构来考察。

第二条意见：从农产品因课税而价格提高到劳动者工资上涨，其中有相当长一段时间间隔，在这段时间内劳动者将遭受很大的困苦。李嘉图认为，食物价格上涨的原因除了课税外，还有需求增加、供给不足而引起生产成本增加以及货币价值下降等。首先，歉收等导致的食物供给不足，李嘉图认为，即便提高最低工资标准，也不会改变劳动者的困苦状况，“除非有更多的谷物输入，或采用最有效的代用品”。其次，若是需求增加以及货币价值下降引起的食物价格上涨，则“劳动者不会遭受什么困苦”。最后，对谷物课税，并不会减少谷物的生产量，只是提高了谷物的价格。李嘉图分析道，谷物价格上涨而劳动者工资不上涨，就意味着劳动者消费谷物的量下降或对谷物的需求量下降，导致谷物供给过剩，接下来谷物价格可能会下跌，劳动者还是会得到与往常一样的份额。所以，李嘉图的结论是，“从农产品价格上涨到劳动者工资提高，无须经过一段使劳动者感到忍受不了的时间。因此，这个阶级所遭受的害处和由于任何他种赋税而遭受的害处是一样的；那就是赋税将有侵占维持劳动的基金、因而妨碍或减少劳动需求的危险”[①]。实际上，李嘉图对比引起食物价格上涨的不同原因，旨在为农产品税辩护，认为对劳动者阶级最为不利的是食物供给不足引起的食物价格上涨，农产品税既不会给劳动者阶级造成困苦，也不比其他税种带来的侵害更多。

第三条意见：提高工资和降低利润会妨碍资本积累，其作用与土壤天然贫瘠相同。李嘉图认为，“赋税所需的款项总是必须征收的，问题只是同一数额空间应当以减少利润的方式，还是提高利润购置的各种商品的价格的方式从个人手里取得”[②]。李嘉图的言外之意是政府总是要课税的，而赋税也总是会影响到资本积累的，问题是对收入课税还是对消费课税。在他看来，“只要赋税不是不平均地压在从事积累和节约的阶级身上，它究竟是课加在利润上面、

① 斯拉法．李嘉图著作和通信集：第一卷［M］// 政治经济学及赋税原理．北京：商务印书馆，2011：139.

② 斯拉法．李嘉图著作和通信集：第一卷［M］// 政治经济学及赋税原理．北京：商务印书馆，2011：139.

课加在农产品上面，还是课加在工业品上面，并没有多大关系”[①]。也就是说，单纯从资本积累角度来说，对收入课税和对商品课税，所产生的影响是一样的，都会影响到资本的积累。

第四条意见：农产品价格上涨时，一切以农产品为原材料的商品价格都会上涨，因而就无法与外国商品进行平等竞争。针对这一意见，李嘉图认为，因农产品税而使“大多数本国商品价格上涨虽然会暂时普遍妨碍商品输出，也可能持久地妨碍少数商品输出，但却不能大影响对外货易；就外国市场的竞争来说，也不会使我们处于任何相对不利的地位”[②]。但这一分析有些强词夺理、逻辑混乱。他认为之所以影响不大，也不会不利于国外竞争，是因为本国贵金属数量一定，如若只输出不输入，将使本国贵金属价值上升，进而有利于商品输出。但从实践来看，税收的确会提高一国产品价格进而影响国际市场竞争力，为此各国大都采用“出口退税”制度。

总的来讲，李嘉图极力捍卫农产品税，认为农产品税是一种“均等”的赋税，税负由消费者和资本家承担。其税收负担通过税负转嫁的方式由消费者承担，地主和农场主则不承担这一税负；同时，由于农产品价格上涨带来劳动工资上涨，使得雇主的利润减少，资本家也承担着一定的税负。

2. 地租税

地租税是指对土地所有者获取的地租收入课征的一种税，是地主的利润税，也可看作一种所得税。李嘉图的“地租”单指农场主利用土地所付出的代价，也就是说，农场主付给地主的“地租”并不完全是“地租”，因为农场主付给地主的地租既包括利用土地的代价，也包括由地主提供的建筑物、固定设备等农场资本的使用费，“实际上是地主所有的资本的利润”。所以，在李嘉图看来，如果不能区分出真正的“地租”，地租税实际上就也包括了对地主的资本利润所征的税，这样就不免妨碍地主增加建筑物、固定设备等资本投入，进而影响到土地的耕种与改良。为了不影响耕种的有效投入，就要提高农产品价格来弥补地主因地租税而造成的损失。这样，地租税中的一部分

① 斯拉法 . 李嘉图著作和通信集：第一卷［M］// 政治经济学及赋税原理 . 北京：商务印书馆，2011：140.

② 斯拉法 . 李嘉图著作和通信集：第一卷［M］// 政治经济学及赋税原理 . 北京：商务印书馆，2011：143.

就成了农产品税，“这种税的一部分既不落在地主身上，也不落在农场主身上，而是落在农产品消费者身上”，当然，另一部分完全落在地主身上。斯密并未将地租划分得如此详细，由此可见，李嘉图关于地租税的分析较之斯密更细致。

3. 什一税

所谓什一税，指的是按照农产品总价值十分之一的数额对纳税人课征的一种税。“什一税是课加在土地总产品上的税，并且正像农产品税一样，完全是落在消费者身上。”[①] 首先，什一税是对农产品总价值而非农产品净值课加的税，所以税负较重；其次，什一税与农产品税一样，也会带来农产品价格的上涨，税收负担完全落在消费者身上，也会使劳动工资上涨而使资本家利润下降。此外，李嘉图认为什一税“是一种均等的税”，所谓的“均等”的含义与斯密税收原则中的能力原则相一致，土地越肥沃、带来的收益越高，什一税额也就越高。

（四）所得的赋税

李嘉图的所得税包括利润税和工资税。

1. 利润税

利润税指的是对生产经营活动的剩余而课征的赋税。李嘉图没有像当代人考察企业所得税时重点讨论税率、税基以及哪些应该扣除等，而是重点讨论了以下几个方面。

第一，如若只对某些特殊行为的利润课税而对其他行业不征税，就会使被课税行业的商品价格上涨。这是因为课税使其利润率低于自然或平均利润率水平，该行业或将提高商品价格以弥补因纳税而失去的利润，或将资本转向其他行业，因而行业规模缩小即供给减少，商品价格上涨。而如果对所有行业都课征利润税，则全部商品价格都会上涨。商品价格上涨意味着利润税的税负并不是由资本家来承担，而是转嫁给了消费者。而如果所有商品价格都上涨，因为人们是相互消费他人的商品，就意味着包括资本家在内的所有

① 斯拉法．李嘉图著作和通信集：第一卷［M］// 政治经济学及赋税原理．北京：商务印书馆，2011：147.

消费者都承担了对资本的利润课征的税。

第二，如果除了农场主的利润外，对其他行业的利润都课税，则其他行业的商品价格上涨，而谷物价格不变。可是，农场主要消费其他行业的产品，意味着对其他行业课征的利润税，也要由农场主承担，相当于对他课征了一种消费税。也就是说，对其他行为课征利润税，对农场主、地主等也是不利的。如果对农场主的利润也课征相应的税收，那么，农场主的情形与其他行业的人是一样的。

第三，货币供给量以及货币流通速度也会影响利润税，进而对不同行业产生影响。"在一个没有赋税的国度内，货币因数量多寡而产生的价值变动将按相同的比例对一切商品的价格发生作用；……但在物价已经人为地因课税而提高的国度里，货币因流入而充裕或因外国需要而外流以致稀少时，就不会按相同的比例对一切商品价格发生作用。"① 李嘉图认为这是不同行业的资本有机构成不同造成的。

第四，如果货币在国际自由流动，国外贸易得以正常进行，那么，因课征利润税而产生的商品价格上涨不会持久。因为从国外进口大量商品，就意味着有大量的货币流出，货币价值相对上升，国内商品价格将逐步下降，直至接近原来的货币价格。

第五，"能大改进国内工业的机器的发明，总有提高货币相对价值因而鼓励货币输入的趋势。相反地，对制造业者或农产品种植者所课的一切赋税以及使他们多遭受的困难，都会有减低货币相对价值并因而鼓励货币输出的趋势。"② 从李嘉图的这段文字中不难看出，一是李嘉图的赋税理论旨在促进社会生产力发展，增进国民财富；二是李嘉图有了通过赋税政策来调节或干预经济发展的思想，即尽量不征税或少征税，以免影响社会生产力和国际竞争力。

2. 工资税

李嘉图的工资税理论建立于其工资理论之上。李嘉图的工资理论，将劳动价格分为自然价格和市场价格，"劳动正像其他一切可以买卖并且可以在数

① 斯拉法 . 李嘉图著作和通信集：第一卷［M］// 政治经济学及赋税原理 . 北京：商务印书馆，2011：174.

② 斯拉法 . 李嘉图著作和通信集：第一卷［M］// 政治经济学及赋税原理 . 北京：商务印书馆，2011：179–180.

量上增加或减少的物品一样，具有自然价格和市场价格”[①]。劳动的自然价格指的是使劳动者能够维持生存并延续后代的价格。李嘉图认为，劳动的自然价格不取决于货币量，而取决于货币购买力，“劳动的自然价格便取决于劳动者维持其自身与其家庭所需的食物、必需品和享用品的价格”[②]。劳动的自然价格不因劳动者数量、结构变化而变动，而是随着食物、必需品等商品价格的变动而变化。“劳动的市场价格是根据供求比例的自然作用实际支付的价格。劳动稀少时就昂贵，丰裕时就便宜。劳动的市场价格不论和其自然价格有多大的背离，它也还是和其他商品一样，具有符合自然价格的倾向。”[③]可见，李嘉图认为，劳动价格——工资“似乎”是受以下两种因素影响：一是用工资购买的各种商品的价格；二是劳动者的供给与需求。李嘉图在论述劳动价格涨落的原因时使用了“似乎”一词。实际上，他认为这两个方面仅仅是现象界的，而非本质上的，劳动价格涨落的根本一方面在于资本的增加，另一方面在于社会劳动生产力的进步。

李嘉图基于上述工资理论，分析了工资税的影响。李嘉图认为，他关于工资税的分析与斯密的意见有完全一致的地方，即工资税使工资上涨，增加的数额至少与税额相等；税款即使不是由雇主直接支付，实际上最终也由雇主支付。可是，“关于这种税以后的作用，我们的见解就根本不同了”。即关于工资税负的最终承担者，李嘉图与斯密的意见完全不同。在斯密看来，农场主因工资税所多支付的工资最终会落在土地所有者身上，因为地主所得的地租减少了；制造业者多支付的工资将提高制造品价格，从而使所增加的工资由消费者来承担。李嘉图不同意斯密的这一观点。李嘉图认为，“工资税会使工资上涨，因而便会使资本利润率减低。……对必需品课税会使必需品价格提高，因而也就跟着会出现工资的上涨。必需品税和工资税的唯一差别是：前者必然伴随有必需品价格上涨，而后者却不然；所以负担工资税的就是劳动的雇主，而股票持有人、地主或任何其他阶级都不会负担。工资税

① 斯拉法．李嘉图著作和通信集：第一卷［M］// 政治经济学及赋税原理．北京：商务印书馆，2011：75.

② 斯拉法．李嘉图著作和通信集：第一卷［M］// 政治经济学及赋税原理．北京：商务印书馆，2011：75.

③ 斯拉法．李嘉图著作和通信集：第一卷［M］// 政治经济学及赋税原理．北京：商务印书馆，2011：7.

全然是利润税。必需品税却部分是利润级的，部分是对富有的消费者征课的税。这两种税的最后结果和直接利润税的最后结果完全一样”[①]。

既然“任何税如果有提高工资的效果，便都要靠减少利润来支付。所以工资税事实上就是利润税”。由此，李嘉图认为，政府所课的税到底是资本利润税还是劳动工资税，就无关紧要了。

（五）一般消费品的赋税

1. 黄金税

李嘉图的黄金税指的是对流通和开采的黄金课征的一种税。黄金具有二重性：既可作为一般商品，又可作为货币。他的黄金税可看作一种商品税，也可看作一种货币税。对作为货币的黄金课税，其理论基础就是李嘉图的货币理论。

李嘉图的货币理论即货币数量论。“货币的需求完全由货币的价值规定，而货币的价值又由货币的数量规定。如果黄金的价值增加一倍，只要一半的数量就可以在流通中完成同样的机能；如果价值减少一半，需要的量就会增加一倍。”[②]也就是说，货币的职能只限于流通手段，当作为货币的黄金价值上升时，商品价格就会下降。

李嘉图依据上述货币理论，认为对黄金课征赋税是必需的。在李嘉图看来，对谷物等课税会使谷物价格迅速上涨，且这些赋税将转嫁到消费者身上。可是，对黄金课税，是对矿山的占有者或所有者课征的一种税，赋税承担者是矿山所有者或占有者，而不是一般的使用者。所以，李嘉图由此推论：“它将完全落在矿山的租金上。只要稍为推进一步，这种税就会吸收全部租金而且会使开矿者得不到普通的资本利润，他就会因此把资本从黄金生产上撤出。”[③]再推进一步，更好的矿山的租金也会被吸收，黄金数量减少而价值上升。可是，作为货币的黄金，其数量与其他商品的价格之间呈现出一种特定

---

① 斯拉法．李嘉图著作和通信集：第一卷［M］// 政治经济学及赋税原理．北京：商务印书馆，2011：181.

② 斯拉法．李嘉图著作和通信集：第一卷［M］// 政治经济学及赋税原理．北京：商务印书馆，2011：160.

③ 斯拉法．李嘉图著作和通信集：第一卷［M］// 政治经济学及赋税原理．北京：商务印书馆，2011：166.

的关系，不会影响到社会生产力的发展。

“黄金税有两种，一种按流通中现有的黄金量征课，另一种按矿山的处产量征课。……那永远要由社会负担的一部分最后还是要由矿山所有主在租金减少的方式下支付，并由当做商品供人享受而不是专门划作流通媒介的那一部分黄金的购买者支付。”[①] 这就是说，作为货币的黄金，其黄金税由矿山所有者负担，而作为一般商品的那部分黄金，其税负则由消费者承受。

2. 房屋税

李嘉图认为，房屋税与黄金税一样，“虽然它是向房客征收的，但却往往以租金减少的方式落在房东身上”[②]。也就是说，对房屋课税会使房屋租金减少，从而房屋税款的一部分要由房东来负担。

李嘉图赞同斯密将房租分为房屋租金和地皮租金的观点，认为房屋税也由这两部分构成，至于最后是落到房客、房屋建造者还是地皮所有者身上，则“极不易确定”，既取决于经济环境、社会发展状况，又受房屋税率以及房屋状况的影响。但同时，李嘉图并不赞同斯密对地皮租金课征特别赋税的观点。斯密认为，地皮租金特别宜于课税，而且对地皮租金课税不会影响到社会的资本、劳动等生产要素，“因此，地皮租金和一般的地租乃是最能够经得起对之征课特别赋税的收入”。李嘉图认为，斯密的这一观点不符合他自己提出的税收的公平原则，因为“单单对社会某一阶级的收入课税是极不公平的。国家的负担应由所有的人按各自的财力担负”[③]。

3. 农产品以外的商品税

李嘉图将商品区分为必需品和奢侈品。“对劳动者必需的工业制造品所课的税，和谷物税一样地影响工资，谷物和其他必需品的判别不过是在必需品表上列于首要地位而已。同时，这种税对资本利润和对外贸易也会产生完全相同的影响。但奢侈品税除了提高奢侈品价格以外不会有其他影响。它全部

---

① 斯拉法．李嘉图著作和通信集：第一卷［M］// 政治经济学及赋税原理．北京：商务印书馆，2011：166.

② 斯拉法．李嘉图著作和通信集：第一卷［M］// 政治经济学及赋税原理．北京：商务印书馆，2011：167.

③ 斯拉法．李嘉图著作和通信集：第一卷［M］// 政治经济学及赋税原理．北京：商务印书馆，2011：189.

落在消费者身上，既不会提高工资，也不会降低利润。”[①] 与斯密一样，李嘉图赞同对奢侈品课税，因为这种税的最终负担者是相对富裕群体，不会对促进经济社会发展的资本、劳动产生影响。

李嘉图认为，对具有独占价格的商品所课的税不能转嫁出去，只能由生产者承担。所谓独占价格指的是消费者购买时所能付出的最高价格，源于市场中的卖方不存在竞争、只有买方存在竞争。“按独占价格出售的商品的交换价值在任何地方都不是由生产成本规定的”，所以对独占价格商品课税，不会提高该商品的价格，其税负只能由生产者自行承担。

（六）济贫税

济贫税是为救济贫民而课征的一种税。首先，李嘉图反对济贫法，认为济贫法不能从根本上改变贫民的状况，还打乱了劳动力市场的供求关系。济贫法“与立法机关的善良意图相反，它不能改善贫民的生活状况，而只能使贫富都趋于恶化；它不能使贫者变富，而使富者变穷。……济贫法的趋势是使富强变为贫弱，使劳动操作除开提供最低的生活资料以外不做其他任何事情，使一切智力上的判别混淆不清，使人们的精神不断忙于满足肉体的需要，直至最后使一切阶级染上普遍贫困的瘟疫为止”[②]。李嘉图认为，济贫法在实施过程中，会导致维持贫民生活的济贫基金越来越多，不断吸取国家公共支出。济贫税要么取自资本，要么源于收入，“根据不同情况而落在农产品和制造品的消费者身上、落在资本利润上和落在地租上”[③]。在李嘉图看来，济贫税兼具其他各种税收的性质，由此，课税带来的商品价格上涨、工资上涨，不仅会使一般消费者受到损失，还可能会影响资本增加和对土地的改良，既无利于贫困群体的纾困，也无利于国民财富的增进。

---

① 斯拉法 . 李嘉图著作和通信集：第一卷［M］// 政治经济学及赋税原理 . 北京：商务印书馆，2011：205.

② 斯拉法 . 李嘉图著作和通信集：第一卷［M］// 政治经济学及赋税原理 . 北京：商务印书馆，2011：87–89.

③ 斯拉法 . 李嘉图著作和通信集：第一卷［M］// 政治经济学及赋税原理 . 北京：商务印书馆，2011：217.

五、赋税转嫁的影响因素

李嘉图讨论了供给与需求弹性对赋税转嫁的影响。“一种商品的供应越是易于减少而无碍于生产者，当生产困难因课税或任何其他原因而增加之后，价格就会成比例地愈加迅速提高。谷物是人人必不可缺的商品，其需求不会怎样受赋税的影响。所以即使生产者很难将资本从土地上撤出，其供应仍然可能不至于长期过剩。因此，谷物价格会因课税而迅速上涨，农场主也能把赋税转嫁到消费者身上。”[①] 即首先，供给弹性越大，课税越易于使商品价格上涨；如果生产商品的资本具有专用性，或者，资本不能以无交易成本或较低成本的代价撤到其他行业，那么即便课税使其利润降至普通利润率之下，商品的供给也不会减少，在需求不变的前提下，商品价格也不会上涨，即供给弹性越小，课税越不易使商品价格上涨。其次，需求弹性越小，课税越容易使商品价格上涨。

六、公债理论

（一）李嘉图等价定理

政府课征税收和发行国债是其获取财政收入两种方式，在李嘉图看来，政府无论是通过赋税还是发行公债来获取财政收入，都不会影响人们的消费和投资行为。“如果为了一年的战费支出而以发行公债的方式征集二千万镑，这就是从国家的生产成本中取去了二千万镑，每年为偿付这种公债利息而课征的一百万镑，只不过是由付这一百万镑的人手中转移到收这一百万镑的人手中，也就是由纳税人手中转移到公债债权人手中。实际的开支是那二千万镑，而不是为那二千万镑必须支付的利息。付不付利息都不会使国家增富或变穷。政府可以通过赋税的方式一次征收二千万镑；在这种情况下，就不必

① 斯拉法．李嘉图著作和通信集：第一卷［M］// 政治经济学及赋税原理．北京：商务印书馆，2011：159.

每年征课一百万镑。但这样做并不会改变这一问题的性质。”① 同时，李嘉图认为，从整个国家发展角度来说，无论是课税还是发行公债都不会增加或减少国家财富。“如果政府的目的是要课税，那么可征课的资本和收入在两种情形下是完全一样的。所以国家既不会由于支付公债利息而陷于困境，也不会由于免除支付而得到解救。国家的资本只能由储积收入与节省开支而增加。取消公债既不能增加收入，也不能减少支出。一个国家的穷困是由于政府和人民的靡费，不是由于借债。”② 这就是由巴罗和布坎南等人总结的“李嘉图等价定理”。

当然，这并不意味着他鼓励或支持政府举债。在他看来，政府举债与赋税一样，总是会把生产性资本用于非生产性活动，也就意味着社会的生产性资本减少，进而影响国民财富增进。所以，李嘉图同斯密一样，反对政府过度发行公债。此外，李嘉图也不认为举债是政府在非正常情况下最合适的办法，因为政府举借公债可能会掩饰一些真实境况，使人民不知节俭。也就是说，当政府举债以筹措国家经费之时，人民只要缴纳较少的租税以支付公债利息，会误以为自己的境况还和以前一样富足，不知节约。他还认为，如果一个负债累累的国家不采取有效措施以减轻公债负担，这个国家必然会陷入困境，因此在和平时期，国家应不断努力偿清战时的债务。而减轻债务最有效的办法，就是使财政收入大于财政支出，用财政结余清偿债务。这就要求国家厉行节约，减少铺张浪费。他指出：“如果偿债基金不是从公共收入超过公共支出的部分中取得的，就不能有效地达到减轻债务的目的。遗憾的是，我国的偿债基金只是徒有其名，因为我国收入并不超过支出。我们应该通过节约，使之名副其实地变为实际有效偿付款的基金。”③

（二）巴罗对李嘉图等价定理的讨论

李嘉图等价定理意味着政府以课税或举债来弥补财政缺口，对个人的消

① 斯拉法．李嘉图著作和通信集：第一卷［M］// 政治经济学及赋税原理．北京：商务印书馆，2011：206.

② 斯拉法．李嘉图著作和通信集：第一卷［M］// 政治经济学及赋税原理．北京：商务印书馆，2011：207–208.

③ 斯拉法．李嘉图著作和通信集：第一卷［M］// 政治经济学及赋税原理．北京：商务印书馆，2011：210.

费和投资行为的影响是一样的。也就是说，公债仅仅是延迟的赋税，现期发行的公债本息只不过是用未来的税收偿还，而且公债本息与未来税收相等。实际上，李嘉图所说的，政府通过公债筹集资金“并不会改变这一问题的性质”，指的是公众以未来的税收替代了现在的税收，并没有改变这些基金仍然由公众承担的这一事实，公众纳税义务并没有消除，只不过是推迟了而已。同时，李嘉图只是提出了，公债和税收都是将生产性资本转变成了非生产性的，从而可能会影响到经济增长。

罗伯特·巴罗在1974年发表的《政府债券是净财富吗？》（“Are Government Bonds Net Wealth?”）中复活了李嘉图等价定理，之后，布坎南在1976年发表的《巴罗论李嘉图等价定理》中提出了“李嘉图等价定理”这一概念。巴罗之所以在李嘉图的公债理论诞生一个半世纪之后又重新论证这一理论，原因之一就在于李嘉图等价定理本身蕴含着宏观经济思想。顺着李嘉图的思想进一步推论，不难得出：人们手中的政府债券要用未来的税收来偿还，债券并不是自己财富的一部分，这样人们也就不会改变原有的消费，对国民收入也就没有促进作用。或者说，政府举债与课税不会引起社会总需求的变化，也就缺乏对国民收入增进的促进作用。如果李嘉图等价定理成立，那就意味着凯恩斯主义的财政政策思想存在问题，即凯恩斯主义认为，公债作为财政政策短期内会影响总需求，而在长期可能通过挤出效应影响资本形成和经济增长。若李嘉图等价定理成立，就可从理论上否定凯恩斯主义的补偿性财政政策。

政府运用税收或借债来筹集资金是否存在差别，最终可以归结为这样一个问题：居民是否把自己持有的政府债券当作其财富的一部分——公债是否具有财富效应。实际上，巴罗写作《政府债券是净财富吗？》一文的逻辑起点也正在这里。他开篇即讲：“政府债券被私营部门视为净财富的假设，对于证明公共债务存量变化的实际影响至关重要。特别是，‘扩张性’财政政策对总需求的标准效应取决于这一假设。只有当政府债券的价值超过未来税收负债隐含流的变现价值时，政府债券才会被视为净财富。”[①] 他写作这篇文章的目的

① BARRO R J. Are Government Bonds Net Wealth?[J]. Journal of Political Economy, 1974, 82 (6): 1095–1117.

就在于论证公债与税收一样，不会产生净财富效应，也就与税收一样，不会刺激经济增长，凯恩斯主义的扩张性财政政策无效。从这一角度来看，巴罗是对李嘉图公债理论的发展，而且，也正是这一发展才使其能被称为“李嘉图等价定理”。

巴罗在这篇论文中明确指出，讨论的主题是“政府债务的增加是否意味着家庭财富的增加”，并从四个方面展开讨论。

第一，讨论了在物质财富世代重叠的经济中，政府发行债券对个人财富的影响。其中并没有引入“资本市场不完善”这一因素，即认为资本市场是完全的。巴罗试图说明的是，只要存在有效的代际转移，就不会产生净财富效应，因此不会对总需求或政府债务边际变化的利率产生影响。

第二，论述了存在不完善的私人资本市场的条件下，政府债券的净财富效应。如果发行公债需要从低贴现率到高贴现率的个人贷款，且政府能够比私人市场更有效地进行这类贷款，则会产生正的净财富效应。如果政府只在一定程度上更具效率，公共选择过程按照效率标准来决定政府债务的发行量，则政府发行债券的净财富效应为零。这在一定程度上也是正确的。

第三，讨论了政府作为非货币的流动性服务的生产者，其债务的净财富效应问题。结果是在私人资本市场不完善的前提下，政府债务的净财富效应取决于政府相对于私人生产的边际效率。

第四，讨论了政府债务以及与债务利息支付相关的税收负债的风险特征条件下的财富效应问题。当相关税收负债不确定时，政府发行债券对整体风险的影响可能是正的，也可能是负的，取决于税收制度的性质以及与私人保险安排相关的交易成本。

由此，巴罗得出的结论是：首先，在重叠世代模型的背景下，家庭会表现得像是无限期地生活，因此，只要存在一个将当代人与子孙后代联系起来的代际转移的有效链条，就不会有政府债券的边际净财富效应。其次，与不完善的私人资本市场和政府在流动性服务生产方面的垄断有关的净财富效应，取决于这样一个假设：无论是在贷款过程中还是在流动性服务的生产方面，政府在边际上都比私人更有效率。再次，政府在债券发行和税收方面存在交易成本，意味着政府债券的净财富效应可能是负的。最后，考虑到政府债务的风险特征和与该债务融资相关的税收负债，政府债券发行的增加可能会增加家庭资产负债表中所包含的总体风险。然而，这种影响取决于税收制度的性质以及与私人保险安排相关的交易成本。

总之，将政府债务视为可感知家庭财富的一个净组成部分，没有令人信服的理论依据。关于财富负效应的论据，在先验上，似乎和财富正效应的论据一样令人信服。因此，政府债券的边际净财富效应介于 0 和 1 之间，最有可能处于某个正中间值，没有先验基础。如果事实上边际净财富效应可以忽略不计，那么，对货币和财政分析的影响将是深远的。

（三）布坎南、托宾等对巴罗的评述

布坎南针对巴罗关于赋税与公债之间关系的论文，于 1976 年发表了《巴罗论李嘉图等价定理》（“Barro on the Ricardian Equivalence Theorem”）[①] 一文，正式提出了“李嘉图等价定理”。

布坎南认为，巴罗的论点支持李嘉图等价定理，即税收和发行公共债务的效果基本相等，巴罗研究的一个核心问题是财政政策由赋税转变为政府举债对总支出是否会产生影响，可是并没有比较税收和债务对总支出的影响，只是研究了未来税收的变现问题，而且由于这种忽视，他的结论几乎不像看上去那样与政策相关。

布坎南认为，巴罗根本不关心债务融资支出对净财富的独立影响，也不关心在修正的差异发生率框架下发行公债的影响。以真正的公共债务为公共支出提供资金是否会增加经济的总需求？这是一个有意义且相关的问题，得到了更加广泛的讨论。

詹姆斯·托宾认为巴罗论证的李嘉图等价定理不成立[②]，原因如下。

首先，李嘉图等价定理假定债务最终必定由赋税偿还。可是从事实来看，如果通过发行新的债券而不是增加赋税来支付债务的利息，那么，人们就可以把赋税的减少看作净收益，并且以此增加消费。

其次，李嘉图等价定理假定消费者具有利他性，且遗留给后代的财产为正值。可是，在现实生活中，情况并非完全如此，消费者遗留给后代的财产

① BUCHANAN J M. Barro on the Ricardian Equivalence Theorem［J］. Journal of Political Economy, 1976, 84（2）: 337–342.

② TOBIN J. Asset Accumulation and Economic Activity［M］. University of Chicago Press, 1982.

并不总是正的。比如，一般来说，人们都会关心后代的效用或幸福，可是，当消费者的后代较之消费者更富裕，消费者会认为即便是从后代那里获得财富也不会影响到他们的效用或幸福，遗留给子孙后代的财富就是负值。又或者，消费者可能没有子女，或者，可能根本没有关心他人的动机，在这种情况下，当政府举债替代赋税时，如果偿还公债本息而增加的税收要到消费者死后才可能开征，就意味着消费者承担的税收下降，当期消费就可能增加。

再次，李嘉图等价定理基于每个消费者的税负数额相等，且边际消费倾向相同，不存在分配效应。从现实来看，政府课税并不存在一次性人头税，总是基于特定经济行为而征税，其中很重要的原因就是税收总是会产生财富的再分配效应。因为每个人的收入及财富状况不同，边际消费倾向也存在差异，所以，并非每个消费者都承担相同的税负。而且，公债持有者与税负承担者并不完全一致，社会资源将会从税负较大的群体流向税负较小的群体，即存在着社会财富再分配。其结果是，获益的人们会增加当期消费，受损失的人们会减少当期消费，最终对总需求的影响取决于边际消费倾向。可见，不同群体的边际消费倾向将影响社会总需求。

最后，李嘉图等价定理成立的前提是完全资本市场。即李嘉图等价定理成立的前提是每个人在某一固定不变的利率水平上可以借入或出借他所希望的任意数额，并且政府和私人面对相同的利率水平。可是，在现实生活中，完全资本市场是不存在的。

七、关于财政补贴

斯密批判重商主义的政府干预政策，其中就包括政府的出口补贴和生产补贴，认为这种财政补贴政策不会促进国民财富增进，有悖于自然自由市场竞争原则。李嘉图无疑继承了斯密的这种思想，倡导在国内和国外贸易中实行自然自由竞争，反对包括财政补贴在内的各种形式的补贴。李嘉图将财政补贴分为出口补贴和生产补贴。

（一）出口补贴

李嘉图将出口补贴分为农产品出口补贴和工业制造品出口补贴，认为这两种补贴存在着不同的作用和效果。

1. 农产品出口补贴

李嘉图认为，“谷物输出的补贴会降低谷物对国外消费者的价格，但不会长期影响其国内市场价格”①。谷物出口补贴可使国外消费者受益，且受益额恰为补贴额，这不难理解。可是，由于存在政府出口补贴，势必会扩大一国谷物面向国外市场的供给，从而减少其对国内市场的供给。如果国内对谷物的需求不变，那么，在供给减少的情况下，国内谷物价格就会上涨。这也意味着国内的农场主因谷物价格上涨，能够获得高于普通利润的利润，这样就可能使制造业的资本流向谷物种植业，直至国内市场的需求得到满足。“这时国内市场上的谷物价格便会回跌到自然和必然的价格上，利润将恢复一般惯有的水平。”所以，李嘉图认为，谷物出口补贴最终不会影响国内谷物价格。这一观点显然与斯密完全相反。斯密认为，谷物出口补贴会提高国内谷物的价格，提高农业利润，促进农业发展，并引起劳动工资上涨，从而引起其他商品价格上涨。李嘉图说：“如果劳动者只消费谷物，如果他所得到的份额已经是维持生活所必要的最低额，我们就有理由假定付给劳动者的数量在任何情形下都无法再减。但在谷物的货币价格上涨时，劳动的货币工资有时会完全不增加，而且从来也不会按比例增加。因为谷物虽然是劳动者消费品中的主要部分，但却只是一部分。”②也就是说，在李嘉图看来，谷物出口补贴即便使谷物价格上涨，也不一定会使劳动工资上涨，因为人们消费的谷物只是消费总量中的一部分，谷物价格上涨不会影响到人们的基本生存，所以劳动的货币工资不一定上涨，进而也就不会影响资本的利润，也就不会使制造品的价格上涨。

我们看到，李嘉图对斯密谷物出口补贴问题的批判是建立在一定的前提之上的：消费者对谷物的消费仅仅占一部分（李嘉图认为占50%）。如果消费者对谷物的消费占较大一部分，比如占到80%，那么情况会怎样呢？他并没有详细分析。所以，李嘉图的批判似乎并不能完全令人满意。究其原因，笔

① 斯拉法.李嘉图著作和通信集：第一卷［M］// 政治经济学及赋税原理.北京：商务印书馆，2011：254.

② 斯拉法.李嘉图著作和通信集：第一卷［M］// 政治经济学及赋税原理.北京：商务印书馆，2011：258.

者以为是李嘉图研究方法的局限性。从李嘉图的分析中也不难发现，他使用的方法是典型的抽象演绎法，即基于某种假定或设定一个逻辑起点，由此展开推论。这种研究方法无疑有一定的科学性，但也有其局限性：依赖于前提条件。一旦前提条件发生变化，整个推论也会随之变化。如果像斯密那样，在运用抽象演绎法的同时，辅之以历史归纳法，即用历史资料、历史经验来佐证抽象演绎法推论的结果，所得结论将更易于使人们确信。

2. 工业制造品出口补贴

李嘉图赞同斯密关于工业制造品出口补贴的主张，认为工业制造品出口补贴只是暂时提高了产品的市场价格，之后价格会趋于自然价格。同时，李嘉图同斯密一样，认为谷物和制造品的高额进口关税和出口补贴对社会都是十分有害的。一方面，“这是最坏的一种税课”，即本国出口补贴意味着对本国产品课征了相应补贴额的赋税，而外国消费者享受着这一赋税。另一方面，这种财政政策“无异于贿赂制造业者使其开始或继续经营好处较少的行业”，扭曲了整个社会资源的配置。

但是，就农产品出口补贴或禁止输入与工业制造品出口补贴或禁止输入之间的利益关系，李嘉图与斯密的观点截然相反。李嘉图认为在这一过程中，乡绅的利益要大于制造者的利益，“因为他们所得的好处是长期的，而制造业者的利益则只是暂时的”。因为“在供给量未得到必要的增加以前，谷物的市场价格在补贴所造成的扩大需求之下可能超过其自然价格；在供给量得到必要的增加以后，它就会回跌到自然价格上去。但谷物的自然价格不像其他商品的自然价格那样固定。因为只要谷物的需求有所增加，质量较差的土地就必须投入耕种，在这种土地上生产一定量谷物所必需的劳动量就会增加，谷物的自然价格就会提高。所以持续补贴谷物出口就会使谷物价格不断上涨”。谷物价格持续上涨势必会使地租不断提高，“所以乡绅对于谷物的出口补贴和进口禁令不但有暂时的利害关系，而且有永久的利害关系；但制造业者对于各种商品的高额进口关税和出口补贴却没有永久的利害关系，对于他们来说，这种利害关系完全是暂时的”①。因为制造业价格提高、获得超额收益时，就

① 斯拉法. 李嘉图著作和通信集：第一卷［M］// 政治经济学及赋税原理. 北京：商务印书馆，2011：264.

会有更多的资本进入生产，或原有的生产者就会提高产量，使市场价格趋于自然价格，利润水平回到一般水平。

（二）生产补贴

李嘉图将生产补贴也分为农产品生产补贴和工业制造品生产补贴。

关于农产品生产补贴，李嘉图认为，对谷物进行补贴，需要相应的财政收入，即要课征相应数额的税收。而课征商品税会使商品价格上涨，这些商品的消费者就将承担这些税负。这样，不仅相对于其他商品，谷物的相对自然价格下降，而且对谷物的补贴又使其绝对自然价格下降，所以李嘉图认为，"这种税课和补贴的影响是使各种课税商品的价格按税额上涨，并使谷物价格按补贴金额跌落"[①]。这样，农场主的利润不会超过一般水平，制造业者的利润也不会很低。实际上，李嘉图认为对谷物的生产补贴不会改变资本在农业和制造业之间的分配。

农产品生产补贴是否会影响劳动工资呢？李嘉图认为："要看劳动者购买各种商品时所支付的税款，是否等于他由于补贴的影响而获得的食物价格低廉的好处。"[②]也就是说，劳动者一方面要为谷物补贴承担一定的税负，另一方面也会享受到谷物补贴带来的食物价格下降的好处。比较这两个方面，如果二者相等则劳动工资不变；否则，劳动工资会提高。"为了为其他商品的生产提供补贴而征收谷物税，谷物价格显然会上涨，其他商品价格则会跌落。如果劳动者由于各种商品便宜而得到的利益和他们因谷物昂贵而遭受的损失恰好相抵，那么劳动价格就会依旧不变。否则工资即将提高，利润即将跌落，货币地租则会依旧不变。"[③]利润之所以会下降，是因为上涨的劳动工资是由雇主来支付的。

总之，在李嘉图看来，农产品生产补贴会使食物价格下降、其他商品价格上升，二者似乎可以相抵，即便不能相抵，人们也可根据自己的情况，来

---

① 斯拉法 . 李嘉图著作和通信集：第一卷［M］// 政治经济学及赋税原理 . 北京：商务印书馆，2011：272.

② 斯拉法 . 李嘉图著作和通信集：第一卷［M］// 政治经济学及赋税原理 . 北京：商务印书馆，2011：273.

③ 斯拉法 . 李嘉图著作和通信集：第一卷［M］// 政治经济学及赋税原理 . 北京：商务印书馆，2011：275.

选择是否规避因生产补贴而课征在商品上的赋税。而且，生产补贴“对于一个国家的土地和劳动的年产品却不会发生实际的影响”。既不会影响到资本在农业和制造业之间的分配，也不会对农产品的劳动、年生产物产生影响。同时，李嘉图认为，生产补贴改变了不同产品之间的相对价格，更便于人们进行自由选择。

八、总结及简单评价

李嘉图的赋税论继承了斯密自然自由市场理论，将这一理论作为其赋税论的基础，认为“工资正像所有其他契约一样，应当由市场上公平而自由的竞争决定，而绝不应当用立法机关的干涉加以统制”[①]。他信奉萨伊的名言：“最好的财政计划就是节流，最好的赋税就是税额最少的赋税。”可是，李嘉图并没有像斯密那样构建起财政理论的分析框架，不仅是在斯密的框架内来分析赋税问题，关于构建税收制度、税收政策时应遵从的基本原则也完全遵从着斯密的理论，李嘉图所做的工作仅仅是对其认为的斯密论述不到位或不清晰之处，进行展开并详尽的说明。不难看出，即便李嘉图认为斯密的财政理论存在着诸多“错误”，但原则上，二者的思想、观点完全一致，分歧也只存在于某些细节。这主要是因为时代的差异。

斯密生活在英国工业革命的初期，即手工业阶段，商品经济有所发展，但尚未成熟。而到了李嘉图生活的 19 世纪初期，英国工业革命有了较大发展，市场经济逐渐完善，呈现出来的经济社会矛盾也不同于工业革命初期。典型的如二者对地租的理解。一般认为，斯密的地租理论是绝对地租理论，李嘉图的地租理论是级差地租理论。实际上，斯密在论述地租理论时也提及了“级差地租”，认为地理位置等影响租金。只是当时限于社会生产力水平，市场半径和市场范围并不大，级差地租并不明显，所以斯密更多地强调绝对地租。而到了李嘉图时期，社会生产力水平有了明显发展，级差地租更加显现出来。

---

① 斯拉法 . 李嘉图著作和通信集：第一卷 [M] // 政治经济学及赋税原理 . 北京：商务印书馆，2011：86.

李嘉图的赋税论不仅讨论了赋税本身的问题，而且更多地讨论了因赋税转嫁而涉及的税负的承担者的问题。这实际上是赋税的分配问题。同时，也涉及赋税对整个社会生产力发展、国民财富增进的可能影响。从这个角度来说，李嘉图是将赋税置于国民经济发展整体中来考察的。

李嘉图丢掉了斯密方法论中的历史归纳法、制度分析法，只是继承了他的抽象演绎法。也正因如此，李嘉图遭受了此后包括德国历史学派在内的诸多学者的批判。

第十章　密尔的财政思想

一、密尔及其哲学思想

约翰·斯图尔特·密尔（John Stuart Mill，1806—1873）生于伦敦，19 世纪英国著名哲学家、经济学家、逻辑学家、政治理论家。

密尔早年接受了十分独特的教育。他未接受正规学校教育，他的教育是在其父亲詹姆士·密尔的严格指导下完成的。詹姆士·密尔深受洛克心灵观点的影响，认为人的心灵最初犹如一张白纸，人的思想来自感觉经验的积累。密尔就成了詹姆士·密尔的那张“白纸”：密尔从三岁开始学习希腊文，八岁开始学拉丁文、代数、几何等，九岁广泛阅读希腊、罗马的文学、历史及哲学著作。密尔在其父亲的朋友大卫·李嘉图的影响下研读政治经济学，并且在 1821 年研读了边沁的《立法论》，接受并信奉功利主义。密尔在其自传中写道：“阅读此书成为我生命中的一个新纪元，也是我思想发展史上的一个转折点。”

密尔一生著述颇丰，涉猎广泛，很多著作曾产生过重大影响。除了《政治经济学原理》（在 1890 年之前，该书一直是英语国家大学经济学的教科书）外，还包括《逻辑学体系》《功利主义》《论自由》《代议制政府》。尤其是《功利主义》和《论自由》在国内学术界影响较大，前者讲求善、幸福，后者注重自由。这种功利主义和自由观也构成了他对政府的认识，并成为其财政思想的哲学基础。

首先，密尔的功利主义思想。密尔深受边沁影响，刚出道时是一位激进的边沁功利主义者。随着对社会观察和研究的深入，他开始质疑传统的功利观。密尔认同将“最大幸福”或“功利”作为人生第一原理和判别人们行为对错的标准或准则，可是，他的功利观不同于边沁，他认为功利、幸福、快乐既有量上的规定，也有质上的规定。密尔认为的“最大幸福”，不是指行为者本人的最大幸福，而是社会全体成员的最大幸福，即认为功利主义所说的“最大幸福”是指全社会的最大幸福，而每个成员的幸福在总体上构成了整个社会的幸福。如一个高尚的人、一个愿意为社会作出更大贡献的人，必定会给他人带来幸福，增进整个社会的幸福。

功利主义作为一种思想，已渗入政治、经济、文化以及社会的各个领域，对人类的实践活动和思维都产生了深刻的影响。经济学的理论基础就是功利主义。经济学是建立在经济人假设基础上的，认为人作为理性的人，都在追求自身收益的最大化；或者说，经济学研究稀缺资源如何配置的前提，就是每个人或每个资源的占有者都要将其占有的资源放到最有效率的地方。

其次，密尔的自由观。密尔继承了边沁的功利主义自由观，既不赞同黑格尔的自由观①，也反对契约主义自由观②。

密尔的自由是功利主义的自由，即从现实出发，社会赋予人何种自由，比如言论自由、持枪自由、结社自由等，不是从人的意志角度引出的，而是社会或国家给予人民的权力、限制。密尔关于自由的论证基于整个社会的福利如何最大化，之所以赋予人民自由，是因为有利于整个社会发展。个人自我发展是社会福祉的首要因素，即个人的发展可促进整个社会的发展，为此，社会进步的前提条件是赋予人们自由，只有如此，人们才能发展自己。可见，密尔的自由指的是公民或人民与社会、国家之间的界限，其含义是在不危害他人的前提下做自己意愿做的事情。功利主义的自由体现于国家或政府做什么和不做什么：第一，国家、政府要承认每个人的偏好，不能干预个人的选择，要遵从个人的选择，即个人的事个人来决定，国家、政府不能替个人来决定；第二，国家、政府的法律、制度安排要使个人选择权得到保障、不被

① 黑格尔认为，人的意志是自由，人们也追求自由，自由是具体的、有目的性的、现实性的实践活动，推论出实现人的自由的法：抽象法、道德、伦理。

② 契约主义认为，人生来就拥有平等的自然权利，这些权利是神圣不可侵犯的，人们享有这种自然权利的自由。

侵害，比如对财产权的保护；第三，国家、政府的法律、制度安排要有利于增进社会的福利，实现最大多数人的最大幸福。

二、密尔生活的时代背景

（一）英国社会的自由主义

如果说斯密生活的时代是手工业或工业革命萌芽时期，重商主义和重农学派思想还在影响着经济社会生活，那么，密尔就是完全生活在自由的资本主义市场经济制度之下，实质上面对的就是一种自由放任的经济自由主义，其理论基础是：促进社会经济发展和提高社会福利水平的根本在于消除对私人经济的束缚。

在 19 世纪 30—40 年代，英国各主要部门都采用了机器生产，大机器生产占据着主导地位。英国通过工业革命完成了工业化，到 1850 年，已经成为“世界工厂”。与工业化相一致的进程是自由贸易，大多数关税被取消，谷物法被废止，英国与法国等签订自由贸易协定，促进对外贸易发展。正如熊彼特所言，“自由贸易政策的含义，远远不是仅仅限于在对外贸易问题上采取一种特殊的处理方式”，整个社会经济政策中都呈现出一种自由主义思想，自由贸易政策只是这个自由主义体系中的一个组成部分。这样说来，英国在实行经济自由主义的同时，也呈现出了政治自由主义，即工业革命产生的资产阶级选择了自由主义治国方略，包括议会政治负责制、选举权的扩大、选举的自由、言论出版的自由、政府与宗教的分离等，以便让自由放任思想充分发挥作用。当然，政治与经济密不可分，政治自由主义会保障经济自由的实现。

英国的自由主义体制，产生了新的社会矛盾。18 世纪末工业革命以后，英国的自由民、手工业者等小生产阶层走向没落，资本家与劳动者、富人与穷人之间的社会矛盾日益凸显。大机器的使用、生产组织方式的变革，在提高生产力的同时，增加了劳动者的劳动强度，而且，正如马克思所分析的，企业主通过延长劳动时间等方式不断榨取劳动者的剩余价值，使得劳动者与资本家之间的矛盾日益尖锐。

可是，在工业革命时期，自由放任被看作英国社会的“时代精神”，认为劳动者与资本家之间是一种自愿的契约关系，政府不能也不应进行干涉。所以，这种社会矛盾并没有引起英国政府的重视，这引起了劳动者阶级的极大不满。直至 1833 年，英国颁布了世界上第一部《工厂法》，其中规定了工人的劳动安全、卫生、福利等，比如规定劳动者一天最多工作 9 小时。1844 年、1847 年，英国先后出台了两部新《工厂法》。密尔对《工厂法》进行了分析，并把这一分析纳入 1848 年出版的《政治经济学原理》。

（二）英国的财政状况

熊彼特将中世纪以来的欧洲国家按照财政收入方式分为三种，即领地型国家、税收型国家、财政国家。所谓财政国家，指的是“通过税收和大规模借款共同为国家筹集收入”的国家形态。英国在 1815 年维也纳会议之后便成为财政国家，可直到 19 世纪 30 年代才算由格莱斯顿[①]真正建立起来，由此开启了新的财政理念和财政体制，后人称之为格莱斯顿财政。熊彼特将格莱斯顿财政归类为“伟大的财政”，即财政制度和财政措施体现了时代精神、适应了时代需要，认为格莱斯顿财政“是一种‘天赋自由’、放任主义和自由贸易的制度的财政”[②]，其最基本的理念是自由放任主义，“最重要的事情是消除对私人活动所加的财政障碍”，也就意味着财政意义上的“最小政府”，一方面将国家职能降至最低限度，另一方面将保留的国家职能合理化，产生更大的效应。

马丁·唐顿在《信任利维坦：英国的税收政治学（1799—1914）》一书中讲述了 1799—1914 年的英国财政史，其中讲述了格莱斯顿财政的产生：国家与公民之间存在复杂的财政关系，应探索建立起民众与国家之间的良性关系，即所谓的“信任利维坦”。格莱斯顿认为，政府应制定将所有群体、利益集团一视同仁的社会政策，国家是人民和不同利益集团之间中立的仲裁者，“国家和政治精英是值得信任的”。基于这一理念，首先，格莱斯顿强调税负公平原则，就是根据每个人的能力按比例纳税。格莱斯顿财政的重要特

① 威廉·尤尔特·格莱斯顿（William Ewart Gladstone，1809—1898），英国政治家，曾作为自由党人四次出任英国首相，1853—1874 年任财政大臣。1868—1874 年，格莱斯顿第一次领导自由党组织政府。

② 熊彼特．经济分析史：第二卷［M］．北京：商务印书馆，2011：43.

征之一是对人民的纳税能力进行详细评估，因为只有如实确定纳税能力并公平课税，才有可能制定税收制度，也才能让民众信服，进而建立起民众与国家的信任关系。其次，格莱斯顿认为需要构建起统一预算案制度。一方面是统一的税收收入与税收的目的相分离，即收支两条线；另一方面是禁止资金调剂，即在议会的监督和控制下，禁止调剂财政预算项目结余，避免财政支出扩张。再次，格莱斯顿财政结构中直接税占比逐渐上升。这是因为直接税更具公平性和透明性，直接税按比例课征，体现着人与人之间的平等。遗产税作为直接税的一种，此时共开征四种遗产税：遗嘱公证税、动产税、继承税、房地产遗产税。继承税是由格莱斯顿设计并开征的。最后，格莱斯顿认为尽管国债会给经济社会带来沉重的负担，但过重的赋税对经济的负面影响更大，借债对经济的危害性相对较小，所以，举债对经济社会发展来说是更好的选择。

三、密尔的政府理论

密尔的成长经历及其学术背景决定了其政府观，即典型的功利主义政府观。密尔继承了功利主义的自由观，认为政府应当保护个人自由和维护经济自由，奉行自由放任政策，同时，根据功利主义原则，主张政府应为人民增加福利提供更多的机会与保障，为政府职能划出了合理的界限和范围。

（一）政府职能

功利主义的政府观认为，作为民选政府，政府的意愿就是人民的意愿，政府的意志体现着人民的意志，政府是人民集体的力量。这与契约主义的思想是一致的，只不过政府与人民之间并非契约关系。政府之所以存在，是因为政府的存在及其所提供的东西优于没有政府存在时的情形，如果政府不能为人民提供良好的服务，人民有权推翻政府。

“在许多情况下，政府承担责任并行使职能之所以受到普遍欢迎，都是出自一个非常简单的原因，即政府这样做有助于增进民众整体的便利性。……除了增进民众整体的利益之外，任何其他理由均不可能成为政府行使职能所依据的共同理由，也不可能制定任何普遍适用的准则来限定政府干预的范围。

不过，除非政府进行干预可以带来巨大的利益，否则，就决不应该允许政府进行干预。这是判断政府是否应该进行干预的唯一一个简单而又相当笼统的标准。”①

就政府职能来说，密尔将政府分为必要政府职能和选择政府职能。必要政府职能是指未遭到人民反对的那些职能，具体指保护人民的人身和财产安全。这不仅仅是人和财产本身的问题，也关乎着经济发展。为此，密尔还进一步阐释了长子继承法、遗产法和公司法等对社会经济发展至关重要的法律。选择政府职能是指是否应由政府提供存在疑问的那些职能。

密尔必要政府职能和选择政府职能的提出与划分，实际上进一步扩展了传统古典主义对政府的认识。洛克、斯密以及休谟等作为古典学派的代表人物，一直倡导政府的“守夜人”角色，将政府职能限制在保护社会成员的人身和财产安全，以及提供教育、道路交通等公益设施上。密尔在此基础上进一步拓展了政府职能的范围，根据功利原则，可适时调整政府的职能，用功利原则来衡量政府是否应进行干预，主要是用非命令的方式。

密尔的政府职能划分，相对于斯密等的“最小政府”，无疑是进步的，也更符合时代的要求。

（二）政府干预理论

那么，政府如何来干预经济社会，或者说，政府干预的目标是什么、准则是什么？密尔作为功利主义的信奉者和倡导者，提出了政府干预经济社会的最基本或者最简单（当然也最抽象）的原则：“政府这样做有助于增进民众整体的便利性。”

密尔也意识到了这一原则的抽象性，他也不打算具体化，转而提出了“两种不同类型的政府干预”：命令式政府干预和非命令式政府干预。命令式政府干预即以法律、政策或规定的方式来要求人们能够或不能够做什么；非命令式政府干预即政府通过给予人们劝告或传播信息的方式来进行干预。

在密尔看来，命令式政府干预的范围应是很小的，大部分应是非命令式政府干预，即政府可提供意见或建议，由人民自主来选择，而不是强制执行。

① 穆勒．政治经济学原理：下卷［M］．北京：华夏出版社，2017：743-744.

与命令式政府干预相对立的就是人们的自由。密尔认为，“在人类生活中，确实有或者应该存在有向外扩展的神圣的不受政府侵犯的某种空间”，即包括“一切仅与个人内部的和外部的生活有关的并不影响他人利益的或者仅通过道德示范作用对他人产生影响的所有部分”①。正如密尔在《论自由》中所明示的，诸如言论、思想、意见及其相应的行动等，不涉及他人利益，就完全不受政府干预；而对于损害他人利益的行为，政府要通过法律、法规等形式明确、规范所要承担的相应后果。所以，命令式政府干预的范围是损害他人利益的行为，其他行为或是应给予人们自由，或是应以非命令式的方式进行干预。

密尔认为包括重商主义在内的政府干预理论存在着某些错误，“政府对于所干预的对象有错误的看法”，即干预的对象不对。实际上，密尔重点批判了早期和晚期的重商主义，以及与此相关的保护主义。从密尔的讨论来看，他反对重商主义保护性干预政策的出发点与斯密相同，认为在世界大同、追求经济效率的原则下，自由市场竞争可为各国人民带来好处。当然，密尔也提出了一个例外，即对自己国家的需要引进的产业（这些产业各国都不具有比较优势），在初期需要一定的保护，以便于国内产业的发展。

（三）政府干预的范围

密尔明确提出政府应对社会采取自由放任的原则。“一般来说，生活中的各项事务最好由那些与其具有直接利害关系的人们自行加以完成，不应该通过法令或者公共职能对其进行控制和干预。很可能从事这些事务的某个人或者某些人，要比政府更加清楚采用什么手段可以更好地达到他们的目的。在这种情况下，我们实际上是假设，政府不可能自行全面掌握一个人在某一时期内累积的有关某一职业的全部知识，而且，与政府相比，个人与相关结果之间也具有更为强烈的和更为直接的利害关系。因此，如果不对人们的选择进行干预，那么，人们很可能会进一步改进和完善自己所选择的各项措施。”②除非对整个社会福利有重大影响，否则，不对社会进行干预。因为一是政府

① 穆勒．政治经济学原理：下卷［M］．北京：华夏出版社，2017：876.

② 穆勒．政治经济学原理：下卷［M］．北京：华夏出版社，2017：884.

干预意味着限制个人自由；二是政府职能增加即是政府权力增加，从而会限制政治自由；三是从劳动分工角度来看，政府职能增加意味着工作责任的增加，可能导致官僚主义；四是个人是自身利益的最好判别者，没有政府干预的自由竞争效率会更高；五是政府干预会扼杀人们的主动性、创造性，人们无法在参与社会管理或社会事务中养成关心公共事务的习惯。

但是，政府为了整个社会福利最大化，还要承担一些职能。具体来说，除了保护人民的人身、财产安全之外，政府职能还包括以下几个方面。

1. 存在外部性的产品

每个人作为消费者都是物品的鉴别者，知晓哪些物品能够满足其偏好并带来最大的收益，可是有一类产品，“它们的价值绝不能利用市场的需求加以验证”。

在可由市场提供的物品中存在外部性，此类产品或事项无法在市场交换中反映出其真实价值。密尔在这里举了教育的例子，认为教育可以提升人的基本素质，对自身有好处，反之，如果未接受教育可能给他人带来伤害，给社会带来危害。可是人们，特别是未开化的人们不能正确地鉴定教育的价值，所以，密尔说“自由放任的基本原则尤其不适用于初等教育”。实际上，把密尔对教育的分析进一步抽象，即是马斯格雷夫提出的“有益品”与“有害品”的概念。

“一些事务，它们的价值绝不能利用市场的需求加以验证；这些事务主要是关于提高人类素质的教育的事务。”之所以有些事务不能通过市场的价格机制来反映出其真实的价值，密尔认为，一是因为“那些需要提高知识水平和道德水平的人，却往往最不想提高它们”，意味着这些人并没有认识到这一事务的价值所在，具体到教育，就是没有认识到教育能够给受教育者带来修养、知识、能力，进而可改善其生活，即道德能力不足；二是因为“就是想要提高它们，他们也无法依靠自己做到这一点”，其中既可能是因为缺乏相应的费用，也可能是因为缺乏相应的供给。

教育之所以重要、有价值，就在于一个人接受教育，不仅可以使自己受益，即可“扩展自己的能力”“培养自立精神”，还可给他人、社会带来好处，否则他人或社会“可能会遭受缺少教育的同胞的严重伤害”。

因此，“政府就必须采取措施确保人们能够免费或者以极低的费用接受初等教育”。这是因为，一方面，“今天提供的这种帮助将有助于日后不再需要他人的帮助”，意思是说，社会或国家提供教育可使受教育者获得各种能力，由此获得相应的收入，不再依靠社会或国家的救济；而如果因今天没有享受到资助而缺乏知识、技能，日后就可能因能力不足而不得不依赖于国家的资助。另一方面，有些人“即使有能力支付，恐怕也不肯这样做”，即没有认识到这些事务的重要性和好处，因此，这些事务需要政府或社会捐助。

2. 个人判断存在例外

个人是其利益的最好判别者，政府不能干涉，可是也存在着例外。

第一，对自身利益缺乏最好判断的个人，政府应予以保护、干预。

儿童、精神病患者、智障人士等不具备判断或者采取行动的能力，意味着这些群体不能自主选择。那么，针对这些不具备行为能力者，他们的父母或者其他亲属是否可以替代他们进行选择呢？密尔认为这又涉及另外一个问题，即一个人的利益、行动是否可由其他人摆布。密尔认为，即便是父母的权力，也与其他权力一样，可能存在滥用，会损害儿童的利益。所以，政府要对这些无行为能力者、不能作出最有利判断者的行为进行干预。

第二，现时进行的选择可能使未来利益受损，针对这种情况，政府应予以干预。

在密尔看来，每个人判别自己的利益时，是建立于一定的经验、实践基础上的，可是，人们对未来某些利益作出的选择往往缺乏对未来利益的经验和实践，所以，现时作出的选择可能会存在一些问题。“凡是涉及永久性契约的场合，均应该对于听凭人们自由签约这一实用原则加以很大的限制；法律应该对这种契约的签订采取极为慎重的态度；如果当事人未能对这种契约所规定的义务作出正确的判断，那么，法律就不应该允许人们签订这种契约；如果允许签订这种契约，那么，法律就应该尽可能地保证当事人是在经过深思熟虑之后才签订的；尽管当事人不能自行解除这种契约，但是法律应该允许具有正当理由的当事人在向公正无私的有关当局进行陈述之后解除契约。”婚姻就是如此。

第三，针对个人事务委托给他人代为管理的情况，代理人可能损害委托人的利益，政府应对此进行保护、干预。

人们自愿合作而能够完成、做好的事情，即便政府同样能够做好，也应由人们独立去做，这是因为一方面政府负担太重，还有可能导致政府与人民的矛盾；另一方面不利于人们参与社会管理，并由此提升社会管理能力。可是，自然垄断类的某些服务性公司，因其服务性质而可能形成独断，如自来水、煤气以及有关道路运输的公司等。“在许多与此相类似的适合于私人经营的领域，仅仅依靠经营者的利益尚不足以确保社会能够得到满意的服务，社会还需要某种其他保障；这属于政府职能的一部分，政府应该为社会的一般利益着想，要求相关领域中的经营活动符合必要的条件，或者保留对于此类经营活动的控制权，起码使公众能够享有垄断所产生的利润。”

水、电、路等自然垄断类的事务，是人类社会必需的，如果由私人生产、市场供给，将因多家供给导致资源配置效率下降，因为自然垄断类的事务当只有一家提供时成本最低；而如果为了资源配置效率最大化，由一家私人来供给即独断提供，那么，消费者的利益可能会受到损害。所以，这类公共事务由政府提供，或由政府授权私人提供，将是更好的选择。

第四，每个人都会基于自身利益最大化而采取行动，可是，有些事务只有当所有人都采取协调一致的行动时才能得以有效实施。此时，要么是通过法律规定强制人们采取一致性的行动，要么是由政府替代人们行动，即成为政府职责的一部分。

密尔举了劳动工作时间的例子。每个人都想在不影响工资收入的前提下，缩短工作时间，可是，在竞争状态下，如果只有一个人单独缩短了工作时间，就会面临被解雇的风险。为了工人的利益和身体健康，需要通过法律规定统一的工作时间。

此外，还有一些情形是无法通过法律来规定统一行动的，比如休谟举的农田排水的例子。在这种情况下，为了整个社会的利益，由政府来承担排水职能是最好的选择。

第五，人们为了他人的利益，而非自身利益而进行的自主选择，政府应对此进行干预，即政府应有组织、有计划地为需要帮助的人提供帮助。

典型的就是对贫困群体的救济。无论什么时代，总是会存在着贫富之间的差别。密尔认为，人类社会中，人们之间是需要相互帮助的，贫困者需要得到他人的帮助，同时，从社会公平的角度来说，也应予以穷人帮助。给予穷人以帮助的方式，是不确定、没有规律地给予帮助，还是有组织、有计划地向他们提供帮助呢？密尔认为后者更为合适，即由政府来组织为穷人提供帮助。

虽然在密尔时期是否要对贫困群体进行社会救济还存在争议，但现代社会已然将贫困救济看作一种社会责任。从人权的角度来认识，即每个人都有生存的权利，政府或社会要保障每个人的生存权、发展权，贫困救济已成为政府存在的内在价值之一。即便如此，现代社会与密尔时期一样，面临着一个问题，即救济的标准或准则。

在密尔看来，社会为穷人提供帮助，需要考虑两个问题："一方面是考虑人们得到帮助本身的后果；另一方面则是考虑人们依赖于帮助的后果。"前一个方面的结果是：对受帮助者和整个社会都是有益的。因为除了受帮助者因接受帮助而受益，整个社会也会更加和谐，也可为社会创造财富。正如罗尔斯所说的，最贫困者福利的改善可增进整个社会的福利。后一个方面的结果是：对受帮助者以及社会可能是有害的。这种帮助可能使受帮助者养成依赖于他人帮助的习惯，这是对个人来说是最为有害的（当一个人完全依赖于他人时，这个人也就成为他人的奴隶，即没有了自由，要依赖于他人而存在）。为此，密尔提出了慈善救济的准则："无论如何不应该使这种帮助取代个人的劳动、技能和节俭，不应该使个人丧失自我救助的能力，而只能使个人燃烧起更大的希望，努力通过合法的手段去争取成功。"慈善救助的准则是使贫困者免受饥饿，不能以此替代其劳动而使其产生依赖。密尔的这一准则目前仍具有一定的价值。救助的根本目的，除了消除其饥饿贫困外，还在于使其有能力解决自身的生活问题。

第六，出于自身利益考虑而作出的选择，不仅对自身有好处，还涉及他人、整个社会以及子孙后代的利益。针对这种情况，政府应进行干预，将个人行为限制在一定范围内，以保证对整个社会和未来有好处。

密尔在这里举了殖民地的例子，认为殖民地在发展过程中既要考虑开拓者的利益，也要考虑殖民地的未来发展，而这需由政府来干预、规划。因为作为开拓者的个体只是考虑自身的利益，不会考虑整个殖民地的发展问题，而殖民地的发展已远远超出了经济范畴，涉及人类未来长远发展问题，也只有政府有能力、有责任来考虑殖民地的长远发展问题。类似的事项还有很多，比如环境治理等。

以上这六个方面，虽可由每个人自主选择，但考虑到自身能力、对他人或社会的影响，需要政府进行干预。

3. 公共产品

存在着一类事务，追求自身收益最大化的个人不愿意提供，或者说，市场机制在提供这类事务中出现失灵，因为人们提供这类事务不会自然而然地获得回报，因此这类事务需要由政府提供。这类事务即公共产品。

为了整个社会当代和未来的福利着想而应该进行的工作，“个人或者私人团体从事它们却又得不到相应报酬的工作，都应该由政府予以承担”。这类事物的基本特性是：如果没有政府或其他人为干预，单纯为利益计，个人或私人团体不会通过市场方式来提供它们。密尔举的例子包括：地质勘探、科学研究（自然科学和社会科学）、灯塔和浮标等设施。

在实际生活中，一些真正关系到社会整体事务的事项，如果政府不参与就无法提供，当然就得由政府来承担。典型的如道路、港口等交通设施，医院、学校等公益机构。其中的缘由除了私人不能从中获得相应的报酬之外，还可能是民众过于贫困，无法提供所需要的资金，或者是缺乏相应的知识而不具备这方面的能力，等等。这类事务一般都作为公共产品。

关于政府干预和政府职能，密尔总结道：“一个好的政府在提供它的所有帮助时，均会关注发展的不尽完善之处，并对人民的自立奋斗精神予以鼓励与培养；它将帮助私人企业消除相关的障碍以及畏难情绪，并且全国地提供任何必要的便利条件、指示或者指导；运用自己的财力帮助个人发挥主动性，而不是压抑个人的主动性，并且利用各种奖励和荣誉制度来激发个人的主动精神。

“政府所追求的完美目标应该是，采取措施将人类目前用于相互侵害或者用于设法保护自己不受侵害的力，转而用于征服自然，使其物质与精神两个方面日益造福于人类，从而将这种极大的浪费减少到最低限度。”

（四）密尔政府理论的总结

密尔的政府理论是在斯密的自由市场理论和关于政府职能理论的基础上发展而来的。总的来说，密尔的政府理论是对单纯自由市场竞争的否定，以及对政府干预理论的扬弃，是将自由市场与政府干预的第一次融合，即是建立在自由竞争市场制度基础上的政府理论。而这种融合的根本在于伦理性的彰显和经济性的强调，也正是对斯密政府观的发展。

在密尔的政府理论中，从逻辑顺序角度来说，每个人根据自身偏好而进行的自由选择应被放在第一位，这是政府职能建立的前提。可是，人们进行自由选择的经济体系，按照密尔的说法，存在着“例外”，可分为两大类。

第一大类“例外”是私人或私人团体不愿意或不能通过市场提供，对整个人类社会、人类未来有益的事务。不愿意，指的是从事这些事务在自然而然的条件下无利可图，不能从中获得相应的报酬；不能，是指因缺乏资金、知识、预见性等而没有能力来提供。既然市场不能提供，又关乎社会整体福利或未来人类福利，就需由政府来提供。包括灯塔、路灯、市内道路、环境治理、科学研究等。

这类事务一般都体现为公共消费品，即一个人的消费不排斥其他人的消费。在消费、使用过程中，可分为两种情况：一种是所有人都可免费使用，即具有非排他性；另一种是付费消费或使用，即具有排他性。

第二大类“例外”是私人和私人团体可以通过市场提供，个人也可自由选择，但考虑到整个社会或人类未来的福利，以及个人的利益，由政府干预更有利。这一类事务又分为两种情况：第一种是从整个社会福利、人类未来福利的角度来考虑，必须由政府进行干预的事务；第二种是从个人发展的角度来考虑，需要由政府进行干预的事务。

第一种，关乎整个社会和人类未来福利的事务，应视为一些经济性的事务，即从整个人类福利最大化的角度来考虑政府的干预行为。主要包括水、电、港口、高等级道路、水库等自然垄断类的事务，是人类社会必需的。

第二种，关乎个人自身利益的事务，应视为基于公平或伦理性的政府关怀，通过政府的干预使社会中人与人之间的关系得以和谐。①一些产品或事项，无法在市场交换中反映出其真实价值，具有正常行为能力者会低估或高估其价值。比如教育、医疗等被低估，而烟、酒等被高估。②有些人不具备正常的自主选择能力。③一些贫困者不具备自由选择的能力，为了满足其基本的生存，需要政府给予支持，即贫困救济。可将此种情况看作有益品，即政府的干预将改变人们的偏好，影响人们的消费、选择习惯的一些产品。包括教育或学校、医疗或医院、安全带、博物馆、图书馆、公共停车场、公园等。现代的诸多财政补贴都可看作有益品，如农业补贴，特别是有机农业补贴、良种补贴、新能源补贴等。

进一步地，可将第一大类“例外”和第二大类“例外”中的第一种情况归类为公共产品，体现着公共性、功利性，以整个社会福利最大化为出发点；第二大类“例外”中的第二种情况可归为有益品，体现出公平性，以每个人自身利益作为出发点。

总的来说，密尔将政府职能中除了保护人身安全和财产安全之外的职能看作市场无法有效提供的领域，换句话说，政府职能体现于市场失灵的领域。为了最大化人类社会的福利，政府职能在于弥补市场失灵。

四、密尔的税收思想

（一）关于分配和税收的基本观点

与密尔的其他经济思想一样，密尔的税收思想也是在斯密和李嘉图的税收理论基础上发展起来的，是对前人理论的扩展与改良，没有质的变化。典型的就是关于自由市场经济的认识，密尔的政府理论及与之相关的税收思想都延承了斯密的自由竞争理论。当然，密尔在此基础上也不断发展，其中之一即分配问题。

斯密并没有单独和深入研究分配问题，在他看来，完全市场竞争中内含着正义的分配。劳动与自然结合创造价值，人们通过分工进行劳动就会形成财富，无须外在干预。斯密的分配思想与其整个经济学思想一样，都以自然法则为方法论基础，遵从着某种自然的、理性的选择。

而密尔将财富的生产与分配分开讨论，认为财富生产与财富分配遵从着不同的原理。密尔认为，财富生产并非一件随心所欲的事，有限制性条件，比如物理方面的，即人们对生产对象物质性质的认识以及所选择的工具。政治经济学正是在默认现有生产力水平条件下，来研究财富生产的基本规律、解释现在和过去的贫富差异，以及预言财富会有什么样的增加。关于财富生产的原理，密尔的思想与斯密相同，都认为自由市场机制决定着财富的生产规律；而财富的分配则不然。

在密尔看来，如果说财富生产存在着内在的自然规律，那么，财富分配则是人为制度安排的结果。实际上，密尔区分了国民收入的初次分配与再分配，认为财富的再分配体现着人的意志，是由特定的社会习俗、文化和社会环境决定的。“与生产规律不同，分配规律是人类制度的一部分，因为在任何特定的社会中，财富分配的方式均取决于那里通行的法规或者习俗。”[①] 当然，密尔认为，虽说分配制度是人为给定的，但也并非随意而定，财富分配也依赖于某些条件，同所有自然规律一样，也需要进行科学研究。

密尔的税收思想也正体现着其分配观点，即财富的生产可以遵从自由经济制度，然后，要基于社会习惯、习俗来人为地制定独立于财富生产的税收制度。

在密尔看来，税收是政府存在的条件，如果没有税收，也就不可能存在政府。所以，税收可看作政府的必要职能。

（二）税收的基本原则

密尔的税收基本原则正是始于斯密的税收四原则。在密尔看来，斯密税收四原则中的后三项原则没有任何争议，他完全同意斯密所说的政府课税过程中的确定性、便利性和经济性。可是，密尔对斯密税收四原则中的第一项进行了拓展。

1. 牺牲均等

第一，为什么政府课税要讲求公平、平等。密尔认为，政府对所有人的要求都要一视同仁，在政府要求人民作出牺牲时，每个人都应承受相同的压力。

第二，在密尔看来，税收意味着纳税人的收益的牺牲，税收公平指的是每个纳税人的牺牲相等。即“在对每一个人分摊他为政府支出所作出的贡献时，应该使他因支付自己的那一份额而感到的不便，既不多于也不少于其他人支付自己的那一份额而感到的不便”[②]。

第三，密尔认为课税牺牲均等的结果是社会全体人民的整体牺牲是最小

① 穆勒．政治经济学原理：上卷［M］．北京：华夏出版社，2017：21.

② 穆勒．政治经济学原理：下卷［M］．北京：华夏出版社，2017：747.

的。实际上，密尔假定每个纳税人都具有相同的收入水平和消费偏好，为此，“一个人因税收负担减轻所获得的利益将小于另一个人税收负担加重所遭受的损害”。

密尔的税收公平原则由斯密的“收入比例分摊”或“量能原则”转化为“牺牲均等”。从现象上看，密尔与斯密并无不同，都强调“总量”均等，可是，密尔将税收公平转化为心理感受，用收入边际效用递减来解释就是，平均意义上每个人因纳税而带来的牺牲均等可使整个社会的牺牲最小。

密尔的这种转变体现了其功利主义的特征。密尔继承了边沁的收入边际效用递减这一心理学规律。纳税人纳税不仅是收入的损失，还是收入减少而产生的心理感受。可见，密尔深受当时功利主义主观效用理论的影响，从主观效用的角度来理解税收牺牲。密尔的主观效用体现在他对“利益”含义的认识。密尔认为，纳税人从政府那里获得的利益，与其对在一定税收水平或政府课税条件下政府提供的公共服务的偏好相关。若政府提供的公共服务符合或满足其偏好，那么其利益水平（受益）就大；反之，受益就小。

2. 按收入比例课税

密尔捍卫斯密的“按收入比例课税”原则，但又不同于斯密的认识与逻辑。

首先，密尔继承了边沁“给予低收入者免税额”的思想，认为应给予低收入者一定的免税额度。但“不应该超过其维持生活、保证健康所需要的收入额”，即还是要对低收入群体的奢侈品课税。密尔认为不能因课税而影响低收入者的基本生活，包含着对低收入者的人文关怀，是从伦理角度来看待税收问题，在一定程度上与斯密有所区别。斯密是从税负转嫁可能影响资本有机构成进而影响经济发展的角度来看待低收入者的纳税问题的。同时，对低收入者免税也避免了斯密所说的可能对经济发展产生的影响，因为不会产生斯密意义上的税负转嫁。

其次，密尔认为“按收入比例课税”体现着公平性，反对收入的累进税制。其公平性体现在，对于财富的认识，不能单纯看其数量，“应该以使用它们所能换取的物品所带来的舒适感或者快乐程度予以估价”。政府课税牺牲了人们的舒适、快乐与嗜好，这种牺牲应在社会成员间平等地分配。密尔力求通过政府的政策措施来减少人们之间的不均等性，但是，这种不均等性的降低不能以节俭者的受损为前提，即不能以节俭者来救济浪费者、奢侈者。实际上，在密尔的意识中，财富源于勤劳、节俭，若对人们的收入采取累进税制，就是在侵害人们的勤劳、节俭，是“对于人们的勤劳与节俭所征收的一种税，是对那些比其邻居工作更为努力、生活更为节俭的人的一种惩罚”[①]。可见，密尔的税收思想中体现着对人性的一种理解与认识，即人们要勤劳、进步。

密尔反对收入累进税制，但不反对对遗产等财产实行累进税制。“将累进原则应用于一般的税是不妥当的，但是应用于遗产税却是公正而且恰当的”，原因在于密尔认为，受到限制或被课税的应是不劳而获的财富，而不是劳动挣得的财富，税收应鼓励勤劳、节俭而限制挥霍、懒惰。在密尔看来，人与人之间的差异恰恰源于机会的差异，强调起点公平，遗产税的累进税制，就是要赋予每个人平等的机会。“对于赛跑者要做到不偏不倚，就应该尽力使他们从同一起跑点上出发，而不应该给跑得快的人系上重物，以缩短他们与跑得慢的人之间的距离。”[②]为此，针对存在着的机会不均等，政府应“通过教育和法律尽其所能地减少了这种机会的不均等”，特别是为穷人提供良好的教育，使他们与他人处于同一起点而展开竞争。

（三）反对税收的受益原则

斯密提出的受益原则，只是针对道路、桥梁等易于收费的领域采取“谁受益、谁付费”的税收制度，而实际上，受益原则不是仅仅指个别税收的受益原则，而是指一般意义上的“受益—收费”体制，即纳税人缴纳的税款与政府提供的公共服务相一致。或者反过来说，人们应根据从政府那里获得的收益来确定其纳税金额即税额。正如孟德斯鸠所言，“国家的收入来自每一个公民，公民从自己的财产中拿出一部分交给国家，为的是确保其另一部分财产的安全，或是为了快乐地享用这部分财产”[③]。密尔显然极力反对受益原则，不认为税收是政府提供公共服务的价格。

① 穆勒．政治经济学原理：下卷［M］．北京：华夏出版社，2017：750.
② 穆勒．政治经济学原理：下卷［M］．北京：华夏出版社，2017：751.
③ 孟德斯鸠．论法的精神［M］．北京：商务印书馆，2011：252.

在密尔看来，政府是全体人民的政府，而不仅仅是用来保护财产和人身安全的，政府也应不将其作为唯一职能，“政府的存在能够直接地或者间接地实现所有美好事物以及消除所有罪恶”。密尔秉承功利主义思想，认为政府存在的目的就在于促进社会幸福最大化和消除痛苦，是一个综合性的目的，因此，恐怕就难以确定政府提供的服务的准确价值，也就无法按照所谓的“受益—付费”规则来确定税收制度。

密尔还提出了一个更深刻的问题：既然受益原则所安排的税收制度是基于政府的保护功能，且不论保护功能的不全面，单就这一保护功能而言，穷人可能比富人更需要政府的保护，或者说，穷人从政府的保护中获得的利益更多。因为穷人自我保护的力量要小于富人，富人可动用其财产来为自己提供保护，可是穷人则无法实施这一保护措施[①]。“如果政府撤除保护，则谁遭受的损失最大？如果能够对这一问题给予回答的话，则答案一定是，那些出于先天或后天的原因造成智力与体力最为孱弱的人，其所遭受的损失最大。……那些最无力帮助或者保护自己的人最离不开政府的保护，他们就应该支付政府为提供保护所付出的价格中的最大份额，而这正好与分配公平的本意背道而驰。”[②]所以，没有必要来讨论谁从政府那里获得的收益更多，并依此来设计税收制度。密尔极力反对受益原则的目的在于强调他所主张的“量能原则”，“正如在为某项大家共同关心的事业捐款时所出现的情况那样，大家都认为每个人根据自己的能力提供捐款实现了他们的那一部分的公平，即大家都为共同的事业作出了公平的牺牲，因而认为强制性捐款的原则应该采取与此相同的方式。实际上，为此项原则寻求过于精细或者晦涩的依据是完全没有必要的”[③]。

然而，在 19 世纪末期，又出现了受益原则复兴的情况。后文将进一步讨

① 笔者认为密尔的这一思想是对的。观察历史便可知，当政府提供的服务不足时，富人通常会动用其财产来为其提供服务，比如雇用较多的用人甚至仆人，而穷人则完全无法做到。又如教育，若政府不提供义务教育，富人可通过聘请私人教师来教育自己的子女，穷人恐怕只能认命了。从理性的角度来说，在财富可给人们带来幸福并成为人们追逐的目标时，拥有财富的人总是可以使用财富或者将财富作为工具来为其谋求便利。所以，当政府不能提供某些服务时，富人可自己来提供，而穷人则不能。

② 穆勒．政治经济学原理：下卷［M］．北京：华夏出版社，2017：748.

③ 穆勒．政治经济学原理：下卷［M］．北京：华夏出版社，2017：748.

论在19世纪末至20世纪初，欧洲大陆对受益原则的青睐。

（四）对收入来源差别课税

首先，密尔认为不应对收入的储蓄征税。一是可能存在重复征税，即如果对储蓄征税了，无论储蓄转化为消费，还是转变为投资，都可能面临着再征税；二是对储蓄免税有利于经济发展，即若不课税，富人的储蓄就会转变为更有效、更多的投资，可解决穷人的就业问题、给穷人带来收入，有利于穷人。

其次，密尔讨论了另一种收入：其所有者并无任何投入也无任何牺牲，可是其收入却不断增长，实际上就是土地收入以及与土地相关的房产收入。密尔认为这已形成了一个阶级。

针对这种收入，在密尔看来，“国家没收这种收入的全部增长额或者部分增长额，绝不违背财产私有制得以存在的基础”①。这与斯密讨论地皮租时的观点是一致的。在斯密看来，这种收入的增长是“善政”的结果，只不过他并没有如密尔般提出将此种收入的增长部分收回国家。密尔指出，为了公共利益（大多数人的最大化幸福），应将社会进步带来的土地及其之上的建筑物的价值溢出部分以税收的形式划归政府。同时，在密尔看来，政府的“善政”和社会进步导致的自然价值提高的部分，不应被称为税，而是政府应得的社会收入。

五、总结及简单评价

密尔作为功利主义者，强调社会福利最大化，增进最大多数人的最大幸福，倡导劳动、资本等生产要素的有效供给，因此，税收制度安排就要尽量不伤及生产要素，鼓励勤劳、限制懒惰，鼓励生产性资本、限制消费性资本。这正是密尔公平思想的体现。能实现社会最大多数人的最大幸福即社会公共利益的行动或制度安排，就是正义的、公平的。举例而言，关于直接税，存在着相悖的论点，有人认为税收额度绝对均等是公平正义的，有人认为纳税

① 穆勒．政治经济学原理：下卷［M］．北京：华夏出版社，2017：759.

额与收入成比例才合乎正义，还有人认为累进税制才是真正的正义，等等。针对这些不同声音，正如密尔在《功利主义》中所讲的，“要从这些混乱中解脱出来，唯有采用功利主义，此外别无他法”，就是要以整个社会的幸福最大化为准则来衡量采用哪种税收原则。从这一点来看，密尔的税收原则不存在所谓的客观标准，哪个制度更能带来最大化的福利，就选择哪一个。事实上，人类现实社会的历史正呈现出这种情况。

当然，密尔比斯密更注重税收的伦理或人与人之间的关系。“在英国和欧洲大陆国家，人们都公开宣扬国家应该利用税收工具缓和财富的不均等性。我与任何人一样，均渴望采取措施减小这种不均等性。”[①] 密尔的意思是，均等是有条件的，不是绝对的，不能牺牲整个社会福利最大化，不能牺牲经济发展，不能违背勤劳、节俭的社会伦理价值。因此，政府课税不能影响人民的勤劳与节俭，即不能影响到国民财富的增进。

① 穆勒．政治经济学原理：下卷［M］．北京：华夏出版社，2017：750.

第三篇

新古典财政思想

随着第二次工业革命的兴起以及边际效用理论的形成与成熟，人们转变了对物品价值的认知，扬弃了古典经济学中“政府不产生价值”的思想，形成了新的“政府观”，并在继承斯密自然自由主义的基础上，建立起了新的财政理论体系，包括以马歇尔、庇古和道尔顿等为代表的英美财政体系，意大利和奥地利财政理论体系，还有德国社会政策学派财政思想。

以边际效用理论为基础构建起的新古典财政理论在扬弃了古典财政学的财富观、政府活动的非生产观的同时，延承了斯密“最小政府”的理念。可是，第一次世界大战后，凯恩斯敏锐地观察到斯密的自然自由市场的内在缺陷。面对战争创伤以及由此而来的经济损害，自由市场难以通过这只“看不见的手”有效地动员社会资源而重振经济，政府这只“看得见的手”是更好的选择。特别是 1929 年的“大萧条”，使人们进一步认识到自由市场并非如此美好。凯恩斯进一步深化了对政府与市场关系的认识，提出了政府干预市场活动的财政思想。

凯恩斯主义财政思想的诞生也标志着新古典财政思想的完结。

第十一章　边际效用理论及其影响下的财政思想演进

杰文斯、门格尔和瓦尔拉斯创立的边际效用理论在催生出新古典经济学的同时，也孕育出新的财政理论。

一、边际效用理论的特点

（一）效用价值论作为理论基础

边际效用理论否定劳动价值论，采用效用价值论，是一种以个人主观心理评价为基础的理论体系。

古典经济学的价值理论认为，劳动创造价值，劳动力、土地、资本构成了生产要素，形成了价值。之后，萨伊、西尼尔等人从需要、效用等方面解释价值，也就是说一件物品的价值，并不取决于所消耗的劳动、资本情况，而取决于有用性，有用就意味着有价值。由此，产品的价值就由其效用替代了，物品的价值就转换为人们的主观评价。

（二）均衡价值取向

边际效用理论是一种以需求为导向的供求均衡决定论。边际效用理论以“均衡”为其价值取向。

人们从物品中获得的效用，作为主观心理评价，既取决于物品给人们带来的心理满足程度，又取决于这一物品的供给情况，供给过剩或不足都会影响到人们的心理评价。所以，边际效用理论本质上是基于人们主观心理评价的供给与需求的均衡决定理论。杰文斯的“交易方程”、门格尔的“边际对偶”和瓦尔拉斯的一般均衡理论都表明了边际效用理论的这一特点。

（三）遵从边沁的“最大化幸福原则”

边际效用理论借用边沁的最大化幸福原则，认为社会一切经济活动的根本目的和判别制度优劣的标准即“最大化总效用”。社会“最大化总效用”的判别准则依赖于“戈森第二定律”——边际效用均等定律，即每个交易者“合理地”分配自己的购买力，以便从交换中求得最大满足或最大总效用。

二、边际效用理论兴起的原因

（一）效用价值论逐渐取代劳动价值论，并逐渐成为主流

古典经济学的价值理论是劳动价值论，即商品交换过程中的交换价值体现出来的是劳动，所耗费的劳动量越多，商品的价值就越大。19 世纪 70 年代，杰文斯、门格尔和瓦尔拉斯系统性提出边际效用理论之后，马歇尔将古典经济学和边际效用理论进行了综合，边际效用理论作为分析范式逐渐取代古典经济学。

我们以边际效用理论创始人之一杰文斯的边际效用思想的形成过程为例，来观察这一理论的形成。通过对豪伊的《边际效用学派的兴起》的梳理，可得到杰文斯边际效用思想的来源。杰文斯在其著作《经济学原理》发表的 10 年前提出了边际效用理论，他在 1860 年 2 月 19 日的日记中写道：“整日在家，主要研究经济学，并且得出了我认为是对价值的真理理解。关于价值概念，我不久前说过许多错话。”这里杰文斯所说的“许多错话”指的是对劳动价值论的赞同。此后几个月，杰文斯在写给其兄弟的信中确认了这一想法以及他的价值论思想。他在 1860 年 6 月 1 日的信中写道：“在最后这个学期，我在政治经济学方面作了大量工作；……我从一些数学原理引出了政治经济学家们先前已经得出的全部主要规律，我只是把他们搞成一系列精确和有联系的定义、公理和理论，就像许多几何学问题一样。最重要的公理之一是，

随着一个人所消费的任一商品（例如进餐）数量的增加，得自所用的最后一部分的效用或福利在程度上是减少的。进餐的开头和结束之间享乐的减少可以作为一个例证。我认为，一般来说，效用的比例是商品数量的某种连续的函数。事实上，政治经济学家们在更复杂的形式上，以供给与需求规律名义已经提出了这个效用规律。”笔者认为，杰文斯的这封信表达了这样几个信息：一是边际效用理论思想已在政治经济学中得到完整的展示，已经作为一种理论而存在了；二是存在服务于边际效用理论的数学原理；三是杰文斯所做的工作是将现有的政治经济学规律，用数学原理进行精确、有联系的表达。

实际上，17 世纪已然出现了效用价值论思想，即商品价值取决于其有用性。英国经济学家 N. 巴本（1640—1698）是最早提出效用价值观的思想家之一。他指出，一切物品的价值都来自它们的效用，物品的效用在于满足需求，无用之物便无价值；一切物品因为能满足人类天生的肉体和精神欲望，才成为有用的东西，从而才有价值。意大利经济学家 F. 加利亚尼（1728—1787）的效用价值观认为，价值是物品同需求的比率，价值取决于交易双方对物品效用的评价，物品的稀少性决定着其效用。法国数学家古诺（1801—1877）在其 1833 年发表的《财富理论的数学原理的研究》中，用数学方法表达了不同条件下价格决定的条件，并提出了一般均衡的观念和方法。这可以看作杰文斯所讲的“数学原理”的理论来源。可见，到 19 世纪，效用价值论已逐渐发展、成熟起来。

杰文斯在儿时便接收到了边际效用思想。“杰文斯接受经济学教育，按照他妻子的说法，开始于他的母亲为他读威特利大主教的《货币通俗讲话》。”豪伊认为杰文斯提出边际效用理论应部分归功于威特利，因为威特利反对劳动价值论，明确提出不是劳动使物品有价值，而是因为物品有价值才值得为之而劳动。

杰文斯边际效用思想的形成还得益于西尼尔、劳埃德、郎菲尔德以及戈森等。纳索 · 威廉 · 西尼尔（Nassau William Senior，1790—1864）是英国著名古典经济学家，反对劳动价值论，指出价值由效用、供给有限性和可转移性三个因素构成。效用是直接或间接产生快乐和避免痛苦的能力。一种物品随供应量增加，效用越来越小。劳动和资本的供给是有限的。劳动者的劳动是对快乐与自由的牺牲，资本家的资本来自对欲望的节制，个人消费的价值就由这两种牺牲生产出来。

英国经济学家 W. F. 劳埃德（1795—1852）在 1833 年指出，商品价值只表示商品的效用，不表示商品某种内在的性质；价值取决于人的欲望以及人对物品的估价；人的欲望和估价会随物品数量的变动而变化，并在被满足和不被满足的欲望之间的边际上表现出来。他实际上区分了总效用和边际效用这两个概念，而且暗示物品价值取决于边际效用。

在《经济学原理》中，杰文斯将边际效用理论的提出完全归功于戈森。1854 年，德国经济学家 H. H. 戈森基于边沁的人生第一原理，提出满足人类最大化需求的两条定理：人们的欲望或效用边际递减定理和边际效用均等定理。前一定理是人类的动机，后一定理是实现效用最大化的条件。可以看到，戈森定理是边际效用理论的核心内容。

（二）社会经济矛盾催生出边际效用理论

在古典经济学时期，人类社会生产力水平较低，单位时间以及单位资源创造出的社会财富有限，在一定程度上并不能完全满足社会的需要。因此，就人类生产与需求的相互关系而言，生产居决定性地位，或者说，劳动、资本以及土地资源状况决定着社会财富。古典经济增长理论认为，一国的国民收入取决于劳动力和资本的投入量。政治经济学作为反映、解释、指导社会经济活动的思想体系，既要有一定的抽象性，又要能反映社会实际和社会要求。这一时期的劳动价值论正是这一生产力水平下经济活动的理论抽象。

我们看到现代西方经济学的效用价值论替代了古典经济学的劳动价值论，西方经济理论中的效用价值理论流行起来是在 19 世纪 70 年代。实际上，早在 17 世纪，人们已然提出了效用价值论，之所以到 19 世纪末才引起人们的重视并推广开来，就在于这一经济理论能适应社会经济发展的要求。

第一次工业革命，即 18 世纪 60 年代从英国发起的以机器代替手工劳动的技术革命，不仅提高了生产效率，有效增进了国民财富，还深刻地影响和改变了社会结构、经济结构，推进了社会变革。19 世纪 70 年代，以电力广泛应用为标志的第二次工业革命进一步推动了社会生产力的发展。如果说第一次工业革命是工匠的实践经验的结果，那么，第二次工业革命则是科学与生产紧密结合的结果。社会生产力产生飞跃式发展，给工业生产以及社会发展带来了更为广泛的影响。

两次工业革命带来的经济社会变革，需要新的经济理论、经济思维来解释时代。边际效用理论正是时代的要求，是存在着的社会矛盾的要求。

马克思认为，“危机是资产阶级经济的一切矛盾的表现”，我们以英国这一时期的经济危机为切入点，来看其中存在着的社会矛盾。第一次工业革命后，1825 年至 1873 年，英国共发生了 5 次经济危机。1825 年 7 月爆发了第一次周期性普遍生产过剩的经济危机，1826 年达到高潮，大量商品卖不出去，物价暴跌，大量工商企业破产。1825 年 10 月至 1826 年 10 月，破产的工商企业达到 3500 多家；1824—1826 年，英国当时重要的出口产品棉布的出口从 3.45 亿码降为 2.67 亿码，减少了 23%，纺织工业设备开工率下降了一半，纺织机械如花边机的价格下跌了 75%~80%，机器工业首次受到危机的严重袭击。此后，1837 年，由于对美国出口的大幅减少，英国爆发了第二次经济危机。1845—1846 年，英国出口额下降，同时农业歉收，引起粮食投机并引发了 1847 年经济危机。1866 年，英国爆发了同样具有世界级影响的经济危机[①]。

这种具有规律性的经济危机是西方国家社会基本矛盾的反映，或者反过来说，社会基本矛盾作为一种内在的、本质性的矛盾，通过市场的供给与需求、社会的生产与消费之间的不平衡表现出来。英国第二次工业革命前半个世纪里发生的经济危机直接表现为生产过剩、价格下跌，即社会创造出来的物品大于人们的有效需求，没有消费、没有需求，也就无法进行再生产。由此，不难发现，工业革命导致生产力水平大幅提高，在改变社会结构的同时，使人们意识到国民财富的增进不再完全取决于生产，社会需求成为国民收入有效增长的阻碍。

由此，当第一次工业革命结束，西方国家基本进入工业国家之时，生产与消费、供给与需求之间的矛盾，较之古典经济学时期，已发生了逆转。此时，社会需求、人们的消费逐渐成为社会经济发展过程中起决定性作用的因

① 资源来源于百度百科。

素[①]，具体表现为商品的价格越来越取决于社会需求、人们的消费状况，进一步来看，古典经济学所说的生产三要素的收益也越来越依赖于其所创造出来的物品的市场需求程度。经济危机意味着社会需求减少，市场上缺乏有支付能力的消费，而当生产者不能从市场中获得足够的收益时，不得不减少供给甚至破产。由此可见，生产相对过剩的经济危机显现出了社会需求、人们消费的决定性作用[②]。

到 19 世纪中后期，社会生产受到生产关系和分配关系的影响，表现为社会需求和人们的消费成为社会供给与需求的矛盾主要方面，强调以需求为主导的供求均衡论的边际效用理论逐渐被人们认识、接受，并逐渐取代传统的古典经济学而成为“正统”经济学。

总之，以需求为主导的供求均衡论的边际效用理论，是生产力发展到一定时期社会基本矛盾的必然产物。特定时代需要相适应的经济学理论来解释其发展的内在逻辑、解决社会发展中的主要矛盾。实际上，包括经济学在内的社会科学总是与时代主题直接相联系。斯密的古典经济学产生于工业革命的孕育阶段，生产力发展水平较低，如何提高劳动生产力以提高国民财富的有效供给是那个时代的主题。到 19 世纪初，西方工业革命已蓬勃发展，国民财富日益增进，资本主义社会分配关系方面的矛盾日渐突出并影响着社会再生产，这时李嘉图的政治经济学突出社会分配问题。到第一次工业革命完结时，国民财富得以增进，自由市场经济运行下的市场出清成为主要问题，促进社会需求、人们消费成为供求关系中的主要矛盾。杰文斯、门格尔以及瓦尔拉斯著作的出版既反映了时代的要求，也为复兴边际效用理论奠定了基础。值得注意的是，边际效用理论是对斯密古典经济学劳动价值论的否定，而非对其自由市场竞争理论的否定。边际效用理论的基础还是强调自由放任市场经济。

---

① 进一步地，可以将供给与需求、生产与消费之间的矛盾理解为西方资本主义制度下的所有制关系、分配关系的结果。社会生产力进步引起了社会关系、社会结构的变革，不同阶级的明显分化。马克思所说的“资本主义制度造就出无产阶级大军，而且这种制度也成为自己的掘墓人”，即当时资本主义社会的真实反映。

② 这一时期显现出来的消费的决定性作用，是人们观察到的社会经济发展中的一种现象，而非理论的抽象演绎。消费的决定性作用并不在古典经济学的理论研究视野内。

三、边际效用理论下财政思想的演进

自重商主义以来，财政学一直都作为经济学的一部分，经济学的发展、演进都会直接或间接地影响到财政学的发展，或者说，在一定程度上，财政学是随着经济学的发展而发展起来的。19 世纪 70 年代，边际效用理论的复兴以及以此为基础建立起来的经济学理论体系，既标志着古典经济学统治地位的结束，也标志着新古典经济学统治时代的开始。财政学也由此产生了诸多与边际效用理论具有内在逻辑一致性的理论，包括奥地利学派的萨克斯、维塞尔，意大利学派的潘塔莱奥尼、马佐拉和马尔科等，瑞典学派的维克塞尔、林达尔等。他们为现代西方财政学奠定了基础。

奥地利学派从人们或社会需求的角度来理解物品的价值，一件物品是否有价值或有多大价值，并不取决于其花费的劳动以及占用资本的情况，而是取决于能否给人们带来"用处"或带来多大"用处"，即从物品身上能否满足其需要或欲望。这样说来，"值得想望或者被想望的东西，本来不是财物，而是满足"。由此看来，边际效用理论从人的主观心理角度来认识和规定物品的价值，物品的价值在于人的欲求的满足，进而将物品仅仅看作工具性的，也就是说，人追求"物"不在于"物"本身而是"物"所能给人带来的满足。戈森定理进一步指出，"需要或欲望随着每一次满足的相继实现而递减直至达到饱和点为止"，即随着物品的不断增加，给人带来的满足程度不断下降。

物品满足人类需要的主观心理感受就是效用。"效用是满足人类需要的一般能力，或者，像杰文斯给它所下的定义，是事物的起因于事物同人的需要的关系的一种情况。"效用既取决于"物"本身所能给人类带来的满足程度，比如水、空气、钻石等，也取决于先前已得到的此种物品的满足程度，最后一个单位的满足程度决定着物品的价值。这两个方面规定着物品的价值。对于斯密无法解释的"水与钻石悖论"，边际效用理论可给出合理的解释。水有用而价格低，原因就在于水的价格和需求并不是由水的总效用决定的，水的价格由它的边际效用决定，即由人类消费的最后一杯水产生的效用决定。

"这种导源于财物数量和效用之间的社会关系的价值，叫做自然价值。"[①]

---

① 维塞尔 . 自然价值［M］. 北京：商务印书馆，2011：66.

实际上就是完全自由竞争状态下所形成的物品的价值，也可以看作物品的使用价值。人们为满足欲求而消费，交换价值并不完全取决于自然价值，还取决人们的购买力等因素。

总的来说，由古典经济学为理论基础的财政思想转向了以边际效用理论为基础的财政思想，其转变主要表现在以下几个方面。

（一）政府财政活动的非生产性转向为生产性

古典经济学的劳动价值论并不适用于对政府的财政行为或国家经济职能的分析，而边际效用论基础上的财政理论则将边际效用理论应用于国家经济职能，用效用价值论来看待国家或政府的行为。

古典经济学认为，政府的劳动是非生产性劳动，由此，财政活动也是非生产性行为，即不创造社会价值，只是转移价值。

门格尔在《国民经济学原理》的开篇给出了“财货”定义：“与人类欲望满足有因果关系的物，我们叫做有用物，人类认识了这因果关系，并在事实上具有获得此物以满足我们欲望的力量时，我们就称此物为财货。”并对财货的性质提出了四个前提：“（1）人类对此物的欲望；（2）此事物与人类欲望的满足保持着因果关系的物的本身属性；（3）人类对此因果关系的认识；（4）人类对此物的支配，即人类事实上能够获得此物以满足其欲望。”门格尔认为，“价值……既不内在于财货本身，也不是财货属性，而不过是我们为了满足自身欲望，而首先赋予的重要性……它最终传递给经济。财货……唯独源于我们对本身欲望的满足”①。

奥地利学派的维塞尔认为，国家活动同私人经济一样，也必须遵从经济原则，即有关国家资源的慎重而又节约的原则，而且，国家活动也具有价值。维塞尔认为，古典经济学并未认识到国家活动的价值，“不论在筹款方面还是在支出管理方面，直到最近，经济学家还不认识价值的那么重要性，譬如说，从其在私人经济中所起的作用看，这种重要性却是可以看到的。特别是，就筹款说，理论曾力求几乎完全不用价值”②。在维塞尔看来，国家经济活动中存

① 门格尔．国民经济学原理［M］．北京：商务印书馆，2011：2.

② 维塞尔．自然价值［M］．北京：商务印书馆，2011：242.

在着的价值[1]是显而易见的，也就是说，国家经济活动提供的物品或服务对人们来说是有用的，其价值取决于人们消费的国家提供的物品或服务的数量。可是，诸如筹款等方面的理论几乎不涉及这一价值理论，赋税原理中的纳税能力、赋税牺牲等概念并没有与价值理论相结合。“亚当·斯密和他的学派也是用同样态度来对待国家的经济管理的，他们仅仅用国民生活的需要来说明，而价值却从未博得他们的考虑。要是他们提到价值，那不用说总是交换价值。通过交换价值是这个学派所承认的唯一价值。从没有讨论到国家经济所固有的任何特殊的价值。”[2]斯密的古典经济学不仅认为国家活动是非生产性活动，不创造社会财富，而且认为国家提供国防、道路、桥梁以及教育等公益设施的目的在于人民的需要，在于有利于国民财富的增进，确实没有具体分析其所具有的维塞尔意义上的自然价值。

德国经济学家同奥地利学派一样，认识到了古典经济学价值理论的片面性，也将价值理论应用于国家经济之中。德国历史学派代表人物李斯特认为，古典学派存在着片面性，应将交换价值与生产力理论结合起来分析国家经济，私人经济活动遵从交换价值，国家经济依赖于生产力理论。可是，李斯特的生产力理论认为，生产力是交换价值的原因而不是结果，生产力要比交换价值和分工重要得多。也就是说，李斯特认为，财富形成的原因与财富本身不同，“财富的生产力比之财富本身，不晓得要重要多少倍；它不但可以使已有的和已经增加的财富获得保障，而且可以使已经消失的财富获得补偿”[3]。

总之，边际效用理论作为一种主观的效用论，认为无论是私人经济活动还是国家活动，只要其产生的效用得到人们肯定性的主观评价，它就是有价值的。而且，这种主观评价就是其价值。同时，边际效用理论将物品的效用与其稀缺性结合起来，并依此来看待其价值问题。也就是说，物品价值既依赖于物品本身的效用，又依赖于其供给的数量即稀缺程度。

（二）国家或政府存在的依据发生转换

在古典经济学时期，一种观点认为，国家起源或存在于契约论，即国家

---

① 这里的“价值”指的是自然价值，取决于物品的有用性和数量的价值。

② 维塞尔．自然价值［M］．北京：商务印书馆，2011：236.

③ 李斯特．政治经济学的国民体系［M］．北京：商务印书馆，2011：133.

或政府与公民之间是一种契约关系，公民与国家或政府之间是一种交换关系，公民以税收的方式让渡出自己所创造的部分劳动产品给国家或政府，以委托国家来提供其所需要的物品。还有一种观点是功利主义国家观，提倡自由放任的市场经济。国家作为非物质生产者，为社会或民众提供非物质产品，扮演着“守夜人”的角色。国家职能体现为最小职能原则，否则会影响到自然经济带来的社会福利最大化。

而在边际效用理论看来，这两种国家存在的依据都掩盖了私人经济与国家经济或公共经济的本质。边际效用理论认为，无论是私人经济还是国家经济或公共经济，都是在资源稀缺性的前提下促进整个社会的效用最大化。也就是说，国家经济或公共经济有其自然价值，也是在资源稀缺性的前提下进行经济活动，国家经济同私人经济一样，追求资源的最大化利用，以取得社会最大化效用。可见，这完全不同于斯密古典经济学派以及英国曼彻斯特学派[①]将国家与市场对立起来或将国家与市场的关系二元化的做法，边际效用理论强调国家经济与私人经济共同促进国家的经济发展。

只不过，边际效用理论认为，国家经济相比于私人经济，有其特殊的经济活动，“它有特殊的任务，有特别的权力手段，也能用自己的方式来解决问题”[②]。“特殊的任务”就是提供私人经济不能够或不愿意提供但又有利于国家经济社会发展的事务。所谓“特别的权力手段”是指国家所拥有的政治权力即一种强制性权力，在财政中就是征税的权力，将人民劳动成果的一部分强制性地归国家或政府占有。而所谓“用自己的方式”就是用公共收入与公共支出的形式来体现国家经济的结构。比如，维塞尔将国家经济活动的支出划分为两类：一类是可个别确认的支出，这些是国家或政府个别地为独立的个人或企业提供的服务，并依此收费；另一类是集体性支出，即不能确定为某一个体人或企业的支出。维塞尔强调集体性支出才真正具有国家经济的意义。所以，他在《自然价值》中将国家经济存在的原因归结为三个方面。

---

① 曼彻斯特学派是英国 19 世纪初的资产阶级自由主义经济学派。创立于 1820 年，因在曼彻斯特商业会馆开会得名。其成员为资产阶级激进派和积极支持自由贸易政策的人士，多为工商业者。他们鼓吹自由贸易，要求废除《谷物法》和保护性关税，主张自由放任的经济政策。领导人科布登和布赖特创立了反《谷物法》同盟。

② 维塞尔．公共经济的理论［M］// 马斯格雷夫，皮考克．财政理论史上的经典文献．上海：上海财经大学出版社，2015.

第一，存在着集体性质的物品或服务。分散的个人缺乏提供这种物品的力量，所以授权国家或政府代表公共福利，来提供这种物品或服务。正是集体利益和个人的普遍利益导致了国家活动范围的不断扩大。总之，在维塞尔看来，从国家起源来说，存在着只有全体人民的联合力量才能办成的事情，国家存在的价值就在于产生出联合力量而提供个人无法提供的事项。

第二，存在着私人提供可能无利可图的事项。现实生活中存在着诸多物品或服务，私人可以提供，但是，如果由私人提供这些物品并按照市场交换原则来收取费用，将有可能损害整个社会的福利。比如对城市内的道路实行收费供给，将使城市严重拥堵，无疑会损害整个社会的利益。所以，尽管这些物品或服务在生产上花费了较大代价，但必须交给公众无偿使用。具有这一性质的物品或服务由国家或政府来提供将更有利于整个社会。

第三，存在着私人既可生产经营也可通过市场而获利的物品或服务，但可能会存在垄断而损害社会利益。这一类物品或服务，一般由国家来组织生产活动。"凡是关系到重大的需要而又缺乏支付的场合，尤其必须按限制价格来经营服务，也就是说，必须按照自然价值进行估价而不是按照交换价值进行估价。'公共企业'就是这样出现的。"①像铁路、邮政等事项，私人可以提供并通过收费方式获利，可是，由于这一类事项投资门槛高，极易形成垄断并通过垄断获得高额利益，这无疑会损害民众的利益。所以，为了整个社会福利计，国家可组建"公共企业"，对其价格进行限制，即按照自然价值来定价。

总之，边际效用理论下的国家职能不再是斯密的"守夜人"，而是使整个社会福利最大化。

（三）构建起公共服务与税收之间的均衡关系

1. 古典经济学对公共服务与税收之间关系的看法

社会契约论认为，国家与社会成员之间存在着交换关系，国家或政府使用民众缴纳的财富来为其提供相应的服务或物品，将民众的纳税视为其为享受公共服务而支付的"价格"。国家契约主义早期倡导者霍布斯在其《利维

① 维塞尔．自然价值［M］．北京：商务印书馆，2011：243.

坦》中提出，“主权者向人民征收的税不过是公家给予保卫平民各安生业的带甲者的薪饷”[①]。这种蕴含着受益原则的财政思想为其后的人们所继承。洛克、卢梭等契约主义者强调这种政府与民众之间的利益交换关系，斯密、休谟、边沁等功利主义者虽不是契约主义者，但也都持这种财政思想。比如，斯密在《国富论》中论述的税收原则中的量能原则，其中含有受益原则，即每个人应基于其从政府那里获得的收益来缴纳税负。又如，德国历史学派，尽管他们认为国家的税收不仅用于提供公共服务，还用于商业活动，国家与市场作为有机体共同促进了整个社会利益的增进，但也认同政府与社会成员之间的利益交换关系。如瓦格纳强调，政府服务与赋税之间是一般报偿原则在起作用，“国家中所通行的原则是总成本补偿原则。也就是说，集体生产的成本，不像私营经济那样根据服务与报酬一一对应的原则来弥补，而是根据国家的决定来整体性弥补，无需向公共服务的受益者个别地收费”[②]。在瓦格纳看来，财政意义上的赋税是对公共团体事务设施的一般报偿。国家从国民收入中扣除一部分，既要用于国家法治目的，对内维持法律秩序，对外进行防御，又要给予人民更多的文化福利，而且这些要比一般私人经济得到更优先考虑。

实际上，这种交换原则体现着或者说遵从着市场经济中等价交换的基本准则，或者，进一步来说，国家或政府利用资源也必须遵从有效配置稀缺资源以获得最大化收益的原则。可是，古典经济学的劳动价值论和功利主义的效用理论都难以明确国家或政府所提供的公共服务的价值与税负之间的等量关系。

首先，古典经济学并不把国家或政府提供的公共服务看作生产性劳动，即不具有国民财富意义上的价值，可是仍然将政府提供的公共服务与人民的税负看作交换关系。但是，因为政策提供的公共服务不具有生产性劳动的价值，无法确定其价值量，就不能依据市场等价原则来进行交换。

其次，古典经济学对政府提供公共服务与人民纳税之间关系的分析基于“二元论”框架，没有将提供公共服务与人民纳税两个方面作为一个整体来看待。从《国富论》第五篇“君主或国王的收入”中就可知，斯密并没有讨论

① 霍布斯．利维坦［M］．北京：商务印书馆，2011：269.

② 瓦格纳．财政学三论［M］// 马斯格雷夫，皮考克．财政理论史上的经典文献．上海：上海财经大学出版社，2015.

二者之间的关系。而且，对于政府提供的国防、公益设施以及行政司法管理等事项，斯密也并未从经济效率的角度来讨论政府的公共投入所能带来的收益。即使他在政府课税原则中讨论了效率原则，但也仅局限于政府课税的行政效率，没有讨论税收可能产生的经济效率问题。实际上，这里涉及一个基本问题：政府提供公共服务或人民纳税的规模多大为好，或者说，基于经济效率原则，这一规模是否存在一个界限。斯密、萨伊以及密尔等在政府提供公共服务的规模方面，秉承“最小政府”原则，特别是密尔将税收作为一种牺牲或损失，认为税收的规模越小越好，要尽可能限制政府的活动范围，尽量减少政府的支出，以免损害自然自由市场中私人经济的发展。

总之，古典经济学只是停留在抽象意义上国家提供公共服务与人民纳税之间的利益交换，没有从经济效率层面来具体分析二者之间的交换问题。

2. 德国新历史学派和效用价值论对这一关系的看法

边际效用理论学派认为，德国新历史学派分析了公共经济问题，但仍然存在一些问题。维塞尔在其《自然价值》和《社会经济理论》中都分析了德国新历史学派代表人物李斯特的国家经济理论。李斯特将价值理论引入公共经济中，认为国家经济也会给社会带来公共价值，但其出发点是为拯救德国落后的“幼稚产业”提供理论基础。“按照李斯特的说法，国家不应该像企业家那样，用私人交换价值从事算计，而应该关注如何提高国民的生产力。短期交换价值的牺牲，可能会在事后获得丰厚的回报。国家应该像父亲那样行事，为了孩子的未来，应尽可能地给他们好的教育并为此承担成本，而不是尽快把孩子送到市场上去挣钱养家。”[①] 可见，在维塞尔看来，李斯特的国家就是父亲般的家长，为了孩子的长远利益而算计自己的经济活动。由此，维塞尔认为李斯特描述的是一种公共使用价值，这种公共使用价值逐渐演变为生产力。维塞尔进一步认为，李斯特的“生产力理论”缺乏足够的手段来计算其生产力的公共使用价值，也没有揭示清楚公共使用价值与私人价值之间的关系。在维塞尔看来，国家经济也是一种资源的配置，因此总是要讲求资源配置的效率，李斯特只考虑并不能真正明确的、只存在于未来的公共使用价

① 维塞尔 . 公共经济的理论［M］// 马斯格雷夫，皮考克 . 财政理论史上的经典文献 . 上海：上海财经大学出版社，2015.

值，缺乏一定的现实性。

17世纪提出效用价值论后，古典经济学的代表人物萨伊、密尔等都在一定程度上强调效用价值论，从人们主观心理角度来观察物品或服务的价值。他们在某种程度上承认政府提供的公共服务具有价值，因为政府的公共活动能够给人们带来心理满足。并且，将政府提供公共服务的成本与人民所缴纳的租税相对应，在某种程度上可以看作政府提供公共服务与人民纳税之间存在着等价交换关系。可是，一方面，效用价值论中所说的公共服务与纳税之间的利益交换，指的是政府提供公共服务的总成本与人民纳税额之间的关系。那么政府提供公共服务的总成本与给人民带来的效用之间的关系如何界定？或者说，公共服务的总成本并不意味着等于人民享有的总效用。即便提供公共服务的总成本视同与总效用相一致，可是，人民从政府提供的公共服务中获得的总效用是每个社会成员效用的加总，每个社会成员的效用取决于自身的感受。进一步来说，政府提供公共服务与人民纳税之间的利益关系应从个人纳税与享有收益之间的关系的角度来考虑，即个人从政府提供的公共服务中享受到的收益与其纳税额之间是否存在等价关系。显然，效用价值论并未很好地解决这一问题。另一方面，单纯就经济效率而言，政府与人民之间的利益交换关系中绕不开的一个问题就是政府课税的最佳规模问题，显然，效用价值论也没有很好的分析工具来具体分析这一问题。

总的来看，边际效用理论认为，无论是古典经济学、德国新历史学派还是效用价值论，他们从经济效率角度来论述政府提供公共服务与人民纳税之间的交换关系都存在一定的问题。

3. 边际效用理论对这一关系的分析

边际效用理论解决了古典学派等存在的问题，用边际效用分析方法来分析政府提供公共服务带来的效用与人民纳税额之间的一般均衡。

公共服务效用与税收之间达到一般均衡的前提是：

第一，政府提供公共服务的价值就是其效用，取决于每个人的主观心理评价；

第二，对政府所提供公共服务的评价是基于个人需要。

这是边际效用理论或新古典经济学相对于古典经济学的一个根本性转变。在古典经济学中，政府提供公共服务是基于一般利益原则，即要从整个社会的整体利益出发来考虑政府经济活动的作用，没有具体到满足个人的需要。而边际效用理论则以个人的主观效用为准则来评价物品的价值，对政府提供的公共服务，也是基于个体人的主观评价来给出其价值。这既取决于每个人的偏好，也依赖于所提供公共服务的数量与水平。实际上，边际效用理论将个人主义分析方法运用于政府提供公共服务的活动之中，就打通了政府经济活动分析与私人经济行为分析之间的界限，进而为构建公共服务与税收之间的一般均衡奠定了基础。

具体来说，潘塔莱奥尼运用杰文斯的边际分析方法研究了政府公共支出的合理安排问题，认为国家也是生产主体，公共支出生产出有益于社会的效用，可是要想判断国家的生产性的价值，就需要全面衡量公共支出的边际效用与税收产生的边际损失之间的关系。比如，意大利经济学家马佐讨论了"公共产品的价格形成"问题，提出的"公共产品价格与它对消费者而言的边际效用相对应""每个人根据自己的评价来为公共产品付费"等，为后来的公共产品理论奠定了基础。又如，瑞典经济学家维克塞尔和林达尔建立起了公共产品最佳供应的模型，即维克塞尔－林达尔模型。他们认为不仅存在个人产品和公共产品之间的最佳供应问题，在公共经济内部不同的公共产品之间也存在最佳供应问题。

（四）初步形成了公共产品理论

"公共产品"的概念可追溯到城邦制的古希腊时期。亚里士多德在《政治学》一书中指出，"凡是属于最多数人的公共事物常常是最少受人照顾的事物，人们关怀着自己的所有，而忽视公共的事物；对于公共的一切，他至多只留心到其中对他个人多少有些相关的事物"，[①] 人作为政治性动物，总是聚集在一起生活，这其中的公共事物往往被个人所忽视，也只能由城邦来提供。实际上，亚里士多德提出了一种本质性的规定：作为政治动物的人们聚集在一起，总是有公共性的事物，而这些事物也只能由一个共同体或组织来提供。恩格斯在《家庭、私有制和国家的起源》中就指出，原始社会的易洛魁人已经有"讨论公共事务的部落议事会"，部落"管辖的事情包括低级阶段上的野

① 亚里士多德．政治学［M］．北京：商务印书馆，2011：48.

蛮人的全部公共事务”[①]。在人类史前文明原始社会的氏族、部落时期已然存在着公共事务，要由家长或部落首领来处理，而实际上这些公共事务就是我们现在所说的公共产品。

边际效用理论革命之前，古典学派已然提出了公共产品的概念。如休谟在其《人性论》一书中讲述了“农田排水”的故事：“两个邻人可以同意排去他们所共有的一片草地中的积水，因为他们容易相互了解对方的心思，而且每个人必然看到，他不执行自己任务的直接后果就是把整个计划抛弃了。但是要使一千个人同意那样一种行为，乃是很困难的，而且的确是不可能的；他们对于那样一个复杂的计划难以同心一致，至于执行那个计划就更加困难了，因为个人都在找借口，要想使自己省却麻烦和开支，而把全部负担加在他人身上。”[②]因此，只有政府提供这种服务才能有效地解决这一类问题，“……政府虽然也是由人类所有的缺点所支配的一些人组成的，可是它却借着最精微的、最巧妙的一种发明，成为在某种程度上免去了所有这些缺点的一个组织”[③]。斯密在《国富论》中论述的政府三大职能，即可看作由政府来提供公共产品。密尔在《政治经济学原理》中提出，政府旨在增进普遍利益，并指出了具体的事项，这些都可看作公共产品。但是，古典学派对公共产品的认知只是从政府的职责出发，一是没有给出政府提供公共产品具有的内在价值；二是没有深入阐释公共产品供给的方式、公共产品的内涵等。也就是说，古典学派只是暗示了公共产品的存在，并没有从理论上给予论证。

此外，德国新历史学派的瓦格纳、李斯特等也都提出过“公共产品”的概念，但是，也没有形成完整、成熟的概念。

“公共产品”作为现代财政学理论体系中的核心概念，自边际效用理论起才逐步构建起来，代表人物包括潘塔莱奥尼、马佐拉以及萨克斯等。潘塔莱奥尼是边际效用理论得以在意大利传播、发展的基石，帕累托等都是在他的启蒙下开拓新古典经济学的。潘塔莱奥尼运用边际主义分析方法分析了公共产品供给与需求的均衡理论，既标志着对古典学派公共需要思想的进一步发展，也代表着现代公共产品理论的开始。马佐拉对公共产品理论的贡献在于

① 恩格斯．家庭、私有制和国家的起源［M］．北京：人民出版社，1972：90–93.

② 休谟．人性论［M］．北京：商务印书馆，1997：578.

③ 休谟．人性论［M］．北京：商务印书馆，1997：579.

明示了公共产品的基本特征：消费公共产品的不可分割性和成本的整体性。萨克斯的贡献在于将经济学的成本收益分析范式应用于对财政收入与支出的分析之中。

边际效用学派的财政理论在英美财政学界分化为两个方向：纯经济学或技术性的公共产品理论与公共选择理论。或者说，在早期财政学理论中，公共产品理论既包括具有经济学属性的公共产品理论，也包括公共选择理论。公共产品与公共选择这两个不同的财政问题，在新古典时期没有被融合起来进行研究，即便在现在，二者的融合问题也没有得到很好的解决。

第十二章　英国财政思想

一、英国社会经济状况及时代精神

19 世纪 70 年代后，随着工业革命的完成，英国成为世界上最富裕的国家和“世界工厂”。与此同时，英国的政治、经济以及社会结构发生了巨大变化，贫富矛盾加剧，失业率上升、工业投资率下降，又进一步加剧了这一社会矛盾。英国的失业率从 1872—1873 年的 1%上升到 1879 年的 10%；1803 年，英国最富裕的 2%的人口享有国民收入的 20%，在 19 世纪 70 年代后，这一比重超过 40%，而且呈不断上升态势。

对于贫富差距不断扩大的社会矛盾，社会意识发生了明显的变化。此前的社会意识认为，贫困者之所以贫困，是因为其懒惰。“1834 年英国颁布了新济贫法，它的主题和基调是通过惩治‘懒惰’贫民来根治贫穷问题。这一时期，济贫院主要以惩治穷人为主，各方面限制十分苛刻，济贫官员甚至认为这有助于穷人的道德完善并使懒汉勤奋起来。”[①]19 世纪 70 年代后，英国社会逐渐认识到贫富差距问题已成为社会问题，而且不是贫困者自身的道德原因导致的。为此，突破古典自由主义传统的新自由主义、费边社会主义等社会思潮不断涌现，都强调国家干预社会贫困问题。

19 世纪 70 年代后，英国新自由主义思想逐渐取代传统的古典自由主义思想，成为时代精神。古典自由主义的基本特征是自由放任，是在反对重商

① 郭家宏 .19 世纪末期英国贫困观念的变化［J］. 学海，2013（1）.

主义时期的国家主义的基础上建立起来的，自斯密时期始，一直统治和影响着英国社会的政治经济生活。从政治角度来说，古典自由主义认为每个人都拥有平等的权利和同等的机会，应尊重每一个人的选择，强调言论自由、信仰自由、思想自由，以及个人优先于国家的社会理念。为此，政府的职责就在于保护个人的权利不被侵害，保障每个社会成员的自由。从经济方面来看，斯密于1776年出版的《国富论》可被看作古典自由主义的理论基础。在斯密看来，社会经济生活中的每个人都是理性的、追求最大收益，为此，一只“看不见的手”可有效地使个人获取最大收益，同时使整个社会收益最大化，即个人利益与社会整体利益相一致。同时，斯密认为政府活动是非生产性活动，不创造社会财富，因此，应由自然自由的市场机制来增进国民财富，无须政府进行干预，政府对个人活动的干预反而会阻碍国民财富的增进。

随着英国贫富差距不断拉大，社会矛盾日益尖锐，传统古典自由主义思想的弊端日益显露，已无法解决英国面临的社会矛盾，新自由主义或称社会自由主义便涌现出来。新自由主义者认为，传统古典自由主义将个人与社会分隔开了，然而个人存在于社会之中，个人权利不能脱离社会而存在。由此，国家干预并非意味着对个人权利的束缚，“国家权力的增加并不意味着对个人自由的损害，相反的是，只有国家行使更多更大的权力，为国家中全体成员谋求更多更好的利益，促进全体社会成员所拥有的能力和力量的发挥，社会中存在的自由才能得到增长，每个成员的自由才得到增长”①。霍布豪斯是新自由主义的代表，其《自由主义》批判了边沁的功利主义、契约自由主义以及曼彻斯特学派等传统古典自由主义思想。

在霍布豪斯看来，第一，社会作为一个有机体，每个人都是其中的一个组成部分，每个人之间都是有机联系着的，相互依存而存在。一个人的状况不仅关乎其自身的幸福，还关系着他人或整个社会的状况。第二，评价一个社会的优劣或好坏的准则是社会公共利益的大小，整体利益越大越好。第三，社会公共利益的实现有赖于每个人的合作、团结，而且要有一定的能力。“自由主义的核心是懂得进步不是一个机械装置问题，而是解放活的精神力量

① ECCLESHALL R. British Liberalism: Liberal Thought from the 1640s to 1980s [M]. London: Longman, 1986: 182.

问题。好的机制必须能提供渠道，让这种力量通行无阻，不被它自己丰富的产品阻塞，使社会结构生气勃勃，加强头脑的生命力，并使之崇高尊贵。”[①]

为此，政府在人们社会经济生活中，一是要保障每个社会成员都能体面地生存，既包括物质上的，也包括身体上的；二是要为有正常劳动能力的人提供生长条件，提供发挥其能力的环境。具体来看，国家或政府的职责是“为头脑和个性创造能据以发展的条件，使他们能够依靠本身努力获得充分公民效率所需要的一切”，“只要这个国家还存在着由于经济组织不良而失业或工资过低的人，这始终不仅是社会慈善的耻辱，而且也是社会公正的耻辱”[②]。国家或政府作为人民主权的联合体，有责任和义务为其人民创造或提供使社会和谐进步的必要条件，让每一个社会成员都有能力、有机会，既促进自身发展，也施展自身能力，并过上体面的生活。如果社会上存在大量的失业者、能力低下者，就说明政府没有尽到应尽的职责。

在一个社会中，国家或政府有其职责、义务，个人也有其相应的职责、义务，就是要充分利用国家或政府提供、创造的环境、条件，发展自己，施展才能，为自己、为社会创造更多的财富。否则，个人就是没有尽到其职责。社会作为一个公平、正义、合作的共同体，个人应促进整个社会的共同利益。

可见，新自由主义改变了传统自由主义思想认为的政府只是弥补市场失灵而不会促进社会福利的理念，认为政府要为个人、组织等提供发展的条件和环境。如果说传统古典自由主义是消极自由，新自由主义则是积极自由，主张政府通过自身的理性来干预社会生活以促进社会进步。

马歇尔、庇古以及道尔顿等经济学家的财政思想正是建立在新自由主义思潮之上，认为政府在社会福利增进上大有可为，突破了斯密关于政府不会促进社会福利增进的理念。

① 霍布豪斯．自由主义［M］．北京：商务印书馆，2011：69.

② 霍布豪斯．自由主义［M］．北京：商务印书馆，2011：80–81.

二、马歇尔的财政思想

（一）马歇尔其人及其财政思想的形成

阿尔弗雷德·马歇尔（Alfred Marshall，1842—1924），近代英国最著名的经济学家，新古典学派的创始人。

马歇尔1842年7月26日出生于伦敦，1861年获奖学金进入剑桥大学圣约翰学院，学习数学、哲学和政治经济学，1865年获得学士学位，1868年被剑桥大学聘为道德哲学讲师。尽管他对哲学饶有兴趣，但于1877年布里斯托大学担任政治经济学教授开始，他转向了经济学研究。

"我们站在一个山谷的边缘上，我们大家都想在这山谷里寻找康庄大道，不幸全都失败了。但每当我们回头看的时候，我们就看见他宁静、庄严、安稳地坐在他的信仰的大本营里，仍然教导我们……的确，他是一位伟大的经济学家。"[①] 这是熊彼特对马歇尔的评价。马歇尔作为伟大的经济学家，一直在教育着经济学人，或者说，经济学人一直生活在马歇尔的经济学世界中。

关于马歇尔选择投身经济学研究的原因，凯恩斯在给他的老师所写的传记中提到，马歇尔并非出于求知的好奇心，而是被一个仁慈的伦理思想所驱使。马歇尔走访英国贫民区时看到了贫民的贫穷和困苦，为此，他研读了密尔的《政治经济学原理》和李嘉图的著作，依靠其数学功底发现了密尔的论证中存在着的模糊性，于1881年开始构思、写作著名的《经济学原理》。1890年，《经济学原理》第一版问世，"立刻获得了圆满的成功。……这本书是一部伟大的作品"，也是马歇尔最成功的作品。它不仅完全适合于经济学的现行条件，更重要的是适合于时代精神。"马歇尔的成就是显著的，但是，如果他不披着适合时代精神的外衣大步前进，他就不会取得如此巨大的成功。……他的关于高尚生活的观念，关于社会问题的看法以及关于公共领域和私人领域的见解，碰巧与他的国家和时代的观念、看法和见解相吻合。"[②]

当时的英国社会，一方面工业革命带来了巨大的社会进步，另一方面产

① 熊彼特. 从马克思到凯恩斯十大经济学家［M］. 北京：商务印书馆，2017：122.

② 熊彼特. 从马克思到凯恩斯十大经济学家［M］. 北京：商务印书馆，2017：113-115.

生了私有制条件下贫富分化的社会矛盾；他接受了当时盛行的功利主义思想，同时又同情社会主义思想，力图将这两种思想进行调和。正因如此，马歇尔的《经济学原理》提出了富有创新性的概念。

当然，马歇尔创新、系统性的经济学思想是对斯密以来经济学思想的扬弃、继承与发展。经过了斯密、密尔、边沁、杰文斯、门格尔和瓦尔拉斯等人的发展，经济学的分析框架逐渐脱离古典经济学的分析模式，转向了边际效用分析方法，马歇尔的经济理论正是在这一过程中对古典经济理论与边际效用理论的一次大综合。

在价值理论上，马歇尔将传统古典经济学中的供给决定论与边际效用理论中的需求决定论结合起来，形成了均等价格理论。它批判继承了劳动价值论基础，借用并修正了边际效用理论，将二者结合起来，形成了一种新经济学理论。在分配理论上，马歇尔将古典经济学中的生产三要素扩充为劳动、资本、土地和工业组织，并运用均衡价格理论分析了各生产要素的均衡价格：工资、利息、地租和利润。其分配理论即生产四要素均衡价格决定论。

总之，马歇尔的综合基于理论研究的要求与时代精神的实践。从理论来看，传统古典经济学的劳动价值论尚有其影响力，特别是马克思主义继承并发展了劳动价值论，而且在某种程度上深刻地剖析了资本主义实践中存在的问题，比如剩余价值理论指出了资本主义制度本身存在的弊端。同时，边沁“最大多数人的最大幸福”的人生第一原理也在影响着人们的价值观，尤其是杰文斯、门格尔以及瓦尔拉斯基于边沁的功利原则构建起的边际效用理论，替代了传统古典经济学的分析范式，成了新的主流。如何调和两种理论体系，实际上成为当时的课题。

从实践来看，第一次工业革命基本完成，生产力进步促进了资本主义的蓬勃发展，给人们带来了丰厚的财富，但同时也带来了新的矛盾，即社会财富分配不均等产生了阶级矛盾，形成了不同等级。这些矛盾不仅仅是社会问题，还体现于经济运行之中。正如马克思分析的，“资本主义成为自己的掘墓人”，严重的分配不均等也给经济运行带来了桎梏——有效需求不足。现实中人们也认识到了这一问题，一些人因此而进行了社会主义实践。典型的如实业家罗伯特·欧文创建的社会主义实践地——新拉纳克村。罗伯特·欧文观察到了现实社会中的阶级矛盾，他同情被压迫者，满怀理想主义热情，决定在自己位于新拉纳克村的工厂进行改革，希望这种改革既有利于工厂主，又有利于工人。这一社会主义的试验当然以失败告终，但是其中的某些做法，如“合作社”，在当今世界已普遍存在。马歇尔在著作中也将合作社作为一种组织形式展开分析。总之，解决社会阶级矛盾的实践，也需要新理论来指导。正是在这种背景下，马歇尔的著作将古典经济学与边际效用理论综合起来，成了经济学的“圣经”。

（二）马歇尔的政府论

1. 外部经济

运用边际效用理论分析得出的均衡价格，建立于完全竞争的自由市场基础之上。可是，如果自由市场并不完美，即市场不会出现均衡价格，那么，市场何以产生均衡？对此，马歇尔在关注市场资源配置的同时，将消费者剩余作为分析工具，来分析政府干预市场资源配置所产生的社会福利效果，试图找出政府干预微观市场资源配置的合理性。其中，《经济学原理》中提出的“外部经济”概念，不仅成为庇古、鲍莫尔等后来者政府干预思想的逻辑起点，也转变了财政思想的来源，即由密尔、埃奇沃思等的边沁功利主义原则，转向了对外部经济的关注，认为税收的存在是为了克服市场经济中因外部不经济而导致的效率损失。尽管这种转向也属于功利主义思想，但税收的目标更加具体、明确。

马歇尔的《经济学原理》认为，除了土地、劳动和资本这三种生产要素，还有一种生产要素，即“工业组织”——包括分工、机器的改良、有关产业的相对集中、大规模生产，以及企业管理。同时，马歇尔用“内部经济”和“外部经济”这一对概念，分析了第四种生产要素——工业组织的变化如何带来了产量的增加。

“我们可把因任何一种货物的生产规模之扩大而发生的经济分为两类：第一是有赖于这工业的一般发达的经济；第二是有赖于从事这工业的个别企业的资源、组织和效率的经济。我们可称前者为外部经济，后者为内部经济。在本章中，我们主要是研究了内部经济；但现在我们要继续研究非常重要的外部经济，这种经济往往能因许多性质相似的小型企业集中在特定的地方——即通常所说的工业地区分布——而获得。”[①] 在对生产的内部经济和外部经济进行思考后，马歇尔在对“工业组织”这一生产要素进行总结时强调：“本篇的一般论断表明以下两点：第一，任何货物的总生产量之增加，一般会增大这样一个代表性企业的规模，因而就会增加它所有的内部经济；第二，总生产量的增加，常会增加它所获得的外部经济，因而使它能花费在比例上较以前为少的劳动和代价来制造货物。”[②] 可见，在马歇尔看来，工业组织增加货物产量，主要源于两个因素：一是内部经济，指的是企业内部因素导致的生产费用的节约。这些因素包括劳动者工作热情、工作技能的提高，内部分工协作的完善，先进设备的采用，管理水平的提高，管理费用的减少，等等。实际上指的是企业内部因分工和有效组织所产生的效率提升。二是外部经济，指的是企业外部的各种因素带来的生产费用的节约，包括企业与原材料供应地和销售市场的距离、市场容量、运输通信的便利程度、其他相关企业的发展水平等。实际上，马歇尔将可促进企业发展的有利的外部环境看作外部经济，即外在的诸多因素促进企业发展而带来的收益。所以，总结起来，马歇尔的内部经济就是企业通过内部有效组织、协调而产生的效率提高；外部经济则是企业外部的组织活动改善了生产活动环境而产生的企业效率提高。

2. 政府职能

马歇尔的政府职能观建立在外部经济理论之上，认为政府就是要为私有企业提供外部生产环境。为此，马歇尔与斯密一样，认为交通等基础设施、教育以及劳动者健康等应由政府来提供，但是，关于政府提供的根据则不同于斯密的想法。

在马歇尔看来，政府之所以提供这些公益设施，并不完全是因为市场不能够或不愿意提供，根本还是因为政府提供这些外在于企业内部生产组织活动的有益品会产生外部经济。马歇尔特别强调政府要提供教育，其《经济学原理》第四篇在论述工业组织作为生产要素之一时，明确提出“教育作为国家的投资”。

首先，马歇尔认为普通教育是提高“工业效率”所必需的一种训练，因

① 马歇尔 . 经济学原理：上卷［M］. 北京：商务印书馆，2011：315.

② 马歇尔 . 经济学原理：上卷［M］. 北京：商务印书馆，2011：372.

为通过教育可提升工作所需要的“智力和道德的才能、智慧和自制力”，只有人口素质得到提升，制造业的效率才能真正得到改进。

其次，从受教育者的角度来说，能力、素质的提高能够带来更好的自我发展和生活水平。“教育仅仅当作是一种投资，使大多数人有比他们自己通常能利用的大得多的机会，也将是有利的，因为，依靠这个手段，许多原来会默默无闻而死的人就能获得发挥他们的潜在能力所需要的开端。”[①] 对个人而言，将教育作为一种投资，可为其未来的发展奠定良好的开端，也就是我们通常所讲的“起点”，人只有站在一个高的起点上，才有可能得到较大的发展。

最后，教育对整个国家或人类社会都是有益的。“我们必须从另一方面来探求国家从许多人的普通教育和工业教育的改良上所得到的直接经济利益的一部分——也许是大部分。”[②] 在马歇尔看来，教育可使国家受益且能够促进人类社会的发展，特别是通过教育培育出的伟大天才可造福于整个人类社会，“一个伟大的天才的经济价值，足以抵偿整个城市的教育费用；因为，像白塞麦的主要发明那样的一种新思想之能增加英国的生产力，等于十万人的劳动那样多。……在许多年中为大多数人举办高等教育所花的一切费用，如果能培养出像牛顿或达尔文、莎士比亚或贝多芬那样的人，就足以得到补偿了”[③]。从功利主义的角度出发，政府投资于教育，花费若干年，只要培养出一个杰出人才就足以补偿其投资，更不用说一般人对国家或人类发展的贡献。

可见，马歇尔眼中的交通设施、教育等不完全是斯密、休谟等所说的公共产品，而是具有外部性的有益品，也就是说，这些产品存在着正外部性，能够为整个社会的福利增进创造条件，单纯从功利性投资的角度而言，即便市场能够提供，由政府来提供也是一种更好的选择。

此外，马歇尔对斯密的分工理论[④] 提出了自己的看法，认为“在低级工作

① 马歇尔 . 经济学原理：上卷［M］. 北京：商务印书馆，2011：260.

② 马歇尔 . 经济学原理：上卷［M］. 北京：商务印书馆，2011：255.

③ 马歇尔 . 经济学原理：上卷［M］. 北京：商务印书馆，2011：260.

④ 马歇尔对斯密认为的分工源于人们与生俱来的“交易倾向”也有不同的看法。在前资本主义社会，已然出现了分工，但这种分工并非为了交换，而是贵族、宫廷的奖掖。贵族修房建屋、宫廷迁都及其他奢华生活，需要招募大量的能工巧匠、专门人才，或者说，因贵族、宫廷的需要造就了某些专门的工匠，即形成了分工和专业化。

上，极端专门化能增大效率，而在高级工作上，则不尽然”。一些简单、重复性的劳动，分工可因“熟能生巧”而提高效率，而对于研究、创新等复杂性工作，需要系统、严格的教育、训练，并不能因“熟而生巧”来提高效率。

另外，马歇尔比较了工业组织与劳动、资本、土地等生产要素之间的区别。“我们可以概括地说：自然在生产上所起的作用表现出报酬递减的倾向，而人类所起的作用则表现出报酬递增的倾向。报酬递减律可说明如下：劳动和资本的增加，一般导致组织的改进，而组织的改进增加劳动和资本的使用效率。”① 可见，在马歇尔看来，劳动、资本、土地等生产要素产生的报酬是随着生产量的增加而递减的，而教育、组织改进等则可产生边际报酬递增。从这一方面来说，政府提供某些具有外部经济的东西就更是有益的。

进一步来说，马歇尔只是从内部经济与外部经济两个方面论证了第四种生产要素的存在，没有提及内部不经济和外部不经济的概念，可是，人们很容易从内部经济和外部经济的概念逻辑中推论出这两个概念。即内部不经济，是指企业内部的各种因素所导致的生产费用的增加；外部不经济，是指企业外部的各种因素所导致的生产费用的增加。这种分析方法为后人提供了研究问题的方向和思路，庇古的外部性理论以及科斯的企业性质、社会成本概念，都建立在马歇尔内部经济与外部经济的思想之上。马歇尔的财税思想也是基于其对内部经济与外部经济的认识。

（三）马歇尔的税收思想

1. 税收公平原则

马歇尔作为自由市场的拥趸，认为自由市场机制就是一个公平分配的机制，或者说是改善收入分配的微妙机制。与斯密、密尔一样，马歇尔的税收公平原则也是建立于这一基本认知之上的。

马歇尔认为，判断税收是否公平，不能看单一的税种，而是要从税收制度整体进行考量。马歇尔按纳税人缴纳的税收能否直接获得补偿，将税收分为无偿税和有偿税。所谓无偿税，就是不能直接获得收益的税，比如“济贫税”、用于政府援助企业但企业破产了的税；有偿税是指可直接为纳税人带来

① 马歇尔．经济学原理：上卷［M］．北京：商务印书馆，2011：372-373.

直接收益的税，比如为修路、供水等而纳的税。在马歇尔看来，几乎每一种税都可能是无偿税，都会对某阶级加以不适当的压迫，人们缴纳了此种税但并没从该税中获得益处。比如每个人都要为基础教育而纳税，可是，“丁克”家庭恐怕就享受不到基础教育带来的利益。“某税对居民中的一个阶级可以是无偿的，而对另一个阶级却是有偿的。用在举办完善的初级和高级小学的高税率，可以吸引技工户，而排斥富户。”① 即为举办基础教育而课征的税，对富人是不利的，他们可能享受不到其中的好处，而对相对贫困的人们却是有利的。进一步来说，我们不能只看一个税种。假如某税对 A 而言是无偿税，对 B 而言却是有偿税，另一种税可能对 A 是有偿税，对 B 则是无偿税，而如果一种税的不均为其他税的不均所抵消，也就是说，每个人都面临着有偿税和无偿税且大体均等，那么，这种税收制度就可以说是公平的。可以看出，马歇尔的税收公平还是基于“受益原则”，即每个人的纳税数额要与其获得的收益相一致。马歇尔根据这一税收公平观，提出了按“股份原则”征税的观点，“如因某特定用途而征收一种特别税，同时在这种场合政府当局又不干涉现存的所有制（例如，像建立土地排水系统时），则对地产收益户可以适当地按‘股份原则’征税，根据这一原则，受益多者多出，受益少者少出”②。总的来说，有偿税的公平与否要具体问题具体分析，分别加以判断；而无偿税的公平与否要从整个税收制度上加以判断。

关于累进税制，前人延承着斯密和密尔的牺牲均等思想，认为每个人因纳税而导致的幸福牺牲应是均等的，也由此从不同的角度给出支持或不支持累进税制的理由。而马歇尔基于当时尖锐的不同阶级之间财富不均等的社会矛盾，从人与人之间的伦理性以及整个社会福利最大化的角度提出应实行累进税制。在马歇尔看来，收入分配不均等不仅会带来社会问题，也会对经济发展产生影响。特别是从整个社会福利增进的层面来说，马歇尔认为，超过维持生存所必需的生活费用的剩余就是个人幸福的源泉，在支付了维持生存所必需的生活费用以后，收入的增加便按照同一比例带来满足的增加。同样增加 1 英镑收入，给富人和穷人带来的效用或幸福程度是不同的。根据收入

① 马歇尔 . 经济学原理：下卷［M］. 北京：商务印书馆，2011：525.
② 马歇尔 . 经济学原理：下卷［M］. 北京：商务印书馆，2011：536.

的边际效用递减原则，富人增加的幸福程度必然小于穷人增加的幸福程度。所以，将富人的部分财富通过税收形式集中于国家再分配给穷人，势必会提高整个国家和全体人民的幸福程度。也就是说，采用累进税制对增加整个社会福利、提高整个社会的幸福程度是有利的。

同时，马歇尔赞同密尔对不劳而获和继承的财产课以重税、实行累进税制的思想。

2. 税收的经济性：税收转嫁与税收超额负担问题

实际上，斯密在《国富论》中已涉及了税收转嫁问题，只不过没有系统地进行阐述。斯密继承了重商主义者魁奈关于最低收入标准的思想，认为对低收入者所课的工资税会转嫁给企业主或地主。斯密对税收转嫁的分析相对简单，其分析的出发点在于课税是否会妨碍国民财富的增长。

马歇尔对税收转嫁的分析则要深刻且具体得多。首先，其出发点是是否会产生超额负担，也就是说，政府作为影响企业或市场运行的一种组织，其行为可能会产生外部不经济。其次，提出了税负转嫁的具体方式。最后，提出了如何避免税负转嫁造成的超额负担。也就是说，在马歇尔看来，政府作为一种组织，对经济运行的干涉是较大的，税收转嫁会改变资源配置，有可能对经济产生不良影响。

具体来说，马歇尔开创了税收转嫁与税收归宿问题的局部均衡分析和边际分析，提出了税收超额负担的概念，即政府课税引起相对价格变动，使纳税人改变了消费、投资等经济行为，进而减少了经济利益。实际上，马歇尔开创性地认识到，税收作为一种市场干预力量，会影响到市场的资源配置，可能会影响经济活动的成本与报酬。这种税收扭曲效果就如在生产成本与消费利益之间插入了一个“楔子”，或者说，税收引起了价格变动，改变了消费者和生产者的选择，影响了资源配置，从而产生了超额负担。当然，税收对不同类别的商品的影响是不同的，或者说课税对象的性质决定着是否会产生超额负担及其程度。具体来说，课税对象的价格是否有弹性（包括需求弹性和供给弹性）、是否具有替代性等都会影响到税收超额负担的产生。

马歇尔利用基数效用论具体分析了课税会通过扭曲消费者选择而使资源配置发生变化，产生超额负担。

为了避免产生超额负担，一是要选择对没有需求弹性的物品课税；二是要对所有物品课以同样的税负；三是要对所得课税。

税收作为外部组织行为，会产生外部性，对不同行为主体的影响是不同的，即存在着税负转嫁。“有一个普遍原理，即，如果一种税加于某些人用来生产售与其他人的商品或服务的任何一种东西上。那么，这种税有使生产缩减的趋势。这将使大部分租税负担向前转嫁给消费者，小部分向后转嫁给供应这组生产者以生产必需品的那些人身上。同样，任何一种东西的消费在大小不等的程度上向后转嫁给它的生产者。”[①] 马歇尔给出了税收转嫁的方式——前转、后转。政府所课征的税收，一部分通过前转的方式转嫁给消费者来承担，另一部分通过后转的方式转嫁给生产的供给者来承担。当然，税负是前转、后转，还是不能转嫁，以及转嫁的程度，取决于课税物品的性质。

马歇尔在《经济学原理》中举了印刷业税负转嫁的例子。如果对印刷品征税，税负转嫁及产生的税收超额负担就会对不同的群体产生不同的影响（见图 12–1）。

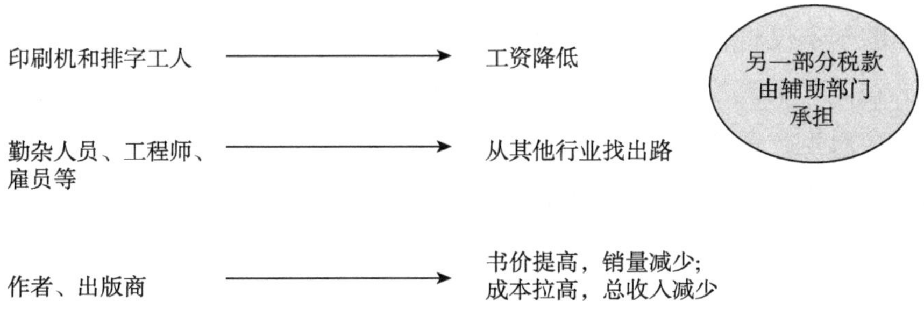

图 12–1　印刷业税负转嫁示意

在对不同群体产生不同影响的同时，印刷品价格上涨会导致需求下降、行业萎缩，影响到整个行业的发展。

而如果不对印刷品征税而对印刷机征税，马歇尔也进行了短期与长期均衡分析。从短期来看，印刷业生产者因拥有存货而不会受到影响，既不会影响其产量，也不会影响其价格，“它只会中途截取印刷机所有者行将获得的一部分报酬，并降低印刷机的准租”，同时也不会影响人们进入这一行当。从长

① 马歇尔 . 经济学原理：下卷［M］. 北京：商务印书馆，2011：100.

期来看，当所有的“印刷机用坏之后”，印刷机价格上升，带来印刷品整体价格上涨，需求下降，由此影响整个印刷业。这样，最后的结果与对印刷品征税是一致的。

综上所述，马歇尔税收超额负担思想根植于其外部经济理论之中。政府的税收行为作为经济活动主体的外部组织活动，会产生外部不经济。实际上，马歇尔不同于斯密、密尔以及埃奇沃思等关于税收的理念，认为税收或是为政府活动提供财政保障，或是一种基于功利原则的公平性行为，他更深刻地认识到税收的外部性，认为税收可能会扭曲资源配置，不仅会产生超额负担，还可能对不同的群体产生不同的影响，进而又产生新的不公平。这也就是为什么马歇尔税收的公平观建立于整个税收制度之上，即要从整个税制来观察。因为可能存在税负转嫁，所以要从税负承担者的角度来安排、设计税收制度。为此，在进行税收制度构建时，既要考虑到税收的外部性，避免产生外部不经济，又要考虑到税负转嫁带来的新的不均等。

3. 地方税建设

马歇尔不仅将税收分为有偿税和无偿税，还颇具洞察性地分析了国家税与地方税之间的差别。也就是说，一种税是国家税还是地方税，其效应是不同的，会对生产者和消费者的选择产生不同的影响。马歇尔在《经济学原理》的附录中专门探讨了地方税征收的范围、性质以及设计问题。

马歇尔认为，地方税建设的核心在于：地方税的课征对象和征收范围要避免资本外流、工人外流以及人口流动。马歇尔用“逃税力”来解释地方税建设，即每个人都是“经济人”，如果 A 地征收的税多于 B 地，那么，A 地的资本、工人可能会迁移到 B 地，而如果 B 地使用地方税提供的社会福利好于 A 地，那么，A 地的人民可能就会搬迁到 B 地生活。由此，地方税开征时要避免生产要素撤离，还要考虑到地方税所提供的社会福利，“大部分地方税用于直接增进当地居民和工人的福利上，否则他们也许会离开”。可见，马歇尔将政府征税与政府财政支出联系起来考虑，这是较前人税收理论的又一进步，也就是说，地方税建设不仅仅是为了获得财政收入，还应考虑开征该税种的支出以及给居民带来的社会福利。正是基于税收与居民福利相联系这一思想，马歇尔认为地方税应课征有偿税，因为无偿税是不给纳税人提供补偿利益的税种，“有驱逐纳税人的趋势”。所以，在马歇尔看来，无偿税可适用于服务全国的税种，服务于地方的税种应采用有偿税形式，以便根据纳税人税负情况来给予他们直接或特殊的利益。

（四）简要评价

马歇尔作为经济学史上里程碑式的人物，其经济学理论被广泛学习并被应用于实践，为后来的经济学发展提供了思路。

马歇尔的财政思想为现代福利经济学提供了一个基本命题："自然在生产上所起的作用表现出报酬递减的倾向，而人类所起的作用则表现出报酬递增的倾向。报酬递减律可说明如下：劳动和资本的增加，一般导致组织的改进，而组织的改进增大劳动和资本的使用效率。"① 马歇尔认为，如果对报酬递减的商品生产课税，并用所课征的税款补贴报酬递增的商品生产，结果将使社会总福利增加，而且可能会超过在完全竞争和完全均衡状态下所获得的最大社会福利。与此同时，马歇尔提出的"通过人类组织作用而产生外部经济"这一命题，也成了经济学发展的新起点。熊彼特对马歇尔在经济学发展上贡献给予了极大的褒扬，认为："虽然人们以前也曾多次从各种不同的观点对完全竞争均衡状态——马歇尔称之为最大满足学说——的优点表示过怀疑，但在有关这种状态的纯理论范围内对其优点表示怀疑，这还是第一次，而且也是第一次在理论水平上考虑是否有可能把个人行为引向比自由放任更能增进一般福利的渠道。"② 的确，当代人们已逐渐认识到完全自由竞争市场本身所内含着的问题，增进社会福利不能完全依赖于市场，人类组织行为更能够促进生产报酬递增。

总之，马歇尔关于自然生产报酬递减而人类组织生产报酬递增的论断，昭示着人类可通过自身的组织行为来促进社会福利的增进，而不是像斯密所讲的完全不受干预的自由市场就可以实现社会福利最大化，这也为政府干预经济生活提供了理论基础。

同时，马歇尔的外部组织概念为公共产品理论和外部性理论的构建奠定了基础。庇古就是基于马歇尔的这一命题和外部经济思想而展开的分析，其

① 马歇尔．经济学原理：上卷［M］．北京：商务印书馆，2011：372.

② 熊彼特．经济分析史：第三卷［M］．北京：商务印书馆，2011：460.

财税思想也蕴含其中。

三、庇古的财政思想

阿瑟·塞西尔·庇古（Arthur Cecil Pigou，1877—1959），英国著名经济学家，剑桥学派马歇尔的继承人。庇古最初在剑桥大学学习历史，后受马歇尔的影响转学经济学，毕业后追随马歇尔并传承其经济学说。庇古先后担任过英国伦敦大学杰文斯纪念讲座讲师和剑桥大学经济学讲座教授。

庇古一生著作很多，有《财富与福利》（1912）、《福利经济学》（1920）、《产业波动》（1926）、《财政研究》（1928）、《失业论》（1933）、《社会主义和资本主义的比较》（1938）、《就业与均衡》（1941）等。其中最著名的《福利经济学》，构建起了福利经济理论体系，庇古也因此被称为“福利经济学之父”。

（一）庇古福利经济学思想及其政府干预理论

1. 庇古的福利思想及其来源

庇古财政思想的最大贡献在于突破了古典经济学以来对政府“守夜人”的角色的认知，突破了政府“最小职责”边界，认为政府可利用财政税收力量，实现帕累托最优。其理论依据是基于马歇尔的外部组织理论提出的现代经济学中的外部性理论，并依此给出了社会净边际产品和私人净边际产品两个概念，认为基于私人边际生产成本与社会边际生产成本，任何能增加穷人收入而不影响国民收入的措施都是可行的，这是政府干预经济活动的依据。

庇古福利经济学思想的三个来源：一是边沁的功利主义思想；二是马歇尔的外部经济思想；三是当时的社会矛盾。

边沁认为人生第一原理是寻求自己的快乐和避免痛苦，每个人自由追求个人利益就构建了整个社会的公共利益，即社会成员个人幸福的加总就构成了社会福利，因此，社会要追求“最大多数人的最大幸福”。其经济理论和政策含义即在于“最大多数人的最大幸福”是立法和政策的基础。庇古的福利经济学的基础正是功利主义思想。

马歇尔提出了内部组织和外部组织思想，同时提出了自然生产报酬递减与人类组织生产报酬递增的基本命题。马歇尔这一命题为国家或政府干预经济生活提供了理论基础，也成为庇古外部性和边际净产品思想以及其国家干预理论的基础。

从现实来看，第一次世界大战之后，西方国家以不同阶级间收入不均衡为核心的社会矛盾越发尖锐。波兰尼的著作《大转型》描述的就是为什么西方社会自 1815 年起经历了百年和平发展后到 1915 年轰然倒塌了，原因就是此时西方社会出现了巨大的社会问题。同时，学术界关于政府与市场关系的观点也出现严重分歧，典型如兰格论战、凯恩斯大战哈耶克等，本质就是如何认识市场、如何认识政府在市场经济中的作用。福利经济学的最早提出者霍布森针对西方社会收入不均衡的社会矛盾，主张以"社会福利"作为经济学研究的中心，由此，经济学界出现以建立社会福利为目标的研究趋向。

总之，庇古的经济思想以边沁的功利原则为哲学基础，继承和发展了其老师马歇尔的生产组织思想，在当时特定的社会经济发展要求下应运而生。

庇古认为，要从社会福利整体来观察社会发展状况。"福利所包括的范围极为广泛。……其一，福利的性质是一种意识状态，或许是意识状态之间的联系；其二，福利可以在或大或小的范畴内产生。"① 也就是说，福利的概念类似于幸福，涉及的范围极其广泛，既包括精神方面的，也包括物质方面的，而且不同的人因意识不同可能会对福利有不同的认识或处于不同的福利状态。为此，为了便于研究，庇古认为"我们的研究范围被限制在能够直接或间接与货币这一测量尺度有关的那部分社会福利。这部分福利可以被称为经济福利"。可见，庇古的研究从社会福利转向于用货币衡量的经济福利。尽管单纯地用货币来衡量的经济福利并不能完全代表社会总福利，但是，从影响福利的因素来看，影响经济福利变动的因素也总是会对社会总福利产生影响。同时，如果将社会总福利分为经济福利和非经济福利，那么，健康、道德、环境等"非经济福利很容易受到获取收入方式的影响"（比如工作环境会对生活质量产生影响，劳动的社会地位、劳动的性质等都与经济福利有关），同时"收入支出方式很可能会改变非经济福利"。庇古认为，"如果这一条件得到了满足，那么，研究经济福利的实际重要性便被完全确立了"。那么，经济福利又如何来体现呢？"一般而言，经济因素都不是直接地，而是通过经济学家称

① 庇古．福利经济学：上卷［M］．北京：商务印书馆，2011：16.

之为国民所得或国民收入的经济福利的相应客体来对一国的经济福利产生影响的。正如经济福利是总福利中与货币尺度直接或间接有关的那一部分一样，国民所得也是社会客观收入中，当然包括得自国外的收入，可以用货币加以度量的那一部分。因此，经济福利和国民所得这两个概念是对等的。”① 可见，庇古将社会经济福利等同于国民收入。实际上，庇古借用了杰文斯关于货币价格与效用之间关系的论述，即货币价格在一定程度上反映出人们的偏好，用价格体现这一物品给其带来的满足程度即效用，并基于对经济福利与国民收入关系的认知，给出了判别社会状态是好是坏的准则。

2. *庇古扬弃了斯密的自然自由市场理论*

庇古提出了判别社会福利状态的两个基本命题：①国民收入水平越高，社会经济福利水平就越高；②国民财富在社会成员之间分配越均衡，社会经济福利越大。前者是社会经济福利增进的必要不充分条件，充分条件是国民收入的分配问题。

那么，在何种状态下资源会达到最好的配置以实现社会经济福利最大化，或者如何实现国民财富的有效增进?

自斯密始，古典经济学一直认为只要政府不干预，人们在利己心的驱使下，在获得个人最大化收入的同时总是能够带来整个社会国民财富的最大化。庇古认为，斯密“看不见的手”的理论认为“实际世界组织得井井有条，有文明开化的政府和契约法”，即将现实看成理想化的世界，并认为斯密“没有充分认识到，天赋自由学说需要在多大程度上用特殊法律加以修正和保障，才能促进一国的资源得到最有效的利用”。实际上，庇古挑战了斯密“看不见的手”的理论，认为古典经济学完全竞争的自然自由市场制度理论是一种“空想”，我们看到的是每个人都通过追求自身收益最大化而促进整个社会经济福利增进，实际上其背后需要一整套精巧的制度安排，包括法律制度、契约制度等。庇古引用了坎南的话来支持其这种观点。坎南说：“利己心的作用之所以一般说来是有益的，并不是因为每个人的自身利益与全体的利益具有某种天然的巧合，而是因为人类的各项制度安排得很巧妙，能迫使自身利益

① 庇古．福利经济学：上卷［M］．北京：商务印书馆，2011：38.

朝着有益的方向起作用。”[①] 正是制度的巧妙安排才使个人利益与全体利益相一致，以至于“政府目前或将来在哪些方面能控制经济力量的活动，使其增进经济福利，并由此而增进全体公民的总福利”。即按照马歇尔的说法，通过政府的安排导引着个人的经济活动选择，把个人的经济活动纳入能最大限度地增加幸福总和的渠道。

可见，庇古扬弃了斯密“看不见的手”，将政府置于自然自由市场之上。庇古认为，尽管古典经济学也列出了政府干预社会经济生活的清单，但这些清单缺乏相应的理论依据。而庇古沿着马歇尔外部经济与内部经济的思想，构建起了外部性理论，以此来说明政府为什么以及应如何干预社会经济生活。

3. 政府干预思想

（1）庇古关于判别社会福利状态的第一个基本命题

庇古将马歇尔的外部经济思想发展成外部性理论。关于国民收入与社会经济福利水平之间的关系，庇古认为政府干预存在外部性，会使国民收入最大化。

庇古提出了“社会净边际产品”和“私人净边际产品”两个重要的概念。所谓社会净边际产品是指“任何用途或地方的资源边际增量带来的有形物品或客观服务的净产品总和，而不管这种产品的每一部分被谁获得”[②]，即某一行为主体的活动对社会产生的外部经济。其中有些是正面的、有些负面的，有些有具体的受影响主体，有些则可能没有具体的受影响主体。如火车运行时喷出的火星导致周围的森林受到损害，这是负面且没有具体受害者的影响。私人净边际产品则是“任何用途或地方的资源边际增量带来的有形物品或客观服务的净产品总和中的这样一部分，该部分首先——即出售以前——由资源的投资人所获得。这有时等于，有时大于，有时小于社会净边际产品”[③]。

庇古认为，私人只对私人净边际产品感兴趣。“一般来说，实业家只对其经营活动的私人净边际产品感兴趣，对社会净边际产品不感兴趣。……除非私人净边际产品与社会净边际产品相等，否则，自利心往往不会使社会净边际产品的价值相等。所以，在这两种净边际产品相背离时，自利心往往不会

① 庇古．福利经济学：上卷［M］．北京：商务印书馆，2011：140.

② 庇古．福利经济学：上卷［M］．北京：商务印书馆，2011：146.

③ 庇古．福利经济学：上卷［M］．北京：商务印书馆，2011：147.

使国民所得达到最大值；因而可以预计，对正常经济过程的某些特殊干预行为，不会减少而是会增加国民所得。”①

庇古将这两种净边际产品的背离看作外部性。“问题的实质是，一个人 A 在向另一个人 B 提供某种有偿服务时，会附带地也向其他人（并非同类服务的生产者）提供服务或给其他人造成损害，但却无法从受益方获取报酬，也无法对受害方给予补偿。”② 庇古所讲的外部性，指的是一个经济活动主体的行为对他人（一个人或一个群体）产生了影响（可能是好的，也可能是坏的），可是这一行为主体并没有因给他人带来好处而给自己带来好处，或并没有因给他人带来不利而承担责任。经济行为主体给他人带来好处而自己没有获得任何益处是正外部性，具体来看，就是私人净边际产品小于社会净边际产品，个人行为带来的益处并没有完全归行为人所有，私人边际收益与社会边际收益相背离；给他人带来坏处而没有承担责任是负外部性，即私人净边际投资小于社会净边际投资，个人行为产生的成本由社会而不是个人承担，即私人边际成本与社会边际成本相背离。

根据马歇尔均衡理论和帕累托效率，当社会净边际产品与私人净边际产品相等时，社会资源实现了最佳配置，社会经济福利达到最大，或者说，如果社会净边际产品与私人净边际产品相背离，无论是正外部性还是负外部性，都意味着资源配置效率的损失。

二者背离产生的效率损失，在庇古看来，只有政府通过某种制度安排才能消除。因为这种背离源于市场本身，或者说是在自由市场竞争过程中每个人都作为利己者而导致的背离，市场对此无能为力，只有通过“看得见的手”——政府——来解决。这就是庇古关于政府干预社会经济活动的内在逻辑。实际上，庇古扬弃了斯密的“看不见的手”，但并没有背弃斯密关于财富增进的逻辑，只不过庇古在某种程度上回归到了现实生活之中，对斯密自由市场理论进行了补充，即要通过某些制度安排来规范自由市场有效率地竞争，避免私人净边际产品与社会净边际产品的背离。所以，庇古认为“看不见的手”具有作为主体的人的意志，而不是斯密所讲的“自然”的东西。

① 庇古．福利经济学：上卷［M］．北京：商务印书馆，2011：185.

② 庇古．福利经济学：上卷［M］．北京：商务印书馆，2011：196.

由此不难看出庇古的政府干预思想。庇古秉承边沁功利主义的“最大多数人的最大幸福”原则，认为政府旨在促进整个社会经济福利最大化，具体来说就是要矫正社会净边际产品与私人净边际产品相背离的情形，即解决正外部性和负外部性问题①。

（2）庇古关于判别社会福利状态的第二个基本命题

关于国民收入的分配原则，庇古强调公平性原则，通过国民所得的转移来增进社会经济福利。值得注意的是，尽管国民收入与经济福利被同等看待，但二者还是有着本质性的差别，“任何人在任何时期享有的经济福利都取决于他消耗的收入，而不是取决于他得到的收入”，也就是说，只有当其收入被消费时才具有经济福利，否则，就不产生经济福利。基于这一区分，再基于收入的边际消费倾向递减原则，如果富人将其收入的一部分转移给穷人，一国的国民所得没有发生变化，可经济福利将会增加。这是因为富人的边际消费倾向要低于穷人，富人的收入越多，其用于消费的比例就越低。如果将富人的部分收入转移给穷人，富人的经济福利可能并不会减少（收入会减少，但并不意味着经济福利减少），而穷人将从富人那里转移过来的收入消费掉，就意味着穷人的经济福利增加了，由此，整个社会的经济福利就增进了。因此，庇古认为“无疑可得到以下命题：任何使穷人手中实际收入的绝对份额增加的因素，只要从任何角度看不导致国民所得缩减，一般说来就增加经济福利”②。

进一步来看，庇古所提出的两个判别社会福利状态的命题可能存在着相悖的情形，即某一措施、制度安排可能在促进国民所得增加的同时，拉大不同阶级人民之间的收入。那么，针对这种情况，如何来协调这两个命题之间的关系？“直率地说当存在这种不协调时，由任何原因带来的对经济福利的总后果只能以仔细地掂量总体上对国民所得的损害或利益，对照贫困阶层实际收入的利益或损害来决定了。”③即庇古认为没有好的、固定的办法，而要针

① 庇古认为，有三个方面会引起社会净边际产品与私人净边际产品之间的背离，这里根据财政税收思想研究的需要只是论述了外部性问题这一个方面，此外，还有某些耐久性生产设备的使用权与所有权不一致而导致的背离，以及收益变动或成本变动而引起的背离。

② 庇古．福利经济学：下卷［M］．北京：商务印书馆，2011：542.

③ 庇古．福利经济学：下卷［M］．北京：商务印书馆，2011：669.

对引起这种不协调的原因，具体问题具体分析。

但是，庇古并不认同其后旧福利经济学时代新福利经济学的观点。以帕累托、希克斯等人为代表的新福利经济学不仅否定了庇古基数效用的分析范式，更为根本地在于改变了庇古判别社会经济福利状态的准则。帕累托等人判断社会资源有效配置与否的标准仅仅局限于效率，而不再考虑公平性问题。帕累托认为，不存在国民收入与贫困阶级人民收入相悖的情况。“第一，我们一般地可以说，相对于人口的财富的增加，将产生最低收入的增加，或者产生收入不平等的缩小，或者同时产生这两种结果。第二，要提高最低收入水平，或者要缩小收入的不平等，必须使财富增加快于人口增加，因而我们知道，改进穷人生活条件问题，最重要的是生产财富。”[①] 在帕累托看来，在国民财富增进的同时，低收入人民的收入也会增加，而且，与高收入群体的收入差距会缩小，所以，关键是促进整个社会财富的增进而不用考虑收入分配问题。庇古认为帕累托的分析存在缺陷，因此才得出这种结论[②]。

总之，庇古基于边沁的功利原则和马歇尔的外部经济思想，给出的判别社会福利的准则也成了其政府干预理论的基础。政府干预既要解决外部性问题，又要协调不同阶级人民之间的收入不平等问题。

（二）基于外部性的财政思想

庇古沿着马歇尔的逻辑区分了正外部性与负外部性，并提出了政府职能和财政思想。当经济生活中出现正外部性时，意味着私人净边际收益要小于社会净边际收益，这是因为私人在提供物品或服务的过程中附带地向第三方提供了物品或服务而在技术上难以向他们索要报酬。实际上，这里讲的就是排他性，有些东西生产或供给出来后无法排斥他人消费或他人从中获得利益。比如，一座位置适宜的海上灯塔，成本不高但可为过往船只提供安全航行指引，社会价值大于私人价值，且无法方便地征收通行费，为此，由政府提供

① 庇古．福利经济学：下卷［M］．北京：商务印书馆，2011：672.

② 21 世纪以来的现实也不支持帕累托的观点。进入 21 世纪后，经济全球化和自由化使全世界财富快速增长，1998 年全世界 GDP 为 58.6 万亿美元，2018 年增长到 121.0 万亿美元，翻了一番多，可同时，全世界的基尼系数也在不断提升，美国、日本等基尼系数都较 20 世纪末明显增加。这说明国民财富增加并没有解决贫困人民相对收入低的问题，贫富阶级的差距越拉越大。从这一角度来看，现实生活在支持庇古的观点。

或通过财政补贴提供灯塔是一种好的选择。城市花园、市内道路、公共交通设施以及造林等都属于这种情况。此外，庇古还分析了一种情况：在制造业中，企业往往会为扩大生产经营而充分利用设备，使得企业平均成本递减而收益递增，同时使得购买该企业产品的其他厂商的生产成本随之递减进而收益增加，结果是整个社会的收益增加。这种情况意味着企业自身的行为为其他厂商带来了收益，即产生了正的外部性。庇古认为政府应给予这种产生外部经济的企业奖励①。

负外部性则是私人净边际投资小于社会净边际成本，意味着私人生产活动的某些成本会转嫁给其他厂商或社会来承担，比如汽车尾气、污水排放等。针对这种背离，政府应通过课税等方式让私人行为者来承担这部分成本。如废旧的煤矿可能会给其他厂商带来负外部性，即导致其他厂商生产成本递增，整个社会的资源配置效率下降。为此，政府应抑制这些企业的发展，即通过征税而使其缩减生产。

总之，针对私人净边际产品与社会净边际产品背离造成的社会经济福利损失，庇古认为，"根本不能依赖'看不见的手'来把对各个部分的分别处理组合在一起，产生出良好的整体安排。所以，必须有一个权力较大的管理机构，由它干预和处理有关环境美化、空气和阳光这样的共同问题，就像处理煤气、自来水等共同问题那样"②，只能通过政府这只"看得见的手"来予以解决。针对所产生的外部性，"如果国家愿意，它可以通过'特别鼓励'或'特别限制'某一领域的投资，来消除该领域内这种背离。这种鼓励或限制可以采取的最明显形式，当然是给予奖励金和征税"③。如果私人净边际产品大于社会净边际产品，即存在外部不经济或负外部性，国家可以采取征税或收费的方式，这就是所谓的"庇古税"；如果私人净边际产品小于社会净边际产品，即存在外部经济或正外部性，则可以给予奖励金，即"庇古补贴"。

庇古税或庇古补贴，体现了政府的主体性，扬弃了斯密"守夜人"的理

① 实际上，现实社会正是沿着庇古的这一思想而对企业生产行为进行干预的，比如对技术改造项目免税，对采用新技术、新设备予以税收减免；又如对新能源汽车生产既给予财政补贴，也予以税收的减免。这些财政支持政策中内含着的正是外部经济理念，即当一个行为主体的行为能对其他行为主体产生好的影响并增进社会经济福利时，政府应给予财政支持。

② 庇古．福利经济学：上卷［M］．北京：商务印书馆，2011：208.

③ 庇古．福利经济学：上卷［M］．北京：商务印书馆，2011：206.

念；而后来，科斯的产权理论又扬弃了“庇古税”，强调政府的职责仅仅是界定产权，针对所产生的外部性，私人行为主体可通过谈判、协商等方式自行解决。

（三）收入转移的财政思想

庇古认为其提出的判别社会福利状况的两个命题可能存在着不协调，其中之一就是财富转移会影响国民所得的增进，可是较大的社会收入不均等程度也会影响社会经济福利水平，为此，庇古认为要调和这二者的关系，特别是要通过转移收入来促进社会的均等。

1. 将富人的收入转移出来

一是对国民所得的影响。“从相对富人那里征税的预期，像从任何其他阶级征税一样，对国民所得所起的作用要根据征税是自愿还是强制而不同。”[①] 在庇古看来，不同的课税方式对国民所得的影响是不同的，富人自愿捐献比强制转移的效果要好。“自愿税款的捐献意味着发现了新的用途，人民希望把一些资源投入这个用途比他们希望投入其他用途更加热衷。这还意味着他们拥有资源的愿望增强，为了得到资源他们作好等待与努力准备的意愿也增强了。因此，富人自愿从他们那里转移的期望很可能增加国民所得的规模”；而如果强制性捐助，其后果可能是灾难性的。

二是富人收入转移的方式。庇古认为富人的自愿财富转移并非唯一的税收形式，还可采用以下几种形式：第一种情形是企业雇主可提高雇员的收入，或在工作中给予雇员方便的设施、娱乐的机会，特别是受教育的机会。这既可提高雇员的工作效率而符合雇主的利己心，也可“帮助他的下属得到生命富有价值的最高境界”，即使雇员个人价值得到提升。第二种形式是政府引导富人捐助公园、游乐场等公益设施，并依此建立起社会的公益精神，因为“纯粹的公益精神常常导致富人自愿提供去世后的大笔财产的一部分为穷人服务。公益精神也常常得到渴望由捐献事实内涵的权力意识的加强”[②]。

无论如何，税收成了富人转移收入最为主要的方式。第一次世界大战后，

① 庇古 . 福利经济学：下卷［M］. 北京：商务印书馆，2011：735.

② 庇古 . 福利经济学：下卷［M］. 北京：商务印书馆，2011：736.

西方国家收入不平等的矛盾更加尖锐。当时苏联的社会主义运动如火如荼，苏联不仅在经济总量增长方面取得了瞩目的成就，教育、医疗等社会公益事业也远远优于西方资本主义国家。在这种背景下，西方自由主义学者开始反思资本主义制度存在的问题，并思考如何解决收入不平等问题。在庇古看来，不同阶级之间收入不平等的弊端在于造成了资源的浪费，即资源被用来满足非必需的需要，由此带来的问题是贫困阶级的某些必需性需求得不到满足，特别是青少年可能因此得不到足够的营养和接受良好教育的机会，又进一步削弱了未来赚钱的能力，成为下一代贫困的原因，即会形成代际贫困。庇古认为，不同阶级之间的收入不平等问题要通过税收来解决。具体来说，就是要实施较高税率的累进税制。对于遗产税，不仅要提高遗产税的累进税率，而且“对第二次以后的继承要比第一次继承征收更重的遗产税”。庇古认为道尔顿对遗产税的修正是巧妙的设计，即“在遗产继承时，除了要征收目前形式的遗产税外还要征收第二项税，继承人在付出这笔税款以后可以得到一笔年金，在他在世期间逐年支取，直到死亡为止，为数大略等于他根据第二项税所付的税款所能产生的利息收入”。同时，也要提高所得收入的累进税率。

2. 向穷人转移收入

向穷人转移收入的方式有两种：收入的直接转移和收入的间接转移。

所谓收入的直接转移，指的是从公共基金中向穷人转移收入。将收入直接转移给贫困人民有三种理念：第一种是反对懒散和浪费的转移，即反对给予那些有能力养活自己的人收入转移，因为这种收入转移势必让这些人养成依赖和懒散的习惯，就是说社会不鼓励养懒人。第二种是收入的中性转移，“获得它们依据的某种条件不能受可能受益人方面在经济领域中的自愿行为而改变”，也就是说这种收入转移不以受益人的经济条件为前提，而是要以其“身份”特征为前提，比如养老金，只要达到一定年龄即可获得转移收入。第三种是支持懒散和浪费的转移，接受者可能自己挣得越少，给予的收入转移就越大，如最低收入标准制度。

所谓收入的间接转移，表现为对穷人购买物品的补贴。这类补贴又有三种形式：第一种形式由税收提供，对绝大部分由穷人购买的特定商品给予补贴；第二种形式也是由税收提供，对限定范围的穷人实际享用的整个消费的一部分给予补贴；第三种是对商品价格进行干预，主要是指某些垄断性公益事业，可以低于成本的价格提供，而由税收来给予补贴。

庇古解决收入不平等问题的出发点在于资源效率。也就是说为了发挥好社会资源的效率，应该满足贫困阶级的必需性需求，特别是教育，这是其日后在社会生产活动中进一步利用资源、提高资源效率的基础。当时的西方社会包括庇古认为苏联的社会主义建设不同于资本主义的根本在于以人为主体，社会活动的目的在于“改造人”，“在工厂里，工人自己也和他们工作的对象一样是改造的材料。在保健事业、医药研究、婴儿保育工作方面都做了许多热情的努力。……有训练的医生数目也大量的增加。在普及实现青年教育方面也做了很大努力；对每个人教育都是免费的，而且不问父母的地位或收入，子女都在同样的学校里受教育。对于体育和户外活动，对于设立和广泛利用博物馆、剧院、音乐厅，也养成了一种风尚，这在俄国完全是一种新风尚”①。可见，庇古很羡慕当时苏联的社会主义运动，特别是对“人”的教育与培养。当然，他的立足点不同于社会主义思想，他是从资源得以有效利用的角度来看待“人”的培养问题，继承了马歇尔的内部经济与外部经济思想，或者说是对马歇尔工业组织理念的进一步发展。马歇尔特别强调对工人的组织与培养，认为生产活动中人的能力的提升是生产效率的保障。但庇古没有认识到马克思关于人的发展理论，没有认识到人类社会发展的目的是人的自由发展。

（四）庇古财政思想小结

庇古认为外部性问题的提出，实际上宣告了斯密的“看不见的手”存在内在缺陷，基于自然法则而运行的交换秩序并不能使资源达到最佳配置，也不会在个人收益最大化的同时带来整个社会利益的最大化。为此，政府需跨越传统的“守夜人”角色，为了实现帕累托最优，利用其拥有的征税权力，对那些产生外部性的企业和个人征收一个相当于私人与社会净边际产品差额的税收或给予同等数量的补贴［具体视外部性的性质（是有利还是有害）而定］，使企业和个人自动地按照效率标准提供最优产量。即借助政府干预来重建市场秩序。

---

① 庇古 . 社会主义和资本主义的比较［M］. 北京：商务印书馆，2016：16–17.

庇古的伟大之处不仅在于挑战了斯密的自然自由市场体制、沿着马歇尔的理念否定了“看不见的手”以及“守夜人”意义上的政府职责，更大意义上在于以“外部性”为桥梁建立起了微观主体——企业与政府之间的内在联系，即通过政府的财政干预来影响市场主体的行为。不仅这样更符合政府的主体意识，而且通过微观行为主体活动来观察整个社会的经济福利状况更有意义。

庇古的局限性是，坚守着功利主义原则，将财政学理论固守于经济学范畴，不同意西奇维克等人将公平、平等本身作为值得人们追求的理念，即从伦理学角度来观察财政学。

四、道尔顿的财政思想

休·道尔顿（Hugh Dalton，1887—1962），英国近代经济学派的财政学者，受教于伊顿公学和剑桥大学，曾任伦敦经济学院和伦敦大学讲师，撰写了多本有关社会经济的著作。1924 年起多次当选为工党下院议员，1940 年起历任经济作战大臣、贸易大臣，1945 年任工党内阁的财政大臣，聘请约翰·梅纳德·凯恩斯为财政顾问。主要著作是《财政学原理》(1922)。

（一）道尔顿财政思想的形成

道尔顿作为英国功利主义者，既深受古典学派的洗礼，也受当时新古典经济学的影响；既深入研习财政学理论，也作为财政官员进行着财政实践。故此，一方面，其财政学理论体现着理论与实践的结合，强调理论的实践性和国度性。比如，他非常崇尚凯恩斯关于财政理论的新思维，但是，他认为凯恩斯的理论并不是放之四海而皆准的真理，美国与英国的国情不同、经济社会发展环境不同，在财政预算平衡方面就应采取不同的措施。在《财政学原理》中，他将在财政大臣任职期间处理的财政问题作为其论证的依据。财政学作为一门应用性学科，其理论要想为现实提供支持，就须以现实环境为基础来构建。另一方面，他的财政学理论的出发点不是单纯为财政而财政，“而是处处为经济生产打算，处处为社会分配着想，换言之，即以整个国家社会利益为前提，也就是他所谓‘最大社会利益原则’”。实际上是继承了马歇尔、庇古以及凯恩斯等的功利原则并将其作为财政学理论的逻辑起点。

同时，既深谙现实社会中财政收入与支出的实践，又洞悉当代经济学、财政学理论的道尔顿，并不满意于当时的财政学教科书，特别是其中对财政学性质的认识。巴斯塔布尔（C. F. Bastable）1892年出版的《公共财政学》提出“从最初意义上看，财政科学是经济研究的产物”，汉特（M. H. Hunter）1921年出版的《公共财政学大纲》第一章第三节的标题是“公共财政学是经济学的一个分支”，说明他们都将财政学看作经济学的分支，也就是认为财政学具有经济学的属性，财政学理论的任务在于解决公共资源的配置效率问题。道尔顿基于其对经济学、财政学理论的认知及其财政实践，明确提出“财政学是介于经济学与政治学之间的学科”。具体来说就是讨论政府的收入与支出及其相互调节的学问，不仅研究政府通过何种方式来获得收入，并将其收入支出去，还研究二者的平衡问题，即调节财政收入与财政支出之间的关系，力求取得最佳效果。前一个方面属于传统的经济学范畴，后一个方面则属于政治学范畴。“财政学系近于实用政治学，……在政治家的棍棒挥动之下，财政学的箴言与公式，皆可变为国会法案。”[①] 在道尔顿看来，财政的收入与支出体现着政治家的意志，财政属于政治家的事。当然，政治家为了当选也会顺从民众的意愿，比如更愿意使用经济学中一条并无法验证的准则：收入的边际效用递减原则。

（二）财政理论的出发点：最大社会利益原则

无疑，道尔顿秉承着西方功利主义思想，与古典时期的密尔、萨伊等一样，认为财政学存在的目的就在于使社会利益最大化。但是，道尔顿对“社会利益最大化”的认知完全不同于古典时期的理念。古典经济学派因袭着斯密“最小政府”的观点，认为不能将更多的社会资源用于非生产行为的政府活动之中，为国民财富最大化计，政府所占用的社会资源越少越好。密尔进一步提出了“税收最小牺牲”说，即税收作为一种牺牲，既然要追求国民财富最大化，那么，税收就应是最小牺牲。之后的李嘉图、萨伊等都继承了这一思想，认为“最佳的财政计划乃在支出最少，最佳的税课亦为征收额之最

① 道尔顿．财政学原理［M］．周玉津，译．新北：正中书局，1954：3.

小”。道尔顿认为，古典学派这种理论的核心是“税收是一种恶害”（“税收即恶”）——不仅不能促进国民财富增进，而且会造成浪费、奢华。显然还有很多人信奉这种观点并将其作为主流，可是道尔顿不同意。

第一，道尔顿列举了对酒课税有益于个人和社会的例子。对酒类产品课税可减少对酒的消费，对个人身体健康也有益，所以不能说课税是一种恶。实际上，道尔顿道出了一个基本命题：对有害品课税。有害品是与有益品相对应的，是指对个人以及社会都可能产生危害，但个人缺乏认识或认识到了但缺乏相应的控制力，仍然在进行消费的产品或行为。比如，驾驶汽车时系安全带是有益品，不系安全带则是有害品；又如，烟草、毒品等都是有害品。政府为了个人利益和社会利益，可通过课税来提高这些产品的价格，从而抑制人们的消费。

第二，道尔顿认为“税收即恶”的观点存在片面性。他们只看到了税收给人们带来的损失，而没有看到因税收存在而形成的财政支出带来的社会利益，“犹如只知开支票的负担，而不知其开支票的目的与效用”一样。所以，要将税收与财政支出统一起来考察财政的效果，而不只是单方面看到税收带来的牺牲。可见，道尔顿一改过去将财政收入或税收与财政支出分开来考虑的财政观，而是将税收与财政支出作为一个整体来看待。这对财政学的发展来说无疑是一大进步。这种进步体现出关于财政学的辩证思维，不是将税收或财政支出以及财政本身作为一个独立的、孤立的事物，而是将它们联系起来，特别是将财政问题与整个社会利益增进联结起来。实际上，自黑格尔以来，辩证思维已非常流行，强调要用历史观、发展观来辩证地看待事物的发展，事物都是相互关联着的。道尔顿将税收与财政支出统一起来进行考虑的思想，在当时的欧洲大陆已有了相应的论证，瑞典经济学家维克塞尔、林达尔等认为，政府课税的原则就是使税收给人们带来的牺牲等同于人们从政府那里获得的收益。

第三，道尔顿认为“税收即恶”系个人主义的体现。西方启蒙运动以来，人们崇尚自然法则，认为每个人都拥有不容侵害的自然权利，每个人追求自利的活动即可增进整个社会的利益，所以不能限制每个人的行为。自马歇尔提出生产活动的第四种要素“工业组织”并提出外部经济和内部经济两个概念以来，人们对市场经济活动产生了新的认知，即工业组织作为一种生产要素，可产生边际效用递增，优于单纯的其他三种生产要素，那么，就需要政府通过某种组织活动产生外部经济，以促进社会财富的增长。所以，单纯的个人主义原则已不再是人们所追求的价值观。进一步来说，政府活动不创造社会财富的观点受到否定，政府可通过组织带来外部经济而使边际报酬递增，因此，政府课税再进行有效组织可促进国民财富的增进。

可见，道尔顿“社会利益最大化”原则指的是要将税收与财政支出统一起来作为一个整体，来促进社会福利的增进。其国民财富增进的逻辑在于：政府的税收可看作购买力的转移，即个人的部分购买力转移到政府手中，增加了政府的购买力；政府的财政支出可看作政府又将购买力转移给了个人。那么，购买力在个人与政府之间的转移，“将导致所产生的财富数量与性质的变化，以及对社会个人与阶级间分配此项财富的变动”。体现为两个方面——财富数量与性质的变化，以及财富在不同阶级之间的分配——而且要将这两方面综合起来考虑。如果财政措施导致这一综合结果有利于整个社会，那么，税收与财政支出就是正当的；否则，就是不正当的。

道尔顿的社会利益最大化与庇古的社会经济福利内涵相一致，社会经济福利的增进源于两个方面：一是生产的改进，即通过提高生产力水平、改善生产组织形态以及构建适应社会需要的生产结构来增进国民财富；二是生产物分配的改进，即改进人与人之间收入的不平等，若这种不平等有利于生产增加，则这种不平等就是正当的，最不合理的不平等则是“不劳所得”之间的不平等。当然，道尔顿关于不平等的改进是建立于社会利益最大化基础之上的。如果不平等不利于增进社会利益，就要消除这种不平等；反之，如果消除不平等会给国民财富增进带来阻碍，就不能采取这种措施。

（三）财政学科的属性：经济学与政治学的融合

从经济学角度来看，财政的收支平衡，应如个人或家庭一样，以收定支，收入多时可储蓄部分，收入不佳时则需借债。

财政支出与私人支出一样，追求收益最大化；财政支出追求社会收益最大化，为此支出各部分的边际效用相等。财政收入与支出之间，“经费增加之数所给予社会之利益，较之税民因此项增加支出而招受之损失，足以相衡，则此项经费之增加，尚为限度以内所许，过此则非所宜有也”。税收的分配也是基于边际效用相等的原则，“须因筹款而发生的边际社会不利或负效用，在一切收入来源上均属相等”①。

道尔顿对财政收支的经济学分析没有特别之处，借鉴了杰文斯、瓦尔拉斯、马歇尔的边际效用理论在资源配置方面的分析方法，以及维克塞尔－林达尔的均衡思想。

从政治学角度来看，财政收入来源分配与财政支出分配及二者的关系方面，在理论上都遵从着边际效用相等原则，可是实践中并不能有效地给出具体边际效用相等的数值，无法以此作为指导。可是，政治家相信这一原则并在口头上遵从它。财政收入与财政支出的实际应用是“艰苦的斗争，此种斗争存在于部门间、支出部门和财政部门（国库）间，并受其他方面的影响——选民、有组织团体、报纸舆论等”②。也就是说，财政收入与财政支出的分配，并非严格按照所谓的边际效用相等原则以实现社会经济福利最大化，而是不同部门之间博弈的结果，还不得不受到选民、社会监督的影响。这体现出来的就是政治学范畴。

（四）税收原则

1. 税收的公平原则

根据确定税收负担的依据，税收的公平原则具体体现为：

第一，费用原则。根据政府向各个纳税人提供的服务或产品的成本或费用来确定税收负担，即税收负担等于享受政府提供的服务或产品的成本。这一原则主要用于邮政、电力等公益事业。

第二，利益原则。根据政府所提供的服务或产品给纳税人带来的利益来确定税收负担，即根据纳税人从政府提供的服务或产品中获得的利益来确定税收负担。

霍布豪斯等人认为，税收是政府提供公共产品和服务的价格，纳税人的税收负担应与其从政府所提供的服务或产品中获得的收益相一致，这与道尔顿这一利益原则相一致，也存在着其合理性。比如，某一偏远小镇因政府修

---

① 道尔顿．财政学原理［M］．周玉津，译．新北：正中书局，1954：84.
② 道尔顿．财政学原理［M］．周玉津，译．新北：正中书局，1954：14.

通了其与大城市的城市铁路而地产、房产价格上涨，餐饮等服务业收益增加。这种收益并非自身劳动或努力的结果，而是政府提供的交通改善的结果，所以，其收益增加部分应由政府分成即税收。道尔顿认为，这在理论上完全具有说服力，可实际上难以操作。

第三，能力原则。根据每个纳税人的能力来确定其税收负担。

从《财政学原理》第二编“公共收入论”第九章“从公平观点讨论租税负担的分配”第六节的标题“公平规范对经济而言仅属次要”就可看出道尔顿对“税收公平”的看法。他认为前面讲到的这些原则只是不同的见解，不过是“经济为保守主义所调和”，既没有实用价值，恐怕也不会被具体运用。言外之意是“税收公平”存在于政治需要，税收所遵从的真正原则还在于“社会利益最大化”即国民财富增进。道尔顿据此提出，税收的公平原则不仅不能仅仅考虑单一税种给纳税人带来的牺牲或损失，而且不能仅仅从税收制度的角度来考虑。一方面，要从人民的满足角度来考虑公平问题，即牺牲均等应与满足均等相一致，二者至少同等重要，公平并不只是意味着牺牲，也意味着获得的满足感；另一方面，要从税收制度与其他法律制度相协调的角度来考虑公平问题，“因为人民的经济福利系决定于整个法律制度，包括关于财产、契约、赠与等法律，即不单有关租税的法律而已”①。

2. 税收的能力原则

自斯密提出政府课税应基于能力原则以来，人们一直循着这一概念展开讨论，直到现在，仍在沿用能力原则。可是，关于能力原则的内涵，每一时期、每个学者都有不同的解释或给出不同的规定。道尔顿基于对财政学理论的认识和财政大臣多年的实践经验，针对当时英国现实，也给出了对课税公平的能力原则的解释。

埃奇沃斯提出的牺牲均等原则分为三个方面：每个纳税人负担同等数额税收的绝对牺牲均等原则；按其所得、消费或占有财富，同比例负担税收的比例牺牲均等原则；将每个纳税人的负担减至最小限度的最小牺牲原则。道尔顿认同以上三个原则，并提出还应遵循一个原则，即不改变原有不平等状况的原则。

① 道尔顿 . 财政学原理［M］. 周玉津，译 . 新北：正中书局，1954：64.

关于牺牲均等的不同原则的运用，在道尔顿看来，取决于具体社会状况。牺牲均等的不同原则建立于收入的边际效用递减原则基础之上，为此，要观察边际效用递减的规律或程度。若边际效用递减甚速，那么绝对牺牲均等和比例牺牲均等都会产生税收的累退性，从而加剧人民之间的不平等，而最小牺牲原则可体现出税收的累进性；如果边际效用递减较缓，那么，绝对牺牲均等与比例牺牲均等产生的累退性不大，对原有不平等的影响不大，而最小牺牲原则的效应也不强。

（五）道尔顿财政思想小结

较之同时期的庇古等英国经济学家，道尔顿财政思想的突破点在于对财政学理论性质的认知。他认为财政学是介于经济学与政治学之间的学科，但其分析重点还在于经济学，只是将政治学作为财政学的一种现实表现，即在实践中政治家并没有严格按照理性规则来制定税收制度，税收制度的形成更多地体现为不同群体之间博弈的结果。

从中不难发现道尔顿财政学理论的灵活性与现实性。也就是说，恐怕没有放之四海而皆准的普遍真理，一切理论要服务于现实，而现实条件的变化决定着理论的修正。

如果说道尔顿关于财政学是政治学与经济学的交叉学科的认识是一种突破，那么，这种突破也仅仅局限于英美财政体系之中，因为在此之前欧洲大陆的诸多学者已经提出了财政学的政治学思想。

第十三章　欧洲大陆财政思想

欧洲大陆的财政思想不同于盎格鲁－撒克逊体系，更偏向于从政治经济学的角度来观察和看待财政问题，为后来的公共产品理论、公共选择理论等奠定了坚实的基础，形成了更具特色的财政理论体系。

19 世纪 80 年代之后欧洲大陆财政思想取得的重要突破，要归功于意大利学派、奥地利学派以及瑞典学派经济学家的贡献。他们借鉴边际效用理论的分析方法，将边际分析方法运用到政府活动分析之中，认为政府的资源配置效率同私人一样，即在给定个人偏好的情形下，福利最大化的条件是每个人的边际效用等于价格，这一准则既适用于私人产品，对公共产品也同样适用。由此，逐渐形成了以公共产品理论为核心的财政学理论。不仅如此，他们对政府财政活动的公平正义给出了新的含义——自愿且一致同意原则，进一步扩展了财政理论，也为后来的公共选择理论奠定了基础。

一、意大利学派财政思想

意大利学派接受了边际效用理论，认为物品价值源于其给人们带来的效用；将这一价值原理运用于国家理论，认为国家作为社会公共服务的生产者和供给者，可满足人们对社会正义、国防等的需求，因而国家活动是生产性的，也可为社会产生相应的价值；借鉴边际分析方法，运用边际效用理论来观察国家行为和财政活动。同时，进一步提出，财政学与经济学的研究对象完全不同，为此逐渐将财政学从经济学中独立出来，作为一个单独的研究对象。这样，财政问题不再完全属于经济学范畴，而是属于经济学、政治学、法学、行政管理学等共同的研究范畴。在意大利学派看来，一流的经济学家都需对财政问题有所研究，因为在他们看来，“财政学可以称为公共经济学（scienzadell’economia pubblica）。……财政学与经济学之间的关系，即是从一般科学到特殊科学的关系”[①]。

这一时期意大利学派的代表人物有潘塔莱奥尼、马佐拉、巴罗内、马尔科等。

（一）潘塔莱奥尼的财政思想

马费奥·潘塔莱奥尼（Maffeo Pantaleoni，1857—1924），意大利经济学家，被称为“意大利的马歇尔”。潘塔莱奥尼是意大利边际效用论早期的践行者，影响着意大利经济学家。比如，帕累托正是读了潘塔莱奥尼的《纯粹经济学原理》才开始对经济学产生兴趣，而且基于边际主义分析方法，提出了著名的“帕累托标准”；同时较早地将边际主义分析方法运用于财政学，被公共选择理论的代表人物布坎南称为“公共选择理论的早期贡献者”。

本节关于潘塔莱奥尼财政思想的论述主要参考马斯格雷夫和皮考克主编的《财政理论史上的经典文献》中的《公共支出安排理论文稿》。在潘塔莱奥尼这篇文章的导读中，马斯格雷夫和皮考克指出，这篇文章的目的在于回应关于政府职责问题的两类观点，一类是英国曼彻斯特学派的自由主义思想，另一类是德国历史学派的观点。

潘塔莱奥尼既反对继承了斯密“最小政府”的曼彻斯特学派，也不太赞成德国历史学派。潘塔莱奥尼反对曼彻斯特学派“国家应该只承担治安职能而尽可能少地干预社会，政府主要是一个消费主体，财政支出越少越好，财政学的主要任务是考虑把必要的税收负担公平地分摊给民众”的观点，只赞成“国家具有促进生产和改善收入分配的职能”，同时也不赞成德国历史学派关于“如何安排公共支出是政治学的任务而不应由财政学来解决”的观点。潘塔莱奥尼的财政思想也正是从这两个方面的问题切入并展开的。一方面，潘塔莱奥尼基于效用价值理论，认为国家提供的公共服务能够给人们带来效

① 陈子雷．马尔科的国家类型论及其理论演变：意大利财政学派历史和社会意义分析［J］．国际经济合作，2012（5）．

用，国家不仅是消费主体也是生产主体，可以为社会提供价值；另一方面，国家公共支出既涉及由谁来安排的问题，在民主国家中大都由集体来选择、决策，这无疑是政治学的任务，也涉及稀缺性资源的支出效率问题，这是经济学的任务。特别是判断国家公共支出产生的效率大小，不只应看公共支出带来的效用大小，还应将公共支出带来的效用与税收产生的牺牲统一起来考虑。这样，财政支出问题就不单单是经济学或政治学的任务，而是政治学与经济学交叉的产物。总的来说，潘塔莱奥尼运用边际主义分析方法将财政支出与税收作为一个整体，基于政治学与经济学交叉的角度来研究财政支出的结构、方向。

1. 公共财政的政治性：预算的决策机制

潘塔莱奥尼认为政府财政活动的关键在于财政预算机制，即谁决定着政府的收入与支出活动。

首先，国会是预算决策的主体，决定着公共收入与公共支出的总量安排。

其次，财政收入与支出相互依赖、一体决策。国会将财政收入与财政支出统一起来，决定它们的安排，既要考虑公共支出带来的效用，也要考虑税收产生的损失。潘塔莱奥尼反复强调了公共支出与税收之间的彼此依赖关系，即二者并不存在谁先谁后的问题，要将这两个方面统一且同时考虑。“一项特定的支出是批准还是不批准，国会不能简单地加以决定，而必须考虑不同因素综合起来可能产生的结果，还需要考虑不同财政支出安排产生的边际效用（它们呈递减状态），以及可能的支出组合之间的边际效用比较；同时要考虑，为应对每一种支出组合都必须征税，因征税而带来的总体牺牲程度到底如何。”

再次，国会预算决策要考虑其实施效果。“同时要考虑到，国会对税收总量和支出安排进行决策之后，在实施过程中会产生一系列的后果。”也就是说，在潘塔莱奥尼看来，国会在决策时还要考虑公共支出与税收的后果，既包括经济性的——带来的效用或损失的大小，又包括社会性的——对不同阶级产生的影响。

最后，国会对公共支出分配的决策标准。一是公共支出带来的内部效用；二是与其他支出的效用进行比较，边际效用大的支出优先。

除此之外，潘塔莱奥尼还认为国会的决策水平取决于国会的平均智力水平[①]。这类似于公共选择理论中的“中位选民定理”——在多数制原则下，假定选民的偏好是单峰的，那么最终选择的结果是由中位选民的偏好决定的。同样，国会对财政预算的决策取决于国会构成中智力水平中等的成员，其决策可能是正确的，也可能是不正确的，但是无论怎样，国会决策总是优于独断者的选择。

可是，在国会进行财政预算决策的过程中，对于众多财政支出项目，都存在着需求强度不同、满足支出需要的花费不同以及国会人员对项目的偏好不同等多种影响因素，如果基于理论上的认知，要弄清楚每个项目的合意性、边际效用以及相关税收引发的牺牲，对国会而言，一是时间上的问题，二是其中涉及的专业知识恐怕远远超过了绝大多数人的认知。而且，在实践中，国会也从未明确计算过这些指标的大小并将其作为决策的依据。但是，这并不意味着国会决策并不遵从财政预算决策的这些准则。其中的奥妙就在于“财政的预算准备”。

在潘塔莱奥尼看来，财政的预算准备工作即提交国会审议、批准的财政预算安排的编制工作，由财政部门牵头、会同其他相关部门共同完成。潘塔莱奥尼认为财政预算编制是行政事务性工作，财政部门既要安排并审查各部门提交的预估报告[②]，还要衡量收入的预估数，以实现财政收入与支出的平衡。

潘塔莱奥尼认为，预算平衡中，重要的是财政支出的预算安排。在由各部门共同完成的预算安排中，存在着各部门与财政部门之间的博弈。政府各部门在财政预算过程中“总想把自己部门的重要性凌驾于国家利益之上，总会不断地要求提高自己部门在国家预算中的份额”[③]，而财政部门考虑的则是国家利益、国家经济的动力以及稳定性，所以，财政部门与其他部门存在着矛盾与对立。同时，在估计国家需要的公共服务时，各部门对本部门公共服

① 笔者理解这里的“智力”并非传统意义上的“智力”，即人认识、理解客观事物并运用知识、经验等解决问题的能力，包括记忆、观察、想象、思考、判断等。因为每个人的知识结构、阅历、经验、宗教、所属阶级等都存在差异，人与人之间既存在自身认知、观念上的差异，也存在知识上的不同，对某一具体公共支出项目，如教育、交通设施、宗教等就会产生不同的偏好。因此，这里的“智力”可理解为基于自身禀赋的偏好。

② 正如我国目前实施的部门预算一样，各部门先根据自己的职能制定下一年度预算，并上报给财政部门，财政部门根据本年度预算收入情况来审核各部门预算情况，并提出相应的意见和建议。

③ 潘塔莱奥尼．公共支出安排理论文稿［M］// 马斯格雷夫，皮考克．财政理论史上的经典文献．上海：上海财经大学出版社，2015.

务需要的估计能力优于其他人，“他们要做的事情是：估计自己所掌握的预算中每一项支出项目的边际效用，为各项支出排列先后的顺序，以及估计必要的支出数量等”①。对此，财政部门没有能力推翻而只能接受。但是，在财政能力或税收限制下，财政部门有权删去那些效用低的预算项目。为此，其他部门在编制预算时应遵循以下原则：一是对不在本部门职责范围内的支出项目予以剔除；二是以过去的预算方案为基础而进行修改，因为人们都存在着惯性思维，一般都会认为不同支出构成的边际效用顺序每年都是不会变的；三是将复杂的支出安排分为不可撤销的支出和行政管理支出，不可撤销的支出是必须得到保障的。

所以，提交给国会审议的是关于公共收入与公共支出的方式、总量以及结构等的具体公共预算安排，“先前的行政管理工作，已经把每一个问题都提交出来，供国会中的平均智力来考虑”。

从上述公共预算决策过程中，我们可以得到以下几点启示。

第一，公共财政预算的主体是国会，国会中的平均智力水平决定着公共预算安排，但实际上存在着公共财政预算安排的“财政部门控制”，即由财政部门来具体安排公共预算支出与收入。

第二，公共预算安排实践很巧妙地实现了理论上的意图。实际上，在潘塔莱奥尼看来，为了在理论上使公共支出与税收之间得到平衡，要计算各种公共项目支出的边际效用、不同种类税收的边际牺牲等复杂工作，实践中恐怕不太可能完成。因为这不仅需要大量的时间，而且理论上可行的边际效用，在实践中难以计算。而在实践中，国会、财政部门以及其他相关部门在财政预算安排的博弈过程中，形成了对众多财政支出项目的安排，并且达到了类似于边际效用与税收边际牺牲均等的均衡结果，有如斯密“看不见的手”一样，在市场自愿交换过程中实现了社会利益最大化。

第三，公共财政预算安排过程是经济性的财政与政治性的财政的融合过程。公共财政预算讲求经济性，即使公共支出产生的效用最大，税收形成的损失最小，最优解是公共支出的边际效用等于税收的边际牺牲；同时，公共

① 潘塔莱奥尼．公共支出安排理论文稿［M］// 马斯格雷夫，皮考克．财政理论史上的经典文献．上海：上海财经大学出版社，2015.

财政预算安排又是一个决策过程，不仅要尽可能实现公共财政预算的经济性，而且这种经济性实现的前提是国会、财政部门及相关部门的平均智力水平，或者说，国会、政府部门的组成人员决定着公共财政预算安排的经济性。

潘塔莱奥尼没有讨论国会和财政部门的决策程序或规则问题，实际上这也会影响到公共财政预算安排。不仅如此，潘塔莱奥尼假定国会及包括财政部门在内的政府部门的组成人员都是“公益人”，即社会民众的利益代表者，他们的行为以民众利益最大化为出发点。可是，如果国会和政府部门组成人员是“经济人”，在行使公权力过程中存在追求私利的行为，那么，这种公共财政预算安排还能实现公共支出的边际效用与税收的边际牺牲相等吗？潘塔莱奥尼没有讨论这一问题，而这正是以布坎南为代表的公共选择理论研究的范畴。

2. 公共财政的经济性：财政支出供给均衡原则

无论是古典学派还是德国新历史学派，他们的财政思想都将财政的收入与支出分开来讨论。特别是斯密之前的财政学，只关注税收问题，不太研究公共财政的支出问题。这是因为在封建王朝时期，财政支出一般都是国王、王室的私人支出，除了战争、重大灾害等特殊时期，财政支出与民众关系不大。所以，在这种社会制度背景下，国王和王室的“私人财政”与关乎民众利益的财政支出混在一起，不完全是“公共财政”。工业革命带来了社会生产力的提高，逐渐改变了人们的生产生活方式，为他人而生产、为交换而生产成为社会主流。正如瓦格纳法则所讲的，工业革命后的政治因素、经济因素使得财政收入、财政支出不断增加，税收以及各种财政支出对人们的生产生活产生了显著的影响。社会生产力水平提高带来的社会变革，对政府的财政收入与支出产生了深刻影响，需要新的财政理论给予相应的解释。

潘塔莱奥尼的财政思想是在效用价值理论和边际革命的影响下形成的，开了公共支出分析的先河。无论是国会还是公共部门，在选择公共支出时总会比较不同公共支出项目的边际效用。前文提到，潘塔莱奥尼认为公共支出分配的决策标准包括两个方面：“第一，该项目的内部效用如何？只有当它的效用足够高时，才会被纳入到考虑之中；第二，该项目与其他同等可能的项目相比效用如何？只有清楚这一对比情况时，才能确定该项目到底是不是最好。”[①] 也就是说，对于公共支出项目，其得以实施的必要条件是某一类项目本身对社会而言具有较高的效用；充分条件是选择这一类项目中效用最高的那一个。比如，教育能够提升整个社会的人力资本，本身具有较高的社会效用；教育可分为国民教育和社会教育，国民教育又可分为基础教育、中等教育、高等教育等，在财政能力有限的条件下，公共支出就应重点支持社会效用最大的那一种教育，即基础教育。

由此，在潘塔莱奥尼看来，国会“在权衡全国的愿望与自己的能力之后，再设法实现效用总量的最大化”时必须符合的原则是“在支出总量固定的前提下，每一个支出项目的边际效用都彼此相等”。“我们应该拒绝一种对预算的批评，这种批评只关注某一个特定的支出项目是否合适，而不考虑其他的支出项目，不从一个系统的角度去考虑问题。”[②] 决策者既要考虑提供公共服务的能力，即财力，还要考虑到民众对公共服务的需求，即哪些项目能够给民众带来更大的效用。在这两方面约束下，为了使公共支出组合的总效用最大化，根据边际效用递减原则，项目组合中的每一项目的边际效用就必须相等。这便是潘塔莱奥尼的公共支出供给均衡原则。

3. 财政理论：以财政收入与财政支出相互依赖并一体化为基石

斯密之后的古典学派即便开始研究财政收入和财政支出，也只是分开来研究，财政预算目标在于税收牺牲或损失最小。而潘塔莱奥尼认为，财政预算的目标在于政府财政活动的总效用最大化，即公共支出产生的效用与税收带来的损失之和最大化。这意味着财政预算不能单纯观察公共支出带来的效用，还要与相应的课税带来的效用牺牲相比较。这是因为财政收入与财政支出是相互依存、相互影响的，不能只看某一个方面，而要将财政收入与财政支出作为一个整体，来把握财政活动的总效用。潘塔莱奥尼借用西奇维克的话来说明二者之间的关系：“我们必须将支出与收入视为相互影响，在一定范围内，要缩减或扩大收或支的一方，必然部分地依赖于缩减或扩大另一方带来的相应后果；在这样的范围内，公众要从一项额外的支出增长计划中获益，

① 潘塔莱奥尼．公共支出安排理论文稿［M］// 马斯格雷夫，皮考克．财政理论史上的经典文献．上海：上海财经大学出版社，2015.

② 潘塔莱奥尼．公共支出安排理论文稿［M］// 马斯格雷夫，皮考克．财政理论史上的经典文献．上海：上海财经大学出版社，2015.

就必须权衡为此额外财政征收而带来的牺牲。”[①] 进一步来说，衡量财政预算的标准是“每个支出组合带来的内在边际效用与为此征税而带来的边际牺牲相等”，也就是说，只有公共支出产生的边际效用等于课税造成的边际牺牲，才能实现财政活动总效用最大化。这是潘塔莱奥尼财政收入与财政支出均衡的准则。

如果依据支出的边际效用与收入的边际牺牲相等来安排财政收入与财政支出，那么，双方是先后决定还是同时决定呢？公共财政预算平衡时是“量入为出”还是“量出为入”呢？潘塔莱奥尼认为，在进行公共财政预算时，收入和支出没有先后顺序之分，“对预算的收、支两边的考虑，是高度同步进行的。在国家的预算活动中，不允许将收入规模看作为迎合事先决定的支出需要而不得不采取的事后调整措施。……也不允许将支出仅仅视为因应收入而作的调整措施”。潘塔莱奥尼反对“量出为入”，因为政府不可能拥有无限的资金来满足人们的欲望，而且即便通过其他途径获得财政收入，也必将影响未来的财政支出和财政项目的选择自由度。

4. 简要评论

潘塔莱奥尼在西方财政思想史上存有一席之地，就在于他对财政理论发展的贡献。一是他将财政收入与财政支出看作彼此依赖的整体，特别提出公共支出供给均衡理论，无疑标志着现代公共产品理论的开始。这一思想体现于维克塞尔 – 林达尔均衡之中，也为整个财政理论的发展提供了一个方向，即财政学要研究财政收入与财政支出的相互关系。实际上，现代财政理论与财政实践中已体现出财政收入与支出之间的相互关系，比如凯恩斯的乘数原理以及此后的加速数理论，又如实践中所讲的“放水养鱼”等。二是他为公共选择理论的建立奠定了基础。三是他将政治学财政理论与经济学财政理论融合起来，成为当代人们进一步研究的方向。

（二）马佐拉的财政思想

乌戈·马佐拉（Ugo Mazzola，1863—1899），意大利经济学家，对集体需

① 潘塔莱奥尼 . 公共支出安排理论文稿［M］// 马斯格雷夫，皮考克 . 财政理论史上的经典文献 . 上海：上海财经大学出版社，2015.

要和公共产品的研究影响了后来财政学的发展。奥尔森在《集体行动的逻辑》中高度评价了马佐拉对公共产品理论的贡献，认为他“朝正确分析国家的集体服务又迈进了一步”[①]。在公共产品理论发展过程中，马佐拉还起着承上启下的作用，“承上”即继承了萨克斯、潘塔莱奥尼以及维塞尔等关于公共经济、公共产品的讨论，“启下”即在此基础上提出了公共经济与私人经济之间的差异，研究了公共产品的性质、公共产品的价格形成机制等，启发了后人对公共产品理论的进一步研究。

1. 公共产品的边际效用

在讨论公共产品的边际效用时，马佐拉继承了潘塔莱奥尼关于公共财政支出的原则：“在支出总量固定的前提下，每一个支出项目的边际效用都彼此相等”以及“每个支出组合带来的内在边际效用与为此征税而带来的边际牺牲相等”。马佐拉认为，“财政资源的每一项配置产生相同的边际效用，共同体中每一个成员为消费公共产品而支付的价格恰好等于他消费时的边际效用”[②]。由此，他观察到了潘塔莱奥尼没有观察到的一种情形，即公共经济的价格形成完全不同于私人经济，私人产品的价格形成与公共产品的价格形成存在着性质上的差异。这种差异值得研究，可是学术界并没有给出相应的理论解释。马佐拉认为，尽管萨克斯、维塞尔对此有过讨论，但是他们的解释并不能令人满意。

萨克斯受门格尔的影响，运用边际效用理论进行国民经济分析，在分析政府公共服务时，将其区分为有形商品和无形服务，认为有形商品具有交换价值，而无形服务只有主观价值，且这种价值根据需要程度的不同而变化，其自身并没有价值。马佐拉认为，萨克斯的错误之处在于“以为服务没有商品的属性，以为财政经济只有消费性”。马佐拉认为，服务也是商品，与其他商品一样具有客观的交换价值。

在马佐拉看来，维塞尔认识到了公共经济的价值，认为公共经济与私人经济存在着不同的价值目标，可是，维塞尔既没有明确公共经济的目标是什么，也没有说明为什么这些目标会导致公共经济中的价格决定不同于私人经

① 奥尔森．集体行动的逻辑［M］．上海：格致出版社，2014：122.

② 马佐拉．公共产品价格的形成［M］// 马斯格雷夫，皮考克．财政理论史上的经典文献．上海：上海财经大学出版社，2015.

济。特别是，维塞尔认为公共产品效用问题不属于经济学的问题，而属于法理学或哲学的问题。

马佐拉批判了萨克斯和维塞尔的公共产品观点，却继承了潘塔莱奥尼的公共产品观点[①]。潘塔莱奥尼认为，政府决策公共支出项目即公共产品基于两个准则：一是这个产品本身对社会有效用；二是在不同项目比较中拥有更大的效用。可是，潘塔莱奥尼并没有展开分析如何判别不同公共产品的效用，而马佐拉所作的研究正是关于公共产品的价格形成机制问题。

2. 公共产品的性质及价格形成机制

马佐拉在扬弃潘塔莱奥尼、萨克斯以及维塞尔等人对公共经济问题的分析的基础上，具体提出了公共产品的性质。

（1）私人物品与公共产品具有组合性消费的属性，因此公共产品的价格等于其边际效用

在马佐拉看来，公共经济、公共产品并不是孤立存在的，而是与私人经济密切相关。每个人的消费中既包含着对私人物品的消费，也包括着对公共产品的消费，由此，每个人消费的效用中既有私人物品的效用也包括公共产品的效用，而且“每个人都需要一定数量的公共产品来补充需要，以此为条件，个人的效用才能得到满足”。也就是说，在马佐拉看来，公共产品是私人物品消费的前提与条件，私人消费效用的获得需要一定的公共产品来支持。所以，马佐拉认为公共产品的价格形成方式也应与私人商品相似，即“公共产品的边际效用不是由外部给定的而由自发需要决定的”，公共产品的价格等于公共产品的边际效用。这是由公共产品内在性质所决定着的价格。

（2）公共产品在使用时具有不可分割性，因此需要根据受益原则进行收费

可以直观地观察到，公共产品在被消费或使用时是无法被分割的。比如，社会治安服务、公共卫生服务可给每一个人带来私人性质的满足，可是个人在消费这些公共产品时却不清楚消费的数量、所占的份额等。即公共产品作为一个整体而存在，无法像私人产品那样分成满足每个人需要的份额。也就

① 马佐拉《公共产品价格的形成》一文的脚注中显示，马佐拉的诸多观点引自潘塔莱奥尼的著作，可见，马佐拉对同为意大利经济学家的潘塔莱奥尼的著作是比较熟悉的。

是说，公共产品不能像私人物品那样根据自己的边际效用来确定价格。某些公共产品给相对贫困的阶级带来的边际效用可能小于其价格，或者穷人可能负担不起公共产品，但他们同样可以消费该公共产品，无法被排除在外。所以，公共产品消费时的不可分割性就决定了无法按每个人的边际效用来收费或定价，而是对每个消费者都实行固定价格。马佐拉认为，这个固定价格“根据的是他能够支付得起的最高价，而这一最高价由产品给他带来的边际效用决定”。可是，每个人或每一阶级的边际效用是不同的，存在着级差效用，所以，一般来说，公共产品由政府基于其服务的特定目的来定价。

既然政府对服务或公共产品的定价取决于提供服务的目的，那么不同类别的公共产品就有着不同的定价策略。对于一般利益的政府服务，这一固定价格应该足以让最穷的人也能享用服务。还有一类是“每当某种公共产品在消费时可以逐项地查明时，每当这样的消费具有某种明确的、可分辨的个别特征时，公共经济就依靠与私人经济定价机制相似的方法来处理问题，就是说运用收费方法”①。比如水价、电价、公共交通、邮政等的定价机制，都类似私人经济中的定价机制，人们从公共产品和服务中获得的利益越多，相应承担的费用也就越多。这是政府对公共产品的垄断性定价，本质上不同于私人经济的定价模式。私人产品的价格取决于每个人对私人产品的边际效用，而公共产品的垄断性定价，是政府基于特定目的的定价。有的是边际成本定价，即以此来弥补提供这种公共产品的成本；有的是政府补贴下的定价，即政府收费并不能完全弥补其成本，还需要财政予以补贴。

（3）公共需要具有整体性，因此政府要强制性收税

公共需要的整体性，即公众需要结合在一起享用这种产品，或者说，单个人无法独立消费这种产品。比如，国防、社会治安、城市中的路灯等，无论是市场还是政府都不可能为某一个人来提供这种产品，要么是个人无力承担，要么是只为个人提供会造成社会资源浪费。公共需要的整体性就决定了这种公共产品的成本也具有整体性，“成本的整体性也解释了这样一个事实，那就是在征收个人捐税时的强迫性。这一强迫性，只不过是生产公共产品所

① 马佐拉 . 公共产品价格的形成［M］// 马斯格雷夫，皮考克 . 财政理论史上的经典文献 . 上海：上海财经大学出版社，2015.

耗费成本具有整体性的一种外在表现或者说法律表达”[①]。由政府提供的公共需要的产品的成本，因其整体性，只能通过强迫性的税收来进行分担。

（4）小结

总的来说，公共产品的价格形成取决于两个方面。一是公共产品内在的价值属性。不仅公共产品本身能够满足人们的需要，而且公共产品是私人产品消费过程中效用实现的前提条件。这些决定了公共产品的价格等于人们消费的边际效用。二是公共产品供给实现的条件。公共产品供给实现的条件决定了其价格形成不同于私人产品。因其不可分割性，公共产品需由政府实施固定价格；因其成本整体性，需要政府通过强迫性的税收来弥补公共产品成本。总之，公共产品的价格形成“依赖于公共产品享用时的组合消费性质以及消费时的客观条件”，公共产品价格由公共产品自身的属性和其实现条件共同决定。特别地，公共产品的供给实现条件决定了公共产品的价格需由政府来决定，针对不同类别、不同目的等，采取不同的定价方式。

另外值得一提的是，马佐拉对公共产品在消费过程中的不可分割性和公共需要的整体性的认识，内含着公共产品消费的非排他性。诸如国防、社会治安、路灯等公共产品一旦被提供出来，就不可能排斥任何一个人来消费、使用，并从中获得相应的收益。无须进一步解释，便可认识到马佐拉对财政理论特别是公共产品理论的贡献。

2. 私人经济与公共经济之间的关系

尽管马佐拉批判了萨克斯认为无形服务不具有价值的观点，可是，笔者认为马佐拉关于公共经济与私人经济相互依存的观点正来源于萨克斯。萨克斯认为，集体需要的满足与私人需要的满足是相同的，并且集体需要建立在私人需要基础上，对公共产品的征税要由集体需要与私人需要的依赖关系来决定。可见，马佐拉与萨克斯关于公共产品价格形成分析的基石——公共产品与私人物品之间的关系上的认识基本一致。

萨克斯、马佐拉等意大利学派大都是自由主义者，继承了斯密古典经济学的基础理论，认为自然自由的市场体系可通过“看不见的手”使个人收益

① 马佐拉．公共产品价格的形成［M］// 马斯格雷夫，皮考克．财政理论史上的经典文献．上海：上海财经大学出版社，2015.

最大化，同时促使整个社会利益最大化。但是，他们在私人经济与公共经济关系方面的认知，较斯密的古典理论前进了一小步：私人经济与公共经济相互依存而共同形成其效用，而不是古典学派认为的，公共经济外在于自然自由市场。

奥尔森并不认同马佐拉关于私人产品与公共产品组合消费的属性的观点，“他的错误在于他认为在公共和私人物品间存在着‘互补性’”[①]。笔者不认为奥尔森很好地理解了马佐拉的思想。作为自然自由主义者的马佐拉即便不遵从古典学派“最小政府”的理念，也不会像德国新历史学派那样认为公共经济对国民财富的增进有促进作用。马佐拉认为，公共经济应在一定限度之内，而这个限度就是满足公众的私人欲求，即公共产品的提供要有利于促进并服务于私人消费。

观察一下现实情况不难发现，公共产品总是与私人产品相互作用并共同发挥作用，这就是马佐拉所讲的“组合消费”。公共产品寓于私人产品之中，私人产品消费的约束性决定了个人对公共产品的需求总是依附于私人物品的消费。比如，从现在政府提供的基本公共服务来看，道路、桥梁等交通通信设施，教育、医疗等公益设施以及人们户外活动所需的清新的空气、整洁的活动场所等，无一不与私人消费联系在一起。而且，公共产品的效用取决于私人产品的效用，比如，高速公路的效用取决于小汽车的使用。在农业文明时期，人们的运输工具是用马或牛作为动力的马车或牛车，此时的交通设施是与生产力水平相适应的“马路”。马车行驶在高速公路上带来的效用并不比传统的“马路”高。这样说来，私人产品与公共产品的“组合消费”还存在适应性，公共经济需适应私人经济的发展水平，并提供与私人物品消费相适应的公共产品，才能使这种“组合消费”发挥出最大效用。

当然，反过来说，私人产品的效用也依赖于公共产品的有效供给。如果缺乏相适应的公共产品或服务，私人经济将会受到一定程度的抑制。1998 年起，中国经济由“短缺经济”转向了“相对过剩经济”，代表当时人们消费倾向的日用消费品“新三件”——洗衣机、冰箱、电视机已经出现过剩。可是，人们观察发现，“新三件”的农村消费率并不高。进一步研究表明，其原因在

① 奥尔森 . 集体行动的逻辑［M］. 上海：格致出版社，2014：122.

于当时很多农村地区并没有覆盖自来水以及电力供应，影响了家用电器在农村的普及。为此，1998 年中国第一次实施积极的财政政策，发行 2000 亿元国债用于农村水力、电力设施改造，有效刺激了农村居民对家用电器的需求。这是典型的私人消费依赖于公共产品供给的案例。

公共产品与私人产品的“组合消费”观具有极强的政策意义。斯密在《国富论》中即提出级差地租源于政府的“善政”。霍布豪斯在《论自由》中也提出房屋价格的上涨应归功于政府公共服务的提供。实际上，即使经济发展水平存在一定差异，如果政府提供的基本公共服务基本相同，不同城市主城区的房价也应趋于均衡。总之，城市的房价中包含着公共服务的价格，或者说，一个区域的房价是作为私人物品的房屋的价格与政府提供的公共服务的价格的组合。

既然这样，政府开征以居住房屋为课税对象的房产税就存在合理性。因为房产价格中包含着的政府提供公共服务的价格，并不源自房主自身的努力，政府可通过征税的方式来获得提供公共服务的报酬[①]。

现实中存在很多类似情况，即公共产品与私人产品组合在一起而共同产生效用，可是，财政学理论恰恰忽视了这一点。

3. 公共产品价格形成是基于经济均衡还是政治均衡

在马佐拉看来，公共产品价格形成取决于两个方面：公共产品内在的效用和公共产品的实现条件（公共产品的属性）。私人产品需与公共产品组合在一起消费，消费者效用最大化的条件是私人产品消费的边际效用与公共产品消费的边际效用相等。而且，公共产品作为一种资源，在进行配置时总是趋向于效用最大化，“因此，对公共产品作为组合物的效用评价，决定了经济主体要上缴多少份额的私人产品才能获得公共产品”。这种理念体现出来的是效用最大化的经济均衡。可是，实践中的公共产品作为整体而存在，具有不可分割的属性，无法像私人产品那样通过“看不见的手”来实现每个人的边际效用与价格相等，只能由政府机构来评估社会成员对公共产品的欲求。

① 西方大多数国家都开征房产税，并作为地方税的主体税种，比如美国房产税占地方税的比重在 50% 以上。一方面，房产税税源充足且不宜活动，便于征收；另一方面，课征这一税种主要用于基础教育、社区建设等本地基本公共服务，而房产价格中也隐含着教育、社会服务等公共产品的价格。

一方面，社会成员因收入、偏好等前提条件不同，对公共产品的需求强度存在差异。马佐拉举了城市路灯的例子，认为富人对城市路灯有更强烈的需求，而穷人对此的需求并不强，因为穷人的收入将用于满足其他更紧迫的需要。马佐拉称之为效用等级的均衡，即不同阶级或不同群体的人们对同一种物品（包括公共产品）的效用是不同的，不同群体之间存在效用差异，客观地存在效用等级的均衡。可是，公共产品的不可分割性和整体性决定了，一旦城市路灯这类公共产品提供出来，即便没有分担成本的人也可免费使用并从中受益。为了提供有效的公共产品，就必须打破效用等级均衡，“共同体中的一些成员，被迫上缴更多份额的资源以获得公共产品。他们的份额，本应按照自己在公共产品中的获益比例来确定。于是，这些人在需要的满足上程度更低；相应地，其他人能保留更多数量的私人产品，从而以别人为代价来获得更高的组合消费效用，实现更高程度的私人满足”①。也就是说，为了实现类似路灯的公共产品的有效供给，共同体中相对富裕的群体就需要多承担一些份额，那么他们对公共产品的满足程度将有所下降，承担的份额多于公共产品带来的边际效用；而相对贫困的群体则恰恰相反，可获得更高的公共产品与私人产品的组合消费效用。可是，为了实现政治均衡②，也只有采取这种方式。

另一方面，政府提供不同公共产品或服务时的目的各不相同。基于税收作为一种牺牲和政府活动不具有价值的理念，古典经济学派认为政府提供公共服务的目的在于促进国民财富最大化。随着边际效用价值理论的广泛运用，政府不仅要将公共服务的有用性最大化，还要提倡伦理意义上的公平，平衡不同群体之间的利益关系。为此，对于具有消费时可分辨特性的公共产品，应采取按受益原则收费的方法；对于涉及民众切身利益的公共产品，要让哪怕最穷的人也能享用该项服务。对于具有整体性的公共产品，应通过强制性课税的方式来解决其成本分担问题。不同群体间的税收分担份额是其关注的

---

① 马佐拉．公共产品价格的形成［M］// 马斯格雷夫，皮考克．财政理论史上的经典文献．上海：上海财经大学出版社，2015.

② 在公共产品或服务的供给问题上，涉及两个因素：供给与成本分担。如果社会成员根据人们同意或认可的原则，就一种或多种公共产品或服务的供给以及相应份额的分担达成了协议，就达到了所谓的政治均衡。

重点问题，但并不意味着要按其边际效用来设计税收制度。

总之，在马佐拉看来，公共产品的供给既存在着效用最大化的经济均衡，也存在着基于各种目的的政治均衡。这相对于古典学派以及边际效用价值理论而言，都是一种突破，成了公共选择理论的先驱。从社会发展进程来看，政府提供公共产品时越来越重视政治均衡。

二、奥地利学派财政思想

奥地利学派产生于 19 世纪 70 年代。创始人门格尔的《经济学原理》阐释了价值的主观效用论，秉承了李嘉图的抽象演绎法解释了边际效用理论。然而其经济学方法论并未获得德国经济学家的认同，为此与德国历史学派展开了论战。在这期间，奥地利经济学人为了论战的需要以及门格尔思想的发展，将门格尔的思想称为“奥地利学派”。又因门格尔注重运用主观价值理论以及边际效用分析来解释经济学，奥地利学派又被称为“心理学派”。

奥地利学派继承了斯密的自由市场理论，强调自然秩序，反对政府干预。其理论内核是边际效用价值论：价值是主观的，是物对人的欲望满足的重要性；价值的成因是效用加稀少性；价值量的大小也只取决于边际效用的大小。

奥地利学派财政思想正是在门格尔边际效用价值论基础上，运用主观价值理论和边际效用分析方法来研究财政活动。关于国家理论，奥地利学派反对古典主义的契约论思想，认为国家可通过提供公共服务促进社会经济发展，国家职责在于促进国家经济发展。可是，奥地利学派基于主观价值理论，对公共经济的分析局限于传统的经济学分析范式——效用最大化，认为不能将税收作为解决不平等问题的手段，其平等原则体现为财政活动要有益于社会公共效用最大化。

奥地利学派财政思想的代表人物有维塞尔、庞巴维克、萨克斯等。

（一）维塞尔的财政思想

弗里德里希·冯·维塞尔（Friedrich Freiherr von Wieser，1851—1926），奥地利经济学家、社会学家，奥地利学派主要代表人物之一，被熊彼特称为“天才的思想家”。他继承了门格尔的主观价值理论和边际效用分析方法，对公共经济展开分析，提出了自然价值理论，并依此进行分配。代表作有《经济价值的起源及主要规律》（1884）、《自然价值》（1889）、《社会经济理论》（1914）等。

1. 国家理论与国家经济

维塞尔将国家经济分为两个方面：收入的经济和支出的经济。他认为国家经济也应与私人经济一样，遵从经济原则，“即有关国家资源的慎重而又节约的使用”①。也就是说，不仅国家的支出可以产生价值，赋税也会产生价值。维塞尔的这一观点彻底颠覆了此前关于赋税的认知。

实际上，重商主义、古典时期和新古典时期的英国财政学派等，在讨论赋税原则时将最低生活限度、纳税能力以及税收牺牲等看作既成的概念，没有讨论其与经济之间的关系。重商主义和古典学派认为政府活动不属于生产性劳动，所以赋税也就不存在价值。边际效用革命之后的英国财政学者尽管放弃了劳动创造价值理论，但也并没有给出更新的东西。对于国家管理经济活动，上述学派的理论也是如此。维塞尔认为，德国历史学派特别是李斯特将“生产力理论”等同于价值理论，也是不适当的。

维塞尔信奉门格尔的边际效用理论，认为国家经济中的收入经济（赋税）和支出经济都遵从价值定律。维塞尔继承了边沁的功利主义思想，认为公共经济与私人经济一样，都是在稀缺性资源约束条件下产生最大化效用，不仅国家支出活动遵从这一定律，国家的赋税也遵从这一定律。这是其公共产品理论的出发点和归宿。

维塞尔的国家经济理论源于其对国家理论的认识。在维塞尔看来，国家起源于人们对社会公共事务的需要，这些事务要依靠集体活动来实现。一是个体人无法胜任的事务，比如国防、社会治安以及共同的正义等。这类国家的集体行动会给每个社会成员都带来好处，这种利益不排斥任何人，也不存在针对个别群体的特殊利益。正是这些共同利益导致了国家活动范围不断扩大，即政府职能或财政活动范围不断扩大。不难看出，维塞尔提出了国家提供公共事务的第一个特征：公共性。国家权力是为了公共利益而非个别的或特殊的利益，同时，每个人都会享有这种公共利益，不排斥任何一个人获取

① 维塞尔．自然价值［M］．北京：商务印书馆，2011：236.

这一利益。二是“很多企业由于不可能从中获得任何利润而必须把它们排除于私人经营的圈子以外”的事务。有些事务是无利可图的，因此私人不愿意经营，须由国家来提供。“财物在生产上虽然要花代价但必须交给公众无偿使用——门格尔把这些财物叫做‘准自由财物’。”[①] 这是国家提供公共事务的第二个特征：无偿性。每个人都可以免费使用并从中获得相应的收益。三是邮政、铁路、供水等事务，私人企业有能力也愿意经营，但私人企业的经营可能会影响或损害社会的公共利益。为了整个社会利益计，应由国家或政府来承担，建立“公共企业”。由此不难看出维塞尔对公共产品性质的认识，他的论述在一定程度上为公共产品理论的发展奠定了基础。

这样，国家经济以公共经济形式提供某些公共事务，目的在于实现整个社会福利最大化而满足公共需要。尽管公共经济与私人经济都可以满足普遍的、大多数人的需要，但是，公共经济与私人经济存在着本质上的不同。第一，私人经济中，个人基于自身能力自主选择一种交换机制，而公共经济则提高到市民生活和私人经济活动力所不能及的地步。第二，公共经济并不遵从戈森定律。第三，公共经济主要不是服务于当下需要的满足，而是发挥保护和提升功能。

我们可从中获得两点启示。第一，私人经济依赖于公共经济而存在发展，或者说，公共经济的目的在于保护和促进私人经济的发展。第二，维塞尔给出了公共产品的属性：一是提供个人力所不能及的产品或服务；二是提供保护和促进私人经济或个人发展的产品或服务[②]；三是不遵从戈森定律。

为此，维塞尔将满足集体需要的公共支出分为三类：第一类是为管理国民经济而发生的支出，这类支出主要是为了保护和促进私人经济发展；第二类是国内管理而发生的政府的其他支出，主要包括对穷人的救济和援助支出、社会改革支出等；第三类是为满足狭义上的国家需要而发生的支出，比如为维持国家内外权力及声望的支出、国防支出等。

① 维塞尔．自然价值［M］．北京：商务印书馆，2011：242-243.

② 笔者以为维塞尔“公共支出的提升功能”的观点可能受到德国经济学家李斯特关于国家生产力作用的论述的影响，即国家经济的目的在于增进国家的社会生产力。维塞尔在《自然价值》和《社会经济理论》中都对李斯特的这一理论作过评述，在肯定其积极性的同时，也指出了其中的不足。而维塞尔关于公共经济存在的目的的观点弥补了李斯特的不足。

这也可看作维塞尔的公共经济的价值观。

2. 关于税收正义的思想

维塞尔承认萨克斯对财政学的贡献，但并不完全赞同萨克斯仅仅基于经济学理论来分析公共经济的做法。萨克斯的税收思想建立在主观价值论基础上，在萨克斯看来，税收的公平性在于税收的成本小于人们从公共经济中获得的使用价值，由此提出了每个人承担税负的最大限度。而维塞尔则认为，不能单纯用经济学原理来分析税收的国民分担问题，还要依据伦理道德理念来确定税收正义。

维塞尔认为，正义的税收有两个指导原则：普遍性和平等性。这两个原则源于国家的本质。就税收的普遍性而言，“所有成员都必须为共同目标而缴纳捐税这一原则如果不存在，那么国家联合体制社会特征就完全消失”；就税收的平等性来说，“如果捐税义务以不平等的方式来分配，那么国家联合体也会同样消失”。维塞尔认为，税收理论就是研究如何实现税收义务的平等分担。

维塞尔认为自斯密以来关于税收公平的学说都存在问题，认为斯密关于按收入比例进行纳税的学说①是“假定公共服务的价值确定不移地反映在私人收入的增长中，但这种假定事实上只对国家的经济管理有效，而不能用于国家的其他管理活动中”②。此外，维塞尔认为关于税收正义的经济能力原则、纳税能力原则以及税收牺牲学说等，都缺乏可靠的理论基础，都不是经济理论中确定性的概念，无法解释清楚税收的平等性。

为此，维塞尔提出了“主观价值”或“个人价值”的概念，并以此作为税收公平分析的经济学基础。同时，认为前述各公平税收原则（经济能力原则、纳税能力原则以及税收牺牲学说等）都可看作个人主观价值的组成部分。比如，税收牺牲学说的累进税制，其基础就是对人们收入等级的划分，基于收入增长与需要下降之间的对比；又如，最低收入也与需要强度或个人价值

---

① 实际上，斯密的收入比例纳税学说内在地体现着受益原则。人们的收入越多，也就意味着从政府提供的公共服务中获得的收益越多，为此，就应按同比例纳税。实际上，这里的收益并不完全是经济收益，也包括人身安全的保护等，可是斯密仅仅从经济学的角度来看待税收的公平性。

② 维塞尔 . 公共经济的理论［M］// 马斯格雷夫，皮考克 . 财政理论史上的经典文献 . 上海：上海财经大学出版社，2015.

等级直接相关。

基于个人主观价值概念的税收平等，就是政府将个人价值划分为不同的等级，不同等级的群体缴纳不同额度的税收，等级越高的人，缴纳的税收越多，负担能力强的人承担更多的税收[①]。

维塞尔认为税收不能干预私人经济秩序。在维塞尔看来，原有的社会经济秩序存在合理性，税收甚至不能改变原有的经济不平等状态。“国家不应该用它的一般管理手段或税收制度来干预私人经济秩序，而应将私人经济秩序视为已被历史证明无效的社会制度。国家不应该用税收方面的政治权力，去消灭现有的收入与财产的不平等状况；国家在征税时，如果把所有纳税人都当作具有相同价值评估的私人经济主体，那就会破坏经济原则。”[②]可见，维塞尔是典型的自由主义者，而且比同时期的英美学者更为激进。马歇尔、庇古等都认为可通过税收来调节国民收入分配中的不平等状况。

3. 小结

维塞尔对财政理论发展的贡献，一是对公共经济的价值或公共产品的价值的规定；二是将伦理道德融入税收平等性之中，而不单纯考虑经济学原理，为后来者研究税收的公平原则提供了一种思路。

（二）萨克斯的财政思想

埃米尔·萨克斯（Emil Sax，1845—1927），奥地利经济学家和政治家。学术上深受门格尔的影响，运用边际效用价值理论来研究和分析财政问题。其财政学思想主要体现在1887年出版的《国民经济学基本原理》、1892年发表在《社会政策管理》上的《累进税》，以及1924年发表于《经济社会政策学报》的《税收的价值理论》。这些文章虽然相隔37年，“然其根本思想，还是可以说是没有变化”[③]。

---

① 维塞尔认为，对税收平等性的这种分析源于“垄断理论”。比如铁路公司，为了避免亏损或获得更多收益，对货物按照“能承受的收费”原则分类收费，如不按照货物的重量收费，而按照货物的价值收费。税收平等性也是如此，将人们按个人价值进行分类，不同的人缴纳不同的税负。

② 维塞尔 . 公共经济的理论［M］// 马斯格雷夫，皮考克 . 财政理论史上的经典文献 . 上海：上海财经大学出版社，2015.

③ 阿部贤一 . 财政学史［M］. 北京：商务印书馆，1936：120.

1. 私人经济与集体经济

萨克斯认为此前的学者对国家存在着错误认识，将国家置于国民经济之外，导致税收理论中赋税的义务说、牺牲说、能力说以及平等说等都不能真正解释现实。在萨克斯看来，国家或共同体不外乎自然人自愿结合在一起的集合体，国家行为是多数自然人的精神的产物，虽然国家意志并不一定遵从每个人的意志，但每个人都能参与其中并或多或少地发挥作用，国家意志体现为自然人集体的意志[①]。为此，就不能不将私人经济与集体经济放在一起研究，或者说，在社会经济运行过程中，集体经济与私人经济是相互依赖而存在的，特别是，集体经济建立于私人经济基础之上。

具体来说，集体经济与私人经济都遵从一些相同的基本原则。比如，萨克斯将个人行为动机分为三类——利己性、利他性和互利性，而且认为无论是在私人经济还是在集体经济中，个人行为动机都是一样的。又如，集体需要与个人需要都以满足稀缺性资源的可获得性为前提条件，也就是说，无论是集体需要还是个人需要，都基于资源的稀缺性来追求效用最大化。个人需要与集体需要是在一个体系中通过社会过程而相互协调的。萨克斯将集体需要分为两类：一类是可分辨出特定个人受益份额的需要，这类需要可与个人需要放在一起进行比较；另一类是不能分辨出个人受益份额的需要，这类需要是真正的集体需要，无法与个人需要相比较。

在整个经济体系中，私人经济和集体经济共同构成一个整体，其中，集体经济的目的在于提高个人的福利。为实现这一目的，就要从私人经济中提取部分产品，通过集体活动来满足人们的需要。

（1）私人经济与集体经济的关系

私人经济与集体经济的关系表现在私人创造的部分产品被归至集体来支配，以满足集体的需要，而集体活动的原则是："如果说从最初来源处抽取出来时的产品价值是成本价值的话，那么将产品用于预期用途时产生的价值就是它们的使用价值，如此可以构造出下面的定理：使用价值必须超过成本价值，绝不能低于成本价值；若非如此，筹划中的经济活动就必须放弃。"[②] 在萨

① 萨克斯的国家观是典型的黑格尔的哲学观。

② 萨克斯．税收的价值理论［M］// 马斯格雷夫，皮考克．财政理论史上的经典文献．上海：上海财经大学出版社，2015.

克斯看来，从私人经济那里获取的税收是私人与集体之间的财富转移，作为个人集合体的集体从私人经济中转移过来部分产品的前提，是集体经济能够创造出较之抽取出的私人经济部分而言更大的价值。在萨克斯看来，集体经济与私人经济之间呈现为一种函数关系，集体经济占有的多了，就意味着私人经济拥有的少了，所以要实现二者的均衡。

集体经济同私人经济一样，也要解决稀缺资源的有效利用问题，集体经济活动追求的也是社会福利最大化。为了使集体经济活动效用最大化，在资源约束前提下，就要选择那些具有更“高级需要的公共产品”。实际上，萨克斯所说的“高级需要的公共产品”与马佐拉的“公共产品需要强度大”是同一意思，指的是越是高级的需要，给人带来的效用越大，或者说，在同样的投入前提下，提供需要强度大的公共产品可产生更大的社会效用。所以，萨克斯与马佐拉都强调要按照需要强度来提供公共产品。可是，萨克斯不同于马佐拉之处在于，萨克斯更强调“集体需要”，“个人缴纳的税收（它的数量决定了产品数量），不用于满足对个人而言不重要的需要，而用来满足更为重要的集体需要”，即遵从集体需要优先原则。

（2）集体活动的分类

萨克斯将集体活动[①]分为两大类。

第一类是私人的集体活动。其基本特征是不仅可满足集体需要，而且可分辨出个体人的受益性。实际上，公共交通、水、电等公共设施就属于这类集体活动，可以像私人经济那样基于自利原则来提供。但是，这类产品的供给者是垄断的共同体，其提供产品或服务的目的在于促进个人利益，而个人利益取决于从集体活动中获得的使用价值与个人支付的成本价值之差。所以，为了个人利益，这类集体活动总是表现为以固定价格提供的产品或服务。一般来说，这个固定价格要低于所提供产品或服务的使用价值，“在特定场合下，有时甚至根据最穷者的价值评估决定”，就是要使最贫困的人也能享受到集体活动提供的产品或服务。由此可以看出，萨克斯并非单纯强调财政支出

① 萨克斯所说的集体活动指的就是财政支出，或者，政府提供的公共产品或服务。

的经济性，还强调利他性，体现了伦理理念[①]：即便是具有私人属性的公共产品，每个人也都应平等地享受到。也就是说，萨克斯分析的出发点并不是经济性，而是最贫困者的利益，将社会关系——不同阶级之间的关系作为财政支出的目的。

第二类是共同体成员整体的集体活动。“在这些集体目标中，共同体所有成员一下子就成为行动的主体和受益者：一方面他们是决策者，另一方面他们联合起来承担成本。所有人彼此间的关系都是互利性的：为共同目的而联合行动的需要，带来了一种利他性；这种利他性使相互援助成为可能，以便在必要时排除利己性。”萨克斯认为，有一些产品或服务，其中的个人利益不能得到很好的辨识，更多地体现为集体利益（涉及每个人切身利益的集体利益），人们只有联合起来才能发挥其作用，比如国防、城市路灯等。这种集体活动构建的基础是：每个共同体成员都认识到了这种集体利益之所在，认识到了集体活动的价值，而不管是否对自己有利或是否对他人有利，即都具有这种“共同感觉”。这种集体活动“是维持共同体内形式平等的纽带”，其性质是互利性和利他性[②]。“个人沉浸在共同体精神纽带的影响之中，因而能够作出如下的判断：这种共同体精神纽带引发的后果是，在有关共同体福利方面，每个人都是共同感觉与共同意志的一部分”[③]，每个人都能理解共同体的共同利益之所在，并付诸行动。

（3）小结

第一，萨克斯的集体活动就是公共服务供给活动。他将公共服务分为两种：一种是由政府提供但可分辨出个人受益特征的公共服务，比如公共交通、

① 萨克斯财政思想中的伦理理念不同于马歇尔和庇古，后两者强调通过国民收入的分配环节来调节人们之间的不平等。萨克斯的伦理观体现在财政支出上。让贫困者在少承担成本的同时享受到同样的公共服务，即财政支出上的利他性原则。这也与马佐拉的财政支出思想相一致。

② 笔者认为萨克斯过高地估计了共同体成员的“道德能力”，同时过分低估了共同体成员的自利性。道德能力指的是善观念能力，就是认识到什么是善、如何实现善的能力。也就是说，共同体成员未必都能认识到哪些公共事项对整个社会是有利的，即便社会精英也不一定对社会利益有统一的认识。自市民社会以来，“经济人”概念就不仅停留于理论上更体现于现实社会之中。每个人都是自利的，追求自身利益最大化而付出最小化，所以，针对公共事项，人们总是存在着“搭便车”意识，即不付出而享受服务。萨克斯在这里将“经济人”当成了“社会人”，即为了社会共同利益而行动的人。

③ 萨克斯．税收的价值理论［M］// 马斯格雷夫，皮考克．财政理论史上的经典文献．上海：上海财经大学出版社，2015.

水、电等具有私人性质的公共服务；另一种是诸如国防、城市路灯、花园等无法被量化或分辨出个人利益的整体性的纯公共服务。萨克斯认为前一种是类似于私人经济的自利性的供给，但是考虑到不同阶级的需求，一般由政府规定固定价格，而且这个价格要使最贫困的人也能消费得起；后一种公共服务是互利性或利他性的供给，资金来源于税收。第二，无论是哪种公共服务，萨克斯认为从受益角度而言都具有利益的不可分割性。

2. 将税收视为经济过程

萨克斯将税收看作经济过程，一方面，从个人角度来说，税收是政府提供满足个人需要的公共服务的成本，那么，每一个人从集体活动中获得的使用价值都要超过其成本价值；另一方面，就集体活动而言，社会成员缴纳的税收是集体活动提供公共服务的成本，在这一成本约束下，就要对集体需要的公共服务按需求强度排序，并依次予以满足，以使集体活动提供的社会福利最大化。

在萨克斯看来，税收决策要尽量实现集体和私人两个领域目标的均衡。可是，这两个方面可能会存在一定的矛盾。在既定成本约束下，集体活动产生了最大化的社会福利，但可能不能满足部分个体人的需要，即对个人而言集体活动的使用价值小于其成本价值；如要满足个人需要，则可能会损害整个集体需要，进而影响到社会福利最大化。萨克斯认为这种矛盾是常态，均衡是一种偶尔的现象，因为社会总是在不断的发展变化之中，个人需要、集体需要都是不断变动的。为此，公共机构应优先考虑集体需要，将社会福利最大化优先于个人需要。

单就税收本身而言，个人税收负担的原则是平等原则：个人承担的税收成本必须与从集体活动中获得的主观效用相等。满足集体需要的税收也是建立于这一原则之上，集体活动成本与个人税收之间的关系是："在互利性关系这一条件约束下，用于满足集体需要的税收，在价值上等于个人成本份额相等基础上征收的集体成本。"政府课税并提供公共服务的过程中，参与集体活动的社会成员之间是一种"互利性"关系，彼此结合在一起、共同受益，每个人按照个人的成本价值与使用价值相等的原则来纳税。在这个基础上，所有社会成员的个人缴税总量即集体活动的成本。从这个角度来看，集体活动成本取决于个人基于成本价值与使用价值相等原则而自愿缴纳的费用。

萨克斯集体活动中的“互利性”原则蕴含着“课税限制”的理念。萨克斯尽管信奉效用价值论，认为政府活动能够给人们带来效用，但也是一个“斯密主义”者，信仰自然自由市场经济，追求社会福利最大化。私人活动与集体活动共同构成了国民经济体系，社会福利既源于私人经济活动，也源于集体经济活动，二者共同促进国民财富的增进，为此，就要平衡二者之间的关系。私人经济在市民社会中居主体地位，集体经济作为补充。集体经济活动规模取决于私人经济活动水平，以及集体活动的产出效率。按照“个人成本价值与使用价值相等”原则确定的税收总额是集体经济所能获得的最大收入，每个人所缴纳的税收则应是其收入比例的最小化，萨克斯认为“这也是不该突破的正确经济量”，也就是税收的界限或集体活动收入的界限。由此，在自然自由市场经济下，内在地有一只“看不见的手”限制和引导着集体经济活动的收入，与私人经济共同作用而使社会福利最大化。

萨克斯将经济学上的成本—收益分析方法运用于税收理论，将从私人经济中获得的部分产品的成本价值与集体经济产生的使用价值进行比较，使用价值要大于成本价值，否则就要放弃此活动。萨克斯的经济学分析方法也为财政理论的进一步发展奠定了基础。

“萨克斯的赋税学说的特色，便是在对经济学上的价值概念作为赋税现象的基本概念这一点。换一句话说，即是他的异彩，便是对于普通所谓能力说—— 一方面当做国民当然义务，无条件的强制牺牲，而又添加伦理的规范在内的研究方法。”①

3. 萨克斯对财政理论发展的贡献

萨克斯的财政理论中富有启发性的部分是集体经济与私人经济转移过程中的社会关系。萨克斯提出，国家财政支出代表着两种社会关系，即作为整体的共同体与个人之间的关系，以及共同体中个人与个人之间的关系。

（1）共同体与个人之间的社会关系

萨克斯指的是个人在共同体中的经济关系。个人，在萨克斯看来，是指财政支出活动中的资源提供者或工资接受者，笔者理解就是那些为财政支出

① 萨克斯．税收的价值理论［M］// 马斯格雷夫，皮考克．财政理论史上的经典文献．上海：上海财经大学出版社，2015.

活动提供服务的人员。共同体成员都追求自我利益，财政支出活动的服务者也一样，但是，他们的资源价格与工资水平不会高于同等条件下私人经济中通行的价格水平。

私人经济与集体经济的劳动力定价机制是不同的。私人经济中的劳动力价格根据市场供给与需求关系来确定，而集体经济中的劳动力价格是一种固定价格或“垄断定价”，作为垄断者的共同体可以自行定价。如果集体经济中劳动力价格过高，意味着提供公共服务的人员成本提高，用于提供公共服务的生产性活动的成本下降，进而会影响到公共服务的有效供给。因为在萨克斯看来，财政支出要么用于支付提供公共服务的人员的工资，要么用于生产性活动，而支付给公共服务人员的工资不会带来社会价值，所以要尽量少地支付服务人员的工资，原则是不高于私人经济中同类人员的工资水平。

马佐拉在其《公共产品价格的形成》中，对萨克斯的公共服务不具有价值的观点进行了批驳，认为公共服务也具有社会价值。实际上，萨克斯并非认为公共服务不具有价值，而是说支付给提供公共服务的人员的工资不能太高，否则会影响到生产性活动的有效供给。

（2）共同体中个人与个人之间的社会关系

萨克斯认为，私人经济创造的产品转移到集体经济中的数量，取决于共同体的行动主体与转移行为的受益人之间的社会关系。这里的社会关系指的是共同体中社会成员之间的关系，具体来说，指的是社会成员在相处时表现出来的关系。每个社会成员的行为会表现为自私性、利他性、互利性，或是这三种的混合。在萨克斯看来，共同体中人与人之间的社会关系决定着由私人经济转移至集体经济的产品数量。

富有启发意义的在于，按照萨克斯的逻辑进行演绎，如果社会成员都表现为自利性，都为自己的利益考虑，那么，由私人经济转移到集体经济而作为财政支出的产品数量将是有限的；而如果人们都存在着利他性，则私人经济向集体经济转移的产品数量将足够多。在不可能改变人们的行为动机的前提下，可以利用或基于人们的行为方式来安排财政制度。具体来说，可以根据共同体中的社会关系，将财政支出进行分类。基于人们的自利性，可依据交换原则来提供公共服务或公共产品，即私人性的公共服务可采取“谁受益，谁付费”方式。而对于互利性行为，则可通过税收方式提供纯集体性公共产品。实际上，萨克斯带来的更深刻的启发在于，在不同的经济发展阶段及文化背景下，人们存在着不同的行为方式，要基于共同体中人们的行为动机来确定财政制度设计与安排。

同时，萨克斯认为，“不同的因素塑造出不同的社会关系”。所组成的国家或共同体的性质，以及共同体提供的社会福利状况，都会影响到社会关系或人与人之间的自利性、利他性、互利性关系。从现实中也可观察到萨克斯这一论述的价值。一个为人民服务的、廉洁的政府，会将财政收入有效地转化为财政支出，无疑会更有效地提供更大的社会福利，那么，共同体与民众的社会关系将是一种互信关系，人民会更愿意将自己的劳动成果转让给政府；同时，在廉洁、高效的政府下，人与人之间也会建立起互信、互爱以及利他性的社会关系。反之，如果一个政府是腐败、自利的，那么，共同体与个人、个人与个人之间的社会关系也将呈现为自利性。

总之，萨克斯关于财政关系与社会关系相互影响的理念，对当代人们理解财政制度以及财政运行的效率等都具有启发意义。或者说，萨克斯的财政思想中蕴含着社会学理念，正如葛德雪、熊彼特等指出的，财政问题要从社会结构、社会关系中寻求答案。

三、瑞典学派财政思想

瑞典学派是在北欧特别是以瑞典为中心发展起来的一个经济学流派，创立于 19 世纪末。克努特·维克塞尔是瑞典学派的创始人和奠基者，代表人物还有卡维尔、林达尔等。

瑞典学派的特点：从国情出发，注重研究国际经济理论、社会民主主义经济制度，主张政府对经济社会活动的干预；认为货币与经济相互影响，创立了货币经济论；倡导动态经济学，将预期纳入动态分析之中。

瑞典学派财政思想的突出特点在于，其对财政活动的公平、正义问题的讨论，突破了传统财政理论的界限，将财政的公平问题置于伦理道德中，提出财政正义的原则——自愿且一致同意，并且提出应将人民的纳税与其从中获取的收益统一起来。

瑞典学派财政思想的代表人物有维克塞尔、林达尔等。

（一）维克塞尔的财政思想

1. 维克塞尔财政思想的形成

克努特·维克塞尔（Knut Wicksell，1851—1926）生于斯德哥尔摩，早期对经济问题并不感兴趣，接触了密尔等人的经济学理论后，才逐渐关注“社会问题”。1887—1890 年，他四处求学，曾游学于英国、奥地利、德国和法国等国家，到维也纳听过门格尔的课，到柏林大学听过瓦格纳讲授公共财政。除此之外，他还深受李嘉图、萨伊、庞维巴克以及瓦尔拉斯等学者的影响。1901 年成为隆德大学教授，1916 年从隆德大学退休。维克塞尔在批判性地继承古典经济学、边际效用理论的基础上，建立了以“累积过程理论”为核心的经济学理论体系。维克塞尔是瑞典学派的创始人，并且对奥地利学派、剑桥学派有着深刻的影响，他的微观经济学曾被萨缪尔森誉为“王冠上的宝石”。

维克塞尔的游学经历影响着其财政思想的形成。1885 年到伦敦访学期间研读了杰文斯、瓦尔拉斯、西奇维克等的文章，可看作对其的启蒙。1887—1890 年，又学习了门格尔、瓦格纳等经济学家的课程。不难发现，维克塞尔的财政思想中含有这些经济学大家的“影子”。比如，他运用边际效用分析方法对公共产品、税收进行的分析中，既有杰文斯、门格尔的思想，也可看到瓦尔拉斯一般均衡的思想；又如，维克塞尔还继承了瓦格纳对税收功能的划分。

维克塞尔的财政思想集中于其专题论文集《财政理论研究》中。他运用边际效用理论分析公共经济问题，特别提出了税收正义、公共产品定价以及财政和税收的自愿交换（或利益）理论等。在研究公共产品供给问题时，他没有沿用传统经济学分析范式，而是采用了一致同意原则。这正是公共选择理论的基点。布坎南曾言，维克塞尔的《财政理论研究》改变了他的研究方向，“我的职业生涯中最激动人心的时刻，是一九四八年在芝加哥古老的哈普（Harper）图书馆发现了尘封已久、尚未被翻译成英语的克努特·维克塞尔的论文《财政理论研究》”。可见，布坎南深受维克塞尔的启发与影响，也显示出了维克塞尔在公共选择理论上的先驱性。

维克塞尔对财政理论的贡献在于提出了财政正义观念：自愿且一致同意

原则。笔者认为，财政正义的意义就在于，将财政的收入与支出活动本身作为一种正义来看待，或者说，从正义的角度来看待财政的收入与支出活动。因为经济学意义上的财政理论讲求的是财政收入与支出的效率问题，其讨论的“公平”也是经济学意义的。而财政正义应将财政本身作为一件正义之事，从伦理道德的角度来观察、审视。维克塞尔的财政正义正是将财政本身作为正义来研究。

维克塞尔在正式提出“财政正义”概念之前，首先对前人关于税收正义、马佐拉的公共产品理论以及传统财政学的方法等三个方面进行了评述。实际上，维克塞尔是运用自己已然建立起来的观点来评论前人的财政正义理念，其中不仅指出了前人的不足与局限，更为重要的是给出了自己的观点，为后面的论证作出铺垫。所以，这也可以看作关于财政正义的前奏。

2. 维克塞尔所作的文献综述

（1）对前人税收正义的评述，以及对这一评述的评述

维克塞尔认为，确定什么是税收及公共支出的正义是一件困难的事，原因在于需要发现主导其正义的基本原则。这个基本原则确定了，具体来理解或解释正义就容易了。而讨论财政正义的基本原则时，最为困难的便是明确正义的内涵，因为正义的概念具有模糊性、相对性和易变性。从现代观念来看，笔者以为，维克塞尔认为的正义概念的模糊性、相对性和易变性包含以下含义。

模糊性指的是正义作为伦理道德意义上的概念，没有明确的定义，人们可以作出基于自身理解的解释；相对性是指不同阶层或不同学派的人们对正义有着不同的理解，比如平均主义、功利主义以及罗尔斯主义等，也都有其合理性；易变性是指随着社会进步、时代变迁，特别是在不同的生产力水平及社会制度下，对正义的理解存在差异，比如社会主义与资本主义有着不同的正义观、前资本主义时期与资本主义时期的正义观也不相同。所以，要给出财政的正义观，首先就要明确“正义”这一概念的含义，而正义概念的这些特性也就意味着给出财政的正义观是困难的。

可是，维克塞尔认为，实践比理论要简单得多，税收正义主要遵从两个相互对立的基本原则：受益原则和量能原则。在维克塞尔看来，尽管量能原则作为税收公平的原则并非无可非议，但由于受益原则在实践中存在主观效

用不易估算的弊端，量能原则仍旧占了上风。

量能原则指的是政府基于每个人的“能力”进行课税。实际上，量能原则可追溯到重商主义时期，配第在《赋税论》中就提出，每个人都应纳税，而且应按其收入以同一比例纳税。之后的古典经济学一直崇尚量能原则，斯密在《国富论》中明确提出量能原则，每个人的收入都应按同一比例纳税。密尔将税收视为个人利益的损失、牺牲，为此，提出税收公平的原则是人们的纳税牺牲均等，“税收公平作为一项政治准则，它意味着牺牲的公平”。而且，密尔是税收受益原则的坚决反对者，一是因为政府所保护的并不只是人身和财产，政府存在的目的是综合性的；二是因为政府所提供的公共服务的价值是不易估价的；三是因为最需要保护的贫困、孱弱的人往往受益大而贡献小，不符合受益原则。总之，在密尔看来，量能原则才是最公平的。边际革命之后，量能原则也占据着主导位置，比如庇古、西奇维克等基于密尔的税收牺牲均等说，提出了税收的边际牺牲均等、绝对牺牲均等以及比例牺牲均等。即便到现在，教科书中也将量能原则放在税收公平的首位。在实践中，政府也更愿意使用这一原则来设计税收制度，比如，我国目前基于量能原则征收的商品税的收入占整个税收收入的比重达 70% 左右，所得税占比超过 20%，美国联邦政府中所得税收入占其税收收入的 60% 以上。就税种来看，我国税收制度中按照受益原则设计的税种恐怕只有“燃油税”。当然，地方政府征收的部分商品税可被看作按受益原则设立的，比如房产税用于基础教育，即是将税收与直接支出结合起来考虑，而且是由民意决定的。总之，目前绝大多数国家都是基于量能原则来设计其税制。

此外，笔者认为，无论是理论上还是实践中，崇尚量能原则背后的含义都在于以下几个方面。一是税收的互利性原则。也就是对国家存在的一种认识。国家作为一个自然人的集合体，在合作中才能更好地发展，即人与人之间是一种合作、互利的关系。如果说市场经济中是通过价格机制体现着互利与合作，那么，在公共经济生活中就是以国家或政府为纽带实现互利与合作，而其方式就是财政。二是国家或政府的公益性。假定国家或政府是人民利益的代表者，国家或政府的出发点是为人民提供福利，而且也能够做到。三是重商主义以来，量能原则的逻辑框架都是建立在经济学属性之下，即按照这一原则课税可以促进整个社会福利最大化，或者说，量能原则的税收公平观内含着社会福利最大化的目标。

税收的受益原则是指纳税人缴纳的税负与其从政府提供的公共服务中获得的价值相等或成比例，可见，其本质是税收损失与获得价值的均衡。一般来说，受益原则始于边际革命。当杰文斯、门格尔以及瓦尔拉斯的边际效用分析方法被运用于公共经济分析之中时，人们才真正地从单纯的税收损失或牺牲转向将税收损失与从公共服务中获得的价值作比较，并由此看待税收公平问题。如萨克斯、马佐拉都是将税收同政府提供的公共服务结合起来考虑税负公平问题。萨克斯认为，税负公平意味着税收的成本价值至少等于政府提供的公共服务带来的使用价值。

即使对于量能原则和受益原则的税负公平观，维克塞尔都不赞同，但他更偏爱受益原则。

首先，维克塞尔认为，量能原则只考虑到人们因纳税而产生的牺牲均等，即税负的分配问题，既没有明确国家或政府的总收入，也没有弄清楚个人的负担水平。这样，国家公共收入总额以及满足人民公共需要的程度就由国家命令来决定。维克塞尔认为，量能原则使得税收或公共收入额的决定被排除在财政学之外，这显然是有问题的。

其次，维克塞尔认为，我们讨论公平课税问题时从不关注已经发挥作用的国家活动，考虑的是公共活动扩展、变化的领域。实际上，针对密尔所讲的基于受益原则，贫困、孱弱的人们将受到影响，维克塞尔认为，基于受益原则来设计税收制度时，“很难相信，一项普遍适用的税收原则在用于典型的税收审批活动时，会导致一个能带来普遍性的利益的公共活动被否决，并带来共同体福利的损失”。

再次，在维克塞尔看来，即便是不赞同受益原则的瓦格纳，也在一定程度上接受了受益原则。“瓦格纳非常坦率地指出，代议机构对预算审查的‘指导原则’在于‘对于每项公共活动（进而每项公共支出），它如果给共同体带来的牺牲超过了给共同体带来的用处或价值，那就应该予以拒绝’。”[①] 即维克塞尔认为，瓦格纳将税收与财政支出的收益统一起来考虑，是值得称赞

① 维克塞尔．正义税收的新原则［M］// 马斯格雷夫，皮考克．财政理论史上的经典文献．上海：上海财经大学出版社，2015.

的。但是，维克塞尔并不赞同瓦格纳认为的受益原则在实践中难以得到有效运用，即无法确定课税的总牺牲以及国家提供的公共服务给社会成员带来的总效用。在维克塞尔看来，边际主义完全可以做到按“价值及其对应物相等原则征税”。“如果某人要确保某种利益，在其中他认为自己的收益大于至少等于需付出的代价，那么没有人可以就此发出抱怨。”也就是说，根据边际效用理论，每个人都会将自己的税收负担与政府提供公共服务带来的效用进行比较，如果税收负担大于公共服务带来的边际效用，人们就会认为税负过重，“此时，即使断言公共服务的整体效用远远超过个人牺牲的总价值，也不能给他们带来任何安慰”。实际上，维克塞尔将效用评价的权利赋予个人，个人的加总即构成整个社会的决策。

最后，即便萨克斯、马佐拉等人基于边际效用理论分析了税收的受益原则，维克塞尔也认为他们的分析还是存在问题。“他们不仅把该理论用于分析税收的分摊，还用于确定税收的绝对数额。因此可以说，他们把税收正义的整个问题从伦理问题变成了纯粹的经济问题。”也就是说，税收分摊问题本来是伦理道德问题，而萨克斯等人将其作为纯经济问题来看待。在维克塞尔的理念中，应该将财政本身作为一种正义来看待，特别是不要忽视具体的实践：国家力量的重要性、社会政治结构以及社会关系等。

从维克塞尔对前人税收正义的评述中不难看出，他认为量能原则和受益原则都有问题。为此，提出了税收正义的新原则。

（2）对马佐拉公共产品供给的评述

马佐拉的研究对公共产品理论的发展具有开拓性作用。他不仅提出了公共产品依赖于私人产品的消费而存在，还给出了公共产品供给的实现条件（不可分割性和整体性），以及公共产品供给的均衡条件。

单就公共产品有效供给而言，维克塞尔认为，马佐拉的公共产品供给思想并不全面，只是在理论上给出了公共产品供给的均衡条件：个人从政府提供的公共产品中获得的边际效用，与因此而支付的公共产品的价格相等，否则，个人就会要求限制或扩大公共产品的供给。而这“跟几乎所有现实经验都不一致（除了可用于收费筹资这样的情形）”，因为“公共服务的实际范围并不取决于每个人的评价，而取决于集体中所有成员（或至少是所有投票者）的评价。因此，公共产品的边际效用和它们的价格之间的相等关系，不能由某个人来确定，而是应该由他和其他人（或他们的代表）一起磋商”。在维克塞尔看来，公共产品由集体消费、使用，那么，公共产品供给能否实现并不取决于某一个人，而应取决于受益的这一集体。其中，如何由集体来决定公共产品的供给才是问题的关键，而马佐拉恰恰没有对此作进一步研究。因此，维克塞尔认为，“马佐拉的最终研究结果，离令人满意还差得很远”。

由此，维克塞尔公共产品供给问题研究的重点就是集体选择，或集体如何来选择公共产品的供给。

（3）对传统财政学的评述

“他们的财政学理论基础几乎全部都是已过时的绝对主义①政治学。财政学似乎还保留着在萌芽期（17 世纪和 18 世纪）作出的假设，在当时绝对主义权力几乎统治着整个欧洲。”②笔者以为，维克塞尔的这段话不仅仅是对财政学理论不能与时俱进的批评，更为重要的是，他提出了什么是财政学的逻辑起点。因为作为研究政府的收入与支出问题的财政学，从表现上看总是体现为国家或政府的行为，而且，国家和政府的理念决定和影响着财政的收入与支出，所以，国家政体和政府体制就决定着财政问题，或者说，国家和政府的理念决定着财政学理论。维克塞尔点出了财政学的逻辑起点在于国家理念。

在维克塞尔看来，随着国家政体的变革、君主立宪制的形成，绝对主义成为纯粹概念性的东西，在现实生活中已不存在了，可是财政学的逻辑起点或政治学基础还停留在绝对主义概念上。此时的财政学的逻辑起点是，国家或政府是一个开明、仁慈的专制统治者，秉承着公正的理念来课税并提供公共服务。而实际上，此时君主已不再拥有绝对的权力，政府和议会控制着国家的运行。显然，财政学理论已远远落后于时代发展和时代要求了。

“财政学自始至终应该明白这些政治条件的存在，它应该努力地揭示蕴含在进步和发展精神中的秘密，而不是听从过时的政治哲学给予的有关税收信

① 政治学意义上的绝对主义指的是欧洲宗教改革之后的一种君主政体，因权力集中，成为绝对君主制。正如霍布斯所言，人们将全部权力交与国王或君主，国王拥有绝对的权力，此时的国家呈现为绝对权力的君主统治下的国家形态。

② 维克塞尔 . 正义税收的新原则［M］// 马斯格雷夫，皮考克 . 财政理论史上的经典文献 . 上海：上海财经大学出版社，2015.

条的指导，变革正在进行中，不会停下来，但是可以引导它去尽可能实现让所有人都满意这个合意的目标。”[①] 一方面，财政学的逻辑起点在于国家理论，我们应该彻悟国家理论和现实国家中体现着的“精神”。它可能不会明明白白地展现于我们面前，我们要揭示这种“精神”，并依此为基础来构建财政学理论。另一方面，维克塞尔的语言中也蕴含着财政学理论的“国度性”。也就是说，不同国家由于文化、历史以及自然环境等的不同，形成了不同的政体，那么，就应有与此相适应的不同的财政学理论。

3. 维克塞尔的财政正义观

维克塞尔在扬弃了前人财政收入与支出理念的基础上，发展了自己的财政正义观。他继承了萨克斯等人关于税收牺牲与公共支出边际效用均衡的理论，遵从着马佐拉关于公共产品供给实现条件的理念，并从现实的社会政治条件入手来看待财政正义。

维克塞尔财政正义观的社会现实基础是 19 世纪的政治体制。在 19 世纪，因教育普及，民众文化素质得以提升，国家普遍采取了议会制和民主制的政治体制。在这种政体中，一方面，法律面前人人平等，人们被赋予最大可能的自由，人与人之间的平等合作。另一方面，公共事务决策采取少数服从多数的原则，并非为了保护多数人的利益，而是用来在政治生活中保持稳定。无疑，作为公共事务的税收立法和税收审批，以及公共支出审批等，都会按照这种原则来进行。

（1）税收正义

财政的正义体现为征税和提供公共产品须满足全体人员自愿且一致同意原则。一方面，公共支出要对整个社会有益，而且，每个社会成员都要认可这一支出而没有例外；另一方面，税收成本分担须建立在每个人自愿的基础上，同时，公共服务带来的效用至少要大于其税收成本。

---

① 维克塞尔．正义税收的新原则［M］// 马斯格雷夫，皮考克．财政理论史上的经典文献．上海：上海财经大学出版社，2015.

在维克塞尔看来，征税正义[①]并不用十分严格。一是并不要求政府提供的公共服务给每个社会成员带来的效用一样多，只要每个人都获得了效用即可；二是即使有人没有从公共服务中获得效用，但其具有“同情心”，自愿承担税收成本，这也不算作“强迫”，可看作正义的。

将“自愿且一致同意”作为税收正义的原则，结果是：人们不再把税收看作一种负担，而是看作增进福利的一种手段，会自觉、自愿地纳税。当然，这里存在着一个技术问题，即要便于社会成员对其税收成本进行计算，因此，要采用直接税，不用或少用间接税。

按照维克塞尔的逻辑再进一步，在政府通过税收筹集资金以提供公共服务的过程中，政府与人民之间不再是一种对立关系，二者存在内在一致性。政府将从人民手中获得的税收有效率地进行配置，且使每个社会成员都受益。

那么，基于自愿且一致同意原则的正义观，政府的其他筹资是否体现着正义？政府筹资方式除了税收之外，还有收费和举债两种方式。那么，收费和举债是否是正义的？它们与税收之间的关系如何？

（2）收费正义

基于正义原则的收费与税收之间将不再有任何差别。政府通过收费方式来提供公共服务，人们可对自己的成本与收益进行比较，进而评估是否选择消费。此种原则下的税收也包含着受益原则，税收成本与人民从中获得的价值或对应物相比，于人民是有利的。不仅如此，这一原则下的税收还可使政府的收费越来越趋向于成为弥补成本的一种方式。总之，这一原则下的税收与收费之间不再有明显的界限。

（3）举债正义

此时，人们还信奉李嘉图等价定理，认为国内举债与税收可产生同样的

---

① 维克塞尔在这里提出了一个很有意思且值得深思的话题：如果按照自愿且一致同意原则分摊税收，将会产生一种情况：今天由私人组织承担的许多活动，未来有可能成为政府的职能。潜台词是如果存在一个强力、廉洁的政府，提供的公共服务产生的效用大于税收成本，那么，许多活动都可由政府来完成。这是从经济学意义上来考虑政府与市场或市民社会的关系，或者说，维克塞尔沿用功利主义的思维来看待政府与市场的关系，政府的职责范围取决于其是否能够带来比市民社会更大的社会福利。维克塞尔之后的100多年以来，即便是所谓的自然自由的市场经济国家，其政府职能也发生了极大的变化。虽然教科书上的政府职责范围仍取决于市场失灵，但实践中更多的是取决于政府与市场的比较，将政府和市场都看作资源配置的方式，观察政府的活动是否比市场更有效。当然，前提是维克塞尔所讲的“自愿且一致同意原则”。

效果，只不过现在的举债需要后来人偿还。可是，维克塞尔提出了另外一个问题："在将来，这种借款将导致国民收入分配不利于无产阶级。"实际上提出了现在的借款受益与未来的税收负担的问题。

维克塞尔借鉴了瓦格纳对这一问题的分析。瓦格纳沿用着古典经济学的分析范式，认为如果不是从过剩的资本中获得资金，就意味着国内借款将占用国家经济发展中的部分资本，即产生"挤出效应"。市场中用于投资的资本减少，就必然会导致国民工资下降。由此，在其他条件不变的情况下，将使工人阶级的状况恶化——工人收入下降。特别是政府将借款用于非生产性活动时，工人阶级的状况将更不乐观。尽管维克塞尔不完全同意瓦格纳对此所作的解释，但他无疑同意瓦格纳的结论。不仅如此，在维克塞尔看来，举债的后果远比瓦格纳所讲的严重。在工人阶级状况恶化的同时，有产阶级和资本家则是"两次得利"，无产阶级的负担会更重。"公众的不幸，为一些社会阶级以他人利益为代价创造了实质性的收益，这一事实构成了我们现行法律秩序中的严重反常，同时也带来了具有严重后果的危险——也许是内在于我们现代经济制度中的唯一的'战争危险'。"[①] 显然，维克塞尔并不赞同政府用举债来替代税收，因为这可能会使工人阶级更加贫困，对无产阶级更加不公，用举债的方式筹集资金来提供公共服务并不是正义的方式。

不难看出，维克塞尔与斯密不赞同政府举债的逻辑完全不同。斯密是基于政府活动是非生产性活动而无法使国民财富有效增进、从国民财富最大化的角度来反对举债的，而维克塞尔则是从伦理道德层面反对政府举债。实际上，这里也进一步验证了维克塞尔的正义观是伦理意义上的正义。同时，维克塞尔也不赞同李嘉图等价定理。显然，李嘉图等价定理也是基于经济学理念而展开的，并没有考虑社会伦理问题。

总之，在维克塞尔看来，税收的正义是自愿且一致同意原则；收费实际上正遵从着这一原则，最终可能使其与税收趋于一致；举债则不符合正义原则，可能会损害无产阶级的利益。

① 维克塞尔．正义税收的新原则［M］// 马斯格雷夫，皮考克．财政理论史上的经典文献．上海：上海财经大学出版社，2015.

4. 调节收入不平等的正义的税收

维克塞尔作为瑞典学派的创始人，游学遍及整个西欧，不仅吸收了奥意学派的财政思想，也积极从德国新历史学派和英国财政思想中汲取营养。如果说维克塞尔从奥意学派的财政思想中吸收了公共产品理论，那么他就是从德国和英国经济学者那里汲取了税收作为调节收入不平等的手段的财政思想。

英国剑桥学派的代表人物马歇尔、庇古等都将税收作为调节收入不平等的手段。特别是庇古，基于对社会福利最大化的认识，将社会财富在社会成员之间的平等分配看作社会福利最大化的前提条件，为此提出要用税收工具来调节人们之间的收入分配。这样来看，英国用税收来调节收入不平等的正义观念是建立在经济学意义上的社会福利最大化的基础上，而非基于社会的伦理道德观念。

德国新历史学派的代表人物瓦格纳将税收按照其功能，划分为纯财政收入和社会福利收入。前一种收入的功能在于满足社会共同需要，后一种则以促进社会福利增进为目标。维克塞尔继承了瓦格纳的这种划分，而且认为纯财政收入的税收所遵从的正义原则，可能不适用于社会福利收入。

无疑，维克塞尔是瓦格纳财政思想的信奉者。他特别强调："我是第一个认为瓦格纳应该由于下述勇敢的立场而得到巨大赞扬的人，即他强调了国家在社会福利方面的任务（之前在财政学中这一点得到的关注和认同太少了）。"[①] 同时他也赞同瓦格纳关于国家在社会福利方面的作用的观点。可是，维克塞尔并不同意瓦格纳针对具体问题的相关细节讨论。

一是关于遗产税。瓦格纳以及密尔、边沁等人都主张开征遗产税，原因在于可以防止人们不劳而获的积累。从社会伦理角度来说，可能避免进一步导致的社会不平等；从经济角度来说，可能避免对遗产产生不经济的使用，即不用于生产性活动而用于挥霍浪费。瓦格纳等人并不把课征的遗产税看作真正的税收，而是看作国家运用公权力分享遗产的一种方法。可是，维克塞尔说："对我而言，遗产税在社会政策中的角色不太靠谱，尽管表面上似乎清楚。"即遗产税并不一定能承担起瓦格纳等人所讲的那些社会职责，与所得

① 维克塞尔．正义税收的新原则［M］// 马斯格雷夫，皮考克．财政理论史上的经典文献．上海：上海财经大学出版社，2015.

税、财产税似乎没有多大区别。“遗产税大体上、原则上只是普通所得税和财产税的一种（非常恰当的）补充。当支出的性质使得累进程度公正、适当的时候，遗产税就提供了一种让这些税收变得累进的手段。”既然遗产税与所得税等没有什么区别，那么，遗产税也就应该同其他税种一样，遵从自愿且一致同意的原则。

二是关于土地增值的税收。“我由衷地赞同瓦格纳税收体系中有关社会福利的第二个主要观点。我指的是对用非勤劳方式获得的财富增长征收特别税。”①

瓦格纳所讨论的问题是，土地这样的自然资源的价值增加，并不是这些自然资源本身的增值，而是社会经济发展或政府的善政等因素带来的，因此，面对这些自然资源的增值，政府应通过税收的方式将增值部分收归政府所有，以利于整个社会的利益。维克塞尔非常赞同瓦格纳的这种观点，甚至就具体措施上比瓦格纳还要激进，“我要说的是，社会正义所要求的措施，要比瓦格纳提议的措施激烈得多，为的是限制淌来利得”。②

维克塞尔在具体细节上不认同瓦格纳的论证的根本原因在于，二者并不是“一路人”。瓦格纳是国家市场主义者，认为国家是一个有机体，政府或国家有其自身的价值目标，市场是实现国家价值目标的手段而非目标本身；维克塞尔则是典型的自然自由市场主义者，强调市场经济本身具有价值，正如斯密“看不见的手”所论述的，只要不对自然自由市场进行干预，这个体制本身就能在使个人收益最大化的同时使整个社会福利最大化。在维克塞尔看来，历史上形成的包括财政制度在内的国家制度总是合理的，其中内含着正当性，实际上继承了斯密自然自由市场经济中蕴含着的制度正义，那么由此而形成的其他东西也是正义的。维克塞尔认为，在正义的制度下“如果某人被迫交还他不应拥有的东西，或者他被阻止拥有那些权利不被认可的东西，那不应认为他真的将价值让渡给了国家，或者认为是某种牺牲”③。所以，自愿

① 维克塞尔．正义税收的新原则［M］// 马斯格雷夫，皮考克．财政理论史上的经典文献．上海：上海财经大学出版社，2015.

② 维克塞尔．正义税收的新原则［M］// 马斯格雷夫，皮考克．财政理论史上的经典文献．上海：上海财经大学出版社，2015.

③ 维克塞尔．正义税收的新原则［M］// 马斯格雷夫，皮考克．财政理论史上的经典文献．上海：上海财经大学出版社，2015.

且一致同意原则是正义的制度下的正义原则，体现了维克塞尔的制度优先[①]。这是二者本质区别之所在。

5. 小结

维克塞尔继承了奥意学派萨克斯、马佐拉等对公共经济与私人经济之间的关系的探讨，以及公共经济的边际效用分析方法，特别对德国新历史学派的瓦格纳的财政思想“情有独钟”。可是，维克塞尔并没有完全沿着他们的思路，单纯从经济学的角度来看待公共产品、税收等财政问题，而是将财政问题置于伦理道德理念下进行讨论，即将财政本身作为正义来看待，并提出财政正义的原则：自愿且一致同意。

（二）林达尔的财政思想

埃里克·罗伯特·林达尔（Erik Robert Lindahl，1891—1960），瑞典经济学家，瑞典学派主要代表者之一。他师从维克塞尔，并继承和发展了老师的思想，在《公平课税论》中探讨了赋税收益原则，建立了林达尔均衡。这些理论发展的前提是马佐拉、萨克斯以及维克塞尔等人的公共产品理论。比如，林达尔认为“公共活动不能加以分割”，公共产品成本作为整体性存在，这与马佐拉对公共产品属性的认识一致；又如，林达尔均衡中将公共经济活动与私人活动综合起来考虑，认为私人产品的收益依赖于公共产品的有效供给，这显然与萨克斯的公共产品思想如出一辙。总之，林达尔的财政思想是这一时期奥意学派公共产品理论的进一步发展。

1. 林达尔均衡

林达尔师从维克塞尔，发展了其关于财政正义的思想。在维克塞尔看来，财政正义的原则是自愿且一致同意，即在财政收入与支出的决策过程中采用所有社会成员一致同意原则。可是，财政决策过程中是否会形成每个社会成员都满意的状况？在提供公共产品并决定税收分担时，是否每个人都能满意

① 可是，维克塞尔认为，当社会制度不正义而需要对制度进行修正时，这种修正并不遵守自愿且一致同意原则，而一般都实行“多数票制原则”，这似乎存在着悖论。在维克塞尔看来，“多数票制原则”的决策规则并不意味着正义，只是为了稳定社会关系、实现政治均衡，即为了使社会意见达成一致，而不是用来保护利益者的权利。为什么不采用自愿且一致同意原则来进行制度修正呢？维克塞尔认为，自愿且一致同意原则不可能产生政治均衡，为了社会秩序稳定、和谐，政治均衡比正义更有价值。

所提供的公共产品及所承担的税收份额？针对这些方面，维克塞尔并没有进一步展开分析，而林达尔所要解决的正是这一问题：针对提供的公共产品，不同群体如何来分担税收份额。

就政府与私人经济的关系来看，林达尔继承了这一时期马佐拉、萨克斯、维塞尔等人的思想，认为公共经济与私人经济是相互依存的，个人为了获得更大的收益需将部分私人产品转移给政府，在满足公共需要的同时提升私人产品的收益。固此，公共经济活动（公共支出活动以及税收活动）也应受经济原则支配，即财政决策应遵从经济原则，或者说，同私人经济一样遵从受益原则。

在林达尔看来，财政决策应建立于每个人都自愿且一致同意的前提下，那么，公共支出的数量以及与此直接相关的税收分担是财政决策政治均衡的根本。为此，林达尔沿着维克塞尔的逻辑进一步分析了公共支出数量和税收分担的决定问题。

为便于一般性分析，林达尔给出了下列假设：

①社会上存在着两类人——富人 A 和穷人 B，每一类中的所有人都具有相同的偏好，其边际效用可用一定量的货币来衡量。

②公共支出的数量和成本的分摊由双方共同协商决定。其中，一方面，因 A 与 B 拥有的财富不同，因而对不同的公共产品和私人产品形成的“主观价值”不同，“一方在某一价格水平上形成了对特定公共产品的需求，在以此价格水平供给产品的另一方看来，这一需求只能弥补一部分成本”。另一方面，双方针对公共产品供给的协商如同经济交换，供给与需求双方都是垄断性的，公共产品数量和成本分摊比例的政治均衡是协商的结果而非源于自由竞争。

③将各项公共支出（包括重要的公共产品和不重要的公共产品，且公共产品给 A 与 B 带来的效用存在差异）作为具有内在一致性的整体。

④对参与协调的各方而言，政治权力平均分配，即每一方都拥有同样的政治权力。

基于上述假设，林达尔认为，A、B 双方在任何既定的成本分摊方式下，都会存在明显的差异（因为双方拥有的财富不同，产生的边际效用不同），为了实现政治均衡，就需要双方同时修正既有的分摊比例。“在不同的成本分摊位置上，只有一方的需求与另一方的‘供给’匹配时，双方才会批准公共支出。……对于双方来说，最有利的均衡位置将因此距离遥远：对于一方而言最有利的均衡位置，对于另一方而言则是所有可能的均衡位置中最不利的。每一方都自然会努力把均衡位置朝有利于自己的方向移动。”在这种不断博弈的过程中供给与需求逐渐形成均衡。由此，在公共支出数量和成本分摊的均衡点上，“双方通过交换达到餍足，双方来自公共活动净收益的货币价值达到最大”，也就是说，公共产品的价格大体上对应于每个利益相关方的边际效用。这样说来，因人们的财富程度不同，公共产品的边际效用存在差异，对公共产品成本的分担也就是不同的，这也就证明，现实中存在着“分级征税”①。

林达尔均衡可表述为：如果每一个社会成员都按照其所获得的公共物品或服务的边际效益的大小，来捐献自己应当分担的公共物品或服务的资金费用，则公共物品或服务的供给量可以达到具有效率的最佳水平。

在林达尔看来，如果放松前述假设，这种论证依然成立，只不过会产生某种偏差。

若协商方超过两个，或者，每一个群体中存在着利益不同、财富水平不同的个体，也仍然可以按照上述原则，通过协商形成政治均衡。比如，某人对某一公共产品存在特别偏好时，可负担更大的成本份额。

现实是，双方不可能有同等的政治权力。其结果是，一方面，“政治权力优势方带来的某种强制成分，跟较弱方为这种公共产品赋予较高价值，在效果上是相同的”，弱势方净收益的减少程度和强制成分的大小成比例，从而会产生新的均衡点。另一方面，如果有多种备选方案，“权力优势方可以强制性地让那种比标准情形给自己带来更多实利的方案胜出”。

2. 关于林达尔均衡的辩论

针对林达尔均衡，人们提出了一些批评意见。第一种批评意见认为，不能将公共产品给纳税人带来的边际效用用货币来衡量；第二种批评意见认为，公共支出数量和税收成本分摊是由政治原则决定的，不是由经济原则决定的；第三种批评意见认为，受益原则不能作为普遍的税收正义的原则。对此，林达尔给予了相应回应，从中也可以窥视到林达尔的财政正义思想。

---

① 维塞尔基于个人主观价值论，提出税收正义体现为分级征税。林达尔论证了维塞尔的观点，林达尔均衡展示出来的就是，不同群体因占有社会财富不同，公共产品产生的边际效用不同。基于边际效用等于其价格，那么，穷人与富人针对同一公共产品将承担不同数额的税收。

（1）批评者认为公共经济活动的受益者是共同体整体而非个人，无法对个人的受益进行货币衡量

显然，就林达尔均衡来说，公共支出的数量及其成本的分担是建立在个人主义方法论基础上的，依赖于每个人对公共服务的偏好及其产生的效用。这种边际效用决定了每个人所要承担的成本，并且人们也只同意承担由其边际效用决定的税收份额。边际效用等于税收份额，也就意味着边际效用可用一定量的货币来表示。

关于批评者所讲的，公共服务满足的是共同体的公共需要而不是个人的需要，林达尔认为，国家作为由个人组成的共同体，公共需要的满足终究要落实到具体的个人身上，注定要给个人带来某种满足。林达尔认为，批评者虚拟地构造了一个超越个人的有机体，是形而上学的构建，是不符合现实的。笔者以为，林达尔并没有很好地批驳批评者的意见，或是因为没有理解批评者的"要点"，或是因为有意要避其锋芒。批评者的"要点"在于，现实生活中公共支出带来的福利是满足共同体的共同需要，即将整体利益置于个人利益之上，并非不关注个人的利益，只不过个人利益要服从整体利益。

实际上，林达尔与批评者的分歧在于对国家或共同体性质的认识不同。在批评者看来，国家是一个有机体，每个人相互依赖、相互合作而形成一个整体，国家的公共活动当然要以整个集体的利益为重，强调集体价值；而林达尔则认为，国家就是由个人组成的无机集合体，强调个人的主观价值，任何人（包括政府）都不能侵害个人的利益和权力，即将个人利益置于集体利益之上。在林达尔看来，国家作为由自然人组成的共同体，要满足每一个人的意愿与需要，不能侵害任何一个人特别是少数群体的利益。他继承了维克塞尔自愿且一致同意原则，就是要将公共服务的供给以及税收份额分摊建立在个人主义基础上，从个人角度来看待这一问题。所以，林达尔与批评者之争在于国家理念的不同。无疑，林达尔是一个国家无机论者、财政理论的个人主义者①。

① 林达尔称自己是个人主义税收理论者，认为萨克斯、马佐拉等人为集体主义税收理论者。萨克斯等人也认为林达尔的理论是非现实性的，即林达尔均衡建立在总体上非现实的假设基础上。比如，人们都有相同的偏好、能够评估每一项公共服务带来的价值，等等。由此，这一理论也就失去了其现实意义。

这一时期的欧洲大陆学者有着不同的公共产品思想，但有一点是相同的：建立在边际效用理论基础之上，运用边际分析方法，认为公共产品供给的均衡条件是公共产品的价格等于每个人的边际效用。可是，关于如何衡量公共服务的边际效用，萨克斯、马佐拉、维塞尔以及维克塞尔等人，都未予以深入讨论。林达尔在论证公共服务的边际效用是否可用货币价值来衡量时，讨论了边际效用的衡量问题。

个人从公共服务中获得的边际效用指的是主观收益，既包括从公共服务中获得的物质方面的利益，也包括精神层面的收益。比如，社会治安保护着人们的人身、财产安全，使人们能够在一个相对和谐的环境中生产生活；教育不仅可以满足文化需要、家庭需要，还对职业发展有极大帮助；等等，这些都可看作从公共服务活动中获得的物质利益。精神层面的收益，不仅包括个人从公共服务中获得的直接的好处，比如参观博物馆、游览公园等可给人们带来精神上的快乐；也包括“一些理想主义的和利他主义的好处”。也就是说，在林达尔看来，每个人都充满着理想主义和利他主义情怀。所谓理想主义情怀，指的是人们还有更高的公共目的的追求与向往，比如实现人类大同，使每个人都能过上好的生活；所谓利他主义情怀，是指每个人都有同情心，比如对穷人进行财政补贴，相对富裕的人们并未享受到这一利益，但他们看到相对贫困的人们获得幸福也很高兴，因为他们不愿意看到穷人挨饿。所以，林达尔认为，个人从公共服务活动中获得的主观收益不仅是个人性的，还包括利他性和理想性。

因为每个人的境况不同，所以每个人从公共服务中获得的主观价值也不相同。而决定每个人主观价值的主要因素就是其经济能力，或者说，占有或享有社会财富的力量。在笔者看来，林达尔继承了边际效用理论对主观价值的理解，认为公共活动满足人们需要所产生的价值，对所有社会成员来说并不完全相同。公共服务所产生的“价值大小应该由一些与收入有正相关的重要因素来决定，大体上，价值随着收入的提高而增加”。也就是说，同一种公共服务，给富裕群体带来的价值要大于相对贫困的人。这是因为，正如萨克斯、维塞尔等人所认为的，私人经济依赖于公共经济，二者共同构成其主观价值，那么，同样的公共产品，与富人的私人产品相结合产生的价值就会大于穷人的，因为穷人没有更多的私人产品。

总之，在林达尔看来，人们从公共服务中获得的主观价值具有个人性、利他性和理想性，又随其经济能力的变化而变化。同时，税收份额的边际效用无疑也与税收份额一样可以货币形式来表达。

（2）财政决策是基于政治原则还是经济原则

马歇尔认为，外部组织也是一种生产要素，政府作为一种外部组织，也会促进国民财富的增进，公共经济活动同私人经济活动一样，也会创造国民财富。那么，选择公共经济活动还是私人经济活动，就取决于公共经济活动所产生的社会收益是否大于私人经济活动，“就是说，要满足某一特定的需要，如果用最佳的公共方式产生的净利益多于私人企业带来的结果，那么此时，也只有此时，才可以确定以这种需要该由国家来满足”。市场配置资源具有优先性，当且只有当私人提供物品的效率低于公共方式时，国家才会出场。可见，在林达尔看来，国家提供公共服务基于经济性原则，那么，公共支出的数量、方式当然也要依据经济原则来确定。

进一步来看，为公共支出提供资金保障的税收，要由社会成员来共同分摊。这是否也要依据经济原则？

林达尔认同维塞尔指出的公共经济与私人经济之间存在相似性，并认为私人经济中供给与需求的均衡同样适用于公共经济中公共服务成本在社会成员间的分摊。“税收分摊实际上遵循了与私人经济中价格形成一样的规律。”私人经济中，供给与需求决定着商品价格，商品价格等于消费者的边际效用，对于不同的消费者群体，可采取不同的定价策略。那么，对公共经济来说，提供公共服务的成本要由从其中获益的全体社会成员共同分担，其中的分摊策略同私人经济中的价格歧视类似，人们承担的公共服务成本等于其从中获得的边际效用。当然，公共经济与私人经济的不同之处在于，前者要靠强制力量来确保社会成员之间的合作。可是，社会成员之间不断博弈，最后总是能够达成一个协议。也就是说，林达尔认为，人们为了自身利益最大化，在公共服务成本分摊过程中，总是可以找到一个大家都认同的方案，从而形成政治均衡。而政治均衡中蕴含的正是经济原则。

进一步来说，如果每个人都按照上述原则评估自己的主观价值，那么，如何形成政治均衡呢？真如林达尔均衡中描述的，进行双方协商吗？笔者以为，林达尔均衡仅是一种纯经济学分析，既不具有现实性，就因为它基于诸多前提假设，与现实差距较大，现实生活并非如此；也不具有可操作性，即便理论成立（边际效用可以评估、信息对称、人们可以通过协商来达成协议），可协商的交易成本也可能是极其高的，以至于无法通过协商而达成共识。

笔者以为，在林达尔看来，财政决策还是要依赖于政府或议会。这并不意味着决策人员要去计算人们的边际效用，而是要弄清楚个人主观价值的评价因素，以及相应的主观价值，并在此基础上确定不同群体的税收份额。那么，从这个意义上看，林达尔均衡为决策者提供了进行财政决策的一种思路。

同时期的萨克斯、维塞尔等人认为公共经济活动中存在着利他性和互利性，并不完全是利己的，可是，林达尔均衡则恰恰是基于经济原则或利己原则来构建财政正义。

（3）受益原则作为正义的税收原则是普遍有效的吗？

自斯密提出量能原则以来，量能原则一直是人们认可的税收正义的准则。后来，边际效用理论被应用于财政学理论分析，借用私人经济中供给与需求均衡理论，认为公共服务与税收之间也存在着某种均衡。为此，维克塞尔提出了税收公平的受益原则，即人们因纳税而产生的牺牲应与公共服务给其带来的效用相一致。林达尔认为，“受益原则是一条普遍原则，而量能原则是为了获取主观好处而在弥补成本时遵循的实践标准”，即量能原则是受益原则的一个分支，因为他所讲的受益原则中，决定受益的主观价值取决于“经济能力”，能力强的人总是承担着更多的税收份额。

实际上，税收原则中斯密的量能原则、维克塞尔的自愿且一致同意原则以及林达尔的受益原则和量能原则，都可被称为经济性原则，即从社会福利最大化或个人福利最大化的角度来确定政府课税的准则。笔者以为，真正意义上的税收公平应是伦理道德层面的，政府征税的目的不在于解决福利问题，而在于解决人与人之间的收入关系问题。也就是说，政府的课税要有利于降低人们之间的收入不平等，改善人与人之间的收入分配关系。

此外，萨缪尔森在 1969 年对林达尔均衡理论提出了批评，认为因为每个人都将根据其真正边际支付效用或边际支付愿望来进行支付，而支付效用或支付愿望源于消费者个人对公共产品或准公共产品的主观价值判断，这个主观价值又源于有关这些公共产品的信息。那么，在这些公共产品信息有限的前提下，林达尔均衡产生的公共产品供给均衡水平将会远低于最优水平，这会不可避免地出现有的消费者少付费，甚至不付费的情况（“搭便车”）。这也说明公共产品不能采取与普通商品一样的、基于成本和效用相等定价方式。

（三）维克塞尔－林达尔财政思想所产生的影响

林达尔继承了奥意学派关于公共经济与私人经济关系的思想，特别是深入探究了其老师维克塞尔提出的自愿且一致同意原则的实践性问题，即如何按照自愿且一致同意原则来分摊税收份额：每个人根据其从公共服务中获得的边际效用来分摊税收成本，这就是林达尔均衡。无疑，林达尔均衡进一步推动了公共产品理论的发展，使人们能够更深入地理解公共产品、公共经济中人与人之间的经济关系，以及公共产品与税收之间的关系问题。可以说，在一定程度上，林达尔均衡导引了未来财政学理论的发展。

1. 将经济学分析方法用于政治均衡分析

林达尔均衡的分析方法，无疑是沿用了当时盛行的边际分析方法或边际均衡分析方法，具体来说就是用经济学边际效用分析方法来解决政治均衡问题。公共产品供给数量及其成本分摊问题，在奥意学派看来是政治问题，要通过一定的政府程序来决定，无法依靠经济性方案来解决。可是，林达尔将财政决策中的“政治问题”转换为经济性问题，即在维克塞尔自愿且一致同意原则下人们愿意承担的税收额度（也就是公共产品供给的数量）及其在人们之间的分摊。由此，公共产品的供给可不由政府组织，而可由利益相关者进行协商来达成这一政治均衡。人与人之间的关系问题本来是需要由政治程序或中介来调节的问题，可是，林达尔运用经济性原则处理了人与人之间的伦理道德或政治性问题。

布坎南自认他的公共选择理论思想来源于维克塞尔的《财政理论研究》，而笔者认为布坎南公共选择理论的方法论正是源于林达尔将经济学方法运用于政治学分析，或者至少受到了林达尔这种分析方法的启发。布坎南公共选择理论的要义就在于将经济学的分析方法运用于政治领域。一是经济学中的个人主义。布坎南将经济学的个人主义方法置于政治领域，认为政治决策过程依赖于每个人的偏好与意志，每个人都拥有同等的政治权力，每个人的个人偏好的加总构成了整体偏好。这与林达尔均衡中税收份额分摊的方法论完全一致。二是经济人假设。经济人假设无疑是西方经济学的基础，如果这个假设不存在，那么西方经济学大厦也无从建立。布坎南改变了传统政治学中对政府、政党等的公益人假设，认为政治领域中的所有主体，包括民众、政府、政客等在内，都是经济人，都追求自身利益最大化。林达尔均衡也是建立在所有人都是经济人的假设基础上的。三是交易政治。布坎南认为，在政治领域中民众与政府、政党等之间的关系是一种交易政治，政府、政党之所以能够获得民众的支持，是因为其政策、公共服务等能够满足民众的需要，可增进民众的福利水平，这体现为一种交换：政府、政党为民众提供有效的公共服务，而民众则以票选的方式支持他。这也可以看作一种政治均衡，但这种均衡建立于经济性原则基础上。总之，布坎南与林达尔的共通之处就在于将经济性原则运用于政治决策，而非将政治决策单纯看作政治程序问题。或者可以说，林达尔是将经济性原则或经济学分析方法运用于政治领域的第一人，布坎南延承了这一分析范式。

罗纳德·哈里·科斯作为新制度经济学的鼻祖、法经济学的创始人，因科斯定理而受人崇仰。笔者以为其思想来源，除了马歇尔的外部组织理论外，还有林达尔均衡。

科斯针对"庇古税"，提出了人们可通过自行协商来解决外部性问题。科斯认为"庇古税"并没有解决外部性问题，只是界定了成本责任。比如，有人向河中倾倒污水污染河流，按照"庇古税"的逻辑，只要向倾倒垃圾者收税或收费就可以了，可是，河流并没有因此变得清洁，仍然对人类社会是有害的。由此，针对外部性问题，科斯认为，如果交易成本为零，政府只需要进行制度设计，将涉及外部性的利益相关者的权利界定清楚，利益相关者就会通过协商来解决外部性问题。这就是后人总结出来的科斯定理。科斯定理中蕴含的就是将外部性的政治问题转由基于经济性原则来解决。也就是说，在科斯定理中，当一个人的利益或权利被侵害，不一定需要政府来干预，而可以由利益双方通过协商来解决，当然前提是政府要界定清楚每个人享有的权利。可见，科斯关于消除外部性的解决方案与林达尔均衡一脉相传，用经济性原则来解决政治程序问题。

总之，林达尔财政思想不仅直接推动了财政学理论的发展，还对其他财政学理论产生了启发性作用。

2. 林达尔均衡进入公共产品理论的主流

现代财政学教科书的公共产品理论部分，大都会介绍林达尔均衡，将其作为公共产品供给与需求达到均衡的条件，而对公共产品理论发展作出杰出贡献的维塞尔、萨克斯等奥意学派的思想并未得到同等重视。

我国现代财政学体系基本借鉴了英美财政学理论体系（盎格鲁－撒克逊财政学理论体系），很少涉及上述介绍的欧洲大陆财政学理论。之所以萨克斯、马佐拉以及维塞尔等人的公共产品理论并未进入现代财政学主流的盎格鲁－撒克逊体系之中，根本原因在于其分析方法与盎格鲁－撒克逊体系并不兼容，德国新历史学派的财政思想也是如此。而维克塞尔－林达尔财政思想进入了所谓的主流体系，也是因为其分析方法。盎格鲁－撒克逊财政学理论体系同其经济学思想一样，建立在个人主义分析方法基础之上，其国家理论（无论是功利主义国家观还是契约主义国家观）遵从政府无机论，在分析框架中将个人置于绝对中心地位，个人偏好决定社会偏好，且个人的利益、权利是神圣不可侵犯的。而林达尔在分析公共产品供给与其成本分摊时，不仅其研究方法建立于个人主义分析范式之上，还认为公共经济与私人经济一样都遵从经济性原则，且存在着类似的“供给与需求”关系。或者说，公共经济决策所依据的不是政治程序，而是每个人的主观效用评价，在此基础上分摊税收份额，由此给出的基于人们经济能力的分级课税才是正义的。

实际上，这里折射出，以现实为基础的财政学理论具有“国度性”，不同的社会经济发展环境、不同的国家理念，决定了不同的财政学理论体系。“道不同兮不为谋”，盎格鲁－撒克逊财政学理论体系“谋”的是与之“道”相同的维克塞尔－林达尔财政思想，而“不为谋”的是边际效用理论中的奥意学派。由此，值得我们进一步深入思考的是，我国的财政学理论是否与盎格鲁－撒克逊财政学理论体系“同道”？显然，盎格鲁－撒克逊财政学理论体系的逻辑起点就与我国现实不符。他们将政府看作一无机体，认为政府存在的价值在于弥补市场失灵。而我国的现实则是认为政府是一有机体，政府融入市场经济运行之中，服务于市场运行，而且将社会整体福利最大化作为职责。

“寥寥天地谁同俦。”实际上，以萨克斯、维塞尔等人为代表的奥意学派的财政思想对我国财政学理论体系建设更有帮助。此外，德国社会财政政策思想对我国的财政学构建也富有启发性。维克塞尔以此开创了“维克塞尔－

林达尔－马斯格雷夫－萨缪尔森－维克里纯公共物品理论”。

四、德国财政思想

德国的经济社会发展史及其中蕴含的哲学思想决定了德国财政思想既不同于英美财政思想，也不同于欧洲大陆财政思想。德国财政学者构筑起了适合其自身发展的财政思想。

根据财政思想所依从的方法论、国家观以及现实经济社会情况，德国财政思想可分为两部分，一是以李斯特、罗雪尔、劳等为代表的德国传统财政思想；二是以施穆勒、施泰因以及瓦格纳等为代表的德国社会福利政策财政思想。

（一）德国财政思想的理论基础：国家观

在近现代西方国家理论中，一直存在着两种相对立的观点：个人主义国家观和整体国家观。个人主义国家观认为国家与个人是对立的，个人权利高于国家利益，个人权利是至高无上的，国家存在的目的就在于保护个人权利；整体国家观则强调个人融入国家之中，国家利益高于个人权利。近代西方社会的主流观念是个人主义国家观，其代表是霍布斯、洛克等人的社会契约论思想，体现的是自然法思想。而19世纪的德国排斥自然法思想，强调历史进程中的个体特征，反对社会契约论以及功利主义国家观。从费希特、康德到黑格尔，都明确提出了整体国家观。

“国家是伦理理念的现实——是作为显示出来的、自知的实体性意志的伦理精神，这种伦理精神思考自身和知道自身，并完成一切它所知道的，而且只是完成它所知道的。国家直接存在于风俗习惯中，而间接存在于单个人的自我意识和他的知识和活动中。同样，单个人的自我意识由于它具有政治情绪而在国家中，即在它自己的实质中，在它自己活动的目的和成果中，获得了自己的实体性的自由。”① 它既指个人的自我意志的本质在于主体性，国家是个人的“实体”，作为伦理概念发展进程的“结果”，意味着伦理理念变成了

① 黑格尔．法哲学［M］．北京：商务印书馆，2011：253.

现实；它又指个人与国家之间并无壁垒，个人只要成为国家成员，就获得了自己的实体性自由。

德国这一时期的国家观有以下几个特征。第一，从总体上看，反对自然法思想中关于个人具有独立于国家和社会的天然的自然权利的观点。康德、黑格尔都认为，在自然状态中，个人不具有个人权利，个人只有在国家或公民社会中才享有“个人权利”。或者说，个人权利的实现有赖于现代国家或公民社会的存在，否则，个人权利也就无从谈起。第二，康德、黑格尔认为，国家就是一切普遍的、正面的、合理的伦理力量和观念的集合体。国家作为伦理实体，体现着普遍性，但并不否定特殊性，尊重个人的偏好、欲望，不反对个人追求自身利益最大化，保护私有产权；而且个人的偏好、欲望等的特殊性恰恰就是普遍性的外在表现，二者是统一的。人们把国家作为追求的目标，向往国家生活，因为国家是自由的基地，人存在的目的就在于自由。国家的价值就在于促进人的发展、人的自由。第三，国家作为具有目的性的客观存在，是“地上的神”。国家“简直是自在自为存在的东西，因而应被视为神物，永世勿替的东西”①。国家本身就是目的，即实现人们具体的自由。在国家生活中，人们可以通过自己的实践活动而实现自己的自由。

（二）德国财政思想的经济社会基础

德意志邦国是罗马帝国崩溃后的产物，是一个极为松散的邦国，在19世纪60年代有38个主权邦国：4个自由市、1个帝国、5个王国、1个选帝侯国、7个大公国、9个公国、10个侯国和1个伯爵领。除了奥地利帝国外，其他邦国都各自为政。1864年的普丹战争、1870—1871年的普法战争，统一了除奥地利外德意志全境，完成了由封建体制向立宪政治体制的转变，颁布了一系列有利于经济发展的法案，如银行法、统一货币法、专利权法、统一关税法、统一度量衡法等。

统一后的德国，要面对已然完成工业革命的英国、法国等国家的竞争。特别是19世纪后半叶，欧洲大陆发展出垄断资本主义，原有的小生产者阶层逐渐没落，国家内部资本家与工人之间的矛盾不断激化，资本主义国家之间

① 黑格尔．法哲学原理［M］．北京：商务印书馆，2011：290.

陷入竞争。这种经济社会背景给新生的德意志帝国带来的只有不安全感。此时德国的经济社会发展思想，一方面，受到古典自由市场经济思想的影响。自由主义经济政策传播开来，政府作为“廉价政府”，不干预私人之间的交换，其职责就在于对外维护国家主权，对内维持社会公共秩序和提供公益设施，维护公平赋税、否定公债发行。另一方面，受到马克思、恩格斯等人的社会主义思想影响。德国成了社会主义运动的中心，工人运动促进了不同阶级的合作，强调国家在经济社会发展中的作用，“作为国家，最根本和首要的，要成为推动社会和经济发达的机构并迈出第一步”[①]。

在这种国内外背景下，包括施穆勒、罗雪尔以及瓦格纳在内的一批经济学家主张通过国家来解决社会问题，为此，“德国财政学在19世纪后半叶垄断资本主义—帝国主义阶段的社会政策，既吸取了英国自由主义经济思想——政治经济学，又融合了官房学经济理论，开始脱离政治经济学，形成独立财政学理论体系”。德国财政学理论体系在国家观上认为，国家要在促进经济社会发展方面起到更大作用，而且要从伦理道德方面来看待经济社会发展问题；在方法论上，受黑格尔历史哲学影响，认为要从历史角度来考察现实社会问题。其代表人物是施泰因、谢夫勒和瓦格纳。

（三）李斯特的财政思想

弗里德里希·李斯特（Friedrich List，1789—1846），德国经济学家，德国历史学派的先驱。熊彼特给予了李斯特极高的评价，认为他是可以与凯恩斯相提并论的人物，认为“在他本国同胞的看法上和感情上都处于一种伟大的地位。……李斯特像所有那些从事漫长的艰苦斗争从而名垂史册的人们一样，是一个民族英雄”[②]。熊彼特认为，李斯特的伟大之处同凯恩斯一样，即关于“国家形势的伟大想像力”，这是经济学思想产生的先决条件。李斯特志在德国经济统一，他的经济学理论就在于如何使国家强大、昌盛，与当时盛行的自然自由市场理论相左，倡导国家干预，实行贸易保护主义、国家引导工业化等经济政策。主要著作有《政治经济学的国民体系》（1841）、《政治经济

① 坂入长太郎.欧美财政思想史［M］.北京：中国财政经济出版社，1987：290.

② 熊彼特.经济分析史：第二卷［M］.北京：商务印书馆，2011：200-201.

学的自然体系》(1837)、《美国政治经济学大纲》(1827)。

1. 财政思想的理论基础

(1)对斯密自由市场理论的评价

李斯特旗帜鲜明地反对斯密以及英国曼彻斯特学派的自然自由竞争思想。李斯特在《政治经济学的国民体系》的序言中写道:“流行理论原来是完全正确的,但是只有当一切国家都像在上述各州各省一样的情况下遵守着自由贸易原则时,这个理论才有其正确性。这就使我要考虑到国家的性质。我所发觉的是流行学派并没有考虑到国家,它所顾到的,一方面是全人类,另一方面只是单独的个人。”李斯特所讲的“流行理论”指的是斯密的自然自由市场经济理论,以及当时在英国盛行的曼彻斯特学派。李斯特认为,自由竞争理论适用于各国情况相差无几的情形下,只有当国家之间工业发展处于大体相当的水平时才能实现;如果国家之间的经济社会发展水平存在较大差异,这种自由竞争理论就不再适合了。所以,李斯特进一步说:“如果作者是英国人,我几乎不会怀疑亚当·斯密理论的基本原理,之所以使作者在最近的许多匿名论文中,最后下一个发的一篇长文中,用我本人的名字对斯密理论展开了批判,是由于祖国的实情。同时今天使作者有勇气将这个著作问世,主要也是由于德国的利害关系。”李斯特的意思是,如果他是一个英国人,他也会提出或遵从斯密的自由竞争、自由贸易思想,可是,李斯特是德国人,德国的情形完全不同于英国。为了德国的利益,他不再匿名写作而是勇敢地站出来反对“流行理论”[①]。李斯特所讲的“祖国的实情”和“德国的利害关系”

① 李斯特写作的这一时期,人们受到的经济学教育大都是斯密的自由贸易理论。政治经济学学者都受到当时“流行理论”的熏陶,宣传政府干预和贸易保护主义是犯忌的。“他们的后援是英国势力,是在德国口岸和商业城市那些经营英国商品的商人。英国政府通过‘机密费’的布置,在操纵国外舆论方面,它所拥有的是如何强有力的一个手段;只要有助于它的商业利益,它是从来不惜任何代价的。”也就是说,英国政府利用其权力操纵舆论,反对自由贸易意味着损害他们的利益,势必会受到威胁。实际上,当今世界无处不存在着李斯特所讲的“影子”。如今主流的经济学是以西方经济学为基础,沿用其基本假定、定理,并依此来提出政策措施以影响决策。可是,我国的国情与西方资本主义国家完全不同。且不说我国人均 GDP 与发达国家相差甚远,单就国家理念来说,西方国家无论是契约主义还是功利主义国家观,都崇尚个人主义、个人至上理念,强调国家机械论,认为国家服务于个人而存在;而中国几千年的传统文化都强调和遵从国家至上、集体主义理念,崇尚国家有机论,认为个人幸福融入国家之中,不可能独立存在。可见,现阶段,中国与西方发达国家之间,无论是意识形态还是经济社会实际,都存在较大差异,按照李斯特的理论,我国无论如何都不能完全效仿西方发达国家的模式,要建立自己的经济学理论体系。

指的是当时德国面对的现实情形。《政治经济学的国民体系》完成于1841年，即“三月革命”前。此时德国在政治、经济各个方面都存在激烈的矛盾。政治上存在着封建割据的贵族、新兴资产阶级与国王之间的矛盾，德国并未在政治上成为一个整体，被歌德讽刺为“丢失了的整体”；经济上长期陷于停滞和贫困状态，封建割据的贵族经济封闭、关卡林立，在英国和法国等基本上完成第一次工业革命之时，德国工业才刚刚起步，外国工业品冲击着德国民族工业。当时流行的自由贸易理论为英国工业品倾销海外的正当性提供了理论基础，但并不适用于德国，需要建立一种适用于德国自身的理论体系，以使德国国富民强。

可见，李斯特的《政治经济学的国民体系》如同斯密的《国富论》一样，都是在讨论“国富民强”之路，只不过按照李斯特的说法，斯密的国富民强之路是“世界主义”的经济学，而他的裕国之策是针对特定国家[①]的理论。

（2）主权国家理论

李斯特认为“在个人与整个人类之间还有一个中介者，这就是国家”[②]。每个国家都有自己的语言、文字、风俗习惯，以及相应的法律、制度，都是一个完整的、独立的实体，并且有着自己的整体利益。即一个国家作为一个整体而存在，有着自己的目标。在世界范围内，国家各不相同，就像人各不相同一样，有的高、有的矮，有的体格健全、有的肢体残缺。一个国家就是要由野蛮转变为文明、由弱小转变为强大，完成国家经济发展，与其他各国平等竞争，这是一个政治经济任务。

在李斯特的理念中，只有工业、农业、商业三个产业和谐发展才能促进

---

① 实际上，李斯特这里隐喻着经济学的国度性，即经济学、财政学作为应用性学科，只有切合实际且能对现实问题给出解释和解决方案，才是好的、值得学习的。近100年来经济学包括财政学理论的发展、变更，无一不是现实要求的结果，即经济学理论存在于社会现实之中，适者生存。比如在西方，20世纪30年代后，凯恩斯主义取代了自然自由主义市场理论，20世纪80年代后，凯恩斯理论又被供给学派、货币主义理论等取代。之所以如此，就是因为经济学理论要适应时代的要求、解决时代的问题。不同国家国情不同，同样不可能存在着“放之四海而皆准”的经济学理论，经济学理论的根本在于能够服务于国家需要。当然，这并不排斥“一般意义”上的经济理论，比如，经济发展水平取决于人力资本水平、交易成本与经济发展的关系等，这些是经济学理论之中具有普遍性的东西。无论在什么制度下，生产力水平总是与人们的教育水平、文明程度以及技术水平直接相关，只是在不同的生产力水平下，在不同的经济发展阶段，不同要素所起的作用是不同的。

② 李斯特．政治经济学的自然体系［M］．北京：商务印书馆，1997：171.

国家生产力和国民财富增进。可是，李斯特提出了两个问题："第一，为了实现工农商这一个国家产业的和谐发展，政府是否有权力限制个人的产业；第二，如果政府有权力借助于法律和限制措施来实现这种和谐发展的话，政府是否有能有效地做到这一点呢？"[①] 就第一个问题，李斯特认为，政府有权力、有责任执行促进国家财富增进和国家生产力的任何工作，只要有利于国家生产力提高、国民财富增进，政府可以做任何事情。第二个问题也是如此。比如，政府要通过筑路修桥、实施专利法以及保护海运等，来促进工农商业的和谐发展。关税也是如此，只要有利于国家生产力提高，就应采取关税保护措施。至于是否能够有效保护，则因国而异、因势而异。

李斯特将国家看作一个实体，颇具德国哲学意味。笔者以为，李斯特在黑格尔的国家理念基础上建立起了国家观。黑格尔反对国家起源的社会契约主义原则，认为不能用国家的外部特征来解释国家的本质，国家存在有其必然性，而非人们之间建立契约的"任性"、偶然性。黑格尔认为，国家是绝对的、自在自为的理性的东西，现实的国家只是精神国家理念的表现。所以，黑格尔的国家观是精神的国家理念。黑格尔区分了市民社会与国家，认为市民社会是外部国家，即保障和巩固市民社会发展的国家，包括司法、警察和同业公会三个环节，作为市民社会的公共设施。市民社会具有了一定的政治功能，但尚不是政治国家。但市民社会必然要发展为政治国家，其必然性在于，人的自由意识和社会制度合乎理性的历史发展。所以，国家高于市民社会，是市民社会存在的前提，是决定性的力量，是人类生活的最高形式，以它至高无上的意志、伦理精神把整个民族凝聚为一个有机的统一体。个人只是国家的一些环节，只有生活在国家中，才能获得人格、自由和价值。

总之，李斯特认为，国家作为实体，是具有必然性的、独立存在着的有机体。国家有其必然存在的内在逻辑和自身的价值目标。"国家介于个人和人类之间，是由这样一些个人组成的一个单独的社会，这些人拥有共同的政府、共同的法律、共同的权利、共同的制度、共同的利益、共同的历史、共同的荣誉、共同的防御和保护他们的权利、财富、生命的共同制度，他们组成一个自由和独立的实体。在与其他独立的国家的效中，这个实体只遵照国家利

① 李斯特．政治经济学的自然体系［M］．北京：商务印书馆，1997：210.

益的律令行事，而且有权调控个人的利益，以便在它自己的疆土上尽可能创造出最大的共同福利，形成最强大的、抵御国家的力量。”[①]可见，在李斯特看来，实体性的国家是自由的、独立的、有着内在目标的主体。其目标就在于使国家这个实体拥有最大化的共同福利、强大的力量。其中的个人依附于国家而存在，只有在国家内才能安全、繁荣，才能实现自己的自由。所以，国家存在的目的就在于发展生产力，并依此来实现共同福利。

（3）国家生产力理论

一是国家存在的根本在于发展国家生产力，而不仅仅是增加国民收入，因此创造国民财富的源泉比增加国民财富更重要。二是国家生产力包括物质资本和精神资本，物质资本又被称为“工具力”，“精神资本，即个人所固有的或个人从社会环境和政治环境得来的精神力量和体力”[②]。三是政府活动也会带来价值，公共制度、政策等同样会生产精神资本，即能够激发人们的力量，关税保护等保护性政策就是如此。“凡是与一个国家的政府的物质资产在建立、消费、管理各方面有关的那些事项，也就是国家的财政经济。”

李斯特反对斯密关于国民收入只取决于物质资本的观点，认为国民收入不仅取决于物质资本，还取决于精神资本和社会状况。这也是边际革命以来人们对政府活动的认识的转变，即政府活动也是生产性劳动，也会给社会带来价值。当然，这个价值与斯密劳动价值论的价值不同，它是从有用性或效用上来谈论价值的。

国民收入“主要决定于国民身心力量的总量，决定于这些力量在社会与政治方面的完善程度（尤其是靠了进一步完善的分工与国家生产力联合所实现的完善程度），说明保护政策虽然需要有一个时期的物质牺牲，但是这些牺牲在力量上，在取得交换价值的能力上，却可以得到百倍的补偿，所以实际上只是国家的再生的支出”[③]。“一国之中最重要的工作划分是精神工作与物质工作之间的划分，两方是相互依存的。精神的生产者的任务在于促进道德、宗教、文化和知识，在于扩大自由权，提高政治制度的完善程度，在于对内

① 李斯特．政治经济学的自然体系［M］．北京：商务印书馆，1997：208-209.
② 李斯特．政治经济学的自然体系［M］．北京：商务印书馆，1997：216.
③ 李斯特．政治经济学的自然体系［M］．北京：商务印书馆，1997：218.

巩固人身和财产安全，对外巩固国家的独立主权。”① 国家生产力包括精神生产力和物质生产力，这两种生产力也存在分工与合作，是相互依存的，要协调好这两种生产力，共同促进国家生产力。

李斯特认为，斯密并未认识到上述三个方面的本质，特别是没有将政府活动看作生产性活动，没有将政治、政治力量放入政治经济学的研究之中，“他的论点陷入于唯物主义、狭隘观点和利己主义”。一方面，如今较之1000年前有了非常大的进步，创造出了更多的物质资本；另一方面，现在的成果是过往累积的结果，其中体现的是“现代人类的精神资本”：科学与技术、国家与社会制度、智力培养、生产效能等。物质生产者生产的是交换价值，而老师、医生、法官等生产的是生产力。一个国家的发展程度，主要并不取决于它积蓄的财富，而取决于它的生产力发展程度。法律、公共制度等虽然不直接生产价值，却是生产生产力的。

为此，一个国家就应该权衡物质资本与精神资本之间的关系，即在一定条件下可牺牲或放弃一定的物质资本来获得文化、制度、技术等精神资本。“最大的演进中，究竟是物质力量超过精神力量的作用还是后者的影响超过前者，究竟是社会力量支配着个人力量还是后者影响了前者，这些都是不容易肯定的。但是这一点是可以肯定的：两者之间存在着互为因果的关系，是互相起着作用与反作用的，结果这一组力量有了增长时即足以促使那一组跟着增长，有一组丈量有了削弱时，另一组也难免不被波及。”②

李斯特批判“流行理论”认为的国家像商人一样，基于效用最大化原则来选择国家行为。国家存在的价值在于发展国家生产力，一切公共制度、法律等都要有利于促进、发展国家生产力水平，关税也不例外。“保护关税如果使价值有所牺牲的话，它却使生产力有增长，足以抵偿损失而有余，由此使国家不但在物质财富的量上获得无限增进，而且一旦发生战事，可以保有工业的独立地位。”③ 可见，在李斯特看来，实行保护性关税并不是单纯为了增进国民财富，而是为了发展国家生产力，使国家具有独立的工业体系。

此外，从李斯特对斯密分工理论的批判中，也可以看出，在李斯特看来，

---

① 李斯特．政治经济学的自然体系［M］．北京：商务印书馆，1997：158.
② 李斯特．政治经济学的自然体系［M］．北京：商务印书馆，1997：214.
③ 李斯特．政治经济学的自然体系［M］．北京：商务印书馆，1997：144.

国家不是原子式存在着的、单纯的个人的集合体，而是相互关联、相互协作的有机整体。国家扮演着协调、组织作用，而且，正如马歇尔的外部组织理论所阐述的，外部组织也是生产要素，对社会财富增进起着促进作用。

2. 公债思想

李斯特基于对欧洲各国及美国的考察，发现人类取得的成就背后，存在着一个有别于劳动分工及生产力联合的自然法则的“自然法则”，即“为了达到同一个目标，一连几个世代力量会适当地结合在一起，共同地、同样地参加为达到这个目标所需要的努力”[①]。实际上，人类的文明成果就是人类在历史长河中不断累积、继承的结果，如果一个国家、一个社会总是能够沿着正确的方向、后一代人接续奋斗于前一代人未竟之事业，就会体现为总是在进步、发展。李斯特将这种思想运用于分析政府公共活动。一方面，政府活动要考虑长远利益，而非仅仅考虑眼前利益；另一方面，政府要沿着前人的足迹致力于国家生产力的建设，比如，国家公债。

国家公债是一种获得国家福利的手段，即这一代的成就与努力的成本分摊于下一代或以后几代。李斯特认为，国家公债如果仅仅是为了这一代的福利，则这种制度方式不可取；而如果是专为后代人的利益或者是为了这一代和后代两者的利益，国债制度安排就是好的。因为国家活动的目的在于发展国家生产力，在于国家长远利益。李斯特说，“国家公债是现在一代对后代开出的支票”，是这一代人给后代带来的福利，能够促进国家生产力的提高。基于这一原则，李斯特认为，国家公债用于交通运输建设是最有利于后代的。这不仅可提高后代的生产力（如果交通设施完好，后代不用支付费用即可从中获益，同时可由此降低交易成本），还能够从所费成本中滋生利息、产生红利（从所建设的交通设施中收费而获利，比如明清时期遗留下来的皇宫、庙宇，现代人从中获益）。按照李斯特的逻辑不难推论出，教育、环境保护等也应是国家公债支出的重点方向，而日常消费、“三公”经费等就不应在国家公债支出范围内。

3. 关税思想

李斯特的关税思想是建立于其国家生产力、真正的政治经济学思想之

① 李斯特．政治经济学的自然体系［M］．北京：商务印书馆，1997：280.

上的。

李斯特根据其国家生产力理论，区分了关税在工业品与农产品、天然或自然产品上的作用。“对于自然产物的输入只应当课以以增加岁入为目的的关税，决不应当课以以保护本国农业生产为目的的关税。”[①] 即可以对自然生产物课征关税，但目的是增加国家的财政收入，而不是保护农业生产。换句话说，按照李斯特的生产力理论，农业提高国家生产力的作用不大，农业生产只是依靠个人的能力，而非像工业生产那样，要依靠多人的协调、团结才能产生出新的生产力，所以大可不必通过关税来保护一国的农业发展。

关税是建立与保护国内工业的主要手段，只有为了促进和保护国内工业力量，才能采取关税保护措施。为了达到保护的目的，对某些工业品可实行禁止输入或规定较高的关税税率等方式。究竟采取哪种方式，在李斯特看来，没有一个统一的、绝对的标准，要视国家环境及其工业情况而定。

各国的工业发展进程不同，有的是从自由竞争向关税保护制度过渡，有的则是从关税保护制度向自由竞争过渡。这两种情形下的关税设置是有区别的。前者的关税税率是由低逐渐提高的过程，后者则是由高逐渐降低的过程。无论哪一种情况，关税税率的变动都应遵从有利于保护国内工业、有利于国内工业生产力的培育和提高的原则。

4. 李斯特关税与斯密关税

首先，李斯特认为，斯密的自由市场理论没有区别自然产物与工业品之间在关税保护上的差异，所以其结论是错误的，并对斯密及萨伊所称的关税保护的危害逐一进行了批驳。

①斯密等人没有观察到，工业落后国家与先进工业国家自由竞争的结果是，落后国不可能使自己的工业力量得到充分发展且具有独立自主地位。

②“流行理论”没有考虑到国家之间的战争，用国内自由竞争所产生的利益来论证国家之间的贸易犯了方法论的错误。

③“流行理论”认为关税保护会产生垄断，进而产生怠惰情绪。李斯特认为“流行理论”不懂得还存在着国内竞争。

④“流行理论”认为对工业品的关税保护会使工业家获益而使农业经营

---

① 李斯特．政治经济学的自然体系［M］．北京：商务印书馆，1997：292.

者受损。李斯特认为，事实证明，国内农业者不仅没有受损，反而获利了。

⑤李斯特还对“流行理论”关于关税保护可导致走私、海关费用上涨等观点进行了批驳。

其次，李斯特也不认同斯密关于可实施关税保护的情况观点。斯密认为，以下三种情况可对国内工业进行关税保护。

第一种情况是外国对本国的出口商品有所限制时，本国可采取报复手段，目的在于促使其撤销限制。在李斯特看来，这种做法无益于本国工业发展。对外国的限制措施应“不加计较”，报复原则应与国家生产力原则一致，实施关税保护的根本目的还在于是否有利于国家工业发展。

第二种情况是对国防需要的工业品予以关税保护。李斯特认为，不仅应对保护国家的战争所需要的工业品进行关税保护，还应就整个工业体系建设统一关税保护，目的在于提高国家生产力。

第三种情况是如果同一种产品国外税负较轻而本国税负较重，那么，可通过对外国商品课以关税而使之与国内税负相平衡。李斯特认为，这不是实施关税保护的正当理由，唯有促进国内生产力发展才是实施关税保护的理由。

最后，关于以关税互惠为依据的商业条约，斯密认为是不必要的、有害的。可是，在李斯特看来，“这是逐渐消除各国在贸易上的限制，从而使世界各国逐渐走向国际往来自由的最有效的方法”，“保护制度必须与国家工业的发展程度相适应，只有这样，这个制度才会有利于国家的繁荣”[①]。

（四）罗雪尔的财政思想

威廉·罗雪尔（Wilhelm Roscher，1817—1894），德国历史学派的创始人，著名经济学家和经济思想史学家。罗雪尔在德国莱比锡大学执教 46 年，著作甚丰，代表作有《历史方法的国民经济学讲义大纲》、《十六、十七世纪英国国民经济学说史》（1851—1852）和《德国经济学说史》（1874）等。熊彼特认为，罗雪尔的每一部著作都具有很高的水平，对所涉及的问题都有深刻的理解。在熊彼特看来，罗雪尔的著作不仅在当时的德国内外受到了普遍的尊敬和赞誉，“这些著作对后代学者的用处，也许要大于更富创造性的著作。……

① 李斯特 . 政治经济学的自然体系［M］. 北京：商务印书馆，1997：306.

那些相颂扬罗雪尔的作家，由于感到难于把创造性的结论归功于他，于是就试图在他的方法或门径上找一些创造性的东西”[①]。

1. 财政思想的方法论

其代表作《历史方法的国民经济学讲义大纲》被称为“历史学派宣言”。罗雪尔是把萨维尼[②]在法学研究中的历史方法运用到政治经济学中的第一人，为德国历史学派经济学奠定了基础，成为德国旧历史学派的创始人。

罗雪尔把以往的研究方法分为“哲学的方法”和“历史的方法”。前者抛开一切时间和空间，抽象地规定概念或理论的体系；后者是历史学家尽可能忠实地描写现实生活，寻求与人类进化有关的记述。他认为，研究经济学所运用的历史方法，并非编制年表式地将材料拼凑成某种序列，而是呈现为以下几个特点。

第一，国民经济学不是单纯的致富术，是认识人类、判断和控制人类的一种政治科学，目的在于记述各国国民在经济上想些什么、要求些什么、感受些什么、做了些什么努力、获得了些什么、又为什么去努力和如何达到成功。这种记述要与法制史、政治史以及文化史相结合。实际上，在罗雪尔看来，就其内容而言，运用历史方法研究经济学，就是研究国民在历史变迁过程中的经济行为，即人的经济行为变迁问题，而这些行为受到法律、政治制度以及文化等的影响。

第二，国民绝不只是多个人在一起的简单集合，而是内在相互联系且由过往发展而来的一个整体。因此，研究国民经济学不能只满足于观察和分析现代的经济关系，对于以往的各个文化阶段也必须作同样的研究。罗雪尔的观点意味着现代经济关系是由过往发展而来的，是由过往的文化、政治以及法律制度等决定的。

第三，从复杂的现象中发现事物的本质和规律，不仅要在经济关系方面进行国民间的比较，还要将国民作为一个相互联系的整体来看待；同时，还

---

① 熊彼特．经济分析史：第二卷［M］．北京：商务印书馆，2011：207.

② 弗里德里希·卡尔·冯·萨维尼（Friedrich Karl von Savigny，1779—1861），19世纪德国最伟大的法学家之一，历史法学派的代表人物和集大成者。历史法学派的主要观点是，一个国家、一个民族的法律应当与该国、该民族的语言、习俗、伦理一样，具有历史性，源自民族精神，也应当体现民族精神。当代法乃是通过法学的历史性而不是通过理性法的抽象或开明立法者的命令而预先确定的。要将旧的事物视为新事物的基础，而不是用破坏性的扫帚将它们一扫而光以为新事物挪出地方。

要对国民经济行为的发展过程进行研究，既可从中总结经验教训，也可通过与过去的类比对照，得到宝贵的启示。

第四，历史方法认为，对任何一种经济制度都不能全盘颂扬或全盘否定，在历史发展过程中没有一种经济制度是完全有益或完全有害的。运用历史方法研究经济学，就是指出经济制度如何以及为什么变迁[①]。“凡能正确认识像实物地租、封建徭役、行会特权、贸易公司的垄断等在何时、如何以及为何必须废除的人，也就是充分认识到这些制度为什么必然要在各个时代发生的人。”[②]

笔者以为，罗雪尔的历史方法体现着这个时代黑格尔的历史哲学。现在的世界是在扬弃以往世界的基础上形成的，事物是不断发展变化、运动着的，而运动过程就是扬弃的过程，否定中有继承。由此，罗雪尔认为，国民经济同动物、植物界一样，要经历四个发展阶段，即幼年、青年、成年和老年时期；每个国民的进化都受三种主要经济因素支配，即自然、劳动和资本，在不同发展阶段，这三种因素的作用不同。“历史家的工作同生物学研究者的工作相似”，都是研究其对象的生长、发展、变迁规律以及影响因素。

简单来说，罗雪尔的历史方法认为事物是不断发展、运动的，现在的事物中总是包含着过往的、不变的东西，且过往的经历决定和影响着现在的状态。为此，就要寻求事物发展运动中本质性、规律性的东西，以及影响事物运动发展变化的因素，为人类发展提供启示性的东西。罗雪尔说：“历史方法的最高目的在于以科学的形式将人类所获得的政治成果留给后代。”

罗雪尔正是运用历史方法构建了其国家观，并由国家观形成了其财政思想。

2. 国家观

在罗雪尔看来，契约论、自然主义、绝对主义以及柏拉图等的各种国家学说，尽管其根据和结果不同，但表现形式都是一致的：理想国的形式。可是，“国民的现实欲望归根结底必须在日常生活中得到满足”，人们并不是生活于理想之中，日常生活中体现着真正的国家制度。而且，随着时代变迁，

---

① 这无疑是制度经济学所要研究的范畴。一般认为，德国历史学派是新制度经济学的基础，或者催生了制度经济学。

② 罗雪尔 . 历史方法的国民经济学讲义大纲［M］. 北京：商务印书馆，2011：3.

人们势必要求与之相适应的政治制度，即国家制度随着时代变迁而不断变化。

罗雪尔认为，国家固有的纽带是共同的权利，为此，他区分了私权的国家观和社会整体的国家观。

私权的国家观“主张人民只在直接对自己有利的范围内才承担义务。统治者只应按其私权的种类，特别对作为他的领地的附属地行使统治权”①。也就是说，在私权国家里，每个人都专为自己的利益考虑、打算，也总是利用国家而少为国家牺牲。与此同时，国家权力也会通过出卖、赠与等方式转移到私人手中。总之，在私权国家里不存在个人目的的公益目的。

社会整体的国家观认为，国家不是社会成员出于个人目的的结合，国家自身有其目的性，国家是“一”而每个社会成员只是其中的一个环节。比如，在私权国家，租税被视为直接从国家得到的各种利益的代价，体现为一种个人与国家的交换关系；而在社会整体国家，租税被看作个人对国家的一种义务、一种责任，不存在个人为了自己的私利而承担租税。此外，社会文化越发展，国家对国民全部生活的统治也越彻底。

罗雪尔对私权国家和社会整体国家的区分是其历史方法的具体运用。按照历史发展的顺序和逻辑，私权国家存在于封建社会时期，属于较低文化发展阶段；社会整体国家存在于较高文化发展阶段的后封建社会时期。也就是说，随着社会生产力水平不断提高、社会文化不断发展，个人与社会整体的关系即国家形态也不断变化，由私权国家转变为社会整体国家，国家自身的目的性越来越明确、强大。

3. 财政思想

国家形态决定了财政形态。私权国家主要依靠领地经济和国家事业存在，而社会整体国家则依靠租税存在。实际上，在罗雪尔看来，在人类社会不同的文明发展阶段，由生产力发展水平决定的不同社会形态下，形成的财政制度是不同的，或者说，财政制度存在于特定的社会发展形态之中。封建社会生产力水平低下，自给自足的自然经济占据社会的主体，此时，个人与国家或个人与统治者之间是一种纯粹的利益交换关系，国家的财政收入主要来源于国王

① 罗雪尔．历史方法的国民经济学讲义大纲［M］．北京：商务印书馆，2011：146.

私有财产收入、采邑收入[①]等各种特权收入。而随着社会生产力水平提高，工业、商业逐步占据社会经济的主体，当资本越来越重要、越来越占据支配地位时，租税成为国家财政的收入来源。

（1）财政收入来源

私权国家的财政收入主要来源于领地经济以及各种特权收入。领地经济是私权国家的一种国家财政制度，可以看作国王或领主私有财产的收入，即封建领主接受国王或上一级封建主封赐的土地，对上级履行服兵役、纳贡税和其他义务。各种特权收入包括采邑收入、国王固有的特权和垄断收入（国王固有的特权指的是国家工业，垄断指是具有特权的国家商业，比如狩猎特权、渔业特权、制盐特权、邮政特权等），以及被用于财政目的国家权力的收入（比如官职买卖、道路特权、审判手续费等）。

当人类社会发展到资本占据主导位置时，租税作为主体也就登上了国家收入的舞台。在罗雪尔看来，资本社会中的租税制度内含着封建领主制时期的国家收入。国家财政收入中总是存在着某种不变的东西，像“从采邑缴纳中产生了直接税、从特权和垄断中产生了间接税那样，从手续费中产生了印花税”[②]。

罗雪尔认为，“任何租税都是个人享乐的牺牲”，这与同时代密尔的税收思想完全一致，其中既含有边沁人生第一原理的理念，认为人生目标就在于追求自己的幸福最大化，又将税收看作一种对幸福的牺牲。

（2）税收原则

罗雪尔提出了一个好的税收制度应符合的标准，并没有超越斯密的税收思想。①应与各人的财力成比例即量能原则。他不同意克伦克等人的享乐原则，认为量能原则“与在法律面前一律平等的这一原理有联系，这是从等量的财产对每个人都具有同等大小的价值这一观点出发的”[③]。可见，罗雪尔还是遵从着斯密的税收平等原则，而此时的密尔已经提出了税收牺牲均等原则，且已被广泛认可。②对税款、支付时期、方法应作出法律规定。这便是斯密的确定、便利原则。③课税不应使纳税人承担超出他们向国家缴纳的税额的

---

① 采邑是要承担一定义务的封地。受封者必须缴纳贡赋、服军役，而且封地只能终身享有。

② 罗雪尔．历史方法的国民经济学讲义大纲［M］．北京：商务印书馆，2011：159.

③ 罗雪尔．历史方法的国民经济学讲义大纲［M］．北京：商务印书馆，2011：163.

损失，即要减少征税费用。

（3）租税史中的启迪：一直存在着群体间的博弈

“税收是国家财政与私人经济相结合，二者的相互利益发展到最高点的地方产生的。”[①] 租税并非天然就有，而是社会发展到一定阶段的产物，而且随着社会文明程度的提高，租税越来越成为政治斗争的中心。可以说，租税史是一部政治斗争史，租税越来越体现为一种政治程序。

在早期封建领主时期，自由民除了在战时服兵役、参与公共团体的义务劳动以及缴纳实物外，完全可自愿纳税。这时反映出来的是典型的私权国家观，人们的付出与其收益对等。随着封建领地越来越独立，为了维护封建领地利益的战争越发频繁，为此诸侯不得不对地方居民苛敛诛求[②]，而地方民众则不得不团结起来。这种团结的力量逐渐产生了多数表决的方法。特别是随着手工业、商业的发展，资本的力量逐渐成为社会的主导力量，对税收的“可否、数额和对象”等要加以讨论、表决。早在宗教改革[③]之前，各州地方议会就有了对税收的议决权。可是，随着国家的统一，租税权逐渐由国家统一管理，州地方议会的税收权力逐渐缩小。

从租税史来看，一是税收逐渐演变为国家的权力；二是税收是不同群体的利益博弈，每个群体都不愿意承担更大的牺牲；三是税收是一个政治过程，要通过某种政治程序来实现政治均衡。

从租税本身的发展来看，徭役和实物课税逐渐转向货币课税，不固定课税逐渐转变为固定课税，募捐课税逐渐转变为征收课税。从课税的税种来看，在低级经济发展阶段，租税一般都是财产税、土地税以及人丁税，到了交易相对活跃、资本比较发达的时期，间接税才逐渐发展起来，“英国废止了对人的课税，取消了地租，所得税也只在非常必要的情况下征收”[④]。可见，课税对象随着社会生产力水平的变化而不断调整。与此同时，征税的方法也随着时代进步而不断调整。最早的租税征收方法是分摊征收，“这种方法是以低级

① 李斯特．政治经济学的自然体系［M］．北京：商务印书馆，1997：156.

② 苛敛诛求意指滥征赋税、强制征税。

③ 始于16世纪欧洲的基督教自上而下的宗教改革运动，瓦解了自罗马帝国颁布基督教为国家宗教以后由天主教会主导的政教体系，打破了天主教的精神束缚，为新教、西欧资本主义和多元化的现代社会奠定了基础。

④ 罗雪尔．历史方法的国民经济学讲义大纲［M］．北京：商务印书馆，2011：171.

文化阶段强有力的公共团体、邦和贵族等为前提的”；第二种方法是由国家官吏直接征收、直接管理，适用于直接税方面；第三种方法是包税制[①]，针对的是间接税，是对难以顾及的分散乡间的小集市，为了节约征税成本而采取的简易征税法。

由租税史可见，无论是租税的权力安排，还是租税所设立的税源、税种以及征收方法，都是随着社会时代的进步而不断与之相适应。罗雪尔运用历史方法来分析租税史，从中寻求某些不变的、规律性的东西。我们不难看出，租税的税种、征收方法等都在发生变化，但其中也存在着不变的东西，即这些税种、征收方法的变化依赖于社会发展的变化，而这一规律是不变的；同时，自租税始就体现着不同群体的博弈、协调，其中的政治程序可能发生变化，但这种内在矛盾的存在是不变的。

（五）施穆勒的财政思想

古斯塔夫·冯·施穆勒（Gustav von Schmoller，1838—1917），德国经济学家，德国新历史学派的领军人物。1864 年开始分别在哈雷大学、斯特拉斯堡大学以及柏林大学担任教授，直至 1912 年退休。其 1884 年任普鲁士枢密院顾问，1873 年发起“社会政策学会”并担任主席。他的著作包括《论法律和国民经济的基本问题》（1874—1875）、《国家科学和社会科学方法论》（1883）、《重商主义及其历史意义》（1884）、《17 ～ 18 世纪普鲁士国家的宪法史、行政史和经济史研究》（1898）、《一般国民经济学研究》（1900—1904）等。“施穆勒本人和他的大多数门生都曾投身社会改革的斗争，而且竭力坚持他们自己的价值判断”，他的社会福利政策理念直接影响着这一时期德国的财政思想。

与李斯特、罗雪尔等一样，施穆勒针对的是古典经济学片面使用的抽象演绎方法，认为经济学必须从历史过往的经验中归纳总结出经济规律。相比旧历史学派，新历史学派更加强调心理、道德和法律等意识形态因素在经济中的作用，并以此为基础解释各种社会经济现象。

① 包税制是政府将一定时期里某项捐税，以一定数额交由私人包征包解的制度。我国自宋朝起出现包税制，到元朝包税制在全国盛行。随着元朝的覆灭，包税制也基本不复存在。

19 世纪 70 年代以后，德国产业壮大，但内在矛盾也开始显露。1873 年的经济危机引起了中产阶级的没落，劳工阶层失业、贫困，社会问题严重。施穆勒年仅 26 岁便任哈雷大学教授。那个时候，德国大学所讲授的经济学大都沉湎于英国曼彻斯特学派的自由主义思想，面对德国的社会矛盾，他认为，自由主义理论是"完全脱离实际的唯理论的精神痨病"，医治这种疾病不能遵从古典经济学的抽象演绎方法，也不能像旧历史学派那样急于寻求普遍性规律，而是要回归到历史发展的现实中，从历史发展的经验中寻求社会存在的依据，"一个国民经济学的崭新时代将要来临，但只能通过今天进行的历史—描述性材料的积累，而不是对已经蒸馏过一百遍的抽象教条进行再一次蒸馏"[①]。1872 年，施穆勒等人发起成立了"社会福利政策学会"，参加者还包括瓦格纳、罗雪尔以及布伦塔诺等，属于新历史学派，也被称作"讲坛社会主义者"。

1. 关于国民经济的方法论

国民经济体是一个镶嵌于社会机体中的实体。施穆勒将国民经济看作一个统一的、现实的整体：构成社会的独立个体被一些共同的心理、物质力量主宰着，也受到包括政府在内的外部组织的影响，相互作用、相互影响。这个整体的凝聚力取决于这个国家或民族的心理力量、道德力量，"一个民族是这样一个由众多的人组成的群体，它通过语言和种族起源、习俗和道德，往往还通过法律和教会、历史和国家宪法统一在一起。……共同感情的总和赋予了一个民族灵魂，……它表现在共同的风俗、追求和共同的信仰产生的行为之中，决定了个体的行为和原动力"[②]。这种民族精神正是一个国家或民族经济活动、经济行为的原动力，经济正是以民族精神或心理力量和这些力量的凝聚为基础的统一体。或者说，一国经济的基石正是其民族精神——心理力量、道德能力。

施穆勒提出了很有意义的命题：在社会科学领域，随着社会进步而分化出众多的学科，"我们一定不能忘记，这种分离更多的是在思想中而不是在现实里发生"[③]。经济学把社会科学中的经济现象分离出来作为自己的研究内容，

① 施穆勒. 国民经济、国民经济学及其方法［M］. 北京：商务印书馆，2017：5.
② 施穆勒. 国民经济、国民经济学及其方法［M］. 北京：商务印书馆，2017：11.
③ 施穆勒. 国民经济、国民经济学及其方法［M］. 北京：商务印书馆，2017：13.

但是，绝不能将经济问题仅仅理解为这些经济现象，一个国家或民族的道德、习俗、法律等蕴含的力量，同样会影响、作用于经济之中。而且，也正是这种心理力量、道德能力决定了一个国家或民族的经济问题的特殊性。

2. 经济学、财政学中的一般性与特殊性

在施穆勒看来，作为某一特定国家的经济学——国民经济学，存在着非常合理的"两极特征"：一个具有内在一般性的经济发展、国民财富增进的规律；另一个是具有特定历史性和实践性的具体的经济实践活动。这"两极"构成了国民经济学的内容，相互交融、相互支持。德国经济学家劳把财政学作为国家经济行为的特殊部分从经济学中分离出来，也体现出了施穆勒的"两极特征"，一方面介绍税收和国债的一般性知识，另一方面描绘德国整个国家的财政状况。

这种方法是将古典经济学的抽象演绎方法与德国的历史方法结合起来，在具体内容上就表现出既有一般性的理论体系，也有一个国家的特殊性。其中，一国的特殊性中蕴含着一般性理论，一般性的理论体系指导或包含着一国具体的实践。观察当代国内外财政学教材，不难发现其中的体系正是施穆勒的这种"两极特征"。我国的财政学在介绍财政活动所依据的公共产品、外部性以及公共选择等相关理论的基础上，具体介绍和分析了我国目前实施的税收制度、财政支出制度和相应的财政管理体制等；美国的财政学教材也是如此，马斯格雷夫、罗森等的财政学都遵循这种逻辑体系，在介绍财政基本理论的基础上，介绍美国的财政运行状况。

由此，我们可从中获得启示。

第一，经济学、财政学作为应用性、实践性学科，其研究对象受到文化、道德等诸多社会因素影响，具有国度性。也就是说，各个国家的文化、道德伦理等的差异决定了人们的经济行为、经济观念以及处理个人与整体之间关系的理念，都具有独特性，成为经济学、财政学中特定的具体内容。

第二，在经济学、财政学的国度性中，存在着共性或一般性的东西。比如，在特定生产力水平下，每个人都首先为自己的利益或幸福考虑和打算，或者说，人们总是试图在既定前提下使自己的付出最小，或在付出一定的前提下尽可能获得更多的收益。这是人类的自然法则，即人类普遍性的东西。人们都信奉和遵从这些自然法则来构建自己的经济学、财政学理论并付诸实施。

第三，经济学、财政学中的特殊性与普遍性是统一的。一般性、普遍性的自然法则指导着具体的实践行为，反过来，具体实践活动为自然法则提供着支撑。所以，财政学体系中的特殊性与普遍性是相互依存的。

3. 经济学、财政学是从伦理道德学体系中分离并发展起来的

人类历史是这样发展的：人们基于一定的道德能力，认识到并构建起更加优良的社会秩序。在这种优良的社会秩序下，人类对自然、对自身的认识不断积累、不断拓展。人类的家庭、国家以及相应的伦理道德、文化等精神生活，都是在这种道德能力的驱动下，从伦理体系中不断分化、发展起来的。

人类对自然与人类自身精神生活的认知是有差异的。自然对人而言是外在物，人类在长期的生活实践中不断地观察、探究自然，逐渐揭开自然的奥秘；而人类的精神生活、家庭以及国家则不同，这些“跟我们的理智是同质的；理智就像从内部共同经历、理解这些事件，它本来就占有着这个整体，或多或少已经统观全局，而现在它只是为了认识的需要才去分析个别现象”[①]。在施穆勒看来，国家、家庭以及伦理道德等精神生活，本身就与人类的智慧相一致。如果说自然是人的“他物”，那么，国家、家庭以及伦理道德等就是人类自身，所以，人类对自身精神生活的认知要比对自然的认识深刻得多，“比起在自然科学方面，我们在心理、伦理和政治领域确实更早地达到了某种认识的高峰”。关于人的本性（或者说人的自然属性）、人类对理想国家以及政治制度的追求等，古希腊、中国在两千多年前已然进行了深入思考，时至今日，我们还在不断地从古希腊的《理想国》《政治学》，以及中国的《道德经》《诗经》等中寻求灵感；现代民主政治体系大多借鉴了孟德斯鸠、卢梭等人的国家政治观念。实际上，前人对自身所生活的社会环境的认知已经达到了较高的高度，只不过需要为了适应变革而进行进一步梳理并呈现于我们面前[②]。

进一步来看，家庭、国家、文化、道德等精神生活的主体是人，或者说，

① 施穆勒 . 国民经济、国民经济学及其方法［M］. 北京：商务印书馆，2017：27.

② 包括经济学、财政学在内的社会科学，在人类历史上已然有了深入研究。正如恩格斯所言，我们现代的知识在古希腊都能找到它的雏形，而我们现在所做的工作只是挖掘历史上人类的工作而满足当代的某种需要。更明确地说，就人类对家庭、国家以及伦理道德等这些精神生活的思想而言，当代人并不比过去的人们更有思想、更聪明。可是，人类对自然的认识则越来越深刻，这是因为自然只是人的“异己物”。

这些既是人的生活，也是作为主体的人的产物。那么，当代人为了满足构建更好社会秩序的实际需要，总是求助于历史的经验知识，以此来支持当代人的选择；而如果历史经验不足以满足实践需要，人类就会进行目的性的处理。也就是说，作为世界主体的人，总是有目的地从事某种活动，为了这个目的，从一个经验性的知识出发，给出这个目的的"应然"的结论。

由此不难发现，在人类对精神生活的认知不断精致化、提纯化的发展过程中，人类以过往的历史经验知识为出发点，作出"应然"推论，并以此构建起家庭、国家、文化以及道德等精神生活的理论体系。可是，这种理论体系总是带有"人"的意志，也就是说，这些历史经验知识都是由具体的人归纳总结的，而不同的人的禀赋条件不同，决定着面对同样的事件，可能得出截然不同的"经验知识"，由此形成完全不同的理论体系。不仅如此，精神生活的理论越来越成为关于生存的经验科学，致力于对人类物质生活、精神生活的探究和思考。也正是在这种背景下，家庭、国家、文化、经济等专门的学问逐渐从伦理学体系中独立出来[①]，成长为独立的学科体系。"即使在这些学科从伦理学分离出来之后，它们仍然是道德体系的一部分，仍然建立在某种世界观之上。"[②]现行的经济学、财政学体系，无一不受到道德思想的影响。特别是作为国家或政府经济活动的财政学，正是在特定的国家理念基础上建构起来的，建立于特定的世界观之上。

重商主义经济学产生于专制主义思想，此时国家被看作最高的目标，单个的封建领地、市镇以及属地等服从于封建领主、法律和管理机构。其经济形态与这种政治结构相一致，众多个体经济通过劳动分工、以货币为媒介的商品交换等结成一个统一的市场，国家为了自身利益通过关税等诸多政策影响着统一市场的运行。可见，重商主义时期的经济是在特定的国家干预政策下运行、发展的，是专制主义国家理念的具体化。而重农主义和古典经济学时期的国家观则建立在自然法观念之上，国家被看作一个自然形成且有序的

---

① 在斯密时期，经济学是在道德科学名下的。斯密在爱丁堡大学任道德哲学教授，讲授经济学、逻辑学以及道德哲学等。斯密在《道德情操论》中用"道德情操"来说明人的令人难以理解的能力，即人们在经济活动、社会活动等活动中应遵守的行为准则，包括自利、正义、谨慎、仁慈等。所以，那个时期的伦理道德的内涵比现代更加宽泛。同时，这也表明国家理论、政治科学以及经济学等都是从伦理道德中分离出来的。

② 施穆勒 . 国民经济、国民经济学及其方法［M］. 北京：商务印书馆，2017：33.

系统，由众多以自利原则作为行动准则的个体组成，在每一个个体追求自身利益最大化的过程中，整个社会也会变得更好，国家仅仅扮演着“守夜人”的角色，保护人们的人身和财产安全。因此，这一国家观念下的经济形态就是自然自由（政府不加干预）的市场经济[①]。总之，不能抛开国家理念来看待经济学、财政学理论体系，或者说，要理解特定的经济学、财政学理论就必须清楚其国家理念，否则难以真正理解其理论的内核。

4. 科学的研究方法

施穆勒提出了科学研究方法的程序：正确地观察现象、对现象进行定义和分类、通过寻找现象的原因来解释它们。

（1）关于现象观察

包括经济学、财政学在内的社会科学研究总是存在目的性，这个目的性即实践。因为研究问题即认识问题，而一切认识的最终目的还在于实践，认识服从于实践并服务于实践，实践是检验一切问题答案的标准。既然经济学、财政学研究的最终目的是服务于实践，那么，其出发点也就是实践，即研究对象的现实状况。这既是研究的逻辑起点，也是研究之必需。

观察经济现象、财政现象，就是确定行为主体的动机、后果、过程和作用。

一般来说，我们观察客观世界时获得的经验知识来源于两个感知源泉：一个是直接反思自身对某事项的认知、动机，推己及人；另一个是基于自身的精神生活，直接感知并认识某一现象，并将其作为“客观事项”来理解。

我们观察财政现象时总是从以下几个方面来考虑：一是行为主体的情感、动机以及价值观；二是发生的某些自然事件；三是习俗、制度等。

---

① 施穆勒认为，斯密的自然自由市场经济理论是“建立在对财富和外部幸福的物质主义高估、对彼岸世界的否定，以及对人类最内在本性的错误认识之上”。在施穆勒看来，斯密的市场理论将人类的幸福仅仅系于物质财富，认为人的内在本性就是追求财富，将财富与幸福等同看待，没有认识到人类的幸福还包括精神世界。实际上，笔者以为这是施穆勒的误解。如果将斯密的《国富论》与《道德情操论》作为一个整体来看待斯密的经济思想，就会发现，斯密仅仅把物质财富看作人们获得幸福的手段而非幸福本身。斯密的幸福观受休谟快乐主义思想影响，认为人们的幸福体现为快乐，而占有财富有助于其产生快乐。《国富论》的主旨在于弄清国民财富增进的一般规律，为此抽象出人的自利特征，正如密尔所讲的，这一抽象仅仅是为了方便论证，否则无法构建其理论体系。实际上，斯密在其《道德情操论》中已然明确，人除了利己之外，还存在着仁慈、正义、谨慎、自制等美德，在日常生活中，人并不仅仅是自利的，还有利他的一面。

经验材料来源于两种途径：一是亲身经历或调查总结；二是书本、新闻或他人的描述。前一种作为直接的经验材料，具有个人色彩，更具有实践性；后一种作为二手资料，既取决于描述者的观察能力，又取决于接受者的理解力，可能会与实践产生某种偏差。

实际上，现象观察之所以重要，除了是因为上述所说的实践是科学研究的逻辑起点，更为重要的是因为对现象的理解程度、把握程度，都将影响后续的深入研究。因为后续研究要将观察到的现象进行抽象，作为进一步归纳、演绎的基础，如果我们对所研究的实践的理解产生偏差，研究结果肯定是存在问题的。而要提高现象观察的准确性，就要有相应的具体研究方法：一是统计方法；二是历史的方法。

配第的《政治算术》中所谓的“政治算术”实质上就是一种统计方法，即利用实际资料，运用数字、重量和尺度等统计方法，对国情国力进行系统的数量对比分析的一种方法。这种方法的本质就在于通过对某一事项某些特征的记述、描述，基于大量观察和数量分析等方法，对社会经济现象进行研究，以对该事项形成更深入、更客观的认识。其深入性在于，不仅能够从不同侧面来观察事项的特征，而且可能找到不同特征变量之间的数量关系；而所谓客观性则在于，通过数值使人们确认其客观存在，解决了“是什么”“是多少”等确定性的问题。此外，统计方法还有一大优点：在一定程度上解决了经验分析中的主观性问题。也就是说，这些数值都是客观存在的，不以人的意志为转移。当然，这种统计方法也存在一定问题，比如对事项涉及的伦理道德等精神事件不作研究，或者说，只是给出了量上的关系，而没有涉及事物本质上的东西。

就历史的方法来说，历史不仅是指过去的事实本身，更是指人们对过去事实的有意识、有选择的记录。历史科学就是对过往事实的专门性研究。其研究内容不仅包括历史本身，还应该包括基于历史事实的历史发展的规律，以及研究历史的方法和理论。其最高价值就在于从对过往事实的叙述、描述中得到相应的价值判断、一般真理或一定的规律。基于这种历史学思维来研究经济演变问题的学科就是经济史，即专门对过往的经济现象进行历史性叙述并从中总结或归纳出经济发展过程中的规律、法则。实际上，人类从历史中总结出了众多经济发展规律，比如库兹涅茨曲线、财政学中的瓦格纳法则、基尼系数等。所以，用历史的方法研究经济现象，可获得“一种以往不曾存在过的、能使研究者在认识真实方面从乞丐变成富翁的经验材料。这种历史经验材料，就像那些好的观察和描述一样，被用作说明、验证理论命题，证明这些命题所表达的真理的有效范围；更重要的是，它可以用于归纳新的真理”①。比如，我们可对过去 100 年间劳动与资本对经济增长的贡献进行测算，归纳出哪种生产要素更重要以及各种生产要素对经济增长的贡献率。

当然，在对历史经验材料进行整理、叙述、描述的过程中，统计方法也是必不可少的。实际上，正是统计学在把握数据方面的适用性，使得人们对历史经验材料的描述更具客观性，也更便于人们归纳、总结出相应的规律、理论。但是，统计方法始终无法替代历史的方法，因为“僵硬”的数据无法体现现实经济生活中人们“鲜活”的精神内涵，而这种“精神内涵”对获得一般性成果或者揭示其中的原则更具价值，这是统计数据无法替代的。

（2）关于经济现象的原因或者经济学理论的基础

运用统计方法和历史的方法对过往的历史材料进行整理、叙述和归纳，从中得出某种规律性的结论，只是经济学、财政学研究的一部分。另一部分在于深入认识经济现象、财政现象内在要素之间的相互联系或内在因果关系。具体来说就是经济活动、财政活动的内在动因是什么，从经济学的角度来说，其理论体系的基础是什么。

基于对经济以及经济学的理解，施穆勒认为，经济现象背后的原因有两组：“一方面是物理的、生物的原因，另一方面是心理的原因。”② 所谓物理的、生物的原因指的是：第一，任何一种经济形态都依赖于自然，即一定的气候、土壤、资源、河流等自然系统；第二，物质财富的增进还要依赖于特定的劳动力、技术和资本等生产要素。这些自然力量影响和支配着国民财富的增长。而心理的原因指的是人类的精神力量，表现为感觉、欲望、观念、目的、行为、意志等。总的来说，自然力量和精神力量共同作用，决定了一国的物质财富状况。

事实上，不论是斯密的市场经济理论、边沁的功利主义思想、边际效用

① 施穆勒．国民经济、国民经济学及其方法［M］．北京：商务印书馆，2017：51.

② 施穆勒．国民经济、国民经济学及其方法［M］．北京：商务印书馆，2017：64.

理论还是凯恩斯的政府干预理论，在研究经济现象时，都没有离开过“心理的原因”。

斯密分析国民财富增进的内在逻辑起点是自然法则——人都为自己的利益打算、都有交换的倾向，并在此基础上研究了追求自利的人们在“分工—交换”框架下的社会财富增进。古典经济学的集大成者密尔将政治经济学定义为与人们的道德和心理规律相关的财富生产与分配的学问。密尔认为，国民财富增进的生产领域取决于自然原因，即劳动、土地和资本的有效组合；而分配领域则由道德原则决定。密尔将这两个方面对立起来了，实际上，生产环节也会受心理或道德因素影响，比如勤奋、进取心等。边际效用理论建立起的效用价值观恰恰是用消费者从物品中获得的心理满足程度来衡量物品的价值，也就是说，一个物品的价值，不在于其中隐含着多少“劳动”或者说人们为生产这个物品付出了多少，而在于它的有用性、能满足人们多少偏好。具体来看，边际效用学派的代表人物杰文斯接受了边沁的快乐主义原则，以门格尔为代表的奥地利学派建立了主观价值理论、边际效用递减规律，其中都是以某种心理满足作为基础。总之，否定古典经济学的边际效用学派并没有脱离心理学基础，将人的精神力量看作经济分析框架的内在要素。

可是，在施穆勒看来，前述这些理论尽管都以心理学、伦理道德为基础，但还不够，“他们没有做到把集体精神、正义感或者利他主义放在与自利同等重要的位置上”[①]。尽管斯密、密尔、杰文斯、门格尔等都将人的心理活动作为其理论基础或动因，可是，他们并没有完全或真实地展现出现实生活中人的心理活动。在历史的长河中，人类为了共同生存生活产生了集体精神，正如斯密所讲的，人在利己的同时还有仁慈、正义的一面，对他人总是存有同情心，当他人遭受不幸时会表现出仁慈、富有同情心的一面。经济学理论体系应建立在真实的人性基础之上，或者说，应将真实的心理活动作为构建经济学的基础[②]。

---

① 施穆勒．国民经济、国民经济学及其方法［M］．北京：商务印书馆，2017：65.

② 20 世纪 60 年代后逐渐发展起来的实验经济学改变了传统经济学的研究范式，将经济研究的假设由抽象拉回到现实，以可犯错误、有学习能力的行为人取代了以往的“经济人”假说，解决了传统实证研究高度抽象和简化、与现实世界不一致的问题。实验经济学从一个侧面支持了施穆勒的认知，即经济学研究需以心理学、伦理学为支撑，使之更加符合实践需要，更好地解释和解决现实问题。

总之，经济现象要从自然原因和心理原因两个方面寻求答案，特别是随着人类文明程度的提高，心理原因越来越重要，经济学理论体系就应建立在心理原因基础之上。

（六）施泰因的财政思想

洛伦佐·冯·施泰因（Lorenz von Stein，1815—1890），德国社会哲学家、政治经济学家。1835—1839 年在基尔大学和耶拿大学学习哲学和法学，攻读法国社会主义，1855—1888 年担任维也纳大学教授，成为公共行政和财政学领域的权威。作为奥地利王室顾问，对奥地利财政、教育等的发展产生过影响。其著作有《现代法国的社会主义和共产主义》（1842）、《社会运动史》（1850）、《政治学体系》（1852—1856）、《财政学教科书》（1860）、《行政学》（1865）、《德国当代和未来的法学和政治学》（1876）等。

施泰因教学与研究的主要领域是"国家学"，包括社会、经济、行政和财政四个领域。施泰因作为黑格尔哲学的信徒，运用黑格尔的辩证法、历史哲学来研究国家学。即理念在先，理念演化为现实，现实上升为概念，概念是理念与现实的统一。其具体的国家观体现出黑格尔伦理国家的理念。其财政学既可看作其国家学的组成部分，也可看作其国家学的基础。或者说，施泰因的财政思想要从其国家学的体系化框架中来理解。

1. 施泰因的国家观

施泰因的国家观可概括为：国家经济有机物质循环论。施泰因认为，国家是具有独立人格的社会共同体，将国家拟人化为具有抽象的"一般人格权"，借鉴黑格尔的国家理念——将市场社会与作为国家的政治社会相分离，国家是人类实现自由的伦理实体，国家的人格权建立在个人利益与共同体生活的矛盾基础之上。施泰因将国家与社会区分开，既是其国家学的基础，也是解决不同阶级矛盾与冲突的理论基础。"政治理论告诉我们，国家是社会的人格化代表，它赋予社会以意志力与行动能力。构成社会本质的那些东西，都是由国家添加的，借助于国家的意志和行动、宪法与行政来进行。"①

① 斯坦因 . 论税收［M］// 马斯格雷夫，皮考克 . 财政理论史上的经典文献 . 上海：上海财经大学出版社，2015.

施泰因认为，市民社会是个人追求利益的实体，而国家则是人们实现自由的伦理实体。“人透过共同生活体及其结合行为发展社会，这是一个真实的现象，那么第二个真实现象，便是统和社会的机制必然具有一个独立的人格。这种人格理念下人的统和，并且免于个人利益或者个人独断的机制，我们称之为国家。因为国家的概念便是将复数个人的整合提升到具有自主意志力以及自主行为力的完整人格。如此便得以区分社会与国家。社会是复数个人的有机体，存在的基础在于利益，存在的目的在于个人最大程度的自由发展，但是社会的解体也在于其中的特殊利益无所不用其极地吞噬他人的利益。相反地，国家以其独立的人格不受个人的意志及其利益所影响，由于国家统合了所有的个人在其人格中，因而每个个人的利益，甚至所有在利益的矛盾对立中被排挤者，都共同构成了国家的利益。”① 可见，正如黑格尔的国家理念，施泰因认为，国家是人类社会发展的最高形式，有自身的规律和价值，是人类自由现实化的工具和手段。

施泰因进一步提出了“社会的国家”的概念。“为了每个个体自我决定的人格，国家必须用权力公正地保障针对所有阶级差异的法律的绝对平等，这个意义上，我们才能称这个国家为法治国。它必须最终用权力促进所有社会成员经济和社会地位的提升，因为最终一个人的发展是他人发展的条件，更是他人发展的结果；在这个意义上，我们说一个国家是社会的国家。”② 生活在国家中的人们互为条件、共同发展，而国家要为人们互为条件的发展提供基础性保障，即人与人之间的绝对平等③。

总之，施泰因作为黑格尔的忠实信徒，也将国家定义为“地上的神”④。国家是人类生活的最高形式，税收、财政是内在于国家的存在物，既体现为

① 史坦恩．国家学体系：社会理论［M］．张道义，译．台北：联经出版事业股份有限公司，2008：34-35.

② Stein. Gegenwart und Zukunft der Rechts-und Staatswissenschaften Deutschlands (1876)[M]. Oldenbourg Verlag, MÜchen, 1991: 11.

③ 施泰因的这一论述应是借鉴了马克思关于自由人联合体的理念。《共产党宣言》指出：“代替那存在着阶级和阶级对立的资产阶级旧社会的，将是这样一个联合体，在那里，每个人的自由发展是一切人自由发展的条件。”施泰因“社会的国家”理论重新定义了劳动，认为劳动既不是商品，也不是异化了的劳动，而是资本，是所有财产和经济的基础，是国家生活和社会的内在原则。

④ 上帝是天上的神，是绝对的、必然性的存在；而国家是地上的神，也是人类现实生活中的必然存在的伦理实体。

国家理念，也是国家理念的具体形式。

施泰因在其《财政学序说》中指出，“财政学是具有高深词义的科学，财政学并非从孤立的自身开始，也不是从独立的自身而告终。财政学应为庞大的国家全体的一个组成部分，或者说把财政学理解为国家学的基础”①。也就是说，财政学是国家学说的一个组成部分，财政也内在于国家之中，作为国家的一部分而存在，既起源于国家，又体现为国家理念。也正因此，施泰因使用了“国家经济”“财政经济”和“财政制度”三个术语，含义并无不同，指的都是国家活动，只是在不同语境、不同目的条件下使用的不同术语。“在与个人和国民经济的经济发展有关的场合用国家经济这个词，在研究国家财政收支关系时用财政经济这个词。……在涉及财政经济有关法律、机关、行政活动的总体时用财政制度这个词。”②国家经济学即财政学，国家经济学的任务或目标即是财政学的任务或目标，由此，财政的目的就不仅仅是保护人身和财产安全，促进经济社会发展，特别要实现作为伦理实体的目的：促进人们自由的现实化。同时，财政的研究对象要从国家的财政经济活动与国家的整个经济活动的有机联系中寻找，或者说，从政治国家与市民社会的有机联系中寻找。总之，财政源于国家、服务于国家，作为国家的一部分而存在。

2. 施泰因的税收理论

（1）税收与国家、个人的关系

从施泰因的国家观中很容易看出，在他的理念中，税收是国家的内在物。

在施泰因看来，税收不同于其他国家财政收入方式。国家收取的使用费、特权费等是个人对国家为其提供的服务的成本的补偿，此时，人格化的国家与个人像平等的主体一样在行动。而税收无论是在形式上还是在内容上都与此完全不同。税收不仅代表着一个国家或民族的文明程度，还代表着一个国家或民族的经济生活。

从形式上看，税收是国家依据宪法和政府的政治权力，从社会创造的财富中抽取一部分作为共同体的经济收入，可在实质上，“税收是个人结合于国家的一种经济表达方式，是生命力在思想与行为方面的一种表现方式。个人

① 坂入长太郎 . 欧美财政思想史［M］. 北京：中国财政经济出版社，1987：290.

② 坂入长太郎 . 欧美财政思想史［M］. 北京：中国财政经济出版社，1987：291.

经济生活的全过程都从属于国家，但国家并不需要为每一种具体的税收提供相应的等价物。税收具有崇高的意义与力量。在税收过程中，个人对共同体的从属关系被转化为不由自主的纳税义务，没有人可以质疑共同体征税行为的正当性”[①]。这是黑格尔国家理念在税收上的具体应用。国家是个人自由实现的伦理实体，或者说，个人不可能离开国家而独立存在，只有在国家伦理实体中才可实现自己的自由。不仅如此，个人意志融入国家理念之中，所以，税收是个人意志的一种经济表达方式。换句话说，纳税并不意味着对个人自由的剥夺，每个人都将纳税看作自己的一种义务、一种符合自己理念的责任。因此，国家征税并不是国家利用外力强行进入了“个人领域”或侵害了个人的权利，而是每个人意志的体现。施泰因较黑格尔更进一步的是，施泰因说：“我所拥有和挣得的一切，都在征税范围内；我对自己的责任，排在给外在权力缴税的责任之后；我保有自己东西的权利，也排在国家从我这里拿走它所需东西之后。”[②]也就是说，在施泰因看来，国家或共同体的需要高于个人的需要，国家利益高于个人利益。总之，按照黑格尔的国家观，个人纳税与自由之间不存在冲突、矛盾，因为国家征税的目的恰恰就在于促进个人自由。

（2）税收的起源和概念

施泰因从人类发展需要的角度出发，论证了税收的起源以及税收的概念。

首先，施泰因认为，税收是随着国家理念[③]的诞生而出现的，而国家产生于人类的需要。在他看来，人类进步取决于两个条件：一是共同体中的人及其互动关系；二是人类潜能的展开。要满足这两个条件，就需要每个人将其部分收入贡献于共同体，否则共同体不可能存在，当然也就不可能满足使得人类不断进步的这两个条件。实际上，施泰因指的是，为了促进人类自身的发展，共同体需要相应的经济基础才能存在。这是人类社会的经济原则。同时，共同体还需要一定的标准和秩序，这就是国家的价值。人格化的国家赋予社会以意志力和行动力，为社会的所有事物规定准则、制度。国家的这种

① 斯坦因．论税收［M］// 马斯格雷夫，皮考克．财政理论史上的经典文献．上海：上海财经大学出版社，2015.

② 斯坦因．论税收［M］// 马斯格雷夫，皮考克．财政理论史上的经典文献．上海：上海财经大学出版社，2015.

③ 施泰因的意思是，真正意义上的税收产生于“国家理念”，而非传统意义上的“国家”。他的“国家理念”即黑格尔的伦理国家的概念，认为国家是平等的、自由的人类生活的最高形式。

行为内在于共同体的本质，体现于立法之中，并通过行政管理作用于每一个人。在这种国家理念下就产生了税收。

由此，施泰因认为，税收概念在国家理念诞生之后才形成。或者说，当国家产生但尚未形成现代国家理念时，并不存在真正意义上的税收。在旧时的社会生活中，虽然也存在着类似的法律法规来规范税收，但是一种强制性的、为了统治者利益的税收规定。只有“在国家作为平等公民的自由联合这一理念占据支配地位后”，税收概念才真正确立起来，即法律面前人人平等，“个人在捐税方面的差异，不再由社会阶级和特权决定，也不再由统治集团的利益和权力决定。新的捐税标准只能是，每一个人在国家保护下自由个性发展的程度与形式”。也就是说，在封建专制时期，也存在着税收的形式，但这时的税收是由统治阶级规定且为统治阶级服务的，不是真正意义上的税收。比如封建专制时期的法国，只有“第三等级”纳税，贵族、王室等不仅不纳税还享受着人民的供奉。而到了民主政治国家，人人平等，而且按照在国家保护下每个人的能力来纳税，自由个性发展程度越高，所缴纳的税负就越多，赋税不再基于个人的身份特征，而是根据每个人的经济特征。“由此我们可以看到，个人给共同体缴纳捐税，内在地根源于人类社会的共同体本质；只有在国家从概念充分演化为独立的存在物及其活动时，税收才真正地兴起”，这样说来，施泰因认为“到19世纪税收才达到了充分发展状态”。

总之，税收源于国家理念，是内在于国家的存在物，“税收的更高合法性在于，更多在运用捐税去完成征收时承诺的目的，那就是说通过整体、通过整体的有意识活动来完善个人”。

3. *施泰因的税收原则*

施泰因认为，税收源于国家理念，税收理念在国家行动中得以实现，所以税收原则依据国家意志。施泰因认为，税收原则应建立在人人平等、普遍纳税基础之上，具体分为三个原则：经济原则、财政原则和公共经济原则。

（1）经济原则

税收的经济原则产生于这样的理念：“国家从个人那里索取东西，必须完全在性质上跟它宣称的目的一致。”从形式上来说，税收表现为国家通过政治权力将个人的部分财富划归国家所有。人们之所以自愿纳税不仅是因为纳税是每个人的义务，本质上还因为国家通过税收可“完善个人”或拓展人的自由。与此相一致的是，国家在课税或制定税收制度时，不能损害私人经济，具体来说就是不能妨碍私人经济中的资本再生产。

从这一理念出发，可得到税收经济原则三个命题：①税收永远不要伤害资本；②每一种税收都只能课及所得（不管名称和形式如何）；③对所得征税绝不能高到让所得丧失创造资本的能力。施泰因所讲的"资本"是广义上的资本，即包括劳动在内的各种生产要素的总和。可见，他的税收经济原则是从国家设计的税收制度与私人经济之间的关系出发来考量的，也就是说，国家对个人的课税不能影响到社会扩大再生产，不能伤及税源。

（2）财政原则

税收的财政原则包括三个命题：①国家绝不要从形成资本的经济体中征收多于必需的税收；②个人向国家缴纳自己的部分所得时，缴税过程应在经济上耗费最小的时间与精力；③在收税和用税的时间差内，国家应该尽可能尝试去运用征收来的货币资金。税收财政原则可以看作财政管理活动中应遵循的原则，特别是第三个原则，当税收收入暂时没有形成支出时，可进行适当的"理财"活动，以使财政收入增值。

（3）公共经济原则

税收的公共经济原则，也称税收的再生产原则，是从个人纳税能力与税收收入的动态联系角度来考量的，即税收制度的设计要有利于增进个人的纳税能力。

实际上，这涉及公共经济或国家经济与私人经济之间的关系。在斯密的观念中，自然自由市场可基于人的自利性，使每个人获得收益的同时促进整个社会福利的增进，因而，无须政府来干预私人经济的活动。可是，自李斯特以来，德国经济学派认为国家或政府作为有机体，不仅有自身的价值目标，还可通过国家活动来影响私人经济。施泰因继承了德国经济学的传统，认为国家存在的价值或意义并不仅仅是获取税收来行使其最高权力（保障人身和财产安全），更为重要的是要使私人经济有更多的东西上缴，为此需运用自身的力量（包括税收制度）为私人经济发展提供必要条件。这种私人经济发展能力就是税收的源泉，也就是"税收潜力"。

为此，施泰因提出，个人税收潜力与国家行政管理[①]之间存在着内在有机循环："税收潜力创造了税收，税收创造了行政管理，而行政管理反过来又创造了税收潜力。"之所以说这一循环是有机的，就在于其中的各个要素互为前提、互为条件，某一个要素的缺失都会使整个体系消失。所以，在施泰因看来，税收制度的价值不在于能够获得财政收入，而在于能够形成税收潜力，"税收的真正价值在于，（用税收支持的）行政管理所创造的经济价值"。

这也就是施泰因的税收再生产理论。税收的根本目的在于通过获得的经济收入，进一步提高经济发展能力、提升税收潜力，"国家通过激活自己的崇高力量，为自身最大化发展而再造物质条件"。国家作为一种政治力量，其自身价值就在于整合并促进整个社会的发展与进步。

制定作为支持国家存在所必需的税收制度时所遵循的三个原则，既内在于税收本质，也是国家理念的具体化、现实化，其中还体现了对征税权的限制。税收制度是特定历史阶段的产物，现实中呈现出来的税收制度，是在国家理念与社会权利、社会利益之间的矛盾运动中发展起来的。相应地，每一历史时期总是呈现出不同的税收制度，这并不是税收原则变化之故，而是由特定历史时期的经济社会条件、环境决定的。所以，我们应从历史角度来看待税收制度的变迁。

（七）瓦格纳的财政思想

阿道夫·瓦格纳（Adolf Wagner，1835—1917），德国最著名的财政学家之一，优秀的经济学家，社会政策学派财政学的集大成者和资产阶级近代财政学的创造者。代表作有《政治经济学教程》（1876）、《财政学》（1877—1901）。

19世纪中叶，德国处于向垄断资本主义过渡期，资本家、工人以及地主阶级相互对立，劳资对立，社会矛盾丛生。德国工业受到英国、法国等国家的冲击。同时，德国经济学受到英国古典自由放任经济思想的支配，李斯特、罗雪尔等旧历史学派日渐兴起。面对德国诸多内外矛盾，瓦格纳、施穆勒以

① 所谓行政管理就是国家服务的整体，是国家最高功能在现实中的体现，"它是国家神在经济上的必需物"。

及罗雪尔等于1873年设立了“社会政策学会”，一方面反对自由主义经济政策，构建起适合德国自身的经济理论体系，强调国家在经济社会生活中的积极作用；另一方面谋求解决不平等、不公平的社会问题之道。瓦格纳提出了针对古典自然自由学派和解决社会不平等问题的，强调政府作用和社会福利政策的财政学，不仅从国家有机论角度来理解国家与市民社会之间的关系，强调和重视国家、政府在经济生活中的作用，而且更加强调运用财政、税收政策来解决社会的不平等问题。

1. 瓦格纳社会政策的财政思想

瓦格纳的国家观体现出有机论和历史观，即国家不是人们随意制造、任意废止的，而是人类生活的最高形式，是历史的产物。从这一角度来理解国家，国家就不单单是法律意义上的，而体现在民族文化中，人民还要凭借国家力量来获得利益。国家的这一本质属性也就说明了国家通过强制手段获取社会部分财富的正当性，而且从人类历史经验来看，国家也正是这样做的。“公共活动”这一术语中就体现了国家用强制手段（征税和征用）获取财富的行为。

基于这种国家观，财政——国家的收入与支出行为，就是与经济社会有机联系在一起的。财政、财政学就不是孤立的，而是与历史发展阶段相适应的，与时代精神、社会政治状况相一致的。瓦格纳认为，随着时代变化，现代的国家与斯密时期的市民社会已完全不同，各国经济社会都发生了很大的变化，与此相适应地，财政、财政学也要进行变革。①应除掉财政支出、税收以及公债活动中产生的经济的、社会的弊害；②与国家财政收入与支出无关的经济的、社会的弊害，也要通过社会福利政策或财政手段予以去除。因此，瓦格纳认为，财政要迈向国家的经济政策和社会政策方向，即国家财政[①]。特别地，赋税由历史发展而来，是历史的产物，已然成为财政收入的主要源泉。关于税收的目的，瓦格纳认为，税收并非仅仅用来满足国家财政需要，还应有社会责任，赋税兼具财政目的和社会政策目的。

由此可见，瓦格纳社会政策的财政思想的出发点在于，他将财政现象看作一个历史范畴，财政政策、财政措施要合乎时代精神、社会经济发展状况。他的赋税理论、公债理论以及财政支出理论都建立在这种财政思想之上。

---

① 阿部贤一. 财政学史［M］. 北京：商务印书馆，1936：105.

尽管瓦格纳在论文《财政学与国家社会主义》中自称是国家社会主义者，但是，瓦格纳财政思想中的国家思想或社会政策并不等同于社会主义。瓦格纳认为，社会中存在的巨富和赤贫都是社会的“肿瘤”，这是社会中头等大事，国家社会主义应采取以下策略：一是由上流社会和有产阶级承担费用并使下层阶级不断发展；二是应预防财富向有产阶级集中。可是对于劳动阶级和下层阶级如何改善条件、提高收入，瓦格纳并未触及自由竞争的资本主义制度。所以，在日本学者阿部贤一和坂入长太郎看来，瓦格纳并不是社会主义者，“他的思想基础，便是虽然看到现代社会经济制度的各种弊害，然而却不愿将资本主义的经济制度，根本废止，只用所谓社会政策的手段来矫正”①。在阿部贤一看来，瓦格纳之所以自称国家社会主义者，既不是空想的社会主义运动的产物，也不是从事社会主义事业，而是这一时期经济社会以及政治制度自然酝酿的结果，“是时代的产物”。瓦格纳的思想从根本上说，还是在既有的社会制度条件下，来缓和阶级国家的阶级矛盾。进一步来看，瓦格纳认为，社会阶级是历史的产物，或者说，是历史的必然。瓦格纳从人类心理角度来认识，认为社会阶级根植于人类内在心理本性。每个人都希望拥有丰厚的利益、所得以及占有资本，为此便要勤劳、节俭，这是人类社会进步的必然性，那么社会阶级的存在也就有其必然性。而财政、赋税的社会政策就是不能使这种社会阶级差异太过悬殊，但只是力图缓和阶级差异，并非消灭或根除这一社会阶级。

瓦格纳由国家社会主义思想而形成的社会政策的目的，体现在三个方面：①替代无计划的生产以构建起有计划的生产秩序；②防止人们牺牲他人的利益而为自己获得，以及抑制人们的投机行为；③扩大广大劳动者因社会生产力进步所带来的物质以及文化财富的分配②。

可见，在瓦格纳看来，财政的社会政策并不是消灭以私有制为基础的资本主义制度，仅仅是对其中存在的弊端进行矫正，没有触及资本主义制度本质性的问题。实际上，正如前面讲到的，在瓦格纳的意识中，社会阶级的存在是自然的产物，也是历史的产物，有一定的合理性，为此，财政政策的目的在于改善或矫正社会问题，而非从根本上改变社会制度。总之，瓦格纳并非国家社会

① 阿部贤一．财政学史［M］．北京：商务印书馆，1936：108.

② 阿部贤一．财政学史［M］．北京：商务印书馆，1936：109.

主义者，瓦格纳的社会政策财政思想当然并非社会主义的财政思想。

2. 财政经济

（1）财政经济的概念

瓦格纳按照经济行为的心理动机，将国民经济社会活动组织分为私人经济、慈善经济和财政经济或公共经济。私人经济组织是按照自由竞争与自由契约原理，基于每个人都追求收益最大化的经济原则而运动的经济组织。慈善经济是以道德行为为原则，基于利他动机的一种组织。财政经济或公共经济则是基于共同体利益，利用权力与强制结合在一起而形成的经济组织。这个共同体便是国家，国家为实现其自身的内在价值而开展的收入与支出活动就是财政。这三种经济组织存在完全不同的经济动机，每一种经济组织仅靠自己难以满足其经济需要，因此需要三种组织的联合、合作。而且，从历史发展过程来看，尽管这三种经济组织的形态、组合关系在不断地发展变化，但是在变化中总是相互补充，发挥各自的作用而构成一个国民经济有机整体。也就是说，财政经济或公共经济与其他经济组织一起共同构成了国民经济整体，在其中发挥着其他经济组织所不能替代的作用。

瓦格纳认为，以国家为中心的公共经济就是财政。"无论由强制获得其财货还是由私人经济活动获得财货，总之国家为完成其职能必须支付劳动，或必须直接具有获得财货的手段，国家自身必须经营经济。这不论对中央政府还是对地方政府都是妥当的。财政经济或公共经济亦即国家经济为获得和使用完成其国家职能所必需财货或资金而从事的活动即经济。如果从国家本身作为一个经济整体的角度来考虑，那么财政经济就是国家的一部分。"[①] 可从中窥视到瓦格纳的国家理念以及对财政性质的认识。

瓦格纳认为国家是必然性的客观存在，有其自身的价值理念，为了实现自身价值，需有自己的经济基础，也就是"国家自身必须经营经济"。如果依赖于私人经济，那么，国家将不可能实现其价值目标。由此，财政不仅仅是一种单纯的"收入与支出"活动，而是为了实现国家自身的价值目标而存在的，"国家在执行任务时，依靠的是自己的财政地位或权力（即在特定领域进行财政征收的统治权）。国家可以运用强制手段获得必要的收入，而不需要用

① 转引自：坂入长太郎 . 欧美财政思想史［M］. 北京：中国财政经济出版社，1987：300.

特定的利益去交换”[①]。也就是说，在瓦格纳看来，国家与人民之间并不是如社会契约论者所说的是一种委托代理的契约关系，国家征税、提供公共服务既是国家的权力和义务，也是国家存在的本质。同时，瓦格纳在这里特别强调国家为了实现其职能必须有自己的财政，依靠自己的力量来实现任务目标。这也就是为什么瓦格纳将财政称为“财政经济”[②]。

在瓦格纳看来，“一切有关财政经济的科学为财政学，财政可定义为，从财政经济的经济性质着眼，以国家以至公共团体的强制共同经济形式，为国家职能筹集和使用必要的财货，特别是货币而从事的经营活动的科学”。[③]财政是为国家存在而服务的，其目的是实现必然存在着的国家的职能。这与斯密所说的自然自由市场相对立。具体来说，瓦格纳认为财政不仅仅有斯密所认为的弥补自然自由市场失灵的经济职责，还有社会职责，即让生活于国家中的每一个人都获得更大的自由或在国家中实现其自由，即通过财政的收入与支出活动来实现这一国家的价值理念。财政学也就是研究财政职能实现的一门科学，或者说，是研究如何使财政的收入与支出活动能够实现国家职能的一门科学。

（2）财政经济的性质

瓦格纳认为财政经济与其他经济形式存在着以下区别，其中体现出了财政经济的性质。

第一，以政府为主体、为国家而活动的财政经济，作为一个经济单位，与私人经济既有相似性，也存在着明显的不同。就其经济活动原则来说，一方面，作为经济活动主体的财政经济在从事某些“商业”活动时，与私人经济一样，按照市场规则为社会提供产品和服务，并从市场中采购所需要的产品或服务（比如，政府部门需要的办公用品以及人员、劳务等，无一不是按照市场规则到市场中采购），其中所遵从的原则与私人经济没什么不同，“只不过，财政经济供应的是一些特殊的产品，如农业、森林或矿业的产品”。另

① 瓦格纳．财政学三论［M］// 马斯格雷夫，皮考克．财政理论史上的经典文献．上海：上海财经大学出版社，2015.

② 财政社会学的代表人物葛德雪持有与瓦格纳相同的观点，葛德雪也认为，如果国家单纯依赖税收来实现国家职能，可能会受制于私人资本，国家职能将面临“异化”。

③ 转引自：坂入长太郎．欧美财政思想史［M］．北京：中国财政经济出版社，1987：301.

一方面，在很多情况下，财政经济运行并不遵从“市场原则”，因为国家开创的某些“商业”活动并非为了纯粹的金钱目的（这是很容易理解的，比如政府提供公共交通、公园等，并非为了营利，为此其定价原则是弥补成本原则或政府补贴收费原则），或是为了整个社会的利益，或是从政治角度来考虑。瓦格纳认为后一种情况才是财政学真正要研究的问题。

第二，财政经济组织的运行者是政府官员，其中缺乏个人利益关切，瓦格纳认为这对认识财政理论与财政实践非常重要。一方面，由公务员主导的财政经济组织类似于股份制经济体，存在着委托代理关系。在财政经济中，委托人是国家或政府，代理人是组织财政经济活动的公务员，可是，由于公务员在财政经济事业中没有切身利益，行为还会受到某些限制，“当公务员根本不能分享其行为的成果时，……所以几乎不可避免的后果是，公共经济运行在工作方面效率很低”[①]。另一方面，对公务员而言，尽管不能从组织财政经济活动中获得直接利益，但可获得其他社会福利。比如，可以获得国家金钱以外的奖励方式——衔级、称号、奖章等，还可以获得更好的公共服务——有保障的职位、更好的升迁预期、更高的报酬等。

第三，财政经济的目的是筹集资金，支撑国家职能的实现。瓦格纳认为，国家职能的很大一部分在于提供非物质性商品，比如公共机构和各种服务，或者换句话说，国家的任务是将物质商品转化为非物质商品。简单来说就是，国家或政府通过为公务员提供工资的方式为社会提供公共服务，而公务员工资则来源于财政收入。进一步来说，财政收入不仅来源于税收，还来源于政府提供的公共服务的收费收入以及公债收入。关于公共服务的收费原则，在瓦格纳看来，并不遵从基于成本定价的市场规则，而是由国家根据具体情况来决定。对于公债，瓦格纳认为，“只有国家才有能力和意愿去举借永久债务”。这是因为国家的生命被认为是无限的，即黑格尔所说的国家是永存的，所以，国家可以永久举债；而私人企业的生命是有限的，私人企业则不能永久举债。瓦格纳的公债思想还体现出了国家财政活动的再生产功能，他认为如果发行公债举办公共事业所产生的社会福利大于发行的公债额，那么，发

---

① 瓦格纳．财政学三论［M］// 马斯格雷夫，皮考克．财政理论史上的经典文献．上海：上海财经大学出版社，2015.

行公债就是可行的。

第四，国家的统治地位高于民众的经济生活。这一点完全基于黑格尔的法哲学思想。黑格尔将社会实体划分为家庭、市民社会和国家，认为每个人都存在于国家之中，家庭和市民社会是国家内部活动，市民社会的经济生活建立在“需要的体系”上，“看不见的手”可以给大众带来福利，而国家生活可以使人民实现自由。瓦格纳认为，“国家与财政经济应外在于竞争性市场”，高于市民社会。实际上，在瓦格纳看来，财政经济的目的在于整个社会的利益，或者说，财政经济活动要根据民众的利益来确定。国家不同于单纯的市民社会，市民社会是以满足个人利益而存在的伦理实体。

3. 财政活动三原则

基于财政需要与国家活动之间存在着的这种必然联系，瓦格纳提出了财政活动的三原则。

第一，要对财政活动进行监督与控制。在财政活动中，政府是国家服务的供给者，而国会充当着公共需求的代理者的角色。在判断国家服务的价值与成本时，政府与国会常常会作出不同的判断。一般而言，政府往往会高估公共服务的价值而低估其成本，而国会则与之相反。同时，公共服务的价值与成本是难以确定的，即无法进行准确的估计。为此，政府与国会不得不通过讨价还价而达成某些妥协。实际上，政府与国会的妥协过程就是一种政治程序，所以，瓦格纳认为“最好（至少是相对最好的）保障手段是让宪政程序来决定预算”[①]，即建立起某种政治程序来决定财政预算。

第二，财政活动不应墨守节约原则。瓦格纳认为，一切经济活动都讲求节约原则，这也是过去财政经济活动的主导法则，可是，这一善意的理念在今天已然不合适了，财政活动中的节约原则“不再具有绝对的而只有相对的正确性，也就是说，不能绝对地排斥所有的支出计划”。因为人民的经济生活已高度依赖国家，在某种程度上，财政经济活动决定着民众经济生活的内涵，财政的节约可能影响民众的生活。所以，要依据民众的需要而非节约的原则来确定财政支出安排。

① 瓦格纳．财政学三论［M］// 马斯格雷夫，皮考克．财政理论史上的经典文献．上海：上海财经大学出版社，2015.

第三，要平衡财政需要与国家收入之间的关系。在瓦格纳看来，这一关系并不是抽象的概念，而是具体的存在，即公共支出占国民收入的比重。瓦格纳认为这一比重的确定，既不能单纯考虑公共服务的价值，也不能只考虑其成本，必须将二者统一起来考量；既不能单纯考虑国家性质的政治因素，也不能单纯考虑私人性质的经济因素。瓦格纳认为，确定公共支出占国民收入比重的法则是“当公共服务的经济现值更大时，当公共服务对一般生产率及‘自由’的国民收入[①]的贡献更高时，以及当非税收形式的国家收入（如来自国家的商业活动）比例很大时，国家支出数应该更多”。其中也折射出了瓦格纳的公共支出再生产功能观点。

瓦格纳继承了李斯特、罗雪尔等德国旧历史学派提出的政府活动能够产生价值的观点以及国家经济的生产力学说，认为“国家财政是获得并消费有形财富即货币的一种强制经济。这种强制经济产生无形财富（公共福利、公共利益等）。因为这种创造表现出有形财富向无形财富的转移过程，而无形财富对国民经济生活来说也是不可缺少的，所以国家的财政经费应是生产性的”[②]。可见，在瓦格纳看来，国家财政在消费“货币”的同时会产生社会公共福利、公共利益等无形财富。比如，政府修路可降低私人企业的运输成本、改善人们的出行环境。这些对整个社会不仅是有利的，即改善私人经济的生产条件和生产环境可以提高私人经济的生产率，促进国民财富的增进；而且是必不可少的，像道路、桥梁等这些公益设施对整个社会有效运行以及国民经济生活都具有重要价值，如果缺位将给人们带来不便，还可能阻碍私人经济的发展。因此，瓦格纳认为，财政活动是将有形财富转换为进一步促进整个社会经济发展的无形财富的过程，财政的支出过程对国民财富增进有促进作用，也就是具有生产性作用。由此不难看出，瓦格纳与旧历史学派一样，否定了斯密、李嘉图等古典经济学者对财政活动的认识，认为国家财政活动并不完全取决于市民社会自身发展状况，或者说，并不认为市场社会可通过“看不见的手”实现社会福利的最大化，国家作为高于市民社会的伦理实体，要通过自身有价值的活动促进国民财富的增进。具体来说，国家的职能不单

① “自由”的国民收入指的罗雪尔定义的国民收入，即扣除民众基本物质生活需要之后的国民收入，或者说是国民收入减去民众必需品消费额。

② 转引自：坂入长太郎．欧美财政思想史［M］．北京：中国财政经济出版社，1987：302.

单是斯密所说的保护人们的人身财产安全，提供道路、教育等公益设施，还包括改正社会分配不均衡、促进私人经济发展等。

正是基于财政活动的生产性，瓦格纳提出，判断公共支出占国民收入比重的准则是，公共服务产生的生产性价值越大，这一比重就应越大。

4.“瓦格纳法则”及其有效性

瓦格纳通过对19世纪一些欧洲国家、日本和美国的公共支出增长情况进行考察、观察和实证分析后发现，这些国家的公共支出都呈现增长趋势。他在进一步分析的基础上提出了“公共支出增长法则”，也被称为“政府活动扩张法则”或“瓦格纳法则”，即随着人均国民收入增长，财政支出也会增长。瓦格纳认为，“财政经济就是为筹集完成国家总体经济机能的任务所必须的物质辅助手段（物质财富、货币），而不能不进行的活动。由此可见，财政经济范围必然随各时期的国家任务、国家活动的范围以及种类而决定，……不同国家及时代比较，进步国家中央及地方政府的活动呈现有规律的扩大趋势。这种扩大既系外延的又系内含的。即在中央与地方政府不断提出新任务的同时，有的职能也在进一步扩大。于是国民经济的要求，乃更广泛更充裕，为满足这些涌现的需要，可由中央及地方政府经费增加的统计上，雄辩地说明了这一点”①。

瓦格纳将公共支出增长的原因归结为政治因素和经济因素。所谓政治因素，指的是人类社会进入工业化之后，市场交换越发频繁且复杂，由此引起了越来越多的交易纠纷，也就产生了避免纠纷和解决纠纷的需要。而出于公正的原因，这些工作只能由政府来进行，就要求政府提供行政、司法管理服务。这样，政府的职能扩大了，政府的活动范围也增加了，就势必要增加人力、物力以及财力支出。也就是随着工业化程度的提高，财政的公共支出也在不断增长。

经济因素是指工业革命带来的人口集聚导致的公共支出增长。工业化意味着人口集聚带来的城镇化。大量人口聚集于某一区域，产生了诸如环境、交通等社会问题，而市场是不会解决这些“外部性”问题的。也就是说，政府要为

① 瓦格纳．财政学三论［M］// 马斯格雷夫，皮考克．财政理论史上的经典文献．上海：上海财经大学出版社，2015.

因人口集聚而形成的城镇提供相应的交通设施、垃圾处理等公共服务，为了国民经济发展甚至还要提供教育、医疗等。与此同时，随着工业化程度的提高，人们收入不断增加，在满足了基本物质生活需要后，会产生新的精神文化方面的需求，就需要政府提供精神文化方面的公益设施。总之，工业化带来了更多的需求，政府为此要提供相应的公共产品和服务，无疑会大大增加公共支出。

财政学教科书在解释财政支出不断增长的原因时，大都会引用“瓦格纳法则”，意味着瓦格纳关于财政支出的这一总结论证已然成了“公理”。可是，日本学者对此则有不同的看法。木村元一教授认为，“瓦格纳法则”不过是一个“生硬的命名的规律，不具有严格意义的规律”。冈野鉴记教授认为德国学者之所以提出这样一个所谓的规律，就是为了服务于政府当局的需要。为了证明财政支出扩大的正当性，他们提出了财政活动的生产性理论，但这并不能充分说服纳税人，于是又补充了这样一个“规律”。岛恭彦教授则批评这只是应对资本主义矛盾的一种国家活动[①]。可见，日本学者认为，这一“规律”并不能上升为“公理”。

我国的财政学教材大都将“瓦格纳法则”作为解释财政规模扩张的理论之一，同时，国内一些学者基于中国改革开放以来的实践验证了“瓦格纳法则”的存在，并将其看作经济高速发展过程中的一种财政现象。

笔者以为“瓦格纳法则”从政治因素和经济因素两方面给出的解释，从中国改革开放史中来看，在一定程度上可以得到验证。不仅可以验证“随着人均国民收入不断增加，公共支出占国民收入的比重也不断增加”这一规律，还可以验证对导致这一规律的政治因素和经济因素的解释。所以，单以中国经验就可说明“瓦格纳法则”的存在及其合理性。“瓦格纳法则”本身就源于历史经验，是基于对工业革命以来欧洲以及日本、美国等国家的历史的总结。而如果这种历史经验能够在现实社会中得到验证，那么这种“可重复性”就意味着其中体现出了“科学”的成分，对现实具有指导意义。

可是，正如瓦格纳所说的，公共支出的增长取决于不同国家、不同时期的国家任务，各个国家在不同时期的公共支出存在一定的差异。“瓦格纳法则”是基于工业革命而作出的解释，实际上，在工业革命已然完成的许多国

① 根据坂入长太郎《欧美财政思想史》相关内容总结而来。

家仍然存在这一规律，却难以再用工业化作出解释。那么，该如何对“瓦格纳法则”作出超越时代局限性的解释？此外，“瓦格纳法则”是基于典型资本主义国家在工业化过程中的经验得来的，即这一法则是特定制度的产物，那么对其他社会制度国家是否适用或具有解释力？也就是说，“瓦格纳法则”的适用性如何？是否适用于各种不同的经济社会环境？财政支出的增长是否有极限，或者说，财政支出是否存在边界？

实际上，笔者以为，“随着人均国民收入不断增加，公共支出占国民收入的比重也不断增加”这一公共支出扩张的规律的理论依据在于瓦格纳提出的国家财政活动的再生产功能。正如瓦格纳所言，公共支出占国民收入的比重取决于公共支出产生的生产性价值，这一价值越大，公共支出数额就应越大，即从整个国民经济活动的社会福利状况的角度来衡量国家财政活动的扩张。其中包含着两方面的内容。一是作为瓦格纳财政思想基础的国家观。国家本身就是目的性的存在，高于市民社会，国家生活高于个人家庭生活，人们的利益、福利水平取决于国家生活，人们也只有通过国家的生活才能达到其目的。而国家的任务或目标就是通过包括财政政策在内的社会政策改善人们之间的分配不均衡问题，不断提高人民的社会福利水平，如教育、医疗、基本生活保障水平等。总之，要通过国家生活以不断扩展人们的自由。所谓国家高于市民社会、国家生活高于个人家庭生活，指的就是国家的这些目的要优先于私人经济活动，强制人们为国家目的而服务。国家财政活动正是为实现国家任务、国家目标而存在。二是就社会资源配置方式而言，无非存在着两种方式：市场与国家。实际上，在近代社会经济发展过程中，人们总是在这两种资源配置方式中不断作出选择，选择的准则即观察哪种资源配置方式产生的社会利益更大[①]。可以大胆假

---

① 从20世纪30年代开始，关于市场与政府之间关系的争论就没有停止过，比如，著名的兰格论战、凯恩斯大战哈耶克。我国自改革开放以来就一直有关于二者关系的争论，到现在也没有停止的迹象。可以说，市场与政府之间的关系是经济学永恒的主题。加之从实践来看，既存在以私有制为基础的资本主义制度国家，强调市场在资源配置中的作用，也存在社会主义国家，强调国家在整个社会经济发展中的作用。实际上，还存在第三种制度形态，即国家社会主义或社会的国家主义。这种国家既不是传统的社会主义国家——国家是主体，社会资源完全掌控在国家手中，国家通过命令的方式来调配包括劳动力在内的所有社会资源，也不是传统的自由竞争的资本主义国家——国家是市场、社会的附属物，国家或政府的职责在于弥补市场失灵。这种国家制度形态处于上述两种极端之间，尽管私有制经济或市场经济在社会资源配置中起着主要作用，但国家有其独立的目标价值，不仅规定着市场的运行，还调配着一定的社会资源来实现自身的目标价值。

设，随着科学技术的进步、人类生产力水平的提高，制约资源配置的信息不对称问题将会逐步得到改善，物质财富将不再成为人们追逐的首要目标，那么，国家公共支出占国民收入的比重就将越来越高。

5. 瓦格纳的税收思想

瓦格纳认为，“从财政上的意义来看，赋税是作为对公共团体事务设施的一般报偿，根据一般的原则与标准，按公共团体单方所规定的方法，对另一方按所规定的税额，公共团体为要满足其财政上的需要，以其主权为基础，强制地向个人征收赋课物。从社会政策的意义上来看，赋税是在满足财政需要的同时，或者说不论财政有无必要，以收下国民所得的分配和国民财产的分配，调整个人所得和以财产的消费为目的而征收的赋课物”①。从瓦格纳对赋税概念的定义来看，他认为税收并不只有斯密、李嘉图等古典经济学者所说的纯财政目的，还存在着第二目的：社会政策目的。

这样说来，瓦格纳的税收目的是二元论：纯财政目的和社会政策目的。纯财政目的，指的是为了实现国家职能而获得财政收入的目的，或者说，是纯粹为了获得财政收入而进行的课税。而社会政策目的，“即税收可以用来分配国民收入，可作为财富的调节器，来矫正自由竞争市场造就的分配后果。……更进一步说，第二目的（调节国民收入与财富分配）可以扩展为干预个人对收入与财富的使用”②。在瓦格纳看来，同一税种可实现这两个目的，或者说，在设计税收制度时，旨在改变人们生产和生活行为的税收，实质上也实现了纯财政目的，而即便是纯粹为了财政收入而课税，比如对收入课税，在某种程度上也会改变和影响着人们的消费或生产行为。实际上，税收的内在性质决定了每一税收种类总是存在着这两个目的③。

笔者以为，瓦格纳税收目的的二元论是基于政策价值而非理论意义。税收是服务于国家目的而存在的，税收的目的从属于国家的目的。正如黑格尔

① 转引自：坂入长太郎．欧美财政思想史［M］．北京：中国财政经济出版社，1987：304–305.

② 瓦格纳．财政学三论［M］// 马斯格雷夫，皮考克．财政理论史上的经典文献．上海：上海财经大学出版社，2015.

③ 可从另一个角度来理解这两个目的之间的关系，即作为目的性存在着的国家，有自身的目标、任务或价值诉求，所制定的税收制度以及其他社会政策总是蕴含着国家的主体性或意志。所以，为了实现其目标、任务或价值诉求，不仅要获取实现其职能所需要的财政收入，还要通过税收制度安排来实现其目标、任务，即增进社会福祉。

在讨论市民社会时认为，每个人所分享的社会财富制约于自己所拥有的资本（既包括物质资本、社会资本，也包括身体素质等资本）、技能，而技能又受到资本的制约。由此，人们在分享社会财富的过程中就会产生不平等，特别是在这一过程中既会产生出“奢侈”，也会使“贫困”无限增长。这是由市民社会的内在本质所决定的。而当时德国的社会经济状况也的确如此：德国在工业化进程中，资本不断集中，由此形成了劳动与资本的对立、社会贫富差距不断扩大。这与当时德国的国家理念相悖，为此，国家就要通过其社会政策来调节社会矛盾，以符合其国家理念。

（1）税收原则

瓦格纳非常重视税收原则，认为这是“财政学的一项重要的任务”。所谓税收原则即制定税收制度的标准。瓦格纳认为，在确定税收原则的实践中要考虑两件事：一是国家的财政需要，二是税收的利益。但这也仅仅是原则性的、相对的，在具体实践中确定税收原则时还要考虑到文化、经济社会环境、公众舆论、正义理念等具体的社会因素，如果这些条件发生了变化，税收原则也得作出相应的变化。这样说来，税收原则不是纯粹的逻辑范畴，而是历史范畴。

从中可以看到瓦格纳税收原则的方法论——历史学派方法论。他强调历史的社会条件、社会结构决定着国家政策，而所谓的“科学”（抽象演绎法）难有作为，在社会实践中，只能从历史过程中寻求可供借鉴的东西，且必须与现实相结合。也就是说，只有尊重事实、符合事实以及解决实际问题的方法才是“科学”的。

同时，也能观察到瓦格纳税收理论、财政理论的务实性。他认为，包括税收原则在内的财政理论、税收理论等通常只具有相对有效性，也就是说旨在指导社会实践的财政理论、税收理论等必须以特定的文化、经济社会环境以及公众的社会价值观等为基石，而这些都可能随着社会生产力进步或是其他因素的变化而变化，一旦条件变了，相应的理论基础变了，理论就要随之进行改变。比如，关于社会的正义或公平，当社会生产力水平较低时，当务之急是将“蛋糕”做大，此时的社会正义体现为提升整个国民收入水平，而财政政策及财政理论则要体现出这一理念；而随着社会生产力水平提高，国民收入达到一个相对较高的水平，此时的社会正义则是将“蛋糕”分配得更均衡，那么，财政政策、财政理论也要进行相应的调整、变化。瓦格纳认为，“在过去，财政学曾经把自己的基本原理加以绝对化以至于变成教条，从而失去了影响实践的能力”，“技术、文化及法律上的限制条件总是在发挥作用，有时甚至发挥决定性的作用。不过，财政理论，特别是税收理论，对此的认识却并不充分”[①]。反思当代的财政学教科书，其中的若干提法、所谓的“理论”，已经脱离现实，只是在“自说自话”。

（2）瓦格纳的税收原则

瓦格纳的税收原则共有四组九条。

第一，财政原则：收入的充分性；税收的弹性。

第二，经济原则：选择正确的税源；选择正确的税收种类。

第三，正义原则：税收的普遍性；税收的平等性。

第四，管理原则或行政效率原则：税收的确定性；税收的便利性；确保最少征收费用。

瓦格纳认为，在这些税收原则中，财政原则最重要。“在所有的原则中，财政原则应处于最高位置，特别地它应该放在正义原则之前。”斯密在《国富论》中提出了税收四原则，其中并不包含瓦格纳的财政原则。瓦格纳的财政原则源于财政经济的性质，指的是税收作为财政收入的主要来源，要能够保障国家任务、国家职能实现。之所以斯密没有提出瓦格纳的财政原则，根本上还是因为他们的国家观不同。斯密认为政府活动是非生产性活动，政府财政收入与支出越小越好，为此并不认为财政原则是税收制度设立的必需。瓦格纳等德国历史学派认为，国家生活高于市民社会、家庭生活，那么，税收的第一要务就在于要有充足的财力来保障国家职能的实现，即使会损害私人经济的利益、损害社会正义等，也要保证财政收入的实现。

税收原则的经济原则考虑的是税负的转嫁以及税收对国民经济的影响。斯密的税收原则也没有提及经济原则，是因为在斯密的财政思想中并不要通过税收来影响国民经济发展，自然自由的市场竞争就会促进整个社会国民财富的增进，无须政府包括税收在内的各种政策的干预。瓦格纳与斯密不同，

① 瓦格纳．财政学三论［M］// 马斯格雷夫，皮考克．财政理论史上的经典文献．上海：上海财经大学出版社，2015.

在税收概念中就认定税收具有增进社会福利的目的，因此，在税收制度中也就应该反映出这一税收目的。

具体来说，税收原则的经济原则就是要正确地选择税源和税种。税源指的是税收收入的经济来源，具体包括所得、商品、财产以及资源等。瓦格纳认为，正确的税源应是国民所得，而不是资本财产，否则会影响国民经济发展的基础。税种是指税收的种类，即所得税、商品税、财产税以及资源税等。瓦格纳认为，选择税种时应考虑税收转嫁的影响，即基于税种存在的税负转嫁，考虑税收负担的公平与正义问题。实际上，从瓦格纳增进社会福利的税收目的来看，所选择的税种应使相对贫困的民众承担较轻的税负，而富人分担更多的税负。具体来说，税收中应以所得税为主，且应实行累进税制。

瓦格纳和斯密都认为在制定税收制度时应遵从正义或公平原则，但其中的内涵完全不同。单纯从文字表述来看，二者的公平原则没什么不同，都强调一个国家的每个社会成员都必须纳税，即普遍性；同时，每个人都要按照同样的规则纳税，即平等性。可是，当深入理解二者普遍性与平等性的内涵时，二者的差异就显现出来了。

斯密的普遍性指的是无论穷人还是富人原则上都应被课税，每个人都要按照相同的规则纳税，并不会对穷人进行免税优惠。斯密的平等性强调每个人的纳税额应与其收入成比例，一国国民“都须在可能范围内，按照各自能力的比例，即按照各自在国家保护下享得的收入的比例，缴纳国赋，维持政府”①。简单来说，斯密税收原则中的公平观就是每个人的“纳税与收入的比例统一”，并不涉及调节不同群体的收入。因为在斯密看来，自然自由的市场制度是完善的，其中就体现着社会的公平、正义，由此在这一制度下，人们获得、占有相应的财富也就是公平、正义的，无须政府再通过税收等其他政策来矫正人们获得、占有的财富，只需接受自然自由市场竞争制度所产生的全部经济和社会后果。

而在瓦格纳看来，不存在永恒不变的“正义”，随着条件、环境的变化，公平、正义的内涵也会发生变化；同时，公平、正义没有客观标准，是一种价值判断，其内涵“完全取决于如何看待现行的收入与财富分配状况”，进一

① 亚当·斯密．国民财富的性质和研究的研究：下［M］．北京：商务印书馆，2008：384.

步来说，特定的分配状况又与制度安排、法律法规直接相关。在这一前提下，公平、正义的税收制度要实现两个目的：纯财政目的和社会政策目的。这样说来，税收制度就不仅要有利于筹集财政收入，还要对国民经济运动实施干预。

由此，税收正义原则的普遍性意味着要按收入区分不同群体，收入非常低的人可以免除课税，或者免除某些特别税，比如直接税。也就是说，相对于富人来说，穷人承担着更少的税负。税收就成了减轻穷人经济负担的一种手段。

平等性意味着“尽可能根据经济能力来征税”。基于经济能力边际递增的特点，对高收入者实施累进税制，富人应承担更大比例的税负；除了对一般商品或消费课征税收外，还应对奢侈品、一般财产和资本、偶然所得征收附加税，并课征遗产税等。也就是说，富人承担更多的税负体现了平等性，也是一种正义、公平。值得注意的是，瓦格纳税收原则中的正义原则绝不是财富、收入的平等化，也绝不意味着要消灭人与人之间的差别，相反，瓦格纳认为，人类社会阶级是人类心理活动下的自然产物，而且，维持社会阶级存在是社会生活不断进步的必要条件。瓦格纳税收原则中的平等性指的是通过赋税制度缓和社会中存在着的穷人与富人之间的对立。

瓦格纳认为，从实践来看，正义的含义总是在不断变化，说明正义是一个历史概念。“正义概念的含义变化越大，就越能被民众自觉地、清楚地接受，也就越会引起税收及其分配能力的变化，进而用一种新的方式来实现税收的普遍性和平等性。”[①] 可以看到，瓦格纳的税收正义更偏向于政治科学，也就是说，税收正义蕴含着基于现实性的民众参与，而民众的参与度取决于税收正义概念的变化程度，只有在变化中民众才能不断认识到正义概念的内涵，从而进一步促进新的税收制度的形成。

6. 瓦格纳的公债理论

公债是税收之外的另一个重要的财政收入来源。对公债的研究既涉及其与税收的关系，即为什么有了税收还需要公债，也涉及其对国民经济活动的

---

① 瓦格纳．财政学三论［M］// 马斯格雷夫，皮考克．财政理论史上的经典文献．上海：上海财经大学出版社，2015.

影响和作用。瓦格纳探讨了公债问题，进而比较了公债与税收的作用。

瓦格纳将国家财政需要分为经常费用和临时费用。所谓经常费用指的是满足国家职能之需要和保障公共部门正常运行而必需的费用；临时费用指的是应对战争、自然灾害等突发事件而必需的费用，或者是临时财政需要的费用。税收作为经常性收入，无条件地用来满足经常费用，是国家财政需要的最低界限；公债作为临时性收入，用来满足临时费用，这一部分加上税收是国家的财政需要的最高限度。

公债是政府为解决财政收入不足问题而进行的借债，是国家财政收入的一种形式。瓦格纳按公债来源的资本种类，将公债区分为三种：①来自国民经济中现实处于自由资金状态的资本公债；②来自外国国民经济资本的公债，即外债；③来自国内资本的公债。

从国民经济发展角度而言，瓦格纳认为来自自由资金的资本公债和外债相比于税收更有利于国民经济发展，其中吸收国内闲置资本而发行的公债，更是有利于国民经济活动。他说："资本浪费在投机事业时，能以公债来避免危机，在繁荣之后的停滞时期以公债吸收资本是胜过课税的手段。"① 不难发现，瓦格纳将公债作为调节经济周期的手段，在经济危机时政府通过发行公债吸引社会中的闲散资本，经过政府的再投资而增加就业，促进国民经济增长和社会繁荣。这与现代凯恩斯学派的公债思想是完全一致的。"美国的塞莫·哈利斯（Seymour Edwin Harris）教授认为，瓦格纳把政府开支与景气变动结合起来是一个伟大的功绩。在这种意义上可以说，瓦格纳是早期财政政策的倡导者。"②

关于从外国举借的公债，瓦格纳认为，只要外债能使国内资本增加，即可断定这对全体是有利的，就可以实施。在瓦格纳看来，利用外债投资于国民生产活动之中，会得到特殊的益处，不仅可偿还外债的本息，还可产生更多的剩余，有利于国民所得和国民财产的增加。

至于来自国内资本的公债，瓦格纳认为，这种公债利少弊多，不仅有可能减少私人资本，还有利于有产者，而加重劳动阶级的负担。因为政府发行

① 坂入长太郎．欧美财政思想史［M］．北京：中国财政经济出版社，1987：310.

② 坂入长太郎．欧美财政思想史［M］．北京：中国财政经济出版社，1987：310.

公债后，偿付给资本所有者的利息源于未来的税收，而劳动阶级也会在一定程度上负担这一税收，可是，有产者可通过购买公债而获得收益，而劳动阶级并未直接从公债发行中获得收益。

总之，在瓦格纳看来，源于不同资本种类的公债对国民经济以及社会成员的作用和影响是不同的，在实践过程中应区别对待。瓦格纳的公债思想突破了古典经济学对公债的认识，根本在于以瓦格纳为代表的德国历史学派认为国家或政府活动具有再生产功能。

7. 瓦格纳与施泰因之争论

施泰因与瓦格纳都是这一时期德国社会政策的财政思想的代表人物，但两人之间还是存在着某种分歧。

关于财政、赋税社会政策的思想，瓦格纳认为，社会存在不同阶级是历史的必然，阶级是历史发展的产物，而且从人类本性和心理角度来说，阶级差异是社会进步的动力，为此，无须消灭阶级差异，只需通过赋税、财政手段便可不至于使阶级差异过于悬殊。而施泰因的财政社会政策确实是要解决不同阶级的矛盾，但在具体运用中并未对社会阶级作出严格区分，只是认为赋税、财政社会政策用于解决社会阶级矛盾存在着削弱资本能力的风险，也就是说，如果将私人经济创造的财富过多地用于解决社会矛盾，将会危害到私人经济的资本能力，进而影响到整个社会的再生产过程。

瓦格纳从三个方面反驳了施泰因的观点。

第一，产业国有化情形。瓦格纳认为，产业国有化只是意味着其管理方法与私人经济不同，并不会改变国民经济的资本有机构成部分。即便产业国有化可能会提高工资水平，但也绝不会影响到资本的增值。因为一方面，劳动阶级工资水平的提高意味着其消费能力的增加，可进一步刺激企业生产，进而使资本增值。另一方面，产业国有化可避免投机性的过度竞争，由此除了可减少中间商而提高效率外，还可节省广告费以及其他因竞争而发生的“杂费”。所以，瓦格纳认为产业国有化有助于国民资本的增值。

第二，国家直接或间接使用社会福利政策来干涉所得分配的情形。这种社会福利政策体现在两个方面：一是规定随着企业利润增加，相应增加劳动阶级的工资；二是分享企业所增加的利润。瓦格纳认为，提高劳动阶级工资，自然会使资本家的消费力和资本构成力有所减弱，可是，由于其提高了劳动阶级的消费力，在一定程度上还是有助于资本家资本的增值。此外，提高劳动阶级工资会缓和阶级对立，也便于盘活国民资本。可见，提高劳动阶级工资并非不利于国民的资本能力。

第三，社会福利政策下的赋税。对富人课税，仅是减小了他们的消费力，并不影响其资本构成力，当然也就不会影响到国民的资本能力。

8. 小结及简要评论

综合起来，瓦格纳财政思想包括以下几个方面。

第一，瓦格纳的财政思想是站在历史观的立场上，将财政、财政学看作历史范畴，认为它们既是人类历史进程中的产物，也要反映时代精神，依托于时代状况而存在。

第二，瓦格纳的财政思想所依据的国家观是，国家作为一个有机共同体，是历史的产物，是人类生活的最高形式，并不是人类自由创造出来的、可以随意废止的；国家生活高于市民社会生活和家庭生活。

第三，国家经济活动是一种生产性活动，可创造出价值，财政经济活动即将有形的物质财富转化为无形的精神财富的活动。

第四，财政存在的依据在于赋税的义务论，即国家的性质就决定了生活于国家中的民众负有纳税的义务。

第五，财政存在的目的，既包括古典经济学中的保障民众的人身和财产安全，也包括社会政策目的，即缓和不同阶级之间的矛盾与对立，促进国民经济发展。税收原则也是以这两个目的为前提。

简单总结为一句话：瓦格纳的财政思想是有机的国家观的财政理论。

总之，瓦格纳为财政、财政学的发展作出了杰出贡献。阿部贤一在《财政学史》中对瓦格纳给出了极高的评价，“德国的发达哲学和经济，而在财政学上产生具有异彩的伟人，实则为瓦格纳”，“瓦格纳在财政学上，赋税上之学问的贡献和对于各国实际财政政策指导上的功绩，实在是很伟大。……以为是有十二分的价值”[①]。实际上，现在的财政学人也能感知到瓦格纳的存在。一方面，在大多数财政学教材中，都会介绍“瓦格纳法则”，用来解释公共支出为何会不断增长；同时，税收原则中的财政原则，与瓦格纳的财政原则如

① 阿部贤一．财政学史［M］．北京：商务印书馆，1936：116.

出一辙。另一方面，阿部贤一说瓦格纳的赋税思想指导了各国的财政政策实践。比如，我国一直将税收作为调节不同群体间的收入关系、促进国民经济发展的手段，具有工具性作用。

可是，瓦格纳的财政思想还是有其局限性。一是与同时期的边际效用学派相比，突出地体现为没有将公共收入与公共支出统合起来考虑。或者说，瓦格纳没有像边际效用学派那样建立起公共收入与公共支出之间的内在联系，只是分开来讨论其在国民经济发展中的影响、作用。二是德国历史学派没有将历史经验抽象为理论概念的局限。德国历史学派将财政、财政学作为历史范畴来研究，符合人类发展的规律，值得肯定。但是，将人类历史上的财政活动进行抽象并上升到理论高度，是理论研究的本质，也是黑格尔的辩证哲学所一直强调的。遵从黑格尔辩证哲学观的德国历史学派恰恰没有按照黑格尔的逻辑来规定概念，从理论高度来理解财政活动，这可看作瓦格纳的遗憾。

第十四章　财政社会学

一、财政社会学及其产生

（一）财政社会学产生背景

财政学到目前为止尚未解决财政的主体问题。

主体指的是基于自主意志的事物承担者。一般来说，主体指的是人，因为只有人才具有自主意志，且能够承担起相应的职责。

现在一般认为财政的主体是国家或政府，可是有以下三个问题值得讨论。第一，财政作为国家或政府的收入与支出的行为，现象上表现为国家是财政的主体。可是，国家是自然人的集合体，那么从本质上看组成国家的个人是否是财政的主体？国家只是一种组织形式，主体最终还是体现为具体的人。如果落实到具体的人，那么应是哪些人？第二，国家与个人之间的关系。现实生活中，表面上看是国家或政府在主导着财政活动，那么个人在财政中扮演什么角色？个人是否参与财政活动？如何参与？参与的程度如何？什么准则决定着个人的参与？第三，国家或个人主体性下财政活动的有效性。财政活动在何种条件或环境下起作用？是否能达到其预期？

实际上，这些问题已完全超出了纯财政学的范畴，需从国家起源、国家理论、公共活动性质以及国家或集体在财政中的价值等方面来寻求答案，即要从社会学、政治学中寻求思路，用社会理论或政治理论来观察财政问题。“财政学主要研究国家的财政问题，但它从来没有停止追问谁才是真正的国家。”[①]

关于国家起源、国家理论以及公共活动性质等，无论是社会学还是政治学都有着诸多论述，但是，关于国家理论如何应用于财政问题研究，显然涉及不多。当然，并不是说前人没有研究。

1917年，葛德雪面对第一次世界大战后奥地利千疮百孔的经济社会状况，在思考奥地利走一条什么道路时，写下了《国家社会主义还是国家资本主义》，其中提出了“财政社会学”的概念。1918年，熊彼特在《税务国家的危机》中肯定了“财政社会学”这一提法，并进一步指出财政社会学的作用与价值。“财政史使人们能够洞悉社会存在和社会变化的规律，洞悉国家命运的推动力量，同时也能洞悉具体的条件，特别是组织形式发展和消失的方式。财政是进行社会调查的最好起点之一，尤其是当它并不排斥它所包含的政治生活时更是如此。从财政入手的研究方法在用于研究社会转折点或社会新纪元时效果更为显著，在这一时期，现存的形式开始殒灭，转变成新的形式，并且在这一时期往往包含着原有财政政策的危机。无论是财政政策的决定性作用（如财政事件是导致所有变化的原因中最为重要的因素），还是其征兆意义（如所有发生的事情都是财政的反映），都是真实的。尽管在类似的情况下人们总是要对此加以种种限制，但我们可以确定地谈论一连串特殊的事实、一系列特殊的问题，以及一种特殊的研究方法——简而言之，一个特殊的领域：财政社会学。对于财政社会学，人们可以寄予厚望。”[②]与此同时，熊彼特从社会学角度论证了税务国家的产生及其危机。20世纪20—30年代，帕累托等意大利学者从社会学角度或运用社会学理论阐释了财政学的本源问题。20世纪70年代后，西方出现了“财政社会学”的复兴。奥康纳作为这一时期马克思主义经济学的代表，认为财政社会学的“主要关切就是国家财政收入和支出总量与它们分配以及税负在不同经济阶层分摊的指导原则”[③]。

尽管财政社会学这个领域实际上并未被完全发展起来，至少并未进入主流教材之中，但我们还是从这些研究中发现：①值得在理论上深入探究的基

① 葛德雪．财政问题的社会学研究路径［M］// 马斯格雷夫，皮考克．财政理论史上的经典文献．上海：上海财经大学出版社，2015.

② 熊彼特《税务国家的危机》。

③ 奥康纳．国家的财政危机［M］．上海：上海财政大学出版社，2017：3.

本命题——财政问题即国家问题。现代财政是随着现代国家的产生而产生的，国家理念决定了财政理论。由此，财政社会学就是研究国家或社会与财政活动的关系问题，或者，财政的本源问题。②现实生活中需要解决的问题。比如，不同税种或对穷人、中产以及富人减税等所具有的社会学意义：是使社会中不同阶级的人们更加和谐，还是使社会陷入混乱？也就是说，不从经济增长角度来看待税收制度，而是从社会结构、社会和谐等社会学角度来理解税收制度所产生的后果。又如，税收制度中的主体税种是直接税还是间接税，对不同阶层的人们存在不同影响，其中可能会存在不同阶层的斗争。按照这种逻辑进一步推论，如果税收制度偏向于富人而使社会中人们之间的财富差距越拉越大，穷人相对更加贫困，就可能会加剧社会秩序的不稳定。所以，这些社会问题的产生就可以归结为是税收制度的问题。

进一步来说，税收制度不仅涉及税收制度本身，还涉及国家理论，因为国家理论决定着税收制度。反过来，从人类税收制度的演变中不难发现，国家的税收制度安排总是基于特定的社会结构和社会经济状况。比如，在封建领主制度时期，国王或君主的赋税主要是直接税，因为此时以互惠为原则的交换经济尚不发达，无法对物品交换过程课税。而工业革命之后，税收的主体变成了商品税和消费税，因为它们不仅便于课征还具有“隐蔽性”，因存在税负转嫁而使纳税人不易觉察到承担着税负。当然，不同的财政支出也会影响到相应群体的生产、生活行为，同样也会产生与此相关的社会关系问题。

所以，将财政社会学作为财政思想史的组成部分既有其历史价值、理论意义，也有其现实性。

（二）本书对财政社会学的定义

财政社会学也可称为社会学[①]的财政学，就是从社会学角度或运用社会学原理来研究、观察现实社会中的财政现象、财政活动的内在规律，即财政学，

① “社会学”一词源自法国孔德的《实证哲学教程》第4卷。孔德认为知识和社会都会经历从低级阶段到高级阶段的进化发展，社会学就是人类进化发展过程中所有知识的综合，代表着人类知识的最高阶段。基于孔德对社会学的原生定义，社会学就是关于人类社会结构及其活动的知识体系，是从进化发展的社会系统的整体出发来研究社会的结构、功能、发生与发展规律的一门综合性学科。其研究目的在于运用这些知识去寻求或改善社会福利。

以及财政对社会的影响。一方面，社会结构、社会条件决定或影响着财政的收入与支出及其制度安排：社会结构与税收，社会结构与财政支出，社会结构与财政分权、财政政策。另一方面，财政收支及其制度影响着社会结构和社会条件。财政社会学应研究财政制度是如何产生的，在相应的财政制度下人们的行为会怎样，以及对不同群体会产生怎样的影响①。财政社会学研究的就是财政的社会过程，既包括现有的社会条件对财政本身的制约和塑造，也包括财政对社会条件的塑造。“财政史上的事件使人们能够洞悉社会存在和社会变化的规律、洞悉民族命运的推动力量，同时也能洞悉这些得以发生的具体条件，特别是组织形式及其成长和消失的方式。”②

二、葛德雪的财政社会学

鲁道夫·葛德雪（Rudolf Gkldscheid，1870—1931），出生于奥地利维也纳一个富裕的犹太商人家庭，在弗里德里希－威廉大学学习哲学和社会学。他热衷于社会政治活动，参与组织多个学术组织，是德国社会学会、维也纳社会学会、奥地利人权协会、奥地利人口政策协会的创始人之一，在其中扮演着领导人的角色；是社会主义政党成员。葛德雪被认为是财政社会学的创始人，他的论文《财政社会学》与熊彼特的《税务国家的危机》被认为是财政社会学的奠基性文献。代表作有《一般意义上的伦理》（1902）、《演化的价值，人类经济的理论》（1908）、《进化与人类经济》（1911）。

（一）财政社会学的提出

奥地利在1866年普奥战争中战败，与德意志联邦解体，在1867年与匈牙利联合组成奥匈帝国。1908年，奥匈帝国吞并波黑，引发了1914年的萨拉热窝事件。奥匈帝国以此为借口向塞尔维亚宣战，之后同盟国与协约国之间的第一次世界大战爆发，结果是同盟国战败，奥匈帝国在1918年解体，奥地

① 财政在国家治理中有着工具性作用。从另一个角度来看，我们的经济发展状况、社会经济形态以及社会结构，都要从财政制度、财政政策方面来寻找原因，否则难以解释现有的社会经济现象。

② 熊彼特《税务国家的危机》。

利独立[①]。

面对第一次世界大战后奥地利的社会经济发展困境，葛德雪作为一名学者，不断思考着奥地利的未来，或者说，奥地利应走一条什么样的道路以振兴国家。在他看来，个人安全与福利高于国家利益，国家不应是军事组织，而应是社会需要的供给者与保障者，每个人都应享有教育、卫生、养老等福利保障。这种思想体现于他在这一时期发表的论著之中。1917 年发表的《国家社会主义还是国家资本主义》《财政学与社会学》、1919 年发表的《经济社会化还是国家破产》、1925 年发表的《财政问题的社会学研究路径》《国家、财政与社会——从社会学立场研究财政学的本质与课题》等都延续了同一主题，即如何构建国家制度以保障人民福利。这既具有鲜明的时代特征，也形成了超越时代的永恒价值：财政社会学。

阿部贤一在《财政学史》中对葛德雪的财政社会学给予了高度评价，认为他一改只将财政学作为行政机构的财政事务来看待的传统，将财政看作摆脱国家贫困化、债务化的一种救济；国家不再是榨取国民积累财富的存在，而是服务于人民的存在。马斯格雷夫和皮考克认为，“就历史分析而言，葛德雪提供了一种相当不同的框架。……不管葛德雪的财政史理论分析是否正确，他的财政社会学框架为财政理论发展提供了一个新的、有挑战性的方法路径”[②]。

观察财政学教科书，绝大多数财政学理论仅仅研究财政收入与支出本身的问题，即如何获得收入（比如税收、国债）、税收有哪些种类、不同种类税收会对经济社会产生什么影响，如何将获得的财政收入花出去、财政支出结构以及可能产生的效用，等等；而将财政收入与财政支出的土壤看作既定不变的东西，对税收结构、财政支出结构、财政规模并不作深入研究，将这些问题抛却了。

财政现象、财政制度都是特定时代的产物，受时代的社会经济制度、状况以及国家意志影响，不是一成不变的，而是随着时代的变化而变化。或者

---

① 哈耶克参加了第一次世界大战，面对战败之后千疮百孔的奥地利，给出了与葛德雪完全不同的救国之策——自然自由的市场经济，并为此与凯恩斯进行了论战。

② 马斯格雷夫，皮考克．财政理论史上的经典文献［M］．上海：上海财经大学出版社，2015：14.

说，正是特定的社会经济制度、社会经济结构以及国家制度等塑造了财政形态，所以，不能将财政现象、财政制度与社会经济形态、国家制度等割裂开来，否则不可能认识到财政的本质。

无疑，葛德雪开创了财政社会学的先河，将财政问题作为社会变革的核心来考虑社会的发展战略问题。

（二）财政社会学的内涵

“财政社会学，便是关于公共的家政是怎样受社会节制；或是这件事体对于社会发达有什么机能的学问。”①

1. 将收入与支出合二为一来研究

从财政社会学的角度来观察财政学，就不能将财政的收入与支出分开来观察，而应将二者统一起来作为一个“一”来研究。因为政府、公共机构是因财政收入与支出而存在的，财政收入与支出二者缺一不可，而且相互作用。也就是说，如果清楚了财政收入来源于哪里，也就知道了财政经费应用于何处，反过来说，弄清楚财政支出为谁带来好处了，也就知道财政收入从何而来了。“收入与支出二者的相互依赖机制，应该成为财政学的首要问题。”②

2. 国家与财政之间的关系是财政社会学研究的主要问题

“国家的职能，是依从家政的预算，同时预算，便不外乎脱去的有各种观念的外衣之裸体的国家骨骼。”财政是最能体现国家本质的东西。一方面，财政是国家依其所拥有的公权力，将社会成员的劳动成果以税收或费用的形式集中于国家之手。那么，是按斯密的收入同比例原则来集中，还是集中部分富人的财富而免除穷人的税赋？在人们还依赖于“物”来获取幸福的时代，国家按何种规则集中社会成员的财富，这是一个国家的“本来面目”。另一方面，国家或政府将集中起来的社会财富通过提供产品或劳务的方式再分配出去，这就涉及哪个群体会从中获得更多的福利（因为不可能每个群体都获得

① 阿部贤一．财政学史［M］．北京：商务印书馆，1936：146.

② 葛德雪．财政问题的社会学研究路径［M］// 马斯格雷夫，皮考克．财政理论史上的经典文献．上海：上海财经大学出版社，2015.

同样的利益），或者说，国家或政府在为谁服务①。将财政的收入与支出统一来观察，就很清楚国家的“骨骼”②是以人为本（包括以人民为本或以贵族为本），还是以“资”为本。

另外，对财政学缺乏深入研究或没有触及其本质的根本原因，还在于对作为财政主体的国家缺乏真正的认知，或只是将国家作为一个抽象的概念，忘记了国家是由具体的人组成的，其中存在着不同群体。他们有着不同的文化，不同的诉求和欲望，也有着不同的经济基础。即由具体的人组成的国家，呈现出特定的社会结构，存在着不同力量的博弈。葛德雪在这里提出了一个当代人们还存在着的一种思维，即将国家看作理想之物，认为国家乃是客观的“善”、正义并且符合人性目的，而现实并非如此。

3. 财政模式决定性地影响着民族和社会的演变

各国的财政史都可体现为一部革命史，或者反过来说，革命史背后也是一部财政史。阶级斗争最古老的形式便是赋税斗争，革命与财政存在着密切关系。进一步来说，革命、财政都有特有的社会根源，也正是这一社会根源决定了革命的路线，比如法国旧制度与法国大革命。

4. 财政学研究的是国家的收入与支出问题，可是，国家是谁的国家？

正如熊彼特在《税务国家的危机》中论述的，现代国家是在封建领主制下各封建领主之间的战争中发展起来的，支持其战争的主要收入来源即是税收，由此也就形成了税务国家或财政国家，也就是说，国家为了民众的利益，通过税收的方式筹集资金，并以此来保障人民的生命、财产等安全。熊彼特将此类型国家定义为“税务国家”，认为税收是国家作为整体而存在的基础。

---

① 观察不同历史发展阶段的财政结构（就社会群体而言），很容易发现，在封建社会，王室的财政收入源于民众，比如法国大革命之前法国社会中只有第三等级纳税，其他社会阶层不缴纳任何税赋；中国的王公贵族也不缴纳税赋，反而享受着人民缴纳的各种税贡。从这个角度来说，封建社会的财政是服务于封建王朝、贵族阶级的，由财政分配状况即可观察到国家的“骨骼”。

② 在新冠肺炎疫情期间，疫情防控与经济发展之间产生了矛盾，因为防控疫情需要人与人之间进行有效隔离，既影响生产也影响消费。此时，各国在处理这一矛盾时采取的措施，就展示出了其国家的“骨骼”——为谁服务的问题。中国在疫情大暴发时，首先严格执行人与人之间的隔离管制，以县级区划为单位，按相应的指标对风险等级进行评估，只有低风险地区才能在严格防控风险的条件下复工复产。这展示出的国家“骨骼”是以人为本。再看美国、欧洲等西方国家和地区，在疫情依然非常严重的情况下，急切复工复产以恢复经济，将人的健康置于经济增长之后，展示出的国家“骨骼”是典型的以“资”为本。还有一点也可说明此问题，在美国，新冠病毒感染者的阶层特征十分明显，即黑人等少数族裔及相对贫困群体的感染率和死亡率远远高于白人及高收入群体。

"过去的国家并不总是无财产的，而今天的现代国家却没有财产，并且事实上总是深陷债务之中。"在葛德雪看来，现代"税务国家"因依赖于税收或债务来维持其存在，已经失去了人类文明早期"公共家庭"所具有的经济基础，国家财产被逐渐剥夺，"这种剥夺行为已进行得如此深入，以至于成为当代财政体制比过去（甚至远古）财政体制更恶劣的原因之一"。葛德雪认为现行的国家财政体制远不如过去的，基于对德国官房学派、"公共家庭"的认识，提出了国家资本主义。

（三）国家理念与财政性质

葛德雪崇尚国家资本主义[①]。第一次世界大战后，世界经济社会发展格局呈现以下特点。一方面，从世界格局来看，已然出现了资本主义和社会主义两大阵营。苏联的社会主义运动和建设显示出强劲的生命力，同时，以马克思为代表的社会主义理论家提供了指导社会主义发展的强大理论工具。尤其是马克思主义明确指出了现行的以自然自由市场经济为主的资本主义制度存在的弊端，这些弊端在资本主义现实社会中是可明鉴并被人们所认知到了的。这种理论与现实上的社会主义成功经验给资本主义制度及其理论研究敲响了警钟。所以，这一时期的西方经济理论在社会主义理论对其的批判中不断改良。正如葛德雪所言，"最近几十年来，财政学实际上已成为社会科学中严重落后的学科，而在过去财政学曾经是领先的学科。看似矛盾的是，财政学落后的一个原因是社会主义运动的进展。当经济学的其他分支接受了因社会主义影响而产生的丰富理论成果时，财政学却没有这样做"[②]。另一方面，第一次世界大战中战败的奥地利，各种经济社会矛盾突出，面临着经济社会制度的重建。面对资本主义与社会主义两种社会制度形态，奥地利采取何种社会

---

① 列宁的国家资本主义概念，主要包括两层含义：一是指国家政权对企业的控制，"国家资本主义就是资本主义制度下由国家政权直接控制这些或那些资本主义企业的一种资本主义"；二是指国家对资本主义经济发展的监督和调节，"垄断资本主义正在向国家垄断资本主义转变，由于情势所迫，许多国家实行生产和分配的社会调节"，表明在资本主义发展过程中国家作用的不断增强。

② 葛德雪．财政问题的社会学研究路径［M］// 马斯格雷夫，皮考克．财政理论史上的经典文献．上海：上海财经大学出版社，2015.

制度，是当时迫切需要解决的问题[①]。葛德雪认为，财政在国家理论以及国家制度建设方面扮演着非常重要的角色，因此首先要做的就是“彻底了解财政在国家与社会演变及相互依赖过程中，到底扮演了何种角色”，财政是国家理念、国家制度构建的切入点。

1. 只有国家资本主义或者“公共家庭”才能实现国家的正义

在传统理念中，人们一般都将国家看作抽象的、理想的国家，国家的行为、理念总是体现为“公共善”，可是葛德雪认为，现实是“只有富裕国家，才会是一个正义国家”。葛德雪的“富裕国家”是指，国家作为主体要掌握一定的经济资源，拥有一定的经济力量，“国家若不具备经济力量和经济效率，就不能达到经济正义。而国家要重塑或者要具备经济力量与效率，主要的行动就应该体现在公共家庭中。在财政领域仍然处处存在阶级局限的情况下，国家只能是阶级国家”[②]。笔者认为葛德雪给出了一个关于国家的真谛：国家的正义建立在自身强大的经济力量之上，否则，国家将受制于资本或者成为资本的“奴隶”。国家只有具备了一定的经济实力才能实现国家意志，国家的“公共善”才能落到实处。

所以，葛德雪认为，“来自于财政社会学的重要洞见是：没有任何事物能像公共家庭那样，清晰地反映全部既有的社会秩序与经济秩序；国家与它的财政制度，没有什么太大的不同；每一个独立的私人家庭都与国家家庭紧密相连。如果国家家庭缺乏健康的基础，那么出于同样的原因，每一个私人家庭都会在经济上和道德上受到伤害”[③]。国家的运行依赖于财政制度的构建，“公共家庭”是理想的国家制度。它不仅建立在一定的经济实力基础上，还可构建起良好的社会秩序和经济秩序，体现出真正的社会正义。

2. 税务国家的财政存在着剥削

“财政剥削是私人企业剥削不可缺少的助手，它构成了资本主义的法理基

---

① 实际上，第一次世界大战之后，学术界出现过多次关于资本主义与社会主义、政府与市场之间关系的争论，产生了诸多观点，如国家社会主义、国家资本主义。总之，面对现实中以苏联为代表的社会主义国家取得的成就，西方学者不得不修正传统的经济学理论、国家理论。

② 葛德雪 . 财政问题的社会学研究路径［M］// 马斯格雷夫，皮考克 . 财政理论史上的经典文献 . 上海：上海财经大学出版社，2015.

③ 葛德雪 . 财政问题的社会学研究路径［M］// 马斯格雷夫，皮考克 . 财政理论史上的经典文献 . 上海：上海财经大学出版社，2015.

础和实践元素。……在现实中我们可以一再看到的是，只要资产阶级对国家的掌控力衰减，他们就会想方设法地鼓励通货膨胀；只要他们能够坐稳掌权的位置并能从中获得享受，他们就立即拥护通货紧缩的政策。资本家总是需要国家的帮助，才能以巨大的规模获取利润；没有财政的帮助，资本家就不能使他们在经济、社会和政治等多方面的优势结合在一起。国家成为统治阶级的工具，该阶级强制性地引入财政组织来实现统治。"① 笔者认为，在葛德雪看来，财政活动给资本带来了更多的收益，而剥夺了穷人的利益。这一点可从意大利人伯格塔的财政社会学研究中得到证实，即在财政活动中，投机者成为净获利者，特别是投机集团，能够设法从财政中获得更大利益。这也与意大利学派、奥地利学派"私人经济与公共经济之间相互依存"的观点相一致。在大资本时代，资本的利益依赖于国家提供的公共设施和公共服务，而相对于劳动者，资本能从这些政府供给中获得更大收益。

3. 税务国家存在着"少数人控制"，而影响着国家的"正义"

现实中的国家或财政，葛德雪认为存在着"国家中的国家"，或称"真正的国家"，"代替正式法律制度所宣布的国家或者的道德所装饰的国家"。实际上葛德雪所谓的"真正的国家"是那些体现或决定着国家意志的"人民"。在葛德雪看来，食利者、私人资本家和金融资本家是"国家中的国家"，他们影响和左右着财政活动。"组成'国家中的国家'的私人资本家与金融寡头集团，深知自己的弱点在哪里，他们很清楚，如果不想从根部削弱自己权力的话，那就必须保持对公共家庭的控制。"若他们能对国家实现控制，而国家缺乏相应的经济力量，就只能仰私人资本之鼻息而生存。所以，具有主体性的国家为了实现其"公共善"必须有自己的经济力量。葛德雪提出"把财产还给国家"，国家要建立自己的公共经济，财政学的任务就是协调好资本主义私人经济与社会化生产的公共经济之间的内在矛盾，建立起公共财产制度。

葛德雪要构建的是人民的财政学，能够真正反映社会需要的财政学，能够实现"公共善"的财政学。而应用这一财政学的国家即应是国家资本主义国家。

---

① 葛德雪．财政问题的社会学研究路径［M］// 马斯格雷夫，皮考克．财政理论史上的经典文献．上海：上海财经大学出版社，2015.

（四）对葛德雪财政社会学和国家资本主义思想的思考

1. 从国家治理来看财政理论

国家作为自在自为的主体，具有自身的意志："公共善"或"正义"。而要实现其主体性，就要有自己的经济力量——财政，否则，国家将被"国家中的国家"控制。财政作为国家治理社会的工具和基础，就要有独立性，不能依赖于大资本和金融寡头。因此，要构建人民的财政学——既由人民作主，也为人民公共需要服务的财政学。无疑，葛德雪指出了财政学的发展方向。可是，关于如何实现这一目标、如何避免"国家中的国家"存在、如何实现国家的公共经济等具体而现实的问题，葛德雪并没有给出答案。

2. 国家与私人经济的关系

在葛德雪看来，国家有独立的价值，或者说，其价值独立于私人经济而存在。税务国家存在的目的是通过税收获得国家经济力量并服务于国家整体需要；税务国家外在于自由交换的私人经济，只通过"税收—服务"而与私人经济发生关系。

三、熊彼特的财政社会学

（一）熊彼特及其《税务国家的危机》

约瑟夫·熊彼特（Joseph Alois Schumpeter，1883—1950），著名经济学家。1901年进入维也纳大学学习法学和社会学，1906年获法学博士学位。1918年出任考茨基、希法亭等人领导的德国社会民主党"社会化委员会"顾问，1919年出任奥地利财政部部长，1921年任比德曼银行行长，1925年在德国任波恩大学教授，1932年迁居美国，一直在哈佛大学任经济学教授。一生著作甚丰，共出版了15部著作，代表作有《理论经济学的本质和主要内容》（1908）、《经济发展理论》（1911）、《税务国家的危机》（1918）、《景气循环论》（1939）、《资本主义、社会主义与民主》（1942）、《经济分析史》（1954）。

熊彼特财政思想的代表作是《税务国家的危机》。在这篇文章中，熊彼特给出了其对财政社会学的理解。"税务国家"指的是从财政角度来考察的国家、以财政税收形式为窗口观察到的国家，包含着国家的性质、形式及命运。

熊彼特这篇论文源于当时对奥地利国家命运的争论。奥地利是应像葛德雪所说走国家资本主义道路，是像苏联一样走社会主义之路，是在“战前的经济秩序框架内加以解决”即传统的税务国家，还是走一条自由市场经济之路。

熊彼特赞同葛德雪认为税务国家可能失败的观点，可是，他认为这种失败可能不是税务国家本身导致的，而可能是社会结构导致的，所以，要探究财政事务与社会结构的关系，特别是要从历史经验和数据中寻求答案。

熊彼特认为葛德雪是财政社会学第一人；所谓财政社会学就是“运用社会学方法分析财政问题”；社会学方法就是收集坚实的、未经修饰的事实，将其置于社会学领域中。国家需要一定的经济资源以实现其职能，不得不从经济中汲取部分加以利用，并在这一利用过程中对经济的发展、人民的生活和文化等产生了直接的塑造作用。

在熊彼特看来，一国财政不仅影响甚至决定了其经济政策，还是窥视其经济社会发展的窗口。在各国的财政史中，一方面，正是财政问题驱动着经济政策及其他相关制度的出台，并因此改变了原有的经济社会形态，“财政措施确实创造了也摧毁了产业、产业形态和产业布局，并且由此直接构建（或扭曲）了现代经济大厦，进而影响到现代精神”①。另一方面，与财政措施产生的这些后果相比，财政现象中包含着的“征兆”更具价值，也就是说，财政现象可以被看作社会经济现象的一个窗口，透过这个窗口可以观察到经济社会的性质、命运，一个国家经济社会领域发生的所有事情都会反映在财政现象之中，“财政史上的事件提供了洞察社会存在和社会变化的规律，以及洞悉民族命运变迁力量的机会，同时也能透彻地把握社会的具体条件，特别是组织的形式以及它们成长和消失的方式”②。通过熊彼特对财政史的认识，可领略到财政在人类社会活动中的价值。不仅财政深入人类生活之中，影响或规定着人类生活，还可从财政现象中观察到社会运动的特征、规律。

---

① 熊彼特《税务国家的危机》。

② 熊彼特《税务国家的危机》。

（二）财政塑造了国家及其形态，同时成了国家的附属

熊彼特认为，现代国家产生于封建社会的瓦解与新兴资产阶级的产生而带来的“共同需要”。随着社会生产力的进步，人们不再单纯依附于某一个人，人身依附的封建社会逐渐瓦解。个人以自身为中心，人与人之间的关系成了一种独立的个体之间相互合作、互惠的交换关系，而此时也就出现了财产、人身安全等个人无法解决的问题，这一问题可看作一种“共同需要”。进一步来说。这就要求有一个人或一个组织来提供这种“共同需要”，国家便应运而生了。“只有当个人生活以其自身为中心展开、个人生活的意义集中于个体及其周围的领域、对人格进行完善就是其自身的目的之时，国家才作为一种真实现象而存在。”①

因“共同需要”而产生的国家，为了满足“共同需要”，就需有相应的经济力量。在以个人为中心的社会中，国家经济力量来源于税收，为国家满足“共同需要”提供财力。可见，正是“共同需要”催生了财政需要，并使一个真实的国家得以存在。所以，从这一角度来说，财政需要创造了现代国家。

在熊彼特看来，财政不仅创造了国家，还塑造了国家的形式。“税制作为手段，其发展帮助了其他制度与机构的发展。国家手里拿着税单，就可以渗透到私人经济中去，并日益加深对它的统治。税收把金钱与算计精神带到了此前它们从未到达过的各个角落，并因此成为那个曾经产生税收的社会有机体的塑造力量。”也就是说，人类发展必然产生的“公共需要”催生了国家，而财政使国家变得真实且有力量。这样，财政包括税收就好像一把可操作的手柄，社会中各种力量都可利用、握住这个手柄来实现自己的利益诉求。那么，在财政这只“手柄”的指导下，在收益最大化原则的引导下，人们改变了其自身的精神、行为，使社会结构发生了变化，重塑了社会机制、机体。

反过来，一旦国家得以建立、国家形式得以完成，财政就成了国家的助手、国家的工具。“一旦国家作为现实社会机构而存在，一旦国家已经成为管理政府机器的人和利益集中于其上的那些人的中心，一旦国家被认为适合处理很多事情（甚至那些反抗它的人也承认）——一旦这些都发生了，国家就会进一步地快速发展起来，发展为一种单纯从财政角度已不能理解其性质的

① 熊彼特《税务国家的危机》。

事物，此时财政已成为服务于国家的工具。如果说财政创造并部分地塑造了现代国家，那么现在国家又用它的力量去塑造财政并扩大财政——让财政深入私人经济的肌体之中。”[①]国家成熟起来之后，意味着财政也需要转型，由国家实现“共同需要”的资金筹措手段，转为国家的工具，成为社会治理的基础和手段。也就是说，财政思想从属于国家意志，是国家意志的具体体现，财政成了国家的附属物，并作用于社会经济生活的肌体之中，影响和决定着经济社会的运转。所以，现代国家中无处不存在着财政的足迹，不仅体现为我们每个人都要通过税收的方式为国家作贡献，还体现为如果没有财政支持，我们的日常生活将难以为继。

（三）国家理论与财政观

在熊彼特看来，国家是人类发展到一定阶段的产物，以自我为中心的个体融入社会整体，或者说，每个人都追求自身的利益但是这种追求建立于社会整体之中，每个人脱离社会便不能存在，每一个领域都被社会化了。具体来说就是，国家的出现与私人市场经济的发展密切相关。当市场经济相对发展时，即当公共产权从私人产权中分离出来，成为独立的权力体系时，国家才会出现。或者反过来说，随着市场经济和资本主义的兴起，财产占有进一步从公共领域转移到私人领域，税收取代了公共财产收入成为国家财政收入的主要来源，现代国家便产生了。所以，“‘国家’这个词指向我们看到的环绕周围且正在发挥作用的社会生活的要素，而不仅仅是‘共同体’或‘社会组织’这些概念的同义词”。国家产生于“共同需要”的社会化，可是，现代国家已远远超越了单纯的共同体、社会组织的概念，已然成为决定人们生活的一种力量，围绕在每个人身边。

那么，国家是一种什么力量，如何影响着人们的生活呢？从其文章中隐含的思想来看，熊彼特赞同古典经济学的国家理论，认为国家只是为了服务于那只“看不见的手”。“对私人经济本来的目的来说，国家仍然只是某种外围的、外在东西”，“国家永远不可能是其自身的目的，它只是服务于那些共同目的的工具”。熊彼特将国家或政府看成服务于“共同需要”的工具，“在

① 熊彼特《税务国家的危机》。

特性上，国家作为机器，为的是实现某些特定的、相对严格界定的目的（整个民族的文化生活带着基本推动力面对国家这台机器）”，这种目的就在于古典时期的“小政府”[①]，一旦超越这一界限，整个社会福利就会受到损失。

关于国家理论，熊彼特提出了一个有启发性的观点，但并没有深入研究。他认为，国家除了要有一定的界限之外，理解现实社会，“确认国家所处社会中哪个集团的人更重要，以及认识到哪些要素主导着国家等”，也是至关重要的。实际上，熊彼特所讲的理解现实社会就是要认识到谁才是社会或国家的主人，谁拥有着国家的权力。无疑，这种国家观是相对比较深刻的。国家、社会终究是由不同的人组成的，在人们还在受“物”支配、人性还体现为“利己”的社会发展阶段，哪个集团主导着国家、哪些要素影响着国家，对一国的发展具有重大意义。因为他认为国家具有工具性作用，“下面的理论在其他方面可能有错误，却包含了一些正确的内容：国家除了是统治阶级的剥削工具外，其他什么也不是”。既然国家具有工具性价值，那么谁拥有它，谁就可以利用它并从中获利。这是一种朴素的现实主义观。熊彼特只是提出了这一问题，并没有给出答案，或者说，他的答案只在于现代税务国家内在有一种自我矫正机制，即国家财政潜力的界限，一旦触及临界点就会自动修正。这与葛德雪完全相反。葛德雪认为国家的“公共善”、正义之所以无法实现，是因为部分集团控制着国家，或者说，国家财政若来源于某一私人经济集团，就可能会受制于这一集团，所以，国家要有自己的经济力量。当然，熊彼特也不赞同同是市民社会的国家理论。从熊彼特对黑格尔国家理论的反驳中也可看出其国家观。他认为黑格尔的国家观——国家是人类最高的善，是人们向往的地方，是人类成就的最高峰——是不现实的乌托邦。

“无论从哪方面来说，国家都其确定的界限。”这种界限体现在财政潜力方面。在熊彼特看来，国家只是这个经济体中的“寄生虫”，从私人经济中挤出部分财富来满足国家需要，可是，国家“只有当它与每一种特别社会心理状态下都能持续存在的个人利益保持一致时，它才能够从私人经济中不断索

---

① 可见，熊彼特的国家理论完全不同于葛德雪的国家资本主义理论。当然，葛德雪的国家理论是从国家如何真正实现其“公共善”的角度来论证的，而熊彼特则认为自然自由市场经济是完美的一种体制。熊彼特也不认同他曾经拜访过的马歇尔的外部组织国家理论。熊彼特此后的经济创新理论也是基于自然自由市场体制而展开的。

取钱财。换句话说，税务国家绝对不能从民众那里索取太多，否则民众会在金钱上丧失生产的兴趣，或者无论如何也不肯尽力工作”①。实际上，熊彼特关于国家或财政潜力的界限的观点，还是基于古典经济学的国家理念，认为国家外在于私人经济，只是为私人经济提供相应的公共产品或服务，不能影响到私人经济的经济行为。可见，国家或财政潜力的界限在于不能损害个人利益、不能影响经济行为人的行为。

影响国家或财政潜力界限的因素包括：一个国家的富裕程度、民族与社会结构，军事、官僚机构的权力和道德状况，民众的“国家意识”，等等。熊彼特认为，随着这些条件的变化，国家或财政潜力的界限也会发生变化。

在税收方面也存在一个界限。国家的财政潜力受到私人经济纳税能力的限制，尽管人们可以忍受的最高税收水平受到多种因素的影响，且并不清楚这一界限在哪里，但是一定要理解“税收界限”这个概念。当超过这个界限时，即便税率提高，税收收入也不会再增长，反而可能下降，相反，如果降低税率则可能使税收收入增长②。英国小皮特和格莱斯顿时代就是减税反而增加了税收收入。当然，熊彼特认为，不同税种体现出来的这种界限是不同的。

实际上，熊彼特认为，税务国家的内在机制会抑制税收超过这一界限。在私人经济与国家或财政潜力的博弈中，税率越接近这一临界点，税收遭受的抵抗就越大。在自由竞争的市场经济体中，每个人都追求自身收益最大化，当自身利益受到侵害时就会作出相应的选择。当税率接近临界点时，一方面国家势必依赖于越来越庞大的官僚队伍，不仅使税收具有更强的侵入性，会引起私人经济的反感，还会增加税收成本，提升社会运行成本；另一方面私人经济可能作出替代性选择，用休闲替代劳动、用消费替代储蓄、不再进行投资，即私人经济的自主性、能动性锐减。而如果税率超过这一临界值，税收收入就会减少，经济发展就会乏力，也就是说，过度的税收将抑制经济社会发展。由此，政府势必会作出调整，以使税收不会超过这一界限。

熊彼特对财政潜力还有另一种认识，即财政收入来源于国家经济（笔者

---

① 熊彼特《税务国家的危机》。

② 熊彼特的财政潜力界限观点与拉弗曲线的含义基本一致，都认为如果政府征税的税率超过某一临界点，国家财政收入就不会再增长，而有可能会减少。所以，有理由相信拉弗可能受到了熊彼特财政潜力界限理论的影响。

认为这针对的是葛德雪的国家资本主义观点)。单纯从国家财政收入潜力角度来说，国家自己经营企业，从中获得的利润不可能比它通过征收直接税和间接税而得到的收入更多。因为先不论国家垄断性企业，国家经营的企业既然参与自由市场竞争就必须遵从自由竞争的规则，在自由竞争的框架内运用资本、交换商品，那么其利润同样会受到经济规律限制。也就是说，在完全充分竞争的市场中，国家经营的企业也只会获得与其他企业相当的利润，为国家带来的财政贡献也不会比其他企业更多，政府从这一企业中拿走太多利润也同样会影响到这一企业的正常运营。

(四)熊彼特与葛德雪的比较

熊彼特赞赏葛德雪对财政社会学“巨大的学识贡献”，特别赞同葛德雪用财政社会学解释“任何特定历史时期的国家本质以及国家财政与社会发展之间的功能性相互依赖”的观点。他们二人都认为财政事务是国家发展和社会变革的内在力量。

总的来看，熊彼特同葛德雪一样，看到了社会结构和社会条件与财政之间存在的密切联系，且一旦国家成熟，财政即成为国家进行社会治理的工具，具有进步性。可是，熊彼特的国家理念以及对财政的生产性作用价值的认知，已落后于时代。他还固守着古典经济学时期的认识，而此时人们已然认识到了财政的经济价值，特别是马歇尔的外部组织思想，提供了认识国家、认识财政的新思维，而熊彼特并未借鉴。

葛德雪和熊彼特给出了“税务国家”的含义：国家源于在以个人为中心的私人市场交换经济中产生的、无法由市场来提供的“共同需要”，国家通过税收获取一定的收入以提供“共同需要”，但应将国家控制在最小限度内。

现代国家显然已不是所谓的“税务国家”了，也就是说，葛德雪和熊彼特的“税务国家”不仅出现了危机而且已经死亡。现代国家已然有其自身的目的，笼统地说就是利用其经济性、社会性资源以增进整个社会福利。一般称西方国家为“福利国家”，其中不仅涉及每个人都享有基本的、体面的生存权利，而且更加强调人与人之间的平等、和谐。国家或政府的职责即是实现这一福利目标。

葛德雪和熊彼特给财政学带来的遗产是，将财政问题置于整个社会结构和社会条件的框架下来理解，特别是重新拾起在德国“方法论论争”[①]中逐渐衰落的德国历史学派的研究方法，从历史因果关系来理解财政问题，用国家或财政与社会之间的内在有机联系来解释财政问题。

葛德雪论证了财政问题是现代国家产生的主要原因。一方面，君主之间、君主与教会之间的斗争，是资本主义制度结构形成的基础。这些争斗的直接后果就是战争，战争消耗了君主的大量财产，以个人名义持有的国家财产不断减少，最终落入民众手中。另一方面，税收压力是社会斗争的最大动力，财政是决定民族战争的那支“命运签”，财政与税收制度在国家产生中起到了决定性作用。同时，国会制度的产生也有赖于财政的发展，即当领主们获得了控制税收的权力时，国会制度就诞生了，因为选举权与税收紧密地联系在一起，只有纳税人才有权投票。总之，葛德雪从人类社会历史发展中探究了财政对国家产生以及发展的价值。

同样，熊彼特也是运用德国历史学派方法论来观察在国家起源和发展中财政的作用。熊彼特考察了奥地利和德国封建社会衰败、“税务国家”兴起的原因。在封建社会，财政收入主要来源于封建领主拥有的土地和农奴缴纳的捐赋、铸币权和关税等国王封建特权的收入，但这些收入不是税收，此时尚不存在“税收”，即私法和公法之间还不存在区别。到封建社会末期，因管理及战争等，君主的财政陷入困境，传统的财政来源无法维持日益增长的开支，君主就不得不以“共同利益”的名义向社会各等级寻求帮助。社会各等级同意为了共同利益而出资，但出于对君主的不信任，建立了各等级自己的税收体系，同时按照自己的意志使用这些收入。这样，君主的私人财产就与税收

① “方法论论争”即施穆勒与门格尔的方法论之争，是历史的（或统计的）归纳法与演绎法、强调独特性与一般性概括、注重描述的经济学与建立法则或模型的经济学之间的论争。德国历史学派中的“历史”，是指具有复杂性、丰富性和综合性的现实经验。只有经由历史的比较，事物真正的本性才能显现出来。施穆勒被称为“新历史学派”领袖，其《国民经济学一般原理》试图建立一个无所不包的经济学，所倡导的历史方法，即通过对各个国家发展历程的比较，找出相似性，从而归纳为一种发展规律。历史学派方法论：①一个国家的经济是一个不可分割的整体，比如，李斯特的“国家经济学”概念；②不存在所谓的“放之四海而皆准”的普遍法则，经济学的任务不在于提供一个亘古不变的法则定律，而在于提供相对的真理；③强调系统归纳法，反对抽象演绎法，认为抽象演绎法是舍弃掉诸多因素的权宜之举，即便构建起理论，也存在着局限性，因为人类社会的现实生活是多种多样且不断变化的。门格尔在《国民经济学原理》中指出，抽象归纳法“是人类经济的复杂现象还原成为可以进行单纯而确实的观察的各种要素，并对这些要素加以适合于其性质的衡量，然后根据这个衡量标准，从这些要素中探求复杂的经济现象是如何合乎规律地产生着”。

所形成的公共财产分离了，税务国家就这样产生了。同时，熊彼特明确提出，“一个民族的精神、文化水平、社会结构以及由政策产生的行为，所有这一切以及更多的内容，都写在民族的财政史中，无须任何修饰之词”。可见，熊彼特基于奥地利和德国从封建社会转向资本主义社会过程中税收、财政的作用，论证了国家与财政之间的相互依存关系。

当然，葛德雪和熊彼特研究财政社会学的具体思路及目标存在着一定差异。葛德雪主要使用阶级分析的方法，在一定程度上试图回答“卢梭问题”。葛德雪构建了阶级分析的二元构架：社会中存在着劳动者阶级和资本所有者阶级。国家对劳动者阶级征税，无法对资本所有者征税，当税收不能满足国家公共支出时，就要向资本所有者阶级举债，并给予资本所有者以相应的回报，而这种回报又依赖于劳动者阶级的税收。可见，由国家或政府主导的税收存在着剥削劳动者阶级而服务于资本所有者阶级的问题。并且，葛德雪通过对财政史的梳理，发现税收制度或税务国家提供了为资本所有者阶级利用这一制度剥削劳动者阶级的机会，国家与资本所有者阶级之间利益一致，国家也越来越依赖于债务。所以，在税务国家中不可能存在“正义”，为此就要构建国家资本主义，使国家拥有自己的经济力量。

而熊彼特从国家的“公共需要”及工具性作用的角度来讨论财政社会学。熊彼特首先明确提出现代税务国家起源于“共同需要”，国家为人类社会的“共同利益”而存在，是服务于民众的机器，“认清国家机器在行动和声明中代表谁或谁的利益是非常重要的”。实际上，熊彼特的分析方法又回到了古典经济学上，认为市民社会本身就是一个正义的制度安排，国家或政府所要做的就是保障市民社会的有效运转。国家为提供共同需要而通过税收的方式来筹集资金，但是，国家或财政潜力是有界限的，不能危及市民社会的正常而有效运行。所以，熊彼特是从共同需要、公共利益出发来研究财政社会学。

葛德雪和熊彼特继承了德国传统财政学的分析方法，把财政学与以自利为基础的经济学区分开来。

总之，葛德雪和熊彼特以传统德国历史学派方法论为基础，构建起了财政社会学的分析框架：从繁杂的历史经验中寻找规律、逻辑。

四、意大利学派的财政社会学

19 世纪末至 20 世纪初，边际效用理论兴起，经济学家运用此理论对经济运行进行了均衡性分析，产生了瓦尔拉斯一般均衡、帕累托最优等理论。与此同时，人们也将边际均衡分析方法运用于政府财政活动分析之中，比如维克塞尔－林达尔均衡。意大利经济学家帕累托也加入了这一分析，认为将边际均衡分析方法运用于政府财政活动分析有其局限性，因为政府的财政活动不具备自由市场交换的基本特征。帕累托最优的理论前提是每个人都明确知道自己的效用，且追求这种效用最大化，可是在财政活动领域中，纳税人并不知道其效用状况。“必须注意到将纳税人视为满意度最大化的行动者只能解释现象的一部分，而且常常是很小的一部分。纳税人不知道税收的许多效果，对财政措施也知之甚少，所以他的行为并不是经济学所认为的逻辑型，逻辑行为在理论处理上并不太困难；相反，它们是非逻辑型的，在理论上进行处理存在很大困难。”[①] 帕累托认为财政活动是一种社会现象、社会活动，财政理论关切的主要方面应是财政决策对资源配置、财富分配的影响，也就是说，财政决策是一种社会现象，取决于社会结构、社会组织形态。如果说经济均衡可以用纯数学化模型来展示，那么财政决策体现出来的社会均衡则难以用纯数学化模型来展示，必须将描述性、经验性和归纳等方法综合起来。总之，帕累托认为，从理论上看待财政现象，必须既超越单纯的经济学又超越单纯的政治学，要从更广泛的社会学中寻求依据。尤其是在经济、政治精英和大众的引导下，遵循者和不遵循者的相对偏好相互影响，改变了个人对效用的评价。

伯格塔同样反对边际效用理论在财政理论中的应用，认为观察到的现实并不支持满足公共需求资金的成本和收益趋于平衡的观点，现实是财政均衡受政治团体影响，随着税收负担和提供公共服务的收益在不同团体、不同阶层之间的分配的变化而变化。

伯格塔观察到了一个简单的事实：财政制度是基于政治制度和政治结构

① MCLURE M. 基努・伯格塔的财政社会学：帕累托，超经济再分配与经济增长［J/OL］. 蔡福恩，译 . 刘志广，校 . 道客巴巴，［2014–09–29］.https：//www.doc88.com/p-4147044293762.html?r=1.

来实现的，而政治结构又取决于经济结构和社会结构，特别是社会结构影响着政治决策。因为无论哪种政治框架下的社会制度，其政治决策总是追求社会的“公共善”，社会结构状况是追求社会“公共善”的条件和基础，或者说，政治决策总是以一定的社会结构为前提。

进一步来看，财政现象的基本特征是财富“超经济”的转移，即通过政府之手将社会财富从特定个人和团体转移到其他个人和团体。这一过程并非自然的经济活动过程，而是政府为了某种目的而采取的一种政治的强制行为。而政府强制行为的前提条件就是社会结构。所以，财政社会学的目标就是确立基于社会结构变动与财政分配之间内在逻辑的分析框架，来理解财政制度以及社会经济变动，其中既包括了社会结构对财政制度的决定，也包含着财政分配对社会经济发展的影响。在伯格塔看来，财政分配或“超经济”再分配的目的是经济性的，也就是说财政制度的形成有益于社会总体经济活动所产生的社会经济福利的最大化，财政分配的目的就在于促进国民财富的最大化。

就财政分配对社会不同阶层的影响，伯格塔认为，公共开支的增长和同期私人财富的增长之间有一种因果关系，且在长期内，“超经济”再分配导致的静态经济福利损失（或财富的破坏）会大于财政事项可能导致的投机活动增加的损失，投机者成为“超经济”再分配的净接受者，而食利者成为净支付者。重要的投机者集团将设法利用财政来获利，从 17 世纪末到第一次世界大战期间，所有由政治活动确定的财富转移的财政现象已强有力地促成了经济上富裕阶层的形成。

就财政分配与经济增长的关系，伯格塔认为，财政活动和“超经济”再分配促进和影响着长期的经济增长，同时也受到经济周期的影响。

由此，我们不难发现，意大利学派的财政社会学分析框架是财政决策与社会均衡之间的相互依存性。即财政参与再分配改变了经济均衡——财政行为改变了不同群体对私人资本的控制与所有权关系，导致投资决策的收益与风险水平发生了变化；财政参与再分配改变了政治均衡——个人权力主导下的福利最大化政策与国家权力主导下的精英权力政治之间存在冲突；财政参与再分配影响了行为平衡——人们对社会过程的顺从与非顺从情绪。在这个基础上，意大利财政社会学考察了决定社会形式的条件及社会均衡、一个给定社会的社会效用的属性、统治阶级的经济和社会特征及其与被统治者的关系、经济类型及其与统治阶级的关系、一般社会规划下财政现象的作用等。

这显然与英国古典政治经济学中政府的非干涉主义原则是相悖的，也与同时期进行财政社会学分析的熊彼特、葛德雪的结论相对立。熊彼特研究了“税务国家”必然崩溃的假说；葛德雪认为财政剥削是资本家剥削的补充，税务国家必定崩溃。

从方法论的角度而言，意大利财政学传统采用新古典经济学的抽象演绎法，在一定前提假定条件下，抽象出某几个要素来论证其内在逻辑关系或因果关系。“‘I Problemi Foundamentali della Scienza Finanziaria’强调了来自财政史和享乐主义原则的财政理论的局限性。财政史，特别是与德国历史学派有关的，因两大主要失败而受到批判：没有发展出一般规律及其描述性特征（Borgatta，1912—1913：986–987）。当然，伯格塔并不抵制对财政问题进行历史归纳的重要性。相反，他担心的是对描述的依赖可能会强调表面特征从而妨碍了对财政现象的系统性规律的认识，这些规律是源自于经济和社会的。伯格塔将享乐主义方法描述成意大利财政学传统中的主要方法，但这种方法也被强烈批判，主要因为具体情况的观察并不支持有一种使给公共需求提供资金的成本和收益趋于平衡的观点。”①

五、塞利格曼的财政社会学

（一）塞利格曼及其财政社会学的形成

埃德温·罗伯特·安德森·塞利格曼（Edwin Robert Anderson Seligman，1861—1939），美国经济学家。塞利格曼毕业于哥伦比亚大学后，先后到德国、瑞士、法国等地游学，于1885年获哥伦比亚大学法律博士与哲学博士学位，1891年后任哥伦比亚大学政治经济学教授，直至退休；1885年与理查德·T.艾里一同创办了“美国经济协会”，并于1902—1904年担任该协会会

① MCLURE M. 基努·伯格塔的财政社会学：帕累托，超经济再分配与经济增长［J/OL］. 蔡福恩，译. 刘志广，校. 道客巴巴，［2014-09-29］.https：//www.doc88.com/p-4147044293762.html?r=1.

长；在 20 世纪 30 年代初担任《社会研究百科全书》的总编辑。塞利格曼被称为“非常谨慎的”自由派经济学家，一生著述颇丰。1902 年被引入我国的《经济史观》，被认为是“中国第一本专门介绍马克思唯物史观的书”。塞利格曼最著名的成就是关于租税收入和公共财政的开创性工作，以及对财政社会学的贡献。其代表作有《税收的转嫁与归宿》（1892）、《累进税收的理论与实践》（1894）、《税收论文集》（1895）以及 1926 年发表在《政治学季刊》（*Political Science Quarterly*）上的《财政学的社会理论》（“The Social Theory of Fiscal Science”）等。格罗夫斯评价塞利格曼的学术成就时认为“这些著作之所以出名，更多的不是因为原创性，而是因为其中的常识渊博性。塞利格曼在写作时极具洞察力，……在阐述一个主题时，塞格利曼典型的做法是从亚里士多德开始，并且滴水不漏”[①]。塞利格曼的写作能力得益于博览群书，“他个人的藏书后来被哥伦比亚大学买去，数量达到惊人的 2 万册”。

塞利格曼财政思想的形成与其受到的家庭和学校教育、游学背景等个人成长经历相关，更受到当时美国特定的社会制度和经济社会发展状况影响。比如，格罗夫斯在《税收哲人：英美税收思想史二百年》中评述塞利格曼的学术成就时首先介绍了当时美国的社会制度以及财政体制情况，作为塞利格曼财政学思想的基础。格罗夫斯认为，美国的财政历史与环境在很多方面都不同于英国以及欧洲大陆国家。美国实行的是联邦制度，中央联邦政府与州、市等地方政府有着严格的财政分权，财政资金的收入与支出主要由州、市一级的地方政府来实施，也就是说，州政府、市政府等地方政府在美国财政体制中具有更为重要的地位。而英国、欧洲大陆国家则是财政的单一制国家，中央政府对财政的收入与支出持有更大的控制权。就国家政府的政治组织形式来看，美国实行三权分立，各个分权主体相对独立并相互制约。这样，美国在财政立法或财政政策实施时，国会或地方政府的议员起着更大作用，而主理财政事务的财政部门的作用则小得多。正是这种社会制度和美国财政体制状况影响着塞利格曼税收以及财政思想的形成，塞利格曼的财政的社会学思想也与此息息相关。塞利格曼在其编辑的《社会科学百科全书》

---

① 哈罗德·M. 格罗夫斯 . 税收哲人：英美税收思想史二百年［M］. 上海：上海财经大学出版社，2018：45.

（*Encyclopedia of the Social Sciences*）的“公共财政”一款中认为“财政学是总体融资活动的一部分，而融资活动又是经济学的一部分。但在更重要的意义上，应该说，财政学是一门独立的或分离的学科”。实际上，在塞利格曼看来，财政学是服务于国家以及关于政府如何融资的一门学问（政府作为服务于国家的存在，需要一定的资金来保障其职能的实现），而融资活动包含但不完全是经济学的思想，还包含其他学科的思想，如政治学、社会学以及伦理学等。所以，财政学是多学科交叉融合的产物，应独立于其他学科而存在。特别地，塞利格曼认为，财政、财政学的主体是国家，清楚了国家及其活动的性质，也就清楚了财政的性质，为此，要用社会学理论来分析、探究国家及其活动的性质，进而推演出财政学的性质。

（二）财政社会学研究的问题

塞利格曼认为，对于研究公共财政问题的经济学家来说，有三个问题一直困扰着他们。一是财政和财政学的真正的主体——国家还是组成国家的个人？至今没有定论。二是国家和个人之间的关系——真的是由国家来主导经济生活吗？个体在何种程度上参与到这一生活中？三是财政政策的介入——是否真的能带来效益？而这三个问题进一步引申出的问题是一般意义上的社会团体的本质、公共需要和公共活动的特性，以及国家在财政关系中的意义。

关于这些问题，塞利格曼认为，社会学家的确作出了一些贡献，但是还远远不够，至少还有以下几个问题需要解释：团体行为有哪些不同的类别？不同社会团体之间的具体区别是什么？公众团体的特性是什么？社会学理论在经济学和财政学的应用有哪些？在塞利格曼看来，财政社会学这个领域实际上并未被完全发展起来，应将社会学原理应用于财政之中，描绘一个财政科学的社会理论。

（三）财政存在的基础：共同需求与国家理论

1. 人类需求

塞利格曼从最基本的人类需求开始讨论，将人类需求分为三类：个体独立满足自身需求、互惠需求和共同需求。塞利格曼认为，人类生活都是从个体及其需求展开的。人类需求经历了由个体独立满足自身需求，到互惠需求，直至社会出现，发展到共同需求。需求的变化是一个历史过程，即随着社会生产力发展产生了不同需求。这三种需求可能同时出现，或交替出现，需求本身会根据它被满足的条件而改变，尤其是对于一些全新的条件。即使是最基本的对食物的需求也会由于与其他人的交往而产生微妙的改变。

2. 群体及其活动的本质

“群体”的意思是大于一个人的集合，群体在互惠需求和共同需求中都有出现。对于有互惠需求的群体，个体需要帮助其他个体满足与自身不同的需求；而对于有共同需求的群体，其中的个体会协作满足共同的需求。

实际上，塞利格曼群体的意思在于，国家或共同体是独立的、客观存在的实体，具有主体性。群体的首要功能是满足其成员的共同需求，次要功能有可能是满足和其他群体的互惠需求，或者是满足其成员的个人特殊需求。

3. 私人群体与公共群体提供的共同需求

（1）私人的共同需求与公众的共同需求

群体可分为某一企业等私人群体，其行为犹如一个个体人；以及国家，即民众的共同群体。私人群体提供的是私人的共同需求，公共群体提供的是公众的共同需求——公共需求。

（2）公共群体的具体特征

私有制下产生了财产保护需求和自由需求等共同需求。实际上，私有制也是国家创建的真正原因。因此，公共群体的第一个特征就是原教旨主义，即公共需求的基本特征是对财产和人身自由的保护需求。公共群体的第二个特征是普世主义或具有普遍性，即公共群体针对的是区域内所有成员，会囊括特定社区中的所有人。公共群体涉及的是全部，而不是部分。公共群体的第三个特征是强制性——原教旨主义和普世主义的联合产物。但是这种强制性的基本特征从未得到足够的分析和讨论。私有群体的成员可以按自己的意愿行事，而国家成员必须服从国家的指示。每个人都必须属于某个公共群体。从这个意义上来说，国家成员资格是强制性的。公共群体的成员资格不能被裁撤。因此，强制性的基本要素在于公共群体成员制的永续性。这是区分私有群体和公共群体的基本要素。因此，原教旨主义、普遍性和强制性是公共群体的三个积极特征。

公共群体还存在三个附加特征，代表的是程度而不是种类的差异。第一个程度上的差异是所谓的非互惠性。即个体与群体之间不存在任何互惠关系。第二个程度上的差异是不可分割性。这意味着将每个人的个人利益独立分离出来是不可能的。由于协同作用，这种共同享受是不可分割的。第三个程度上的差异就是不可测量性或不可估量性。

4. 国家特征决定了财政的收入与支出问题

国家特征中这些问题，就财政问题来说，也就变成了关于公共支出和公共收入的问题。在考虑公共支出时，首先要询问哪些活动是适当的，以及涉及的财政原则。为了弄清楚公共支出问题，需要一些规范性的假定，或是逻辑起点：政府应该去做私人群体不能、不会或者不应该做的事情。

国家职能拓展的可行性主要取决于公共群体原教旨主义和普遍性的事实。也就是说，人类存在着最为基本的公共需求，是一个国家内所有成员都必需的，比如保护财产的需求、保护安全和自由的需求以及对正义的需求等。从这两个基本特征出发而拓展的国家职能就意味着政府是垄断经营而不是和私有企业竞争，即政府活动与市场活动是相互弥补关系而非竞争关系（因为私有企业不能够提供这些服务）。

此外，国家职能拓展的争论焦点在于国家活动是否存在互惠性、可侵害性和可测量性。支持政府活动扩张的一个最有说服力的论据，正是国家活动具有非互惠性、不可分割性和不可计量性。也就是说，对于并非基于互惠原则来提供的服务，作为整体而存在、难以在每个社会成员间分割和计量的福利事项，由政府来提供是更好的选择。比如，城市公交系统。每个乘车人付费乘车，可是政府收费并非基于互惠原则，定价原则并非私人企业的营利性模式，收费的目的在于弥补政府提供公共交通服务的成本。

由此，塞利格曼认为，当时所有经济学家关于国家准公共收入的认识都是错误的，因为这些人都认为国家的准公共收入是互惠性的。实则不然。他们的错误在于将政治组织的活动看作与私人群体活动性质相同的群体活动，由此，政府活动被认作基于互惠原则与个人发生关系。尽管政府活动和私人群体活动都会提供共同需求，可是，政府活动与私人群体活动的性质完全不同。政府活动是基于每个人都无法独立完成这一活动而不得不进行“协作”，或者说，人们只有通过相互“协作”才能实现各自的目的，其本质体现在“协作”。而私人群体活动是基于相互间的“互补”，表现在个体间的交换中。

同时，就目的而言，政府活动的目的是提供公共需求以实现整个社会福利最大化，而私人群体活动的目的则在于自身收益最大化。

（四）财政收入遵从的原则

塞利格曼对比分析了准公共收入与税收收入遵从的不同原则，以及对不同群体的影响。其分析的框架是能力原则和受益原则。政府不同的收入方式遵从着不同的原则，对不同群体产生了不同的影响。

1. 能力原则和受益原则

所谓能力原则，一般指的是将收入、拥有或占有的财富、消费商品的数量等作为政府定价或课税的依据。塞利格曼的能力原则指的是基于穷人和富人的分类的定价原则，富人应承担更高的税负，即体现着累进性原则。所谓受益原则是指，政府在收费或课税时因考虑到社会成员的个体利益而进行修正的原则，或者，根据社会成员的受益情况来确定收费的原则。

2. 准公共收入和纯公共收入

政府获取财政收入有两种方式：准公共收入、纯公共收入。

（1）准公共收入

在塞利格曼看来，政府提供服务的价格即准公共收入。其中“准”的含义是公众在这里并不是按照群体的基本特征行事，公众的行为方式和目的类似于私人群体，公众所追求和实现的是个体的私人目的，而不是政府活动的社会公共福利目标。准公共收入中的“公共”，一方面，指的是政府的“商业”活动并非为了“创造利润”，而是为了满足公众的共同需求；另一方面，指的是定价原则在于满足特殊的需要，而非能力原则。总之，价格构成准公共收入的第一个种类。

价格作为准公共收入主要基于特殊利益原则或受益原则，也就是政府提供公共服务的价格取决于社会个体的实际情况，无论是富有还是贫穷，都要能享受到这一公共服务，比如水、电等的定价。而能力原则只有轻微或可能的影响。

个人与国家建立起的单独财政关系是第二种准公共收入，包含支付特殊费用、特殊会费和一般费用。

首先，一般费用用来支付由政府授予的权限，或其他积极服务。此种服务由国家机构而不是国有企业来提供，因为一个简单的许可，成本是微乎其微的。一般费用通常会带来更少的生产者剩余和更多的消费者剩余。其次，在一般费用方面，特殊利益的要素往往不太明显，而共同利益的要素显得更重要。之所以如此，一部分原因在于适度降低一般费用，可使其被更多的贫穷成员所接受；另一部分原因是要对较贫穷的个体作出积极的让步，例如，为贫困学生减免教育费用。因此，在整个准公共活动类别中，特殊利益受到了更多限制，而关于能力的利益得到了发展。

（2）纯公共收入

与准公共收入相对的是纯公共收入——税收。

关于间接税。间接税从表面上看遵从的是能力原则，但实质上是“颠倒”的能力原则，即累退性的能力原则。

关于直接税。直接税可分为个人税或个人收益税、非个人税或财产税。非个人税是针对“物”而课征的税收，与商品间接税的区别在于，前者不容易产生税负转嫁，而后者可产生税负转嫁。在非个人税中，特殊利益要素的重要性变得很低，而能力要素变得更重要。总的来说，在非个人税中，支付能力是重要因素，但这种能力可能会因为特殊利益的存在而被改变。在这里，我们看到了与一般费用情形相对的一面。在一般费用的情形下，特殊利益是首要元素，但仍然是可以被能力改变的。在非个人税的情形下，能力是首要元素，但仍可以被特殊利益影响。

关于个人税。按比例征收个人税是为了实现国家的基本目的，能力原则变得极为重要，而特殊利益原则则变得相对无关紧要。可以说，个人税和价格是相对立的。在价格中，特殊利益几乎是独占的，能力只发挥了很小的作用；而在个人税中，能力是至关重要的，特殊利益可以忽略不计。

（五）财政社会学观点

第一，在塞利格曼看来，财政学作为一门社会科学，个人与财政的关系的根本在于国家的性质。国家性质使个人与国家的属性发生变化。财政需要就是公共需要，只有对公共需要进行分析，才能为国家的财政活动打下坚实的基础。

第二，财政学中一个备受争议的问题——财政学的主体是国家还是个人，在塞利格曼看来，是无关紧要的。因为国家确实不是一个有机体，更不是一个超有机体，国家是具有共同精神意志的人们的“统一”，是具有同一精神意志的共同体。国家即“个人”，国家中的个人即国家。因为公共需要催生了政治共同体，人们在创建共同体的同时，也创建了共同体的精神意志；与此同时，一个孤立的个体进入共同体后也会被这个共同体所“创建”，当然，“创建”的不是躯体而是精神意志，即个人的精神意志会服从于国家的精神意志。所以，财政学的主体是国家成员之间的财政关系。这种财政关系不是个人之间的关系，而是以政治或公共身份存在的个人之间的关系。

第三，财政学不仅是社会学、经济学的一部分，也是政治学的一部分。经济学的财政学即研究财政收入与支出的经济价值。政治学的财政学主要研究公共团体关系，而不是私人团体或个人的交换团体关系。这些关系是为了满足个人的共同或互惠的需要。社会学的财政学阐明了私人和公共团体的区别，主要是通过强调群体收入和群体支出之间的关系，试图解释迄今尚未得到承认的私人和公共团体之间的差异。

第四，财政学的社会学分析，解决了受益原则和能力原则之间长期存在的争论。由对财政关系的社会学分析可以看到，对财政关系没有一种统一的解释，每项原则都有其适当的行动范围。而且，在某些方面，两者都不是独立的准则，在某些情况下，它们都会受到对方的影响：特殊利益可以由能力修改，能力可以由特殊利益修改。

（六）简要评论

总之，塞利格曼认为，财政社会学研究的主题是通过研究国家与私人群体在满足人们需求方面的差异，来研究政府收入与支出之间的关系。国家是为满足社会成员共同需要而客观存在着的，作为独立而客观存在着的实体，具有主体性，国家精神体现与存在于每个社会成员身上。国家既是个人的集合体，也是个人的“同一”体。国家职能在于满足共同需求，这也是财政的职责。国家财政关系，既可看作国家与个人之间的关系，也可看成个人与个人之间的财政关系。

塞利格曼认为，国家职能的逻辑起点在于“政府应该去做私有群体不能、不会或者不应该做的事情”。从现象上来看，这似乎与现代英美功利主义的逻辑一致，其实，他们之间存在着本质上的不同。现代英美功利主义认为，财政职能源于市场失灵，即政府活动领域是市场失灵的领域，市场不能做、不愿意做的，都要由政府来弥补。可见，他们从市场或经济人的供给层面来看待政府活动，而且完全根据功利原则来确定政府活动。塞利格曼则是从人们需求以及满足个人需求的劳动方式的角度来分析的，认为国家职责来源于原教旨主义，普世主义，以及非互惠的、不可分割的和不可测度的领域。

可见，塞利格曼的国家理论不同于功利主义、社会契约论，更偏向于黑格尔的伦理国家理论。现代国家理论信仰英美体系中的功利主义思想，将国家看作外在于家庭、市民社会的一种共同体组织，背后隐含着国家与市场社会的对立。而社会契约论则重拾欧洲大陆100年前的某些政治理论，将家庭、个人与国家的关系看作一种契约关系，财政收入与支出安排须征得所有社会成员的一致同意。国家仅仅是人民的代理者，无权决定各种活动与安排，或者说，国家仅仅是一个全体民众的"外壳"，内核是具有主体性、独立性的个体人。现代财政学教科书将这两种理论毫无联系地、硬性地"并列"在一起。而塞利格曼的国家理论则更接近于现实。国家既不是有机体或超级生物体，也不是高于家庭生活、市民社会的共同体组织，当然更不是功利主义、社会契约论所讲的外在于家庭、市民社会的独立组织。在塞利格曼看来，在民众创建国家的同时，国家也塑造了民众，从而使国家与民众"同一"，民众即国家，国家亦即民众。

（七）塞利格曼与熊彼特财政社会学的区别

1. 关于国家观

无论是财政社会学的创始人葛德雪还是熊彼特，他们研究财政问题的一个基本出发点都是国家是什么，或者说，谁代表着国家。在他们看来，"谁才是真正的国家"与财政直接相关。塞利格曼实质上也是从这一问题入手来研究财政问题。

熊彼特秉承着古典经济学时期的国家观，将国家看作外在于市民社会且高于市民社会的共同体组织。而塞利格曼则认为国家是与民众精神相同一的客观实体，具有主体性，塑造着民众。具体到国家与财政的关系，在熊彼特看来，财政不仅创造了国家，还塑造了国家的形式，而一旦国家形成，财政又成了国家的工具、手段。而塞利格曼认为，财政表现为国家与社会成员之间的财政关系，实则是组成国家的社会成员之间的相互财政关系。

2. 关于研究的思路

熊彼特提出了国家产生于“共同需要”，但他仅将“共同需要”作为一个抽象的概念服务于其分析，并没有展开将“共同需要”具体化。而这恰恰是塞利格曼所做的工作。他从人类最原初的需求开始，推演出国家提供何种共同需求，并由此来确定国家的职能以及政府活动和财政支出的范围。所以，塞利格曼是从人类最基本的需要入手，通过分析对比私人群体与共同群体提供共同需要的差异，指出了国家的职责以及财政活动的范围。贯穿其中的就是私人群体与共同群体之间的比较。在塞利格曼看来，人类组织形式无非就是私人群体和共同群体。基于人类发展要求，共同群体存在的根据在于原教旨主义、普世主义和强制性，还依赖于利益的非互惠性、不可分割性和不可测量性。正是在这些原则下，国家才得以客观、独立存在，并发挥其相应的职能。

3. 关于财政社会学的认识

通过塞利格曼对“财政学”英文名称的使用，也可看到他对财政学内涵的理解不同于传统的认识。

“财政学”的英文一般都是 public finance，而塞利格曼则认为财政学应为 fiscal science。finance 与 fiscal 都有财政之意，但深究起来二者还是存在着一定的区别。fiscal 的意思是：财政上的、国库的、财政年度、财政部长等，用来描述与政府资金或公共资金，特别是税收有关的东西。finance 的意思是：资金、财政、金融、财务、（个人、组织、国家的）财力等，作动词时意为“负担经费，供给……经费；筹措资金”。fiscal 重点强调财政方面的宏观概念，通常与国家经济、税务、债务相关，较为抽象，如 fiscal appropriation（财政拨款）、fiscal compensation（财政补贴）、fiscal credit（财政信用）。financial 相对 fiscal 更加具体，可以用于公司或企业等的金融性事务，如 financial accounting（财务会计）、financial administration（财务行政）、financial assets（金融资产）。

“塞利格曼远远强于其他大多数美英学者的地方，在于他尝试着奠定财政哲学的基础，即构建国家的概念，并据此从总体满足人类欲望出发来探寻政府活动的地位。”也就是说，理解财政的本质要基于对国家或政府存在的认识，或者说，国家或政府的存在决定着财政的存在。

六、康芒斯的财政思想

约翰·罗杰斯·康芒斯（John Rogers Commons，1862—1945），1862 年 10 月 13 日生于美国俄亥俄州霍兰斯堡，1945 年 5 月 11 日在北卡罗来纳州罗利逝世。1888 年在奥柏林学院获文学学士学位，1888—1890 年在约翰·霍普金斯大学学习，1892 年任奥柏林学院经济学、社会学教授，1915 年在奥柏林学院获法学博士学位，1901—1902 年任美国工业委员会研究员，1904—1932 年任威斯康星大学教授，1920—1928 年任全国经济研究局局长。

作为制度经济学的奠基人，康芒斯的思想以其实践、历史和实验为根据。在参与行政机构、公用事业管理、工人补偿和失业保险等重大问题立法的社会改革中，形成了自己的经济学思想。康芒斯曾在联邦和州产业委员会任职，是美国劳动法规联合会的创建人，1923—1935 年任全国消费者联合会主席、1920—1928 年任全国经济研究所副所长，其间参加了反托拉斯诉讼以及货币与银行系统的改革运动。

代表作有《财富的分配》（1893）、《工联主义和劳工问题》（1905）、《劳工与管理》（1913）、《资本主义的法律基础》（1924）、《制度经济学》（1934）等。

（一）康芒斯财政思想的理论基础

自启蒙运动以来，自然法理论成为理性的思想体系，成为人们认识和理解社会的哲学基础，社会契约论、功利主义等无不建立其上。自然法理论认为，人们生来拥有天然的自然权利，这些权利对每个人而言都是平等的，包括政府在内的任何人都不能剥夺这种自然权利。政府的存在也是以自然法理论为基础，社会制度、法律等也是基于自然法理论构建起来的，用以保障人们的自然权利。

在康芒斯看来，在人类社会发展史中，人们拥有的权利并非“自然的”，而是国家和其他集体行动的产物。为此，康芒斯所构建的制度经济学的核心在于集体对个人交易关系的控制，内核是合理价值，“最有势力的制度通过集体行动决定什么是合理的东西，不管个人怎样想法”①。

首先，康芒斯把制度解释为集体行动控制个人行动。康芒斯在《制度经济学》开篇就提出：“我的观点根据于我参加集体活动的经验，从这些活动中，我在这里得出一种关于集体行动在控制个人行动方面所起的作用的理论。”康芒斯认为，制度经济学的研究对象是集体行动，通过集体行动为经济生活中个人的行为建立准则，使个人行为符合社会的利益。

“如果我们要找出一种普遍的原则，适用于一切所谓属于制度的行为，我们可以把制度解释为‘集体行动控制个体行动’。”②集体行动不仅是对个体行动的控制，而且是对个体行动的解放，即对其他个体进行抑制而使个体免受他人的强迫、威胁、歧视以及不公平竞争等。康芒斯还特别提出，集体行动“是个体的意志的扩张，扩张到远远超过他靠自己的微弱的行为所能做到的范围。……由此推论出来的定义就是：集体行动抑制、解放和扩张个体行动”③。从目的性、因果关系的角度来看，集体行动对个体而言，既是一种消极自由——保护个人不被他人侵害，也是一种积极自由——扩张自身的能力和收益。

其次，康芒斯认为经济研究的基本单位是“交易”。“我一直在设法解决可能用什么作为研究的单位，这种单位要包括冲突、依存和秩序这三种成分。经过许多年，我得到结论，认为它们只有在一种交易的公式里结合在一起，与商品、劳动、欲望、个人和交换那些旧的概念不同。所以，我用‘交易’作为经济研究的基本单位。”④在康芒斯看来，传统经济学将“商品”作为基本单位，体现的是“物”的经济学，而经济活动的主体是人，应将“交易”作为经济活动的基本单位，因为正是“交易”中体现着人性、人的价值。

“正是这种从商品、个人和交换转移到交易关系和集体行动的业务规则，标志着经济思想从古典学派和快乐主义学派转变到制度学派。这种转移是经济研究的根本单位的改变，从商品和个人改变到个人之间的交易。”⑤在此，

① 康芒斯．制度经济学：下［M］．北京：商务印书馆，2011：438.
② 康芒斯．制度经济学：下［M］．北京：商务印书馆，2011：87.
③ 康芒斯．制度经济学：上［M］．北京：商务印书馆，2011：91.
④ 康芒斯．制度经济学：上［M］．北京：商务印书馆，2011：10-11.
⑤ 康芒斯．制度经济学：上［M］．北京：商务印书馆，2011：92.

康芒斯界定了制度经济学，也指出了其与古典经济学的区别。传统古典经济学研究的是商品、交换，制度经济学研究的是包括物在内的一切东西的所有权在个人之间的交易。

交易作为“使法律、经济学和伦理学有相互关系的单位，必须本身含有‘冲突、依存和秩序’这三项原则”[①]。“在每一件交易里，总有一种交易的冲突，……每个参加者总想尽可能地取多予少，然而每个人只有依赖别人，……才能生存或成功。因此，他们必须建成一种实际可行的协议。由于这种协议不是完全可能自愿地做到，就总得有某种形式的集体强制来判决纠纷。”[②]

在康芒斯看来，利益冲突的前提是利益存在“稀少性”[③]，“因为它们是稀少的，它们的取得就由集体行动加以管理，集体行动具有保护财产和自由的权利与义务，否则就会发生无政府状态”[④]。集体行动就是要解决这些利益冲突。因为在这个世界中存在着稀缺性、财产权以及其他具有稀缺性的权利，在人类欲望和占有欲的支配下，为了争夺这些权利可能会存在着各种冲突的可能性，只有集体行动才能化解这些冲突。

化解冲突仅仅是一个方面，在交易过程中，还存在着相互依存关系，即合作关系。这种合作关系，就如斯密所讲的“看不见的手”，引导着个人利益与社会利益趋于一致，这是合作的力量。在这种冲突与相互依存中，建立起了人们共同遵守的秩序。

总之，交易活动都要符合集体行动，而且，集体行动中蕴含着合理价值，就是“合理的交易、合理的惯例和相当于公共目的的社会效用”[⑤]。

康芒斯将交易划分为三种类型：一是买卖的交易；二是管理的交易；三是限额的交易。“这三种活动单位包罗了经济学里的一切活动。买卖的交易通过法律上平等的人们自愿的同意，转移财富的所有权。管理的交易用法律上的上级的命令创造财富。限额的交易，由法律上的上级指定，分派财富创造

① 康芒斯．制度经济学：上［M］．北京：商务印书馆，2011：73.

② 康芒斯．制度经济学：下［M］．北京：商务印书馆，2011：135.

③ “稀缺性”理念首先是休谟提出的。他认为正是稀缺性才使得人们进行合作，稀缺性是同情和财产的根据；如果不存在稀缺性、一切东西都是充裕的，也就不会有掠夺、财产权以及伦理道德。

④ 康芒斯．制度经济学：上［M］．北京：商务印书馆，2011：13.

⑤ 康芒斯．制度经济学：下［M］．北京：商务印书馆，2011：345.

的负担和利益。既然这些交易是地位平等的人们之间或上级和下级之间的社会活动的单位，它们的性质是伦理的，也是法律的和经济的。”① “买卖的交易”的特征就是“劝诱和强迫”，交易的内核是价值的合理性。“管理的交易”是存在着上级与下级、不平等参与者之间的交易，基本特点就是当事人之间的不平等，遵从的准则是命令和服从的法则。“限额的交易”与前两者的不同之处在于，要使几个有权力的参与者达成协议。一方面，限额规定约束个人权利、抑制个人自由，也可看作个人的义务；另一方面，可看作解放，使个人免受他人侵犯，意味着个人自由的进一步扩展。

最后，康芒斯认为“交易”的准则是合理价值。“合理价值的理论，在实际应用上，可以扼要地说是一种由集体行动控制、解放和扩张人格，从而取得社会进步的理论。它不是个人主义，而是制度化的人格。它的默契的或者习惯的假设是以私有财产和利润为基础的资本主义制度将继续存在。它配合马尔萨斯式的人性概念，这种概念从感情、愚蠢和无知出发，因而人类的行为和理智及合理性会规定事物相反，结果人们崇拜那种由于进取、坚持、冒险以及承担对别人的责任，因而取得领袖地位的个人。”②

康芒斯继承的是马尔萨斯的人性概念，认为人是感性的、愚蠢的、无知的，不是理性的动物。康芒斯将马尔萨斯的这一人性概念称为“习俗”，而且，认为无论是民主还是独裁统治，都是靠这一人性概念而成功。

康芒斯的这一观念与勒庞《乌合之众》中的理念一致。康芒斯的合理价值理论不完全是个人主义的，或者说，不是没有集体行动的个人主义，而是通过集体行动来运用个人主义，强调通过集体行动来规定个人主义，来规定个人的人格、每个人的权利界限以及禁止行为。康芒斯将其称为“制度化的人格”。

同时，康芒斯认为，“这种制度的合理性和合理价值的观念是集体的和历史的。……合理价值是对所谓合理的事物的一种进化的集体的决定，这种决定是由于一切不断变化的政治、道德和经济的环境以及从这些环境中产生的法官人选而来”③。

---

① 康芒斯．制度经济学：上［M］．北京：商务印书馆，2011：86.
② 康芒斯．制度经济学：下［M］．北京：商务印书馆，2011：557.
③ 康芒斯．制度经济学：下［M］．北京：商务印书馆，2011：346-347.

康芒斯在这里特别强调了合理与理性之间的区别。一方面，他认为人是愚蠢、感情冲动和无知的动物，合理价值中就含有大量的愚蠢、感情和错误。另一方面，合理性和合理价值是集体的和历史的。所谓的“集体的”就是说这种价值观念是社会群体的共同意志，并非单个人的意志；“历史的”指的是人类在不断进化过程中累积起来了一种习惯法，在新的历史阶段中，新的权利、合理惯例不断冲击一些老的东西，并呈现出新的习惯法。而理性指的是个体主义原则，一切社会现象或社会存在都要从个人身上来寻求根据。

从方法论的角度来看，康芒斯的制度经济学颠覆了启蒙运动以来西方哲学中的自然法原则，认为社会制度、法律是人类在长期生活实践中不断积累、建构起来的，是集体行动的结果，而且，这些制度、法律是集体行动控制个人行动的根据。“自然权利失去了它们的不变性，甚至在合理价值的决定中已经完全没有影响。”[①] 当然，合理价值也不是一成不变的，而是随着社会生产力水平提高而相应发生变化的。这就是康芒斯一直论证和强调的，合理价值都有一定的背景。

实际上，在一定程度上，康芒斯回归了洛克、休谟的经验主义方法论。休谟基于经验主义批判理性主义，只承认存在着的现象，不承认自在之物的存在，认为原因和结果的关系是任意的，是由人的意志所决定的，不具有客观必然性，被称为“不可知论”。斯密受休谟影响，无论是《国富论》还是《道德情操论》，都有经验主义的思想。

（二）康芒斯的财政思想

1. *税收原则*

康芒斯认同塞利格曼关于财政学的基本理念，将集团区分为私人团体和公共团体，从受益角度来说，党派、协会以及俱乐部等私人团体与公共团体之间存在着差异，私人团体中的个人之间存在着互惠关系，而公共团体是强制的，“没有互惠作用，像我们在买卖的交易和限额的交易的对比中所看到的那样，而且对各个人的利益是分不开的和无法测量的”[②]。康芒斯强调了塞利

① 康芒斯．制度经济学：下［M］．北京：商务印书馆，2011：348.

② 康芒斯．制度经济学：下［M］．北京：商务印书馆，2011：486.

格曼的公共团体提供服务的属性：公共性或非排他性。可是在满足公共需要而付出代价的程序上，私人团体与公共团体的性质是相同的。“为了作出满足集体需要的公共服务而以捐税形式征收的价格，不是根据成本或利润的原则。这种价格是以不同的程度根据特别利益和付税能力的原则。”[①] 即无论是私人团体还是公共团体，都不遵从成本或利润原则，或是根据其受益情况，或是根据其能力来赋税。

康芒斯在此基础上进一步指出，“付税的能力和所受的利益这两种长期矛盾的原理，必须放弃，作为互不相容的东西，因为各有其适当的作用范围”[②]。康芒斯和塞利格曼的这一理念代表了英美财政理论，认为政府提供的公共服务与公共服务的成本是两个完全不相容的东西，各自遵从着不同的理念，为此，不能将公共服务供给与赋税统一起来考虑。这显然与以维克塞尔为代表的欧洲大陆学者的思想是相左的。

康芒斯基于其制度经济学的基本逻辑，认为政府提供公共服务的代价——税收——应遵从的原则是限额交易。

康芒斯认为政府征税的决定性因素是休谟的公共效用[③]、帕累托的社会效用，或者说是政府的课税权力。“它用限额（不是买卖或者甚至管理）在分配社会负担和利益给个人以及通过财富的生产维持机构运行的程序中，决定种种界限。……它主要地考虑各种矛盾的利益集团的压力，决不遵守那些基于个人主义的私人效用学说的原则，除了这些原则符合那些争取支配地位的矛盾的利益集团的政治原则，并且只以符合一致的范围为限。”[④] 康芒斯用他的限额交易理论解释了政府课税的原则。他认为不存在私人效用原则，最终如何课税、谁应承担税负，是集体行动的结果，或是各个利益集团经民主程序合作的结果，或是占有优势的利益集团或独裁统治的意志。总之，课税原则总是存在于特定的制度安排之中。

康芒斯的政府课税理论内在于其集体行动的制度经济学理论之中，源于

① 康芒斯 . 制度经济学：下［M］. 北京：商务印书馆，2011：486.

② 康芒斯 . 制度经济学：下［M］. 北京：商务印书馆，2011：486.

③ 休谟的政府理论反对君权神授和社会契约论，认为公共效用是正义的唯一来源，政府存在的依据是提供和维护公共效用，否则人类就不需要政府。

④ 康芒斯 . 制度经济学：下［M］. 北京：商务印书馆，2011：486–487.

其政府理论。康芒斯认为，政府是调解不同利益集团之间矛盾和利益冲突的场所，通过集体行动内在建立起规范人们生活的基本准则，并将其上升为法律，以此来控制和约束个人的行动[①]。

为此，康芒斯认为，政府课税并非单纯为了获得国家收入，而是“往往有意识地用来调节产业、道德或者福利，……为了把价值从一种人转移到另一种人的手里”[②]。可见，康芒斯的思想与当时主流西方经济学强调政府的作用在于弥补市场失灵的理念完全不同。他认为，政府课税不仅要弥补市场失灵，还要有利于社会公共财富的增进、社会伦理道德秩序的改善。

与此同时，针对斯密以来的课税原则，康芒斯提出了自己的看法。

自斯密至凯恩斯，英美财政体系中政府税收的核心原则之一便是能力原则。按照斯密的说法，政府根据纳税人的能力来安排税收，课税不影响纳税人的收入和财富的比例。而康芒斯反对能力原则。他继承了古典经济学的劳动价值理论和生产理论，认为劳动分为生产性劳动和非生产性劳动。包括私人价值在内的社会财富，有的是生产性劳动创造的，有的是效率的提高创造的，有的却是物价上涨带来的。既然税收的目的之一是促进社会财富的增进，那么就不应对促进社会财富增进的生产性劳动课以更多的税，税收应主要来自物价上涨产生的收入增加，应“创立一种社会效用的原则，使捐税的负担和纳税能力成正比例，和作出公共贡献的能力成反比例。……根据才能和资源的运用增加共同财富的程度，反比例分派捐税”[③]。可见，在康芒斯看来，要根据税收的经济后果或公共利益来考虑其安排，并通过税收制度安排来诱导人们的劳动和投资行为。

康芒斯认为，虽然课税的对象是商品、所得、财产等“物”，可实质上最终要落实到具体的“人”，正是人的劳动、投资行为决定了各种产出，税收制度安排则是人们的行动、选择的诱因。可见，康芒斯将税收原则的落脚点放在了“人”身上，税收之中体现着人与人之间的关系。

① 从中不难看到马克思主义政治经济学的影子。国家是阶级矛盾发展到一定阶段的产物，国家存在的目的就在于调节不同阶级之间的社会矛盾，并由此建立起相应的规制。

② 康芒斯 . 制度经济学：下［M］. 北京：商务印书馆，2011：499.

③ 康芒斯 . 制度经济学：下［M］. 北京：商务印书馆，2011：501-502.

2. 课税对象

康芒斯将课税对象分为劳动者的劳动所得和资本所有者的投资所得。所谓劳动所得指的是个人从劳动中得来的收入；投资所得指的是从资本中得来的收入。

（1）对劳动者的劳动所得的课税

康芒斯认为，“个人是生产的作用物，他增加自己的财富，从而增加共同财富。可是他是一个有生命的和会死的个人，会发生疾病、意外事故、衰老、失业。因此，他的所得税，为了公道，以及为了以合理的平等待遇或者较大的收入刺激生产，对他在二十五年到五十年的生产生活中的活动，提供较大的诱因，应该大概低于资本投资所得的税额百分之二十五”①。在康芒斯看来，不应对劳动者个人劳动所得课征较多的税。一方面，个人劳动不仅增加了个人财富，也使社会共同财富相应增加，为此，应通过较低的劳动所得税来诱使人们更多地劳动；另一方面，劳动者创造财富的能力取决于其能力，个人能力不仅需要不断积累、提升，还可能因身体、精神等而衰退，所以，个人应拥有更多的财富来保持、提升自己的劳动能力。同时，为了公道、平等，应对劳动所得课以累进税。总之，为了国家共同财富不断增加，为了平等，不应对劳动所得课征过高的税。

（2）对资本所有者的投资所得的课税

康芒斯将资本的投资分为生产性投资和土地地基价值的投资（实质上指的是非生产性投资，即社会价值的形成和产生并非因为劳动，而是因为物价上涨等因素）。创新、发明以及管理能力提升等生产性投资，不仅可创造出更多的就业机会和社会需要，有益于社会发展，而且无疑有益于国家公共财富的增加。所以，税收制度安排就应有利于诱发这种生产性投资，而不应为拥有土地的地基价值的人们提供诱因。其中的缘由不言自明：“他们的价值是一种社会需求，这种价值的增加，没有相应的个人能力的努力或者新投资所可能造成的新建设。”②

康芒斯认为，“个人所得，按最低的但是累进的税率；投资所得，按中等

① 康芒斯．制度经济学：下［M］．北京：商务印书馆，2011：512.

② 康芒斯．制度经济学：下［M］．北京：商务印书馆，2011：513.

的但是累进的税率；地基价值所得，最高的税率，并且对巨额的地产也是累进的”[①]。之所以对劳动者的劳动所得课以低于资本所有者的投资所得的税收，是因为“个人能力比资本投资对国家提供较大的财富生产，资本投资只有在个人能力发明、控制和运用它们的时候，才能有用”[②]。在人类活动中，具有能动性的只有“人”，机器设备等都是从属于“人”而发挥作用。

3. 失业救济

在 20 世纪 20 年代，关于失业保险存在着两种观点：社会责任论和企业责任论。社会责任论指的是失业人员的津贴应由个人、雇主和政府共同负担；企业责任论是指失业人员的津贴应由失业者的雇主来承担。

康芒斯认为，这两种观点体现着不同哲学思想。社会责任论是社会主义哲学；企业责任论建立在个人主义原则之上，是放任主义政治哲学。无疑，康芒斯是社会责任论的支持者。他支持摩顿的社会哲学，认为资本主义制度下，失业是不可避免的，失业是经济制度运行不善的结果，是社会的而不是个人或企业的责任，因此失业保险或救济的费用应由政府或社会来承担，救济制度应建立在以政府为主体的社会基础之上。这种社会哲学与霍布豪斯的新自由主义思想如出一辙。霍布豪斯也认为失业、贫困等问题不是个人的责任，应是政府的责任，政府有义务为每个社会成员提供劳动机会。

康芒斯在这种政治哲学理念的基础上将社会责任进一步扩大，认为有效的社会责任“是指愿意纳税的心和可以的能力，以及愿意和能够坚决要有一个胜任愉快的文官制度，足以维持和管理‘社会服务事业’”[③]。在康芒斯看来，政府的社会责任就是制定一套完善的制度来提供社会事业，以有益于整个社会共同价值的增加。康芒斯认为，社会需要的社会事业不计其数，既包括义务教育、医疗保健等，也包括非慈善意义上的失业救济、防止失业计划等；同时，随着社会进步，人类需要的社会事业也会不断增加。

---

① 康芒斯．制度经济学：下［M］．北京：商务印书馆，2011：512.
② 康芒斯．制度经济学：下［M］．北京：商务印书馆，2011：513.
③ 康芒斯．制度经济学：下［M］．北京：商务印书馆，2011：524.

七、近代社会学的财政学

19 世纪 70 年代后，财政社会学的重新兴起，沿着“葛德雪 – 熊彼特”路径展开。马斯格雷夫说，自葛德雪、熊彼特半个世纪之后，“财政社会学又重新回到了葛德雪 – 熊彼特传统的历史模型”，这要归功于美国的马克思主义经济学家奥康纳。

沿着奥地利传统的财政社会学的代表人物是奥康纳和马斯格雷夫。奥康纳作为马克思主义者，沿承了葛德雪的阶级分析方法，其财政社会学的代表著作是《国家的财政危机》。马斯格雷夫遵循着其老师熊彼特的分析传统，从社会公共需要角度来分析财政问题，其财政社会学思想集中体现于《财政危机理论：财政社会学视角》中。

（一）奥康纳的国家财政危机理论

1. 奥康纳及其财政危机理论的形成

詹姆斯·奥康纳（James O’Connor，1930— ），美国新马克思主义经济学家，先后在巴纳德学院、华盛顿大学、加利福尼亚大学执教，任加利福尼亚大学社会学和经济学教授。

奥康纳在《国家的财政危机》中提出的国家财政危机理论，是对西方马克思主义经济危机理论的进一步发展。传统的马克思主义始终认为国家属于上层建筑范畴，不具有生产性功能。比如，被奥康纳作为重点研习对象的美国马克思主义经济学重要著作——巴兰和斯威齐的《垄断资本：论美国的经济和社会秩序》，仍将国家支出定义为“经济剩余”，“甚至不会间接创造价值和剩余价值”，认为国家是纯粹消费性的而非生产性的。而奥康纳的国家财政危机认为，国家在资本主义再生产领域起着重要作用。奥康纳的国家财政危机并非指传统的财政预算或财政收入与支出的危机，而是指资本主义国家危机的一种特殊的形式：表现于财政预算的国家内在矛盾。从中可以看出国家与财政之间的内在关系。他认为，国家财政预算理论“必然既是政治经济学理论，又是政治社会学理论”，即国家财政预算理论可以被认作财政社会学理论，实际上就是财政预算与国家之间的关系问题。

奥康纳说，《国家的财政危机》“是作者个人切身经历、知识体验和政治体验以独特的方式结合在一起的产物”。这既是奥康纳写作此书的心路历程，也体现出了其研究方法。这本书一方面是对前马克思主义经济学的继承与发展，观察到了马克思主义经济学家巴兰和斯威齐的研究中存在的不足；另一方面是对熊彼特财政社会学理论的进一步发展。熊彼特认为，财政社会学作为“一个特殊领域而令人期待”，因为“公共财政是社会调查尤其是那些并非只关注政治生活的社会调查的最佳起始点之一”，或者说公共财政是观察社会发展的一面镜子，可以很好地反映出社会的真实面目，所以，财政社会学是大有前途的领域。而在奥康纳看来，熊彼特的观点过于乐观，从理论研究来看，“还没有任何把公共财政经济学与政治学整合在一起的理论可以作为分析（国家）财政的框架”。理论研究只注重税收理论即“公共财政就是要预见税收的效果”，或者说，公共财政理论研究的重点只在于税收所产生的经济效果，而忽视了对政府财政支出及其与税收的相互关系的研究。也正如此，“公共财政经济学和政治学整合（或者公共产品和服务需求和供给理论）的缺乏迫使经济学家对政府支出采取一种几乎形而上学的态度”[①]，将财政支出看作经济增长的外生变量。从实践来看，国家预算仍然是“一些还没有进入社会学王国的生硬的赤裸裸的事实”，意思是现实生活中的国家预算仍然没有运用社会学的思维。所以，奥康纳认为，自 20 世纪初葛德雪和熊彼特提出财政社会学以来，这方面的理论和实践并未有多大进展。

实际上，奥康纳的《国家的财政危机》是对熊彼特《税务国家的危机》的发展。熊彼特提出了税务国家的危机，即私人经济与政府财政活动之间存在矛盾，税收活动会阻碍私人经济发展，因此存在一个税收界限，超过这个界限的政府财政活动就会限制整个社会经济发展。奥康纳在两个方面超越了熊彼特。一是熊彼特秉承斯密古典经济学的设定，认为政府财政活动不创造价值，只消费社会财富；而奥康纳将政府财政活动设定为再生产活动，可以同私人经济一道创造社会财富。二是熊彼特只是看到或预见到了在一定程度上可能存在着的“财政危机”，却并没有深究其背后的根源；而奥康纳不仅观察到了这一财政现象，而且试图用国家财政危机理论揭示出这一财政现象的

① 奥康纳．国家的财政危机［M］．上海：上海财政大学出版社，2017：4.

根源。

在奥康纳看来，他的国家危机理论来源于美国社会发展实践，或者说，美国经济社会发展实践进入了作者的思维，化为了国家财政危机理论。一是20世纪六七十年代，美国社会的主题是“每个经济和社会阶层及群体都希望政府在越来越多的事情上花费越来越多的钱，但就是没有愿意缴纳新税或者按更高的税率缴纳旧税”，政府的财政支出增长速度大于财政收入增长速度，由此形成了财政赤字，奥康纳称之为“国家财政危机”。国家财政危机可能会影响到个人幸福、社会阶级关系以及国家综合实力，或者说，国家财政危机会导致社会危机，“没有能够幸免于财政危机和因财政危机而激化的基本社会危机”。这就需要政治经济学、财政社会学来回答并解决出现的国家财政危机问题。二是税收分摊和政府财政支出并不依赖于市场法则，而是由相关政治组织作出决策，就不可避免地形成了不同阶级、不同群体之间的社会经济矛盾。国家财政与社会结构、国家形态等都有关系，所以，国家财政预算问题就不是单纯的经济学问题，还涉及社会学、政治学的问题。三是随着生产和交换的社会化程度不断提高，国家必须提供交通运输等公共设施。这些公共设施降低了社会交易成本，提高了私人经济的劳动效率。同时，教育、医疗领域的政府支出，提高了人力资本水平，也大大改善了私人经济的劳动效率。可见，这些财政支出具有生产性价值。从英美财政实践来看，20世纪60年代之后，美国政府已经将教育、医疗等领域的财政支出作为人力资本投资的供给侧经济政策，即把教育、医疗等看作能带来价值的投资。总之，美国的经济社会现实状况以及财政实践启发了奥康纳的国家财政危机理论。

2. 奥康纳的再生产性国家观

不难发现，奥康纳将政府活动看作具有社会价值的再生产性活动。具体来说，随着生产社会化的发展，政府财政支出不仅包括维系阶级统治、保障财产和人身安全的纯粹的非生产性支出，还要提供社会再生产需要的社会化条件。比如，公共交通、重大公共工程等，只有国家才能有效提供。又如，在现代工业文明时期，社会扩大再生产的必要条件之一即高素质的劳动力，因此财政支出的重点之一就是对社会成员的教育、培训。总之，奥康纳认为国家不再是单纯的保障人们财产、人身安全的“守夜人”，而直接参与社会再生产活动。

奥康纳国家财政危机理论的基石就是这一国家观。

3. 国家财政危机的基本前提

奥康纳在阐释其财政危机理论时明确提出，“构成这本书理论框架的范畴取自马克思主义经济学，并且被应用于预算分析问题。……财政危机只能运用马克思主义经济学的基本范畴来理解”[①]。在奥康纳看来，财政危机问题必须使用马克思主义经济学的分析方法，否则难以说清楚或难以理解国家财政危机的根源。奥康纳运用马克思主义阶级分析方法，将社会经济活动主体分为私人资本产业和国家产业两大类，又具体分为竞争性产业、垄断性产业和国家部门，来具体剖析资本主义国家生产关系中的不同阶级在财政收入与财政支出领域的状况，以及国家在财政收入与支出分配过程中的政治斗争。正如马克思所说的，“抗税是一种最古老的阶级斗争形式”，奥康纳认为，财政收入与财政支出日益成为不同阶级逐利的战场。

奥康纳国家财政危机理论分析的两个基本前提是：国家职能的内在矛盾与国家财政支出的二重性。

（1）国家职能的内在矛盾：资本积累和政治合法性

奥康纳在国家财政危机理论中，赋予了国家在资本主义再生产中的生产性角色，体现为社会资本家职能。随着资本主义及生产社会化的发展，社会化条件只能由国家来提供，比如重大公共工程项目和教育。为此，国家通过财政制度安排，在为资本积累创造社会再生产条件的同时，间接地调节着剩余价值的生产和分配。总之，国家不再是“守夜人”的角色，不再从事非生产性劳动，而是在财政制度的安排下成为社会生产的直接参与者，从事促进社会发展的生产性劳动。这样，国家拥有两种基本职能——社会资本家的职能与一般社会管理者的职能，即资本积累职能与政治合法性职能。

奥康纳认为，国家的两个职能是相互矛盾的，因为资本积累和政治合法性意味着国家既要为社会化再生产创造外部条件，还要维护社会各阶级的和谐。可是，国家站在资本积累的立场上，就必须以牺牲劳动者阶级的利益为代价，导致各个阶级无法协调，也就失去了其合法性，同时削弱了人民对它的信任与支持。奥康纳财政社会学的立论基本遵循着葛德雪的观点，将社会

---

① 奥康纳．国家的财政危机［M］．上海：上海财政大学出版社，2017：5–6.

分为劳动者阶级和资本所有者阶级，认为国家运用财政手段通过剥夺劳动者来支持资本所有者的社会积累。奥康纳更进一步分析了这一机制的内在矛盾。“如果一个国家忽视其在促进资本积累方面的职能，那么它将冒丧失自身权力源泉、丧失经济方面的剩余生产能力及对剩余生产（及其他资本形式）进行征税的危险”[①]，而同时，国家又必须保障社会和谐，“如果一个国家公开利用它的强制性力量去帮助一个阶级进行资本积累，甚至不惜以牺牲其他阶级的利益为代价，那么这个资本主义国家就会丧失其合法性，同时也会破坏人民对其忠诚和支持的基础”[②]。可见，国家这两种职能的内在矛盾源于国家管理者与国家资本所有者利益的不一致。

（2）国家财政支出的二重性：社会资本和社会支出

基于其国家观和国家基本职能，奥康纳认为国家的财政支出具有“社会资本”和“社会支出”双重特征。

①社会资本。社会资本是指“有利可图的私有资本积累所需要的支出，它是一种间接生产，可以间接地增加剩余价值。社会资本有两种类型：社会投资和社会消费（用马克思主义的术语来说就是社会不变资本和社会可变资本）”[③]。

社会投资又分为实物资本投资和人力资本投资。实物资本投资是指对经济基础设施的投资，包括公路、机场等交通运输设施，供电、供水等以及工业发展项目，教育和研究所用的建筑、设备，农业、采矿业及建筑业，体育场馆、停车场等城市建设项目，等等。实物资本投资又分为互补型社会投资和自由裁量型社会投资。互补型社会投资指的是专门为私人资本服务的投资，比如由私人投资的采矿业需要的铁路专线或专门的港口以及专门修建的电力、通信设施等。自由裁量型社会投资是指用来激励私人资本投资的社会资本投资，比如经济萧条时期进行的港口、机场、道路等基础设施建设。

从美国现实来看，互补型社会投资和自由裁量型社会投资的绝对值及占私人投资的比重，都呈现出长期增长的态势。究其原因，奥康纳认为有三个方面：一是随着资本主义生产的复杂性和相互依存性不断增大，垄断资本需

① 奥康纳．国家的财政危机［M］．上海：上海财政大学出版社，2017：6.
② 奥康纳．国家的财政危机［M］．上海：上海财政大学出版社，2017：6.
③ 奥康纳．国家的财政危机［M］．上海：上海财政大学出版社，2017：6.

要更多、更好的社会实物资本项目；二是由于这些实物资本项目具有不可分割性，其规模也越来越大；三是垄断资本的政治影响力迫使国会提供更多的特殊利益项目。

人力资本投资是对各级教育系统提供的教学、行政和其他服务以及教育机构提供的科学和研发服务的投资。现代社会中，垄断部门资本积累和经济增长的关键在于新技术、新产品，而这些都取决于“人”，培育创新型人才就需要相应的“教育”。所以，奥康纳认为“研发和教育则是当今成本最高的社会投资形态”。美国20世纪50年代后联邦政府和地方政府的财政教育支出显著增加。从教育支出的阶级结构来看，承担了较大比重教育支出中的劳动阶级和小企业，从教育支出中获得的收益要远小于垄断部门，“由于国民教育费用由劳动阶级和小企业主阶级承担，而国民教育创造的利益则被垄断部门劳资双方所独占，因此，如果增加教育预算，垄断部门有组织的劳方会获得各种好处，而只会失去很少的东西（剩余劳动力失去工作机会）”[①]。

为此，“社会实物资本投资（包括人力资本投资）已经成为越来越沉重的财政负担”，而且，垄断部门从国家财政支出产生的效用中获得了更大的收益。

社会消费“实质就是在其他要素不变的情况下能够降低劳动力再生产成本并提高利润率的项目和服务，……社会消费支出可分为劳动阶级集体消费的商品和服务以及应对经济不安全的社会保障”。前一类社会消费支出主要包括郊区的道路、中小学以及休闲娱乐项目等改造项目，城市的公共交通、停车场等改造项目，以及儿童保健、医疗设施等相关项目。后一类社会消费支出主要是指养老、失业、医疗保险等社会保障项目。社会保障不仅可降低劳动力再生产成本，还可以扩大劳动力的再生产能力，提高人力资本水平。

奥康纳认为，“一般来说，可变资本（他这里指的就是社会消费支出）的社会化程度越高，货币工资水平越低（在其他条件不变的情况下），垄断部门的利润率就越高。由于这个原因，垄断资本常常积极支持社会消费支出的增加”。

②社会支出。社会支出指的是“那些为维持社会和谐，实现国家的‘合

① 奥康纳．国家的财政危机［M］．上海：上海财政大学出版社，2017：114–115.

法性’职能所需要的项目和服务，……社会支出不属于间接生产”①，属于非生产性支出，主要用于维持社会秩序稳定、保障人们生命和财产安全，体现的是国家合法性职能。包括国防支出、行政司法支出、武装警察支出、社会救济支出等。

4. 奥康纳的国家财政危机理论

根据上述对资本积累和政治合法性职能及其内在矛盾的认识、对国家财政支出双重特征的规定和对不同财政支出类别的政治经济学分析，奥康纳提出：国家财政支出上涨与国家收入增长限制的矛盾，导致了国家财政危机，即国家财政支出增长快于财政收入增长的危机。

国家财政危机是一种现象，关于这一现象的根源，奥康纳提出了两个观点：①国家财政支出增加成了垄断部门和国民经济增长的基础；②社会资本和社会支出的积累是一个矛盾过程，可能导致经济、社会和政治危机。

（1）国家财政支出增加对垄断产业和整个国民发展起着基础性作用

奥康纳认为，“国家部门和国家财政支出增加越来越作为垄断部门和总体生产增长的基础发挥作用。相反，国家财政支出和国家预算项目的增加是垄断产业发展的结果。换句话说，国家财政支出和预算项目的扩增既是垄断资本扩张的前因，又是垄断资本扩张的结果”②。正如前文对社会投资和社会消费的分析，随着扩大再生产的社会化程度不断提高，垄断部门越来越依赖于道路交通等基础设施、人力资本水平以及社会保障等社会性基础项目，因为这些不仅可以有效降低其交易成本，还可以有效提高劳动生产率。也就是说，社会资本投资的增加会促进垄断产业的快速发展，反过来，垄断产业的发展又要求政府提供更有效的社会资本投资，因为“垄断部门的扩张就其伴随着失业、贫困、经济停滞等的出现而言是非理性的。为了确保民众对自己的忠诚并且维护自己的合法性，国家必须满足那些深受经济增长‘成本’困扰的民众的不同要求”③。可见，奥康纳的观点与传统西方经济学完全不同，“现代保守思想认为，国家部门的发展以牺牲私人产业为代价；而我们则认为，国家部门的发展为私人产业特别是私人垄断产业的扩张的必需。我们的论战

① 奥康纳．国家的财政危机［M］．上海：上海财政大学出版社，2017：7.
② 奥康纳．国家的财政危机［M］．上海：上海财政大学出版社，2017：7.
③ 奥康纳．国家的财政危机［M］．上海：上海财政大学出版社，2017：7.

也与现代自由主义思想的基本信条——垄断产业的扩张会抑止国家部门的发展——形成鲜明的对照”[①]。

（2）社会资本和社会支出积累会导致财政危机

奥康纳认为存在两方面的原因。一方面，国家财政支出越来越社会化，但其带来的社会剩余（包括利润在内）并没有社会化，而是由私人特别是垄断产业占有，由此形成了投资社会化与剩余占有私人化之间的矛盾。这就导致财政收入增长慢于财政支出增长，形成了二者的“结构性缺口”。政府由此陷入两难选择：国家财政支出支持垄断产业将会提高生产能力、增加社会剩余，可同时会减少社会费用，进一步加剧社会消费积累不足，即不能满足劳动者阶级、穷人等的社会福利，从而可能会削弱政府的合法性；反过来说，如果国家财政支出不支持垄断产业，无疑将会影响到国民经济再生产的基础条件，从而可能影响到国民财富的增进。另一方面，财政危机因私人利用国家权力谋求私利而进一步加剧。在奥康纳看来，资本主义社会中存在着众多的“特殊利益集团”，他们都在为自身的利益打算。比如，私人资本要求政府增加社会资本支出，而工会和一般劳动者以及失业、穷人等需要各种社会支出。绝大多数事项难以通过市场方式来解决，需要通过政治程序来处理，其中存在着各种力量的博弈、斗争。在这一过程中，国家预算的一些项目、服务可能会出现大量浪费、重复、交叉等问题，“社会资本和社会费用增加是一个高度非理性的过程”，导致财政支出快速增加。反过来，各方对国家预算的博弈可能会损害社会再生产能力，进而损害国家财政能力。

总之，在奥康纳看来，资本主义社会国家财政危机的根源在于资本主义社会生产本身的矛盾，“即在于生产是社会的而生产资料却被私人占有”。

总的来看，奥康纳运用马克思主义经济理论提出了国家在资本主义社会再生产过程中不仅有着服务性功能，也起着生产性作用，同时揭示了资本主义国家这两种作用的内在矛盾性。这种内在矛盾导致了国家财政的两难处境并带来了国家财政危机。国家财政为社会再生产提供基础性条件，可是产生的社会剩余却由私人特别是垄断资本占有，国家财政收入受到抑制；同时因财政能力有限，社会资本与社会支出的分配中存在着不同利益集团的争斗，

① 奥康纳．国家的财政危机［M］．上海：上海财政大学出版社，2017：8.

国家财政活动成了不同利益集团斗争的舞台。实际上，奥康纳运用马克思主义阶级分析方法，具体分析了国家社会资本和社会支出所产生的社会剩余在国家、私人和资本所有者及劳动者阶级之间的分配，认为其中存在着内在矛盾，国家被垄断资本所利用、剥削，劳动者阶级既受到国家的剥削，也受到垄断资本的剥削，导致了国家财政危机。从奥康纳国家财政危机理论中不难看出，奥康纳关于财政危机理论的分析带有凯恩斯主义的色彩，即国家经济活动可影响甚至左右整个国民经济的发展。

5. 奥康纳与其他人的比较

奥康纳从资本主义国家的内在矛盾的角度来论述国家拓展或国家财政预算扩张问题，这完全不同于公共选择理论的国家扩张理论，也不同于瓦格纳的财政扩张理论。第一，无论是瓦格纳还是公共选择理论的布坎南，都没有将国家财政支出看作一种生产性行为，可以通过与私人经济的合作来增加国民财富，即他们都认为财政支出是消费性的。可是，现代社会中生产社会化的事实已经证明，道路交通等基础设施，教育、医疗等公益社会以及社会保障等会降低社会的交易成本、提高生产效率，不仅可直接创造国民财富，而且具有极强的外部性，可间接地创造社会财富。第二，就财政扩张的本质来说，瓦格纳的财政扩张源于经济发展的内在要求，即提供经济社会发展所需要的东西；布坎南则从代理国家公共事务的政府是“经济人”这一角度出发，认为作为“经济人”的政府为追求自身收益最大化而不断扩大政府规模。而奥康纳认为，资本主义制度的内在矛盾是国家财政扩张的根源。第三，就财政扩张的解决方法来看，瓦格纳认为财政支出扩张存在合理性，是一种“公理”性的规律，所以，尽管他认为财政支出不具有生产性，但这是经济发展的内在要求，因此没有提出要限制财政支出；而布坎南认为要限制财政扩张，途径是“财政宪政”，即财政是民众让渡给政府的部分财富，政府以此来为民众提供公共服务，为此，财政支出活动要受到民众的制约，就是要构建一定的政治程序来约束政府的财政收入与支出行为与财政活动。奥康纳则认为，解决国家财政危机的根本还在于社会主义。

奥康纳继承了葛德雪的阶级分析方法，二人都可被看作马克思主义者。葛德雪也自认为是一个社会主义者。二人都认为存在着国家财政危机，也都认为这一问题的根本还在于现存的资本主义制度。可是，他们的内在逻辑并不一致。葛德雪将国家看作一个独立的实体，认为国家只有依赖于自身的财政能力才能实现国家意志，否则就会受制于或听命于“人”而失去其主体性。“财政学必须认识到其主要任务是处理国中之国的财政问题……在过去无论什么时候对国家的任何建议和议论，都忽视或隐匿了国中之国的‘国’的真实内涵，也正因为这个原因，所有试图将财政拉上正轨的努力都失败了，或者说在构建财政制度上浪费了很多创造力，要么是天真的自欺欺人，要么就是愚弄人民。国家与国中之国的斗争妨碍了国家在一个不断变动的社会中承担其应该承担的职能。国家在其社会基础上仍陷在矛盾之中，因为它的财政制度使它无法脱离与陈旧过去的联系。”葛德雪认为，资本主义国家已经被剥夺了财产，是一个“贫穷”的国家。之所以说资本主义国家是“贫穷”的国家，就在于这个国家是由私人资本和金融巨头组成的，是合法的无财产国家，这种“贫穷”符合统治阶级的利益。葛德雪进一步认为，“贫穷”的国家不可能是一个公正的国家，要使社会公正、正义，就须使国家“富有”。可是，在葛德雪看来，社会主义理论与资本主义理论一样敌视国家，没有认识到真正的社会罪恶不在于工人与生产资料的分离，而在于国家与生产资料的分离，“没有经济实力和经济效率，国家就无法实现经济正义，很快就会失去权力”。所以，葛德雪是一个国家资本主义者，通过国家的“公共资本的积累和集中”，来解决社会公正问题。

葛德雪没有把社会主义国家作为解决社会不公正问题的方案，其文章并没有借鉴马克思、恩格斯以及列宁关于社会主义国家的论证。在葛德雪看来，国家资本主义具有极强的积累能力，不必改变社会生产关系（包括收入、财富以及权力关系）就能实现国家富裕，进而实现社会公正。

而奥康纳则是运用马克思主义经济学的概念、方法对资本主义国家财政危机进行分析，认为其解决之道就是建立社会主义。所以，奥康纳是对马克思主义政治经济学的新发展。

奥康纳继承了葛德雪的基本论点，认为国家支出对垄断资本积累、社会经济发展有着至关重要的作用。奥康纳较之葛德雪，建立了一个理论框架，用于分析国家收入和支出如何促进了垄断资本主义的发展，并反过来受到其影响。奥康纳将国家职能分为资本积累和政治合法化，将国家财政支出分为社会投资和社会支出两类，并以此为框架来分析国家财政支出对其职能的实现。他认为，政府财政支出的增长一直是解释垄断资本增长的一个重要因素。运输、研究和公用事业等领域的社会投资直接提高了垄断行业的生产率，从而提高了利润；而医疗和教育等项目的社会支出通过降低劳动力再生产成本，提高了垄断利润。但是，垄断资本的积累一部分是由这些财政支出驱动的，另一部分是由其内在动力驱动的。垄断资本通过引进节省劳动力的技术和削弱剩余的竞争部门，提高了经济其他领域剩余人口（失业或低收入工人）的数量。这就产生了越来越多的社会支出项目需求，如福利和失业救济金。剩余资本也产生了对军事开支的需求。这些社会支出用于非生产性项目，不会直接产生剩余价值，但确实起到了扩大总需求的作用。随着时间的推移，国家支出稳步增长，既是私人资本积累的原因，也是私人资本积累的结果。国有部门的工资与垄断部门的工资挂钩，这些工资又与生产率和通胀率挂钩，这成为财政支出增长的原因。由于社会剩余由私人占有，不归国家所有，财政收入和财政支出之间就形成了结构性差距，即奥康纳口中的“国家财政危机”。

可是，在对财政问题的社会学分析中，葛德雪和奥康纳都未能明确所分析的社会阶级结构，而且虽然自称继承了马克思主义政治经济学的分析范式，但与马克思主义的阶级分析方法完全不同。葛德雪将社会阶级分为资产阶级与工人阶级和穷人。奥康纳将垄断资本家和竞争资本家区别开来，把无产阶级分为垄断性部门工人、竞争性部门工人、国家工人和失业者。也就是说，在对国家支出对不同阶级的影响的分析中，重点分析国家财政支出对垄断性产业、竞争性产业以及国家部门的影响及其相互关系，这与马克思主义的“社会阶级是由生产关系所决定的”完全不一致。特别是在奥康纳看来，垄断性产业和竞争性产业内部不存在矛盾、对立，或者说，垄断性产业的资本所有者与工人是一个阶级。在奥康纳的模型中，主要的斗争似乎不存在于劳动力和资本之间，而存在于不同的经济部门之间。特别是垄断性产业的工人和资本家都在与竞争性产业的工人和资本家展开竞争。为了促进生产率的提高，垄断性产业资本和劳动力之间的合作远远超出了工资协议的范围，压低了竞争性产业的工资，导致了技术性失业。可见，奥康纳财政问题的社会学分析框架只是部门间的分析，而非真正意义上的社会阶级分析。

既然这场危机的根源是资本主义，那么最终只能通过社会主义的到来来解决。奥康纳认为，解决国家财政危机唯一切实可行的选择就是国家和垄断资本合作，通过建立社会—工业联合体来提高生产力。这个综合体将采取国家补贴垄断资本的形式，在教育、住房、交通、保障等领域提供以前由国家自己提供的产品和服务。

（二）马斯格雷夫的财政社会学

理查德·阿贝尔·马斯格雷夫（Richard Abel Musgrave，1910—2007），现代财政学（公共经济学）家，被认为是20世纪最主要的政治经济学家之一，被誉为现代财政学的真正开拓者之一，是现代财政学之父。马斯格雷夫继承了熊彼特的利益集团分析传统，专门写过一篇财政学文章《熊彼特的〈税务国家的危机：一篇财政社会学论文〉》（1980）①。

1. 马斯格雷夫的国家观

熊彼特认为国家产生于财政危机，为此将国家定义为税务国家，意味着国家是同税收一同发展起来的，税收具有关键性历史作用。而马斯格雷夫认为熊彼特的论述存在"问题"："为什么统治者失去了对其农奴产出的有效要求呢？为什么与此同时私人纳税得以建立起来呢？"在国家起源问题上，马斯格雷夫赞同马克思主义的国家起源观，认为封建社会不可能建立起国家，"当农奴产出归统治者占有时，社会处在封建体系下，国家不会出现"。国家不是外部强加给社会的一种力量，而是阶级矛盾不可调和的产物和表现。随着封建社会的灭亡，现代国家才真正建立起来。

马斯格雷夫通过对熊彼特提出税务国家危机后50年发展状况的观察，认为葛德雪和熊彼特的预见都是错误的，"他们二人均低估了税务国家在面对不断扩张的公共部门时所具有的适应性与恢复力"。

马斯格雷夫认为，葛德雪担心的国家有限的税收能力和有产阶级对国家的敌意使国家陷入危机的情况并没有发生，不仅如此，西方国家财政收入和支出同步增长且占国民生产总值的比重不断上升，有产阶级并未控制国家，也未与国家形成敌对。总之，从实践来看，资本主义国家不断崛起，并未陷

① MUSGRAVE R A. Schumpeter's Crisis of the Tax State: An Essay in Fiscal Sociology［J］. Journal of Evolutionary Economics，1992（2）：89-113.

入危机。

马斯格雷夫认为，熊彼特担心的税务国家危机同样没有发生。从实践来看，资本主义国家的政府规模扩张大大超出了熊彼特的“最小政府”，但并未伤及国民经济增长反而促进了经济发展。马斯格雷夫认为，资本主义国家的实践“表明税务国家具有强大的承受力，而这一趋势应该会持续下去。不断地有人警告说如果不降低让人无法忍受的税收负担，那么危机就在眼前。这一警告已经持续了几十年，然而税务国家依然自行其是”。所以，他认为：“市场体系不仅可以跟不断扩张的公共部门和谐共存，而且可以从这种扩张中受益。”

从马斯格雷夫对财政职能的论证中也可窥视到其国家观。马斯格雷夫认为财政职能的逻辑起点是市场失灵，财政的作用在于弥补市场失灵，认为政府与市场是“二分”的，二者是互为外在的。其中，强调政府要对市场进行有效干预，不仅为了解决公共产品、外部性以及公平性问题，还为了稳定和促进经济发展。

2. 关于规范分析方法

马斯格雷夫认为，熊彼特对财政理论的规范分析不感兴趣，反而对瓦尔拉斯的均等理论非常感兴趣。熊彼特认为财政理论是宏观问题，重点研究财政如何决定私人经济发展，至于公平、正义等规范性问题“可以是也可以不是经济学的问题”。在熊彼特的经济思想史著作《经济分析史》的编辑索引里甚至没有“外部性”这个词，公共产品、社会物品等基本概念都被他排除在外。也就是说，在马斯格雷夫看来，涉及规范分析的概念都被熊彼特“忽视”了。马斯格雷夫说：“由于这些问题是我的主要兴趣所在，因此我对熊彼特著作忽视这些问题而觉得非常失望。”这就说明马斯格雷夫十分强调财政理论的规范分析，这也体现在他对税收制度的论述中。

葛德雪和熊彼特之后，德国财政学陷入了方法论之争，即施穆勒的历史方法与门格尔的抽象演绎方法之争。实质上他们争论的焦点在于，财政学是否要以社会学方法作为补充。在马斯格雷夫看来，这不仅是方法论问题，还涉及国家观，也就是说，是将公共部门与私人部门看作一个整体还是二元论。他认为，公共部门应从整个社会中分离出来考虑，即公共部门与私人部门构成二元体系，或者说，公共部门外在于私人部门，二者并不是一个有机体。

这样，政府或财政只是起到补充市场失灵的作用。进一步来说，市场失灵并不是一成不变的，而是会随着社会环境、条件的变化而变化，相应的财政安排也要作出相应的变化。所以，社会学方法有必要作为分析财政问题的方法。

3. 税收制度的社会学分析

熊彼特认为税务国家作为“最小政府”就要求低税收水平，为此要选择好税收制度，对于作为“最小政府”的税务国家来说，所得税是理想税种。可是，一般来说，与其说所得税是“最小政府”的无害化融资，不如说是公平性融资，只是人们关于累进税制中体现的公平性存在争论。马斯格雷夫认为，“税收政策争论中这些至关重要的考虑都被熊彼特置于一边”，意味着马斯格雷夫认为，税收的重要职能之一就在于“公平性”。当财政支出不断增长，“所得税的突出作用才发展起来，但按照熊彼特的看法，此时所得税已经失去了存在的理由，并堕落为‘经济抽取’的源头之一”，所以熊彼特成了消费税的坚定支持者。

马斯格雷夫认为，“税基的战略选择不是简单地选择以收入为基础还是以消费为基础。……未来的税制结构很大程度上取决于人们对累进税制尤其是对高收入实行累进税制的态度。……经济和社会都将经历了进一步的变革，税制结构也是一样。家庭结构的变化将会要求在个人税收设计中重新定位计税单位。人口老龄化以及对医疗卫生的考虑，都会提高社会保险的权重，拓宽有关税种的作用。税前收入分配不公进一步加大的发展趋势可能要求对税制结构进行调整，而这也可能改变人们对税收公平的态度”。从中不难看出，马斯格雷夫并非教条主义者。他认为税收制度是不断变化的，取决于社会结构、社会条件，即税收制度建立于相应的社会基础之上。

总的来看，马斯格雷夫的财政社会学呈现为以下特点。第一，马斯格雷夫赞同葛德雪－熊彼特的财政社会学分析范式，认为财政制度、财政政策取决于社会基础，随着社会条件的变化而调整。第二，就其国家观来说，他并不认为政府与市场是一个有机整体，是典型的政府机械论者，认为政府外在于市场，用以弥补市场失灵，也强调政府对社会经济活动的干预。但是，马斯格雷夫的国家起源观完全不同于熊彼特的观点，他更倾向于马克思主义的国家理论。第三，就其方法论来说，他认为财政问题研究应将历史方法与抽象演绎方法结合起来，将规范分析与实证分析结合起来，不能将分析局限于一个僵化的框架之中，要根据历史形态、社会条件来具体确定分析框架。也就是说，不能只是根据一个先验的理论来构造分析框架，而要根据特定的社会结构、社会条件给出相应的价值判断，依此来确定分析框架。

八、对财政社会学性质的思考

财政社会学作为一个独立的学科，产生于经济学与社会学、政治学等学科的分立，也就是说，在原初的经济学领域中包含着社会学、政治学等学科。西方制度意义上的政治经济学起源于欧洲大陆，当时的普鲁士国王弗雷德里克·威廉对教育状况感到不满，于1723年在哈雷－维滕贝格大学和法兰克福大学设立了两个财政学席位，此时的财政学本质上就是研究国家治理学问的公共财政科学。因此，欧洲大陆的经济学始于以公共财政为核心的学科领域，目的在于通过国家治理来促进国民财富增进和人民幸福。1822年，英国牛津大学成立了第一个政治经济学专业，其中的核心是亚当·斯密在《国民财富的性质和原因的研究》中确立的自然自由市场经济思想，与欧洲大陆以国家治理促进人民幸福的经济思想截然不同。这两种“经世济民”的经济学观点至今仍为主流，只是在不同国家或地区有着不同的地位。这两种截然不同的国家治理理念的根本区别在于，斯密的政治经济学更强调每个人的主体性，通过分工与合作而使每个人的收益最大化进而使整个社会的福利最大化；而以公共财政为核心的经济学在商业、政策科学和法律的背景下，植根于广泛的社会条件、社会结构之中，国家和公共机构基于社会政策促进国民财富的增进，而不单单是弥补市场失灵。即运用社会学理论和方法来观察国家财政活动，将社会学方法融入对国家治理的观察中。实际上，这两种经济学观点的根本区别还在于对国家财政活动性质的认识不同。斯密的政治经济学认为国家财政活动不创造社会价值，只是消耗社会资源；而另一种观点则认为国家财政活动会直接或间接地创造社会财富。

随着社会科学中经济学、社会学、政治学和伦理学等学科的分立，这些学科之间的联系不再如原初那样紧密，即出现了学科空白。财政社会学可以说就是要填补这一空白，是经济学属性的财政学与社会学的交融。从实践来看也是如此。第一次世界大战结束之后，德国、奥地利等战败国的战争财政制度不仅摧毁了德国、奥地利等国的国家机构，还造成了巨大的人力和物质损失。这些战败国在战后不可能像以前那样运行，在寻求新的国家发展道路时就需要新的社会科学方法，要从植根于社会环境的社会政策中寻找答案。此时，葛德雪正是根据财政社会学思想提出了国家发展的道路：国家资本主义。熊彼特无疑也认识到了德国、奥地利等战败国的发展问题，但似乎不同意葛德雪的国家资本主义道路。为此，他从人类历史发展的角度论证了国家起源，认为国家作为税务国家，产生于财政危机，同税收一同发展起来。而一旦国家完成其使命，税收就成了国家治理的工具。而且，税收作为人们的牺牲，规模过大可能会带来社会问题而产生国家的危机，为此应将税收以及国家限制在“最小”范围内。不仅如此，熊彼特认为，财政社会学作为分析国家发展的一门学问大有前途，公共财政社会学可以为“社会存在和形成的规律以及国家命运的驱动力”提供独特的见解，并将财政社会学描述为“一个特殊领域…… 其中很多是可以期待的”。

熊彼特对财政社会学的“期待”，就在于英美财政学体系只是关注单一变量的内在逻辑，而并不涉及某一税收制度或财政补贴制度的实施或改变对社会或经济行为人的行为的影响。

比如，最简单地，考虑一种产品（面包）和对该产品征收消费税。消费税提高了需求价格，降低了供给价格，均衡数量下降。超额负担是一个三角形，等于支付面包的边际意愿的超额负担与那些由于税收而没有被生产出来的面包的边际成本之差。这是现在教科书中的内容，可存在诸多问题：本来要吃那些没有被生产出来的面包的人吃了什么？面包师不做面包的时候做了什么？消费者和面包师为了避免征税而孵化出了什么新点子？我们会在市场上看到不征税的新产品吗？我们能辨别出税收不适用的新的分配形式吗？在什么情况下会出现这些形式的避税？它们在哪里繁衍生息，又会带来什么后果？所有这些问题在传统的税负分析中是无法提出的，但确实是我们在考虑开征、增加或减少某一税种时感兴趣的问题。

又如，李嘉图等价定理。它有严格的假定条件，现实生活并不满足它的假定，因此在应用这一定理时就应特别小心。不仅要具体分析国家发行债券的用途、将产生的社会财富效应以及未来偿还债券的税收结构或实际税收负担等，还应考虑到这一行为可能对经济行为人产生的影响，之后再决定政府是否要发行债券。因此，李嘉图等价定理强调了如果当代人没有准确认识到债券发行的未来负担或未来纳税人无法充分补偿当前决定时会发生的扭曲。

总之，当我们通过财政社会学的分析范式，发现和预测到财政税收可能会带来意想不到的社会后果时，就会体会到财政社会学在实践中的重要性。

实际上，葛德雪和熊彼特基于社会学角度的国家财政问题的分析，奠定了财政社会学的基础，提供了财政社会学的分析范式，之后无论是资产阶级的财政社会学还是马克思主义的财政社会学都是以此为基础而发展的。从葛德雪、熊彼特以及塞利格曼、奥康纳、马斯格雷夫等人的研究中，不难总结出财政社会学的研究内容和研究方法。

首先，就财政社会学的内涵来看，财政社会学的研究对象是国家的财政活动。也就是说，财政问题就是国家的问题，按照葛德雪和熊彼特的说法，财政活动产生了国家，国家又设定了财政活动。实际上，这就意味着有什么样的国家理念就有什么样的财政活动。进一步来说，国家理念体现于社会存在之中。比如，存在着契约主义、功利主义以及黑格尔主义等不同的国家理念，这些理念则具体地表现为社会条件和社会结构的存在。由此，一方面，社会状况决定和影响着财政活动，或者说，财政制度取决于社会状况。比如在封建社会，由于生产力水平有限、交换活动并不发达，国家或国王的收入来源主要是所得税。而进入资本主义社会之后，商品交换成为主要的经济发展方式，国家的收入来源主要是来自商品交换环节的商品税。另一方面，特定的财政制度影响着社会状况，对不同群体、不同地域的影响或作用是不同的。总之，财政活动根植于国家理念，显露于社会状况。

其次，国家财政活动问题不单单是财政收入与支出本身的问题，还是涉及国民财富的增进、人民的幸福问题。财政社会学认为，国家财政活动不仅直接或间接地创造了社会财富，还通过提供交通等基础设施、环境保护等为私人经济发展打下了基础，通过改善分配关系、保障生命与财产安全来促进人们的幸福。总之，财政社会学的根本目的在于促进整个社会财富增进和人民幸福。

最后，财政社会学认为国家既不是社会契约的产物，也不源于功利主义思想。财政社会学既不赞同国家机械论，将国家与市场社会、家庭“二分”，也不认同国家有机论。财政社会学认为，国家是独立存在的客观实体，有其主体性，有与人民意志相统一的独立意志。

总的来看，财政社会学是研究以国家为主体的财政活动与社会状况之间的内在关系的一门学问。既研究财政制度在特定的社会条件下何以形成，或者说，社会条件如何决定着财政制度的构建；也研究特定的财政制度如何影响社会条件、社会结构。

就财政社会学的方法论来说，财政社会学发展一个世纪以来，在不同时期遵从着不同的方法论。财政社会学的创始人葛德雪和熊彼特都运用德国历史学派的方法论，将国家的财政活动看作历史产物，认为特定历史时期的社会条件、社会结构影响着财政活动，同时财政活动也影响和改变着人们的行为。意大利学派以及奥地利学派则主要根据边际效用理论来分析财政活动对人们的影响，即运用抽象演绎方法来研究财政活动与社会之间的均衡关系。美国学者塞利格曼则从人类最基本的需要讲起，具体分析特定生产力水平下的人类需要以及满足人类需要的变动。其中，国家提供只有国家才能提供的共同需求，体现为一种历史主义方法，或国家存在于人类自然发展过程之中，是人类自然发展的产物。马克思主义学者奥康纳运用抽象演绎法，一方面抽象出国家财政活动与社会发展的内在相关性概念：将国家职能分为资本积累和政治合法性，将财政支出分为社会投资和社会支出，将社会活动分为垄断性产业、竞争性产业和国家部门；另一方面对这些概念基于其内在关联进行演绎分析，最后给出国家财政危机的结论。如果将这些方法综合起来，不难发现这其实就是斯密的分析方法：历史归纳法与抽象演绎法的结合。实际上，在斯密的古典经济学时期，社会科学的学科分类还没有像现在这样细化。斯密作为伦理学教授写出了经济学的旷世之作，同时期的休谟的作品既涵盖政治哲学、伦理学，也涵盖经济学，几乎涉及现代社会科学的全部内容。所以，他们在研究经济学问题或政治学问题时，并非将研究范围和研究方法局限于其中一个方面，而是将经济学、政治学等看作整个社会科学的问题，强调不同学科之间的关联。由此，他们使用的研究方法也是多元的，既强调人类社会的自然演进——人类社会是由原初社会不断进化而来的，总是包含着历史的因素，又强调各种社会要素之间的内在关联性。